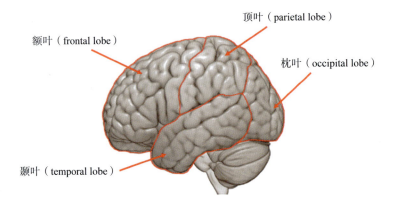

图 2-2 大脑皮层

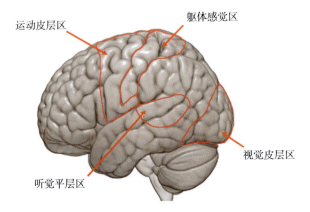

图 2-3 大脑功能分区

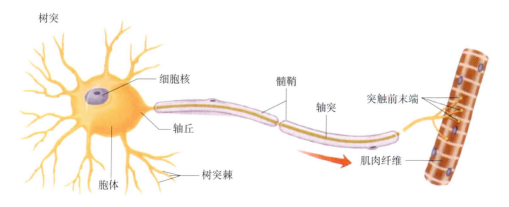

图 2-4 脊椎动物的运动神经元

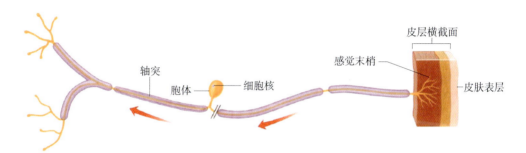

图 2-5 脊髓动物的感觉神经元

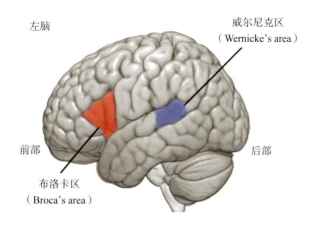

图 2-7 负责语言加工的两个脑区

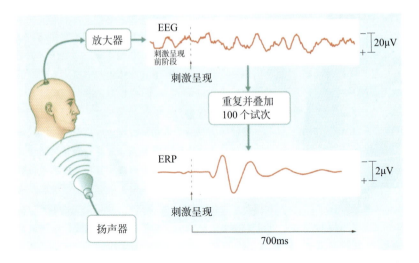

图 2-10 EEG 与 ERP 的联系

图 10-7 课堂话语分析与可视化工具界面图

教育部教育学类专业教学指导委员会推荐教材

主任委员

谢维和　清华大学

副主任委员

张斌贤	北京师范大学	柳海民	东北师范大学
张民选	上海师范大学	戚万学	山东师范大学
陈时见	西南大学	司晓宏	陕西师范大学

秘书长

李曼丽　清华大学

委员

胡　娟	中国人民大学	石　鸥	首都师范大学
刘全礼	北京联合大学	闫广芬	南开大学
杨宝忠	天津师范大学	郭　健	河北大学
董新良	山西师范大学	刘文霞	内蒙古师范大学
张宝歌	牡丹江师范学院	范国睿	华东师范大学
汪　霞	南京大学	田良臣	江南大学
顾建军	南京师范大学	徐小洲	浙江大学
秦金亮	浙江师范大学	朱家存	安徽师范大学
余文森	福建师范大学	何齐宗	江西师范大学
李　喆	聊城大学	刘志军	河南大学
黄明东	武汉大学	涂艳国	华中师范大学
靖国平	湖北大学	黄甫全	华南师范大学
孙杰远	广西师范大学	张学敏	西南大学
陈久奎	重庆师范大学	巴登尼玛	四川师范大学
董云川	云南大学	刘　凯	西藏民族学院
胡卫平	陕西师范大学	孟凡丽	新疆大学

学习科学导论

（简明版）

尚俊杰　裴蕾丝　主编

图书在版编目(CIP)数据

学习科学导论：简明版 / 尚俊杰，裴蕾丝主编. -- 北京：北京大学出版社, 2024.11. -- ISBN 978-7-301-35561-9

Ⅰ.G442

中国国家版本馆CIP数据核字第2024494HT0号

书　　　　名	学习科学导论（简明版） XUEXI KEXUE DAOLUN（JIANMING BAN）
著作责任者	尚俊杰　裴蕾丝　主编
责 任 编 辑	周志刚
标 准 书 号	ISBN 978-7-301-35561-9
出 版 发 行	北京大学出版社
地　　　　址	北京市海淀区成府路205号　100871
网　　　　址	http://www.pup.cn　新浪微博：@北京大学出版社
微信公众号	通识书苑（微信号：sartspku）　科学元典（微信号：kexueyuandian）
电 子 邮 箱	编辑部 jyzx@pup.cn　总编室 zpup@pup.cn
电　　　话	邮购部 010-62752015　发行部 010-62750672　编辑部 010-62753056
印 刷 者	北京鑫海金澳胶印有限公司
经 销 者	新华书店
	787毫米×1092毫米　16开本　21.75印张　400千字 2024年11月第1版　2024年11月第1次印刷
定　　　　价	66.00元

未经许可，不得以任何方式复制或抄袭本书之部分或全部内容。
版权所有，侵权必究
举报电话：010-62752024　电子邮箱：fd@pup.cn
图书如有印装质量问题，请与出版部联系，电话：010-62756370

本书编委会

主编

尚俊杰　北京大学

裴蕾丝　香港教育大学

委员（按拼音排序）

胡若楠　北京大学

江丰光　上海交通大学

梁林梅　河南大学

刘哲雨　天津师范大学

缪　蓉　北京大学

夏　琪　浙江大学

詹　艺　上海市虹口区教育学院

张宝辉　陕西师范大学

郑勤华　北京师范大学

郑旭东　华中师范大学

周新林　北京师范大学

代 序

加强理论供给，深化学科改革

  时光飞逝，转瞬三年就过去了。还记得 2015 年教育部高等学校教育学类专业教学指导委员会（简称"教育学类专业教指委"）在海南海口市召开教指委的年会时，与会委员们讨论后决定组织编撰和推荐出版一套教育学本科专业教材，即"教育部教育学类专业教学指导委员会推荐教材"。2016 年 5 月，这套教材的编写筹备委员会在清华大学进一步讨论确定了第一批拟编写的教材清单，并且成立了教材编写委员会，拟订了教材编写的宗旨、原则与方案，提出了教材编写的基本原则和若干建议。同年 10 月，教指委又在宝鸡文理学院召开编写讨论会，进一步讨论教材编写工作。同年 11 月，教指委正式面向全国普通高等学校，启动了第一批教育部高等学校教育学类专业教学指导委员会教材编写基金重点项目的申报工作。2017 年 2 月，第一批教育部高等学校教育学类专业教学指导委员会教材编写基金重点项目评审会在清华大学召开。经过各位委员和专家的认真评审和充分讨论，确定以下教材通过立项：《教育学原理》（柳海民），《德育原理教程》（戚万学），《外国教育史》（张斌贤），《课程与教学论》（马云鹏），《创业教育通识教材》（李越等），《跨学科教育研究方法》（钟周等），《教育文化学概论》（孙杰远），《教育学原理》（李政涛），《学习科学导论》（尚俊杰），《教育神经科学：一门新的学习科学》（周加仙），《教育管理学》（司晓宏），《职业技术教育学》（闫广芬），《新世纪教育技术开发与应用》（尹睿），等等。时至今日，这批教材很快就要与大家见面了。这是中国教育学科建设的一件非常重要的工作，是教育学类专业教指委的责任，也是所有教材编写者对中国教育学的贡献。

  也许有人会说，中国现在教育学类的教材已经很多了，为什么还要编写这些教材？可能还会有人质疑，眼下教育学的理论可谓是"遍地英雄下夕烟"，难道这套教材能够有什么新鲜感吗？或许还有这样或那样的问题。我想告诉大家的是，这套教材在充分吸收目前各种相关教材的成果的基础上，的确有它的新意，包括在选题的设计、领域的开拓、视野的选择，以及内容的安排等方面，都有令人耳目一新的感觉；我也想说明的是，这套教材在编写特点上，力图兼顾历史积淀与时代要求，本土特色与国际视野，以及教学多样性和学习有效性，等等，反映了编写者多年研究的成果，以及在原有基础上的新发展；我还想表达的是，这套教材并不是随意编写和出版的，它是配合由教育部组织研究制定，并且即将公开出版的《普通高等学校本科教学质量国家标准（教育学类）》而进行的一项具有规范性的教材建设，与国家教育学质量标准是一致的；当然，我不能不承认的是，这套教材也一定会有编写者及其团队自身的学术角度，或者存在一定的不足，也期待各位同仁和教师建设性的批评指正；等等。然而，我在这里必须特别指出，这套教材的编写出版更是着眼于中国教育学科的深化改革所需要的理论建设与理论供给，是适应中国教育学科深化改革的需要的一种努力，是跟随中国教育改革发展实践的步伐不断前进的一种努力。

中国教育的深化改革面临着一系列挑战，包括体制机制的改革、教师队伍的建设、学科专业的调整、资源经费的保障，以及评价标准的更新，等等，但我认为，中国教育的理论研究与供给是一个至关重要的瓶颈。虽然近年来教育研究已经取得了很大的成绩和进步，产生了一系列的成果，但从新时代教育深化改革和发展的要求看，仍然存在不充分和不平衡的问题，进而在一定程度上制约和影响了教育实践。教育理论的供给存在严重不足的问题。这种供给不足至少表现在以下三个方面。

第一，概念供给不足。

即教育理论研究不能为教育改革和发展提供必要的具有时代性和现实性，同时也非常严谨的具体概念，而只是满足于随意地提出一些所谓的新词；或者说，教育学已有的各种概念，缺乏能获得新生命力的新的阐释与更新。例如，在我国建设小康社会的过程中，究竟小康社会中的教育应该达到什么状态，具备什么样的特点，学人们常常说不清楚，也没有提出一个相应的"小康教育"的概念。又如，近年来政府对农村教育改革的重视程度与日俱增，国家也出台了乡村振兴行动计划，可是，究竟什么是现代社会中的农村教育，我们好像也缺乏一个能够得到大多数人认可的"农村教育"的概念。显然，这对于小康社会教育的发展和农村教育的改革推进都是不利的。同时，对于教育学中某些传统的概念，如"学习""成绩"以及"班级"等，也未能根据教育实践的不断发展而进一步更新。事实上，在教育学的学科领域中，仍然是一些非常笼统、抽象，永远正确而从不准确的名词充斥在各种各样的文献和讲话中，让实践领域的教师感到似乎没有错，可也没有用，进而对教育学产生一种敬而远之的态度。

第二，模式供给不足。

即把各种不同的教育概念、活动、因素等整合起来，进而帮助教师与管理者提高认识，拓宽视野，更新观念，以及认识、解释与解决实际问题的系统的教育理论供给不足。例如，立德树人的任务应该如何完成？简单地说，我们必须说清楚立德与树人的关系，讲清楚立德是通过什么方式和途径来树人的，以及它在学校教育的实践中的工作思路。又如，核心素养的培养模式应该是怎样的？虽然不同的学者对核心素养进行了理论的诠释，但它还需要真正落地，成为学校教师在实践中实施的具体路线，而不能仅仅是一种单纯的政策或者理论。类似这样的问题和需求还有很多。再如，我们能否真正建构和提出若干种创新人才成长和培养的实施模式，而高等教育强国的建设模式也是一个有待进一步梳理的问题，等等。

第三，方法供给不足。

方法是理论建设中非常重要的部分，是理论与实践相结合的基本机制，也是理论成熟的一个体现。所谓方法供给不足，一方面指的是理论研究本身的方法供给不足，另一方面则是指对教育实践中教师解决实际问题的方法指导不足。就前者而言，目前教育学科中的研究方法大多是借鉴其他学科的方法，甚至就是某些学科方法的机械复制，包括统计的方法、定量分析的方法等。在一些研究生的论文中，方法及方法论的部分往往是非常薄弱的。就后者而言，教育理论本身在解释和解决现实问题方面常常或者是天马行空、高谈阔论，或者是支支吾吾、顾左右而言他，显得苍白无力，以至于经常被第一线的校长、教师和教育工作者瞧不起。例如，从大的方面说，大家都知道目前的教育评价制度和办法存在不合理的现象与问题，也能够从理论上说明教育评价的某些基本原则与指标，但往往不能把这些原则与指标适当地嵌入实际的教育评价活动之中，也很难提供某些具有操作性的具体建议；从小的地方讲，如何处理学校中存在的霸凌现象似乎也不能得到理论的实际支持和有效指导；等等。

这里，请允许我稍微武断地做一个判断，可能在相当一部分教育管理部门和学校的管理中，甚至是在教师的教学中，经验主义仍然居于主导定位，有些人甚至不知道还有相关的教育理论，或者自以为是地看不到教育理论的价值。科学的教育理论没有能够充分发挥其应有的作用，或者说，教育理论存在不到位或者供给不足的现象。

当然，面对教育理论供给不足的现象，首先应该思考的是我们能够拿出什么样的教育理论。实事求是地说，教育理论本身也需要不断创新和发展，教育学科同样需要进一步深化改革。这种创新、改革和发展，同样包括三个方面的要求。首先，是对一系列教育活动进行重新定义，这是教育改革发展的实践以及所取得的成绩与进步所提出的要求。这些实践、成绩与进步如果得不到理论的肯定与提升，则常常是不能巩固和积淀的。例如，现代社会的大学究竟是什么？如果说以前的大学是一座"象牙塔"，那么，与社会、经济、科技、文化之间的联系越来越密切，功能日益分化拓展，对国家和社会发展具有越来越重要贡献的大学，今天又应该是一种什么样的社会存在呢？又该如何重新定义现在的大学呢？其次，是教育理论的形态问题。我们当然需要有一些抽象的理论、范畴和概念，但同时我们也需要更多深入浅出的具体理论，特别是需要那种能用生动鲜活的案例与形象的比喻去表达的教育理论。实践性如此之强的教育学科，缺乏这种通俗易懂且能够接地气的教育理论，是很难得到教育实践的欢迎的。最后，我们还需要有中国特色的教育理论。中国的教育正在走向世界，各种各样更加广泛的教育国际交流也日益增多，我们应该积极回应中国教育在走向世界过程中所面临的各种评论、看法与质疑，我们应该积极地对世界教育发展所面临的各种问题提出中国的方案和理论见解，我们还应该为全球教育发展和人类的共同进步贡献中国的教育理论，等等。

所以，如果说本套教材还有什么特别之处的话，就是希望能够加强教育理论的供给，深化教育学科的改革。我们的初衷与主要目标就是：能够为中国教育的深化改革尽可能地增加一点点理论供给，推动教育学科的不断进步。习近平总书记在哲学社会科学工作座谈会上的讲话指出："当代中国正经历着我国历史上最为广泛而深刻的社会变革，也正在进行着人类历史上最为宏大而独特的实践创新。这种前无古人的伟大实践，必将给理论创造、学术繁荣提供强大动力和广阔空间。这是一个需要理论而且一定能够产生理论的时代，这是一个需要思想而且一定能够产生思想的时代。"[①] 中国的教育改革发展需要理论，中国教育改革发展的实践也已经提供了大量丰富和鲜活的成果，中国的教育理论工作者也正在进行着深刻的理论探索，一批新的教育理论即将应运而生。我们教指委只是顺应这个时代的大势，做了一点点应该做的工作。也许我们的这套教材还不能完全实现这

[①] 习近平. 在哲学社会科学工作座谈会上的讲话（2016年5月17日）[M]. 北京：人民出版社，2016：8.

个目标，但我衷心地希望它能够在这个方面发挥一点点作用。

教材编写是一项庞大的系统工程，在有序推进教材编写工作的过程中，教指委努力搭建相关利益群体的协同合作平台，充分发挥教指委的引领和服务职能，调动相关院校、出版机构、学科专家的参与积极性；成立了以教指委为基础的教材编委会领导小组，由全体委员构成编委会，引导和组织课程标准制定和教材编写工作；充分发挥教指委的组织和协调职能，积极组建编写工作组，科学制定灵活招标规则，全面汇聚多元智力资源，遴选优秀编写团队。从编制招标要求、公布招标公告，到组织投标和评审，最后商定教材大纲，整个过程凝聚着各编写团队的心血。在组织、编撰和出版"教指委推荐教材"的过程中，我们得到了教育部高等教育司、高等教育出版社、北京大学出版社、教育科学出版社和各有关高校与科研机构的领导和同志们的大力支持。在此，谨向他们表示最衷心的感谢！当然，我还要特别感谢教指委秘书处的李曼丽秘书长和张薇老师等，她们尽心竭力、默默无闻地为教材的编写和出版做了大量非常辛苦的工作，奉献了许多的心血。

谢维和

2018年5月底于清华大学强斋

前　言

习近平总书记在中国共产党第二十次全国代表大会报告中指出，要"推进教育数字化，建设全民终身学习的学习型社会、学习型大国"。总书记曾经还强调："学习是文明传承之途、人生成长之梯、政党巩固之基、国家兴盛之要。"在知识大爆炸的时代，要想实现更好的学习，就需要研究学习的本质，在把握规律的基础上建设学习资源、构建学习环境并优化学习机制。显然，这些都离不开学习科学的支持。

学习科学（Learning Sciences）是20世纪90年代发展起来的，是涉及认知科学、心理学、教育学、脑科学、信息科学、人类学、社会学等众多学科的跨学科研究领域，它研究各种情境下的学习——不仅包括学校课堂里的正式学习，也包括发生在科技场馆、工作地点、家庭等场所的非正式学习。学习科学的研究目标，首先是更好地理解认知和社会化过程，以产生最有效的学习；其次便是用学习科学的知识来重新设计已有的课堂及其他学习环境，从而促使学习者更有效和深入地进行学习。简而言之，学习科学主要就是研究"人是如何学习的，如何才能促进有效学习"。

学习科学自兴起以来备受重视。2004年起，美国国家科学基金会（NSF）就在全美建立了6个国家级跨学校的学习科学研究中心，并给予了为期10年的巨额经费支持。近年来，欧美发达国家已经将学习科学确立为新的教育政策的关键基础，将人类学习的重要研究成果作为课程决策与行动的基础。在我国，东南大学、北京师范大学、华东师范大学、北京大学和清华大学等高校已经建立了学习科学研究机构。此外，我国国家自然科学基金委员会也于2018年设立了教育信息科学与技术申请代码F0701，致力于推动以科学方法研究学习和教育问题，此举为我国学习科学未来的快速发展提供了新的有力支持。

然而，学习科学研究内在的跨学科属性，给高校相关方面的人才培养带来了不小的挑战。在此过程中，大家深感需要有一本全面、系统的学习科学基础教材，作为高校学习科学人才培养的起点。面对这一迫切需求，教育部高等学校教育学类专业教学指导委员会秘书长、清华大学教授李曼丽邀请我们，希望我们能积极协调各方面力量，发动海内外优秀学者完成这一基础教材的编写工作。在此背景下，我们联络了一批优秀学者组成本书编委会，对学习科学进行了全面的调研，构建了学习科学课程的内容体系，在北京大学等高校进行了多轮试讲，并广泛参考了哈佛大学等名校的相关优秀教材，历经5年时间，终于完成了本教材。

本书特点

本书在注重内容的科学性和正确性的基础上，努力将思政教育融入其中，还兼顾了基础性、全面性、系统性、学术性和趣味性。希望读者能够通过本书精心设计的内容和组织方式，更科学、更快乐、更有效地了解和掌握学习科学的相关知识。

· **基础性**。本书的定位是为教育学、认知科学、学习科学等相关学科的本科生和研究生，以及一切对学习科学感兴趣的研究者和实践者提供入门性的基础教材，所以本书特别强调基础性。事实上，现在也有不少优秀的学习科学著作，比如脑科学、人工智能等方面，但这本教材侧重讲解学习科学的基础知识，以期为学习者打下坚实的理论和实践基础。当然，强调基础性并不意味着不讲前沿知识，我们努力把前沿知识和基础知识有效地整合起来，构建起这个领域的知识体系。

· **全面性**。作为基础教材，自然要追求全面介绍相关内容。但是，对于学习科学这样一个比较年轻、跨度又比较大的跨科学研究领域来说，"讲什么，不讲什么"是一个非常困难的问题。所以，经过长期的调研和思考，我们将最重要的基础知识和前沿知识进行了梳理和重新整合，以尽量覆盖当前学习科学方方面面的发展，让学习者具有比较广阔的学术视野。

· **系统性**。对于一本内容比较广的基础教材，"先讲什么，后讲什么"也是一个非常困难的问题，因此我们也花费了大量时间和精力来考虑学习科学的课程体系、教学内容的编排顺序和组织方式，尽量使其更具系统性。以第七章学习环境与学习技术为例，该章基本上涵盖了学习环境与学习技术几十年的发展史，从计算机辅助教育一直到如今比较新的虚拟世界中的学习，它不是一个线性发展过程，实际上是一个螺旋式发展的过程。这样就需要仔细梳理，使得这一章能够符合技术发展的内在逻辑和教材编写的规范要求。

- **学术性**。本书是给本科生、研究生等编写的基础教材，旨在让大家了解学习科学的基础知识，不一定要求大家马上开展学习科学研究；但与此同时，本书也非常注重学术性。我们相信，要想培养一流的学生，一定要把教学和研究结合起来，而对于优秀的一线教师来说，能够开展基于学习科学视角的研究，对其职业发展也有着重要意义。所以，本书在写作过程中特别注重这一点，将研究的理念渗透到了每一部分内容中，同时介绍了一些重要的研究，也给出了详细的文献引用。这些都是为了方便读者获得基于学习科学视角的学术研究能力。
- **趣味性**。各种学习理论都告诉我们，学生的学习主动性、内在学习动机非常重要，因而趣味性比较强的教材或许更能激发学生的学习动机。所以本书在编写过程中广泛参考了优秀的教材，通过文字、图片、案例以及精心设计的编写形式，尽可能让教材更具趣味性。

本书结构

《学习科学导论》分为概论、脑与学习心理、学习技术、课堂教学、学习评价与学习分析等模块，共11章。在今年推出的这个简明版中，我们将原书第八章和第九章的内容合并为一章，因此共10章。

第一章是一个概论章，首先讲述了学习科学的理论渊源和发展脉络，重点讲授了学习的三种隐喻，让我们对一百多年来学习的科学化的研究历程有一个全面的了解，然后讲授了当前学习科学的研究内容与研究方向、研究方法与技术，最后展望了学习科学的未来发展趋势。

近年来，快速发展的脑科学研究对学习科学研究也产生了重要影响，所以第二章就主要围绕脑科学与学习的内容展开。本章首先讲述了脑的结构和功能，包括脑的发育和可塑性等；其次是基础认知、高级认知与学习，如感知觉、注意、记忆等；最后讲授了当前比较前沿的脑电图、事件相关电位、功能核磁共振等研究方法、技术和设备。

第三章全面介绍了行为主义、认知主义、建构主义、人本主义等学习理论，并简要介绍了现在比较受大众关注的联通主义学习理论、社会情绪学习理论。一般来说，学习科学的研究离不开扎实的学习理论的支持。对于教育学、教育技术学、认知科学等相关学科的研究者来说，掌握扎实的学习理论对深入理解和有效实践学习科学的内容非常重要。

第四章在第三章的基础上，对学习动机、知识的表征与组织、问题解决与创造性、元认知与学习策略、学习风格等内容进行了介绍，这些内容是当前学习科学研究的基础和核心内容。

第五章全面介绍了自主学习、社会性学习（合作学习、协作学习等）、探究学习、项目式学习、体验学习、设计学习、深度学习等学习方式。本章试图在学习科学中的各种学习理论和教育实践中的各种学习方式之间建立联系和桥梁，将理论和实践结合在一起，因为学习科学研究最终要落实在以学习方式为载体的教育实践中，这样才能真正发挥其应用价值。

第六、七章主要探讨技术与学习环境。其中第六章从比较微观的角度谈技术如何促进认知和学习，重点探讨了认知负荷理论、多媒体学习认知理论，并简要介绍了具身认知、嵌入认知、延展认知等前沿知识。第七章则从学习环境和设计的角度，对学习相关技术进行了全景式的扫描，从计算机辅助学习讲起，以学习为主线，依次介绍了人工智能支持的学习、技术支持的协作学习、移动学习、游戏化学习、虚拟世界中的学习，最后介绍了技术赋能的学习空间。希望这两章能让大家对学习技术有全面的认识。

第八章主要探讨学习科学与课堂教学。我们首先从学习科学的视角，探讨了教学设计模式，对每个步骤中如何应用学习科学给出了具体的建议，接着则按课前、课中、课后等教学阶段，重点讲解了一批具体的教学设计策略，这些策略可以直接应用到课堂教学设计中。此外，还介绍了一些基于教育神经科学的学科教学策略。

第九、十章主要探讨学习评价和学习分析。在第九章中，我们首先全面介绍了学习评价的含义、要素、目的、分类、方法和技术，然后重点探讨了促进学习的课堂评价。第十章是本书的重头戏，我们对学习分析进行了全面系统的介绍。随着个性化和自适应学习等概念逐步被社会各界接受，如何借助学习分析更好地实现个性化自适应学习成为新的研究热点和难点。然而，学习分析的内涵十分复杂，因此我们在对学习分析进行全面梳理的基础上，将其所涉及的内容拆分成三个主要部分进行讲解：首先介绍了学习分析的基础技术——教育数据挖掘，接着介绍了学习分析中常用的社会网络分析、话语分析、内容分析等方法，最后介绍了学习分析的主要研究内容及未来发展方向。

除了本书的主体内容外，我们还在附录中给大家推荐了一些相关图书、期刊、学会和会议，供学有余力的同学参考。

学习建议

如果大家希望取得比较好的学习成效,我们有如下建议。

第一,要高度重视"学习科学"课程。从本书第一章的讲述中大家就可以看出,学习科学对于教育发展非常重要,未来大家如果要从事教育教学或研究工作,肯定会用到学习科学的知识。即使大家将来从事其他工作,学习其他课程、其他知识,掌握学习科学也同样重要,例见第四章讲到的元认知能力。其实,学习科学对于每一位学生、工作者乃至老年人都非常重要,因为在瞬息万变的信息时代,终身学习已经成为一种社会趋势。

第二,要夯实基础。常言道"九层之台,起于累土",对于任何事情,基础都很重要。学习科学是一个比较新的研究领域,涉及具身认知、嵌入认知、虚拟现实、数据挖掘等各种新知识、新技术,让人目不暇接。虽然了解这些内容也都很重要,但是大家一定要牢牢地掌握这些概念得以产生的底层逻辑和基础。

第三,要注意追踪前沿知识。我们不仅要注重基础,而且要注意追踪前沿知识,让自己具备比较广阔的学术视野。在本书中,很多地方我们都会介绍比较前沿的研究或案例,一般都提供了参考文献或网站,大家在学有余力的情况下可以去展开学习。

第四,要注重学习信息技术。学习科学不要求学生一定要掌握某一个具体的信息技术,但要求学生有信息技术的意识和思维。这是因为,学习科学与信息技术有莫大的关系,很多学习科学实践成果的落地都需要具体的技术作为支撑。因此,我们建议大家不管学什么专业,都要尽力去学习一门信息技术,在此过程中培养自己的技术思维。比如学习一下 Python 编程、R 语言等,这样在学习环境和学习技术、学习分析等内容的学习中就更能体会其底层的实现逻辑,也会对目前技术对学习科学研究支持的边界有一个清晰的认识。对一些畏惧学习技术的同学,我们想说的是,虽然编程、人工智能、数据挖掘等听起来很难,但是真正学起来也没有那么难,而且对于这部分同学,学习技术的重点在于养成技术思维,而不在于用技术实现某个具体功能,因此可以大胆尝试。

第五,要学会协作学习。协作能力是新时代的重要能力,大家在学习过程中要积极和专家、老师、同学沟通交流。

第六,对本书有任何问题或建议,也可以发电子邮件给本书的编委会(jjshang@263.net)。

最后，需要说明，本书内容较多，教师在讲课过程中可以根据本校学生情况适当取舍。

作者信息

本书的编写工作历时5年，数十位作者参与了编写、整理和完善工作。其中北京大学学习科学实验室执行主任尚俊杰和香港教育大学裴蕾丝担任主编，对全书进行了全面策划、整理和统稿；夏琪、胡若楠、高理想协助主编对全书进行了整理和统稿。具体作者信息如下。

第一章作者为郑旭东、王美倩和尚俊杰。

第二章作者为周新林。参与人员为：李添（1.1）、方诗佳（1.2）、王丽（1.3）、崔芷君（2.1）、李梦怡（2.2）、陆彧捷（3）。

说明：参与人员为本章提供资料并撰写初稿，其中1.1表示第一节第一部分，3表示第三节。以下同。

第三章作者为尚俊杰、郑旭东和缪蓉。参与人员为：夏琪（6.1）。

第四章作者为缪蓉、尚俊杰和董倩。

第五章作者为张宝辉、夏琪、石祝和黄文丹。参与人员为：何军（3）、张亚珍（3）、龚志辉（6.2）、苏瑞（5）。

第六章作者为裴蕾丝。

第七章作者为江丰光和尚俊杰。参与人员为：唐家慧（6）、王芝英（6）、张媛媛（5.4）。

第八章作者为梁林梅、刘哲雨、胡若楠。（本章由原书第八章和第九章整合而成，原书第八章作者为刘哲雨和胡若楠，原书第九章作者为梁林梅和胡若楠。）

第九章作者为詹艺和尚俊杰。

第十章作者为郑勤华和尚俊杰。参与人员为：夏琪（1）、张媛媛（1）。

致　谢

在本书写作过程中，教育部原副部长韦钰院士、教师工作司任友群和宋磊，北京大学闵维方、汪琼、黄文彬、李戈、贾积有、吴峰、吴筱萌，清华大学李曼丽、刘嘉、韩锡斌，浙江大学盛群力、李艳，北京师范大学陈丽、郑永和、黄荣怀、刘儒德、张婧婧、卢立涛，华东师范大学袁振国、裴新宁、顾小清、周加仙、赵健、庞维国，华中师范大学杨宗凯、刘三女牙、吴砥、杨九民、李秀晗，南方科技大学赵建华，华南师范大学徐晓东、焦建利、胡小勇，陕西师范大学胡卫平、张文兰、皮忠玲，江苏师范大学杨现民，广州大学杜玉霞，香港大学程介明、罗陆慧英、陈高伟，香港中文大学李芳乐、李浩文、庄绍勇、尹弘飚，香港城市大学郭琳科，台湾师范大学蔡今中，台湾科技大学黄国桢，南洋理工大学吕赐杰、陈文莉、黄龙翔，纽约州立大学奥尔伯尼分校张建伟、奥斯威戈分校杨浩，南密西西比大学王淑艳，雪城大学雷静，宾夕法尼亚大学黄浩，明尼苏达大学陈伯栋，中国科学技术协会吴善超，中国教育科学研究院曹培杰，中央电化教育馆蒋宇，北京教育科学研究院方中雄、张熙，上海市教育科学研究院夏雪梅，北京市海淀区教育科学研究院吴颖惠、宋官雅、侯兰，北京市朝阳区教师发展学院李军、谢娟、闫新全、胡秋萍等专家给我们提供了各种形式的答疑、指导和帮助。

此外，我们还要感谢霍玉龙、曾嘉灵、张露、董倩、王辞晓、董安美、张媛媛、原铭泽、童小平、范逸洲、曲茜美、肖海明、谭淑方、王钰茹、何奕霖、周均奕、张鹏、李卓、赵玥颖、杨文理等人给予的支持和帮助，感谢高理想、苏瑞、赵玥颖、尚品言、叶嘉文为本书绘制部分插图。

我们还要特别感谢李曼丽秘书长，以及北京大学出版社周志刚副编审，如果不是他们的邀请、宽容和帮助，本书也不可能出版。

本书也是中国高等教育学会2023年度高等教育科学研究规划重大课题"学习科学学科发展现状及策略研究"（编号：23XXK0101）和国家社科基金"十三五"规划2017年度教育学一般课题"基于学习科学视角的游戏化学习研究"（编号：BCA170072）的研究成果，感谢中国高等教育学会和全国教育科学规划领导小组办公室的各位领导和专家的支持。

衷心祝愿大家早日掌握学习科学知识，成就未来美好前景。

主编 （签名）

北京大学教育学院学习科学实验室执行主任
中国高等教育学会学习科学研究分会常务副理事长兼秘书长
2024年5月1日于北大燕园

目　录

第一章　学习科学的起源、发展与未来 1
  第一节　学习科学的起源和历史发展 3
  第二节　学习科学的研究内容与研究方法 17
  第三节　学习科学的未来发展趋势 26

第二章　脑科学与学习 32
  第一节　脑的结构与功能 34
  第二节　学习的脑机制 42
  第三节　认知神经科学的研究方法 51

第三章　学习理论 60
  第一节　学习理论的概念 62
  第二节　行为主义学习理论 63
  第三节　认知主义学习理论 70
  第四节　建构主义学习理论 77
  第五节　人本主义学习理论 84
  第六节　其他新兴学习理论 88

第四章　高级认知与学习心理 93
  第一节　学习的概念 95
  第二节　学习动机 98

第三节　知识的表征与组织 103
　　　第四节　问题解决与创造性 109
　　　第五节　元认知与学习策略 116
　　　第六节　学习风格 119

第五章　学习方式 124
　　　第一节　学习方式的概念 126
　　　第二节　自主学习 127
　　　第三节　社会性学习 132
　　　第四节　探究学习 137
　　　第五节　项目式学习 142
　　　第六节　其他学习方式 147

第六章　技术支持下的认知与学习 151
　　　第一节　技术与教育的关系 153
　　　第二节　认知负荷理论 157
　　　第三节　多媒体学习认知理论 164
　　　第四节　技术认知理论的新发展 170

第七章　学习环境与学习技术 178
　　　第一节　学习环境与学习技术的概念 180
　　　第二节　计算机辅助学习 185
　　　第三节　人工智能支持下的学习 188
　　　第四节　技术支持下的协作学习 193
　　　第五节　新兴技术支持下的学习 196
　　　第六节　学习空间 211

第八章　基于学习科学的教学设计与实践 218
　　　第一节　教学设计概述 220
　　　第二节　基于学习科学的教学设计 222

第三节　基于学习科学的有效教学策略 239

第九章　学习评价 260
　　　第一节　学习评价的概念 262
　　　第二节　学习评价的分类 266
　　　第三节　学习评价的方法和技术 269
　　　第四节　促进学习的课堂评价 279
　　　第五节　学习评价的未来发展趋势 284

第十章　学习分析 289
　　　第一节　学习分析的概念 291
　　　第二节　教育数据挖掘的概念与技术 296
　　　第三节　学习分析的关键技术 303
　　　第四节　学习分析主要研究内容及未来发展趋势 311

附录　推荐资源 321

第一章 学习科学的起源、发展与未来

内容摘要

20世纪以来,人们对学习的研究主要经历了三个阶段,即动物隐喻阶段——致力于回答"动物是如何学习的",机器隐喻阶段——探索"机器是如何学习的",以及学习科学之创生与发展阶段——真正研究"人是如何学习的"。

本章就从学习研究的三个阶段谈起,首先系统介绍了学习科学的起源和发展脉络,然后对当前学习科学的主要研究内容、研究方向和研究方法进行了梳理,并介绍了学习科学的未来发展趋势及发展策略。通过本章的学习,大家可以对学习科学的思想渊源、发展脉络、研究现状和未来趋势有一个全面了解。

学习目标

1. 了解学习研究的历史,并阐述不同历史时期学习研究的对象、方法、特征与贡献;
2. 通过熟悉学习研究的历史,理解学习科学的起源与发展;
3. 通过对学习科学创生之历史动因和学习科学学科创建过程的学习,知道什么是学习科学,为什么要发展学习科学,以及如何发展学习科学;
4. 了解学习科学的主要研究内容、研究方向和研究方法;
5. 能够把握学习科学的未来发展趋势;
6. 通过了解学习科学创生的两大先驱,产生对学习科学的学术兴趣和使命感;
7. 通过了解学习研究的范式转变,形成敢于质疑、勇于批判的学术精神与学习态度。

思维导图

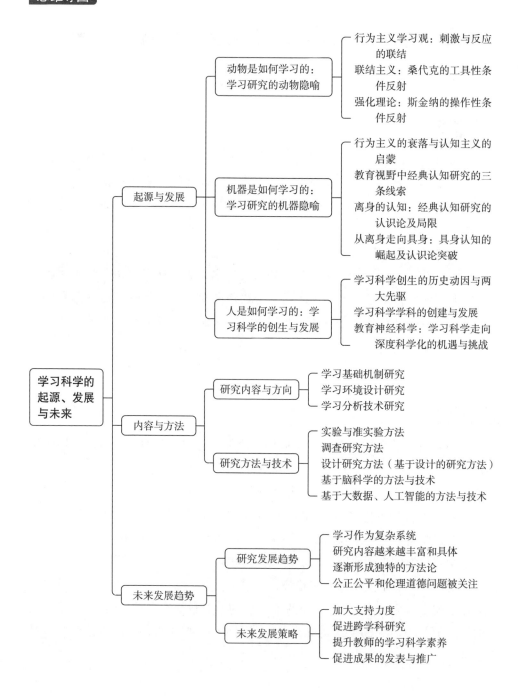

第一节 学习科学的起源和历史发展

20世纪以来,人们对学习的研究主要经历了三个阶段,即动物隐喻阶段——致力于回答"动物是如何学习的",机器隐喻阶段——探索"机器是如何学习的",以及学习科学之创生与发展阶段——真正研究"人是如何学习的"。①

一、动物是如何学习的:学习研究的动物隐喻

学习研究的动物隐喻致力于回答的是"动物是如何学习的"这一基本问题,它把学习视为刺激与反应之间的联结,以动物作为研究对象,关注实验室情境下刺激与反应之间如何建立联结。从生理学家伊万·巴甫洛夫(Ivan Pavlov)关于经典条件反射的实验开始,学习研究的动物隐喻历经约翰·华生(John Watson)、爱德华·桑代克(Edward Thorndike)、伯勒斯·斯金纳(Burrhus Skinner)等心理学家的努力,最终成为统治20世纪上半叶学习研究的主流范式。

(一)行为主义学习观:刺激与反应的联结

行为主义(behaviourism)又称作行为论,是20世纪初起源于美国的心理学流派,主张心理学应该研究可以被观察和直接测量的行为,并假设所有行为皆是由环境中的刺激所引发的反应,或是个体的生命史所形塑的结果。

早期行为主义以生物学中的反射弧为依托。生物学中的反射弧是指执行反射活动的特定神经结构,反射则是指中枢神经系统参与下机体对内外环境的规律性应答。巴甫洛夫认为人与动物的心理活动(包括人的一切智慧行为与随意运动)都是在非条件反射基础上形成的条件反射,因而反对内省主义。他的这些思想与之后行为主义的信条完全一致,巴甫洛夫也因此被称为行为主义心理学的先驱。

巴甫洛夫的经典条件反射实验

巴甫洛夫发现,将食物置入狗的胃里时,胃壁会分泌胃液以促进消化,这是动物固有的生理反射,胃中食物可以引起胃液分泌,这是一种反射性分泌的刺激,"这种刺激源不仅可以是胃里的食物(即适当的刺激[appropriate stimulus]),还可以是嘴里的食物(即信号刺激[signaling

---

① 郑旭东,王美倩,吴秀圆.学习科学:百年回顾与前瞻[M].北京:科学出版社,2020:1—120.

stimulus])"。

随后，在非常偶然的情况下，巴甫洛夫注意到，盛过食物的盘子（或是喂食的人）也会引起狗的胃液分泌活动。因此，他设计了一系列实验，在每次喂食前他都会先发出一些信号（开始是摇铃，后来还包括吹口哨、使用节拍器、敲击音叉、开灯等）。连续多次实验后，他发现仅仅发出信号但不喂食，狗照样会分泌唾液。由此，巴甫洛夫认为动物可能存在着两种反射：一种是生理反射（physiological reflex），这是一种内在的、任何动物都会表现出来的反射，它是神经系统固有组织的一部分；另一种是心理反射（psychic reflex），后来他又改称为条件反射（conditional reflex），这种反射只有拥有特定经验的动物才能产生。

受巴甫洛夫的经典条件反射实验影响，行为主义心理学的创始人华生开始主张一切行为都以经典条件反射为基础，并尝试将条件反射的理论应用到人的身上，小艾伯特实验就是华生用于彰显人类经典条件反射经验的研究案例。

华生的小艾伯特实验

本实验由华生及其助手于1920年在约翰·霍普金斯大学进行。实验中，他们让9个月大的小艾伯特接触白鼠，并在白鼠出现时敲击铁棒制造刺耳的声音。这种刺激使小艾伯特产生恐惧反应。随后，研究者将小白鼠换成兔子、狗、毛绒玩具，甚至是可爱的圣诞老人面具，这些刺激都会引起小艾伯特惊惧的反应。华生本计划在实验后期对小艾伯特进行干预，以消除他对这些事物的恐惧感。遗憾的是，相应的消除程序未能付诸实施。据说，小艾伯特于6岁时死于脑水肿。这个实验警示我们，开展研究时一定要充分考虑伦理问题。

华生的小艾伯特实验是对巴甫洛夫关于狗的经典条件反射实验的继承与发展，二者都是对经典条件反射的实证探索，都关注无条件刺激与中性刺激之间的联结。但两个实验之间也存在以下几个方面的不同：①实验对象不同，巴甫洛夫的实验对象是动物，是对狗进行胃液分泌条件反射的研究，华生的实验对象是人类，是对婴儿惊恐情绪建立的条件反射研究；②实验结果不同，巴甫洛夫的实验中，狗只对有限的中性刺激做出反应（如只对铃声有反应），而华生建立的条件，中性刺激有很多种，这些中性刺激发生了延展与泛化，这是华生进一步发展巴甫洛夫实验之处；③实验计划不同，华生在实验方案的设计上更进一步，他设计运用相对的条件反射来消退之前建立的条件反射，这体现了中性刺激的消退原理。

华生的行为主义学习理论又被称为"刺激－反应"理论，其中刺激是指学习主体所在的特定环境，反应则是指刺激作用下的主体行为。华生认为，学习的实质就在于形成刺激与反应之间的联结，这种联结是直接的、无中介的、靠尝试错误而建立的，它建立在对学习过程的客观研究基础上，而忽视学习的内部过程。华生坚信控制学习效果的是环境而非学习主体自身，因此，以华生为代表的古典行为主义学习理论仅适合解释动物学习以及人类的低层次学习现象。

（二）联结主义：桑代克的工具性条件反射

联结主义（connectionism）是美国著名心理学家桑代克提出的一种行为主义心理学的学习理论。"联结"一词起源于桑代克对动物学习行为的实验研究，指的是动物受到的环境刺激与由刺激引发的行为反应之间的关联机制。桑代克通过大量的动物实验来研究动物的学习行为，其中就有著名的"桑代克迷箱实验"。

桑代克迷箱实验

在实验中，桑代克将一只饿猫放入迷箱中，猫可从箱内看到箱外的食物。为逃出迷箱、获取箱外食物，猫必须学会触动箱内的某种特殊装置，如按压踏板或拉动绳线，使箱门打开。猫最初在箱内表现出盲目、尝试性的无关动作，偶尔会因为碰到踏板或拉动绳子而打开箱门，得到箱外食物。通过反复试验，动物逐步减少了盲目、随机、无效的动作，最后一被放入箱内即能很快触动装置把门打开。桑代克记录下每次实验中猫逃出迷箱所用的时间，发现猫作出正确反应的时间越来

图1-1 桑代克

越短，最终趋于稳定。因此，桑代克认为动物的学习是一个渐进的、盲目尝试而逐步减少错误的过程，是建立情境与正确反应之间的联结的过程。

依据实验现象与数据，桑代克提出了试误说和学习律，从学习动机、学习的反馈和学习的强化三个方面揭示了学习的普遍规律，但它们却不能解释所有人类

有意识或无意识的学习行为。桑代克本人也并不否定人类主观意识的存在，然而他的学习理论建立在学习无须意识参与这一观念的基础上，致使学习律忽视了学习者的主观能动性。

（三）强化理论：斯金纳的操作性条件反射

斯金纳是美国新行为主义心理学的主要代表，是操作性条件反射理论的创始人与行为矫正术的开创者。[1]他是对当今心理学影响最大、最重要的新行为主义者，因为他主张用科学方法对动物与人类的行为进行研究，而且建构了一套阐释动物和人类行为的操作行为主义体系，并将其应用范围推广到教育教学和社会控制中。[2]

图 1-2 斯金纳

斯金纳箱实验

斯金纳箱是研究操作性条件反射的一种典型仪器，箱子顶面由可拆卸的玻璃制成，底面是一个可以提供电击刺激作用的通电栅格。箱内安装有提供刺激作用的扬声器、具有指示作用的灯、盛食物的食盘以及与食盘相连的杠杆。

实验中，一只饥饿的老鼠或快或慢地偶然按压能打开食物仓的杠杆来获得食物奖励。这样不断地按压杠杆，用不了多久，老鼠学会了如何取食。通过几次强化，条件反射就形成了。

斯金纳以操作性条件反射理论为依托，提出了强化学习原理，设计开发了教学机器，并于20世纪50到60年代掀起了一场轰轰烈烈的程序教学运动，它像一股旋风席卷美国教育界并波及全世界。这部分内容第三章会详细讲解，这里不再展开。

二、机器是如何学习的：学习研究的机器隐喻

20世纪50年代，语言学家艾弗拉姆·诺姆·乔姆斯基（Avram Noam

---

[1] 车文博.西方心理学史［M］.杭州：浙江教育出版社，1998：387—388.
[2] 叶浩生.西方心理学的历史与体系［M］.北京：人民教育出版社，1998：242.

Chomsky）对新行为主义心理学家斯金纳的《言语行为》（*Verbal Behavior*）发表了批判性的长篇评述，对认知的研究便发端于此，并在很短的时间内取得了迅速进展。在接下来的半个世纪中，来自语言学、心理学、计算机科学、哲学、教育学、神经科学、人类学以及相关领域、具有不同知识背景与哲学立场的学者携手合作，在向行为主义取向的学习研究发起进攻的过程中，最终开辟了被称为认知科学的这一多学科交叉的研究领域，建立了学习研究的机器隐喻，并形成了面向教育的学习研究之认知取向。

（一）行为主义的衰落与认知主义的启蒙

认知研究是一个多学科交叉的研究领域，其中乔姆斯基作出了重要贡献。他认为，将动物研究中的行为原则应用到实验室之外的人类身上是毫无意义的，要理解人身上表现出来的各种复杂行为，必须假定负有终极责任的大脑中有一些无法被观测到的实体。①

乔姆斯基对认知研究的思想启蒙，主要体现在以下三个方面：①承认头脑是认知的，或者说人类的大脑中包含着精神状况、看法、疑惑等，对人类心理的研究应该摒弃行为主义简单机械的处理方式，要把主要精力从对行为的关注转移到对认知的关注上来；②承认成年人的大部分智力活动都具有先天性，就语言学习来说，尽管儿童并不是一生下来就会说某种语言，但其天生都具有很强的语言学习能力；③把模块化作为大脑认知结构的关键，认为大脑是由一系列相互作用的子系统组成。

图1-3 乔姆斯基

图1-4 乔治·米勒

---

① Chomsky N. A review of B. F. Skinner's verbal behavior [J]. Language, 1959, 35(1): 26-58.

被称为心理学领域认知革命之父的乔治·米勒（George Miller）在乔姆斯基的影响下，才真正公开地站在了行为主义的对立面，进而推动了心理学的认知革命。

（二）教育视野中经典认知研究的三条线索

与教育密切相关的经典认知研究主要贯穿了三条线索（研究内容）。

第一条线索是关于记忆的研究。心理学家乔治·米勒率先开启了对人类短时记忆能力的定量研究，提出人的记忆容量平均大约为7个组块。这一经典的理论模型后来发展为人类记忆容量有限的基本假设。后来，关于人类记忆容量有限的理论假设开始向教育与学习的理论与实践层面上转化，其中最具有代表性的成果便是"认知负荷理论"。

第二个重要突破是对认知加工基本机制的探索。对各记忆单元内部加工机制的探索，与对记忆基本结构模型的建构，一道构成了学习的信息加工理论模型（如图1-5所示），这在一定程度上对人类学习与记忆的基本机制进行了理论解释。心理学层面上信息加工理论模型的发展直接推动了教育研究中学习与记忆基本模型的建立。

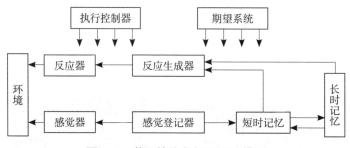

图1-5　学习的信息加工理论模型

第二条线索是关于人类问题解决的探索。首先是以赫伯特·西蒙（Herbert Simon）为代表的人工智能专家在人类问题解决的探索中获得了一系列可观的研究发现，其后是一批心理学家构建了相对完整的人类问题解决的理论框架，并将其成功转化和应用于教育实践，产生了重要的影响：①对问题的界定与分类，最具有代表性的成果是良构问题与劣构问题的分类框架；②问题空间概念的建立，通过确立问题空间的概念，揭示了对问题进行心理表征的基本过程；③问题解决策略的发展，提出了如算法式策略与启发式策略的问题解决策略。

第三条线索是关于专家与新手的比较研究。这类比较研究的目的在于揭示专家与新手在问题解决上的差异，从而发展出把新手培养成专家的各种策略与方法，以提高新手的问题解决能力。比如在教育领域，将优秀教师的教学智慧总结出来以便快速传授给新教师。

图 1-6 赫伯特·西蒙

（三）离身的认知：经典认知研究的认识论及局限

学习研究自 20 世纪心理学家转向教育研究以来，先后经历了多重范式转变，但它们在根本的科学认识论与方法论上是一致的，不管是学习的动物隐喻，还是学习的机器隐喻，在本质上都没有把人视为一个有生命特别是有意识的实体，而仅仅将其视为经典自然科学意义上的无生命的物质对象。

在方法论的层面上，认知主义则把认知——包括感知在内——作为一个构造性的过程来对待，认为正是在这一构造性过程中，各种计算机化的操作把一个静态的表征转化到目标状态。而且，认知主义不仅把人类的心理活动简化为计算机化的过程，还认为所有这些计算机化的过程都是发生在人类大脑里面的，因此考察人类心理时仅仅关注人的大脑，而不管其余。[①]但人的心理是一个统一且不可分割的复杂整体，大脑是人类心理的主要器官，但并不是唯一器官。另外，人的认知并不只是一种发生在大脑内部的生物物理过程，它和人所处的外部环境以及人自身的肉身之间的交互也是认知的一部分。因此，从某种意义上说，基于机器隐喻的经典认知研究本质上是一种离身的认知理论（disembodied cognition）。

离身的认知研究有一个基本假设，那就是认知实质上就是有机体在感觉与运动系统内部对信息进行的表征，对这种表征的另外一种解释就是信息加工。按照离身认知的观点，表征都是符号化的，都是抽象的，它不仅与感觉和运动信息在性质上有所区别，而且完全与之分离。[②]这一理论观点显然是将认知视为心理独有的功能，认为身体并不参与认知，它仅仅扮演着一个机械执行者的角色。但事实上，认知过程中，运动系统的激活并不仅仅是一个巴甫洛夫式的过程。近年来，

---

① Fodor J A. Methodological solipsism considered as a research strategy in cognitive psychology[J]. Behavioral and brain sciences, 1980, 3(1): 63-73.

② Mahon B Z, Caramazza A. A critical look at the embodied cognition hypothesis and a new proposal for grounding conceptual content[J]. Journal of physiology-Paris, 2008, 102(1): 59-70.

来自神经心理学的基础研究已经证明了这一点①，从而否定了认知的离身性质。

（四）从离身走向具身：具身认知的崛起及认识论突破

具身认知（embodied cognition）与传统认知科学不同，它试图摆脱笛卡儿意义上的"我思故我在"这一认知隐喻，不是把认知简单地还原为计算机化的机械过程，而是把人的心理视为一个统一的不可分割的整体，同时还认为人的认知乃至心理活动的展开实质上是肉身、心理与外部世界持续交互的过程，并把关注点放在如何揭示肉身在"有机体如何思维"以及"思维什么"上扮演的重要角色。劳伦斯·夏皮罗（Lawrence Shapiro）认为，具身认知在以下三点上与传统认知研究不同甚至是截然相反：①传统的认知研究认为，认知过程中的一个个步骤其实就是对符号表征进行的操纵，而具身认知认为，认知过程中的这些步骤源于肉身的物理属性；②传统的认知研究把认知看作仅仅发生在大脑里的活动，但具身认知认为，在对认知的内容进行说明时，需要诉诸对包括大脑在内的肉身本质的认识；③传统认知研究认为，认知开始于输入神经受到的刺激，终结于向输出神经发送的讯号，而具身认知认为，认知过程或认知状态可能还延展于有机体生存的环境之中。②具身认知的这三个立场有一个共同的目标追求，那就是在对认知能力进行解释的过程中提升身体的重要性。

由此可以看出，具身认知无论是在关注的心理内容、本体论还是在方法学实践上，都远远超越了经典意义上的认知研究，因此在对人类心理进行探索与揭示的过程中也拥有更强大的解释能力。

三、人是如何学习的：学习科学的创生与发展

20 世纪 80 年代后，越来越多的心理学家和教育工作者感觉到有必要抛弃学习研究的动物隐喻和机器隐喻，转而把焦点集中于人本身。他们开始号召在学习发生的地方研究学习，而不是在实验室里研究学习；要研究人的学习，而不是动物或机器的学习。学习科学由此发端，开始走向研究"人是如何学习的"。

---

① Boulenger V, Roy A C, Paulignan Y, et al. Cross-talk between language processes and overt motor behavior in the first 200 msec of processing [J]. Journal of cognitive neuroscience, 2006, 18(10): 1607−1615.

② Shapiro, L. The embodied cognition research programme [J]. Philosophy compass, 2007, 2(2): 338−346.

（一）学习科学创生的历史动因与两大先驱

20世纪初叶，进步教育运动让杜威的经验主义教育思想开始流行，使社会大众始闻教育要打破学校的牢笼，重新回归经验和生活的呐喊。30年代之后，轰轰烈烈的教育科学化运动却唯桑代克马首是瞻，拒斥杜威开创的在学校中研究教育、在课堂中研究学习的传统，把教育研究锁在了实验室中。在这之后，进步教育运动的偃旗息鼓更是让科学主义的教育研究大行其道。然而教育工作者们最后却发现，尽管对"教育"和"学习"有了越来越多的新发现，但囿于学校围墙之内的孩子们的学习实践却并没有多大的改观，无论是行为主义还是认知科学都没能给孩子们的学习生活带来预想中的益处。

因此，重新回到学校，回到课堂研究学习的呼声此起彼伏。一批有远见的认知科学家们对当时的学校教育和学习研究提出了尖锐的批评，并和一批人工智能专家等一起开创了学习科学这一新的研究领域。在这批学者中间，有一位先行者就是著名的LOGO编程语言发明人、人工智能的四大先驱之一、著名的哲学家和数学教育家、计算机教育应用的重要人物、麻省理工学院媒体实验室的创始人之一西摩·佩珀特（Seymour Papert），其代表性观点是"在制作中学习"（learning by making），为学习科学诞生提供了前期的实践基石。

另一位人工智能研究的重要学者、美国西北大学教授罗杰·尚克（Roger Schank）基于其在人工智能方面的研究转变，进一步推动了学习科学这一新领域的诞生。

图1-7 西摩·佩珀特

图1-8 罗杰·尚克

（二）学习科学学科的创建与发展

在20世纪的70年代至80年代，随着认知科学的进步以及相应的人工智能理论与技术的日益成熟，越来越多的认知科学家和人工智能专家（包括信息技术和教育技术专家等）开始尝试使用人工智能的技术与方法来设计各种计算机软件，以帮助学生更好地学习枯燥且抽象的数学和科学概念，后来就逐渐形成了一个人工智能教育应用的学术性团体。这个学术团体从1983年开始定期召开"教育中的人工智能国际会议"（International Conference on Artificial Intelligence in Education），专门讨论相关问题。但在这个时候还没有专门的学习科学研究机构以及学习科学专业，学习科学家们夹杂在人工智能的学术团体里，学习科学作为一个专门的研究领域也显然尚处于孕育的胚胎之中。

在学习科学的发展历史上，1991年可谓是值得特别纪念的一年。在这一年，学习科学家们创建了世界上第一个学习科学专业，举办了第一届学习科学的国际会议，创办了第一份学习科学的专业刊物。这标志着学习科学作为一个专门研究领域正式登上了历史舞台。

1991年，美国西北大学在原学习科学研究所的基础上，整合了既有的计算机科学、心理学、教育学、传播学、信息科学等多学科的研究力量，创建了世界上第一个学习科学专业，致力于培养研究生层次的、能够对教学和学习进行科学探索并能切实推动学习之实践进步的研究者、开发者和实践者。西北大学的学习科学专业在人才培养中尤其重视学习科学自身的跨学科性质。之后，斯坦福大学、印第安纳大学等其他著名大学也纷纷成立了学习科学专业和学习科学研究机构。斯坦福大学的学习科学专业的名称定为"学习科学与技术设计"，在专业建设的思想上和西北大学有所不同。他们认为，学习科学与技术设计专业的学生要全面完成对学习的基础研究，并设计各种创新性的学习技术，坚持基础研究与应用开发并重的思路。

学习科学的第一份学术刊物《学习科学杂志》（*Journal of the Learning Sciences*）也是正式创刊于1991年。其实早在1989年，尚克就和柯林斯等人提出了为学习科学专门创办一本新期刊的设想。1991年1月，期刊正式发行。此后，《学习科学杂志》在短短的十几年内就在为数众多的教育与心理研究类期刊中脱颖而出，跃升到社会科学引文索引（SSCI）中教育与心理科学类期刊的前列，甚至多次超越众多老牌的专业刊物。

学习科学界的第一个专门学术会议也是于1991年召开的。1991年，西北大学学习科学研究所承办了第五届"教育中的人工智能"国际会议。然而在会议的讨论中，学习科学的研究者们发现自己的研究领域已经和单纯的人工智能教育应用有所不同。尽管学习科学也利用人工智能来设计与开发各种教育软件与平台，但学习科学家们对真实情境中的学习研究更有兴趣，他们所设计的教育软件更加注重学习者的需求，而不再视人工智能技术为必不可少的成分。因此，在尚克的倡议下，一批学者在此次会议上现场组织发起了第一届学习科学国际会议（International Conference of the Learning Sciences）。这也是学习科学发展历史上的一个标志性事件。学习科学家们又于1996年在西北大学单独召开了第二届学习科学国际会议，此后形成了每两年召开一次的惯例，一直持续至今。学习科学家与人工智能专家的分道扬镳，意味着学习科学家已经彻底从人工智能专家的研究群体中分化出来，形成了一个单独的科学共同体，学习科学也从人工智能的研究中分化出来，形成了一个单独的研究领域。

学习科学最终形成的标志是2002年国际学习科学学会（The International Society of the Learning Sciences，ISLS）的正式成立。国际学习科学学会是一个致力于对现实情境中的学习进行跨学科的研究，并探索如何利用包括技术在内的各种手段促进学习的专业学术团体。国际学习科学学会在成立后，一直不遗余力地推动学习科学学科共同体的创建与发展，注重把握学习科学发展的前沿与潮流，应学习科学发展的需要，又先后创办了《计算机支持的协作学习国际杂志》（International Journal of Computer-Supported Collaborative Learning），组织了"计算机支持的协作学习国际会议"（International Conference on Computer-Supported Collaborative Learning）。至此，国际学习科学学会两刊、两会的基本组织架构正式成形。国际学习科学学会的成立标志着学习科学共同体在组织上的正式形成。

学习科学的发展受到了美国等国家的高度重视。1995年，美国国家研究理事会（National Research Council）成立了"学习科学发展委员会"工作小组，并于1999年发布了名为"人是如何学习的：大脑、心理、经验与学校"的研究报告，引起了世界各国对学习科学的关注。2004年，美国国家科学基金会（NSF）宣布拨款1亿美元创建跨学科的"学习科学中心"，并持续给予巨资支持，随后陆续正式成立6个国家级跨学科跨学校的学习科学研究中心。① 比如斯坦福大学和华盛顿大学合作建立了非正式与正式环境学习中心（Center for Learning in Informal and Formal Environments，简称LIFE），从2004年到2014年，连续10年获得总计4000余万美元的资助。② 近年来，欧美发达国家已经将学习科学确立为新的教育政策的关键基础，将人类学习的重要研究成果作为课程决策与行动的

---

① 最初建设了7个，后来有一个中心被取消了。
② 韩锡斌，程建钢．教育技术学科的独立性与开放性——斯坦福大学学习科学兴起引发的思考［J］．北京大学教育评论，2013，11（7）：49—64.

基础。① 在我国，20世纪80年代很多学者在研究"学习学"②，后来还成立了中国高等教育学会学习科学研究分会，这可以看作学习科学研究的发端。在21世纪初，东南大学、北京师范大学、华东师范大学、华南师范大学等高校陆续建立了学习科学研究中心或相关的学术机构。最近几年，北京大学、清华大学等众多高校也纷纷成立了学习科学研究机构。

近年来，随着认知神经科学的不断发展和脑功能成像技术的日趋成熟，用神经科学的研究方法和技术来探究有关学习的认知和脑机制成了学术界的新趋势。人们对认知的研究，不再局限于学校日常教学活动中学生学习行为的变化、学习环境与学生学习之间的关系等宏观层面的研究，也开始重视学生在外部环境的刺激下神经联结的情况、脑功能区的变化以及功能联结等微观层面的研究。③ 受此影响，认知神经心理学家开始使用脑功能成像技术来研究人类真实情境下的学习问题。④ 1999年，国际经济合作与发展组织（Organization for Economic Cooperation and Development，简称OECD）设立了一个教育与创新研究所，并于2002年和2007年分别出版了《理解脑：走向一门新的学习科学》(*Understanding the Brain: Towards a New Learning Science*)和《理解脑：新的学习科学的诞生》(*Understanding the Brain: The Birth of a New Learning Science*)，正式宣告了"一门新的学习科学"——教育神经科学（Educational Neuroscience）的诞生。⑤ 也是在2007年，"国际心智、脑与教育学会"（International Mind, Brain, and Education Society，简称IMBES）创办了《心智、脑与教育》(*Mind, Brain and Education*)期刊，这是教育神经科学领域的第一本专业期刊，教育神经科学也因此有了自己的国际组织与期刊。⑥ 2016年，《自然》(*Nature*)专门设立了电子期刊《自然合作期刊——学习科学》(*npj Science of Learning*)，为学习科学搭建起一个标志性的

---

① 裴新宁. 学习科学研究与基础教育课程变革［J］. 全球教育展望，2013，42（1）：32—44.
② 林明榕. 建立学习学的构想［J］. 山西大学学报（哲学社会科学版），1987，（1）：25—28.
③ 佘燕云，杜文超. 教育神经科学研究进展［J］. 开放教育研究，2011，17（4）：12—22.
④ 周加仙. 学习科学专业课程的设置与人才培养［J］. 全球教育展望，2008，37（4）：36—40+76.
⑤ 周加仙. 教育神经科学：创建心智、脑与教育的联结［J］. 华东师范大学学报（教育科学版），2013，31（2）：42—48.
⑥ 胡谊，桑标. 教育神经科学：探究人类认知与学习的一条整合式途径［J］. 心理科学，2010，33（3）：514—520.

研究平台。①认知神经科学为学习科学的研究提供了一个全新的视角，让人们开始在基础科学层面上对学习的认知神经机制进行研究，我们对学习的认识也因此告别了西格蒙德·弗洛伊德（Sigmund Freud）的时代，即主要依靠"猜想"甚至是"空想"的时代。

（三）教育神经科学：学习科学走向深度科学化的机遇与挑战

教育神经科学是将神经科学、认知科学、心理学、教育学整合起来，研究人类教育现象及其一般规律的新兴交叉学科。②经过多年发展，教育神经科学逐渐形成了其独特的研究内容和方法体系。其主要的研究内容可以归纳为以下四类：①脑的功能结构与发展研究，包括脑的主要结构和功能分区、脑的关键期和敏感期、脑的可塑性等；②语言学习研究，主要涉及语言功能的脑结构基础、语言发展的敏感期、脑的读写能力与发展性读写障碍等；③数学学习研究，主要包括数学能力的脑结构基础、婴儿计算和计算障碍等；④情绪发展研究，着重研究情绪对学习过程的作用，如情绪对注意力和问题解决能力的影响。③在研究方法上，教育神经科学采用脑成像技术（如功能性磁共振成像技术［fMRI］、功能性近红外光谱成像技术［fNIRS］等）与行为研究相结合的方法，既使用认知神经科学的方法，在实验室里研究学习的基础机制、挖掘新的学习规律与知识，也注重使用行为测量的方法，在实际教学问题中开展转化和实践研究④，为制定更有效的教育政策和实践方案提供科学依据。⑤教育神经科学聚焦于教与学过程中的脑生理机制与认知机制，为人们破解大脑的深层学习机制提供了可能，而在此基础上的研究成果也将进一步推动教育决策和实践的科学变革。

教育神经科学的兴起离不开脑成像技术的快速发展，尤其是便携式脑成像设备的出现，让神经科学研究能够走出实验室，来到真实的教学实践场景中，研究学生的内隐学习机制。目前，已经有越来越多的研究者开始走进真实的课堂教学，借助便携式脑成像设备和相关数据分析技术，来探究教与学行为的内在神经

---

① 尚俊杰，裴蕾丝，吴善超.学习科学的历史溯源、研究热点及未来发展［J］.教育研究，2018，39（3）：136—145+159.
② 周加仙."教育神经科学"与"学习科学"的概念辨析［J］.教育发展研究，2016，36（6）：25—30.
③ 佘燕云，杜文超.教育神经科学研究进展［J］.开放教育研究，2011，17（4）：12—22.
④ 周加仙."教育神经科学"与"学习科学"的概念辨析［J］.教育发展研究，2016，36（6）：25—30.
⑤ 裴蕾丝，尚俊杰，周新林.基于教育神经科学的数学游戏设计研究［J］.中国电化教育，2017，38（10）：60—69.

机制。比如，将便携式脑电设备用在真实课堂教学的不同类型教学活动以及师生互动研究中。①②此外，随着技术的发展，目前也出现了更加舒适的可以方便佩戴在耳朵上的脑电采集设备。③虽然该设备的电极数量远无法像传统脑电设备一样覆盖整个头皮，但在一些特定的学习场景中，如与听觉相关的学习任务时，耳朵周围的脑电信息也可以帮助探究大脑信号的内在工作过程。

然而，教育神经科学的发展并不是一帆风顺的。教育与神经科学之间其实横亘着一条很大的鸿沟，直接在二者之间架起一座桥梁是一件很困难的事情。这主要是因为神经科学研究所处的时空尺度和教育研究与实践所处的时空尺度有很大不同——神经科学对学习之基本机制的揭示是在分子和细胞的层面上进行的，它关注的是有机体在毫秒级的时间尺度上发生的变化；但教育研究与实践关注的是作为一个整体的人在一个相对长的时间尺度上发生的那些有意义的变化。想要直接将分子与细胞在毫秒级的时间尺度上发生的变化应用于解释宏观尺度上的教与学行为，是极具挑战性的。

面对这一困难，认知心理学家约翰·安德森（John Anderson）认为，直接联结大范围的教育成果和毫秒级的生物过程暂时不太可能，但可以搭建三座较小的、连续的、跨度更长的桥梁：生物层面—认知层面、认知层面—理性层面、理性层面—社会层面，最终实现以心理学为中介，从生物层面的神经科学到社会层面的教育实践的贯通。④此外，丹尼尔·安萨里（Daniel Ansari）和唐娜·科奇（Donna Coch）也持这种渐进主义的观点，认为要想建构一个有关于心理、大脑、教育与学习研究的交叉学科，还有赖于在研究人员和教育实践工作者之间展开双向对话，在研究人员和实践人员以及一线教师之间建立一种能够推进对大脑、心理和教育进行研究，从而使教育工作者和认知神经科学家都从中受益的具体机

---

① Dikker S, Wan L, Davidesco I, et al. Brain-to-brain synchrony tracks real-world dynamic group interactions in the classroom [J]. Current biology, 2017, 27(9): 1375−1380.

② Bevilacqua D, Davidesco I, Wan L, et al. Brain-to-brain synchrony and learning outcomes vary by student-teacher dynamics: evidence from a real-world classroom electroencephalography study [J]. Journal of cognitive neuroscience, 2019, 31(3): 401−411.

③ Debener S, Emkes R, De Vos M, et al. Unobtrusive ambulatory EEG using a smartphone and flexible printed electrodes around the ear [J]. Scientific reports, 2015, 5: 16743.

④ Anderson J R. Spanning seven orders of magnitude: a challenge for cognitive modeling [J]. Cognitive science, 2002, 26(1): 85−112.

制，这样才能够真正越过教育与认知神经科学之间的鸿沟。① 图1-9呈现的是生物层面—认知层面、认知层面—理性层面、理性层面—社会层面之间基本的联结机制。其中，社会层面的教育实践可以为生物层面的神经科学、认知层面的心理学、理性层面的教育学提出研究的问题，这些问题被转换为研究课题，推动神经科学、心理学、教育学不断进步；也就是说，神经科学和心理学产出的是具有解释性功能的理论模型，教育学产出的是具有规范性功能的处方理论，这些处方理论经过一个整合机制之后，纳入了来自其他学科领域的内容，并与各种现实因素相结合，变成能够解决教育问题的具体措施。

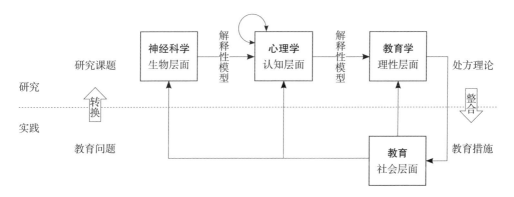

图1-9 统一的教育与认知神经科学在不同层面的联结机制

作为学习科学的一个重要研究领域，教育神经科学的发展拓展了人们对学习行为的理解，为教育干预手段的设计开发提供了更多科学证据。② 未来，教育神经科学或将为教育事业的变革与发展提供更为有力的支撑。③

第二节 学习科学的研究内容与研究方法

学习科学研究目前受到了世界各国的重视。作为一个跨学科研究领域，不同学科的学者正在用不同的方法，从不同的角度对学习展开研究。

---

① Ansari D, Coch D. Bridges over troubled waters: education and cognitive neuroscience [J]. Trends in cognitive sciences, 2006, 10(4): 146-151.
② 尚俊杰, 庄绍勇, 陈高伟. 学习科学: 推动教育的深层变革 [J]. 中国电化教育, 2015, 36(1): 6—13.
③ 韦钰. 神经教育学对教育改革的促进 [J]. 科学教育与博物馆, 2015, 1(6): 396—400.

一、学习科学的研究内容

学习科学是一个跨学科研究领域，那么，它的核心研究内容究竟是什么呢？国际学习科学领域的知名研究专家、美国北卡罗来纳大学教堂山分校的 R. 基思·索耶（R. Keith Swayer）教授，在《剑桥学习科学手册》中指出："学习科学是一个研究教和学的跨学科领域。它研究各种情境下的学习——不仅包括学校课堂里的正式学习，也包括发生在家里、工作期间、场馆以及同伴之间的非正式学习。学习科学的研究，首先是为了更好地理解认知和社会化过程以产生最有效的学习，其次便是为了用学习科学的知识来重新设计已有的课堂及其他学习环境，从而促使学习者能够更有效和深入地进行学习。"[①] 简而言之，学习科学主要就是研究："人究竟是怎么学习的，怎样才能促进有效学习？"

《人是如何学习的》这本书中比较关注记忆和知识的结构、问题解决与推理的分析（专家和新手）、早期基础（婴幼儿的学习）、元认知过程和自我调节能力、文化体验与社区（共同体）参与、学习的迁移、儿童心理与大脑的平衡发展、学习环境设计、有效教学和新技术的应用。[②]《剑桥学习科学手册》一书中比较关注基础理论（建构主义、认知学徒制和知识建构等）、方法论（基于设计的研究）、知识的本质（基于案例的推理、专家学习和概念转变）、知识可视化（项目式学习和基于模型的推理）、共同学习（计算机支持的协作学习、移动学习、在线协作学习）和学习环境等研究。[③]《剑桥学习科学手册》（第2版）在第1版的基础上补充或强调了教育数据挖掘与学习分析、具身认知、数字视频、游戏化学习、移动学习、虚拟世界中的学习、数学历史艺术等学科知识学习，并重视将学习科学研究引入课堂。[④] 我国学者高文教授撰写的《学习科学的关键词》一书，将学习共同体、建构主义学习环境、认知学徒制、概念转变、基于案例的推理、基于模型的推理、计算机支持的协作学习和多媒体学习作为主要研究

[①]（美）R. 基思·索耶. 剑桥学习科学手册[M]. 徐晓东，等 译. 北京：教育科学出版社，2010：序言 1.

[②]（美）布兰思福特等. 人是如何学习的：大脑、心理、经验及学校[M]. 程可拉，孙亚玲，王旭卿，等 译. 上海：华东师范大学，2002.

[③]（美）R. 基思·索耶. 剑桥学习科学手册[M]. 徐晓东，等 译. 北京：教育科学出版社，2010.

[④]（美）R. 基思·索耶. 剑桥学习科学手册[M]. 2版. 徐晓东，杨刚，阮高峰，等 译. 北京：教育科学出版社，2021.

内容。①

以上几本重要著作比较偏向心理、技术等方面，国际经济合作组织 2002 年出版的《理解脑：新的学习科学的诞生》则比较偏向脑有关的研究，其中认为新的学习科学，即教育神经科学的研究范围非常广泛，在学段上包括了大学、中小学、幼儿园，在研究内容上则包括语文、第二语言、数学、道德、体育、音乐、科学，以及影响所有这些学科学习效率的认知与非认知因素：情绪、动机、注意、执行功能、元认知策略等。②③

前面也提过，自 2004 年起，在美国国家科学基金会（NSF）的大力资助下，美国建设了如表 1-1 所示的六个学习科学研究中心。④ 这六个中心分别从不同领域运用多种方法对学习开展研究：①学习科学的生物学基础，涉及人类和其他种属学习的神经及机制；②机器学习、学习的运算法则、知识的表征、机器人技术、适应性系统、认知系统的计算机模拟；③语言、交流和符号系统；④复杂现象和多维数据的呈现与表征；⑤类比推理、数学推理、因果分析、数学问题与科学问题的解决、创造性和智力等；⑥学科内容的学习、正式与非正式教育情境中的学习以及平等的学习机会；⑦问题解决学习策略，包括工程设计中的问题等；⑧学习的动机、情绪和社会情境，包括发展的、社会文化的、经济的、政治的、历史的、环境的因素等；⑨学习技术，包括智能辅助系统、计算机支持的合作环境、数字图书馆、实时评价工具以及新工具和技术的开发；⑩数学模型、统计模型、计算机模型的建构等。⑤

表 1-1 美国六大学习科学中心基本信息

学习科学中心	网址	主要组建机构
教育、科学与技术卓越中心 （Center of Excellence for Learning in Education, Science and Technology, CELEST）	http://cns.bu.edu/CELEST	波士顿大学 布兰迪斯大学 麻省理工学院 宾夕法尼亚大学

---

① 高文.学习科学的关键词［M］.上海：华东师范大学出版社，2009：33.
② 经济合作与发展组织.理解脑：新的学习科学的诞生［M］.周加仙，等 译.北京：教育科学出版社，2021.
③ 周加仙.1990 年代以来世界学习科学的发展及其对教育的启示［J］.教师月刊.2019,（8）：8—25.
④ 夏琪，马斯健，尚俊杰.学习科学未来发展趋势——基于对美国六大学习科学中心的分析［J］.现代教育技术，2019, 29（10）：5—11.
⑤ 周加仙.1990 年代以来世界学习科学的发展及其对教育的启示［J］.教师月刊.2019,（8）：8—25.

续表

学习科学中心	网址	主要组建机构
匹兹堡学习科学中心 （Pittsburgh Science of Learning Center, PSLC）	http://learnlab.org/	卡内基梅隆大学 匹兹堡大学 卡内基学习公司
非正规与正规学习环境学习中心 （Center for Learning in Informal and Formal Environments, LIFE）	http://life-slc.org/	华盛顿大学 斯坦福大学 斯坦福国际研究院
视觉语言与视觉学习学习科学中心 （The Science of Learning Center on Visual Language and Visual Learning, VL2）	http://vl2.gallaudet.edu/	哥劳德大学
空间智力与学习中心 （Spatial Intelligence and Learning Center, SILC）	http://www.spatiallearning.org/	天普大学 芝加哥大学 宾夕法尼亚大学 西北大学
学习的时间动力学中心 （Temporal Dynamics of Learning Center, TDLC）	http://tdlc.ucsd.edu/index.html	加利福尼亚大学圣地亚哥分校

总体来说，学习科学是一个庞大的研究领域，只要是采用科学的方法针对学习开展的研究，一般来说都可以归入学习科学研究，当然，来自不同领域的学者一般会关注不同的方面。香港大学罗陆慧英和程介明等人曾指出，不同领域的学习科学研究针对发生于不同位相的学习，其中，神经科学关注脑，心理学关注个体行为，组织学关注机构，社会学和文化研究关注小组和共同体，教育变革关注教育系统，人类学关注社会。

二、学习科学的研究方向及案例

美国国家科学基金会将学习科学研究大致分为三种取向：①整合认知心理学、教学设计、计算机信息技术、智能系统的学习科学研究；②整合认知神经科学、神经科学、认知科学、医学与教育领域的学习科学；③整合机器学习、工程技术、人工智能等领域的学习科学。[①] 结合这三种取向及其他相关文献，未来学习

[①] 周加仙.学习科学：内涵、研究取向与特征［J］.全球教育展望，2008，37（8）：17—19.

科学领域的发展大致将汇聚为以下三个研究方向。①②

（一）学习基础机制研究

这一类研究大致与"整合认知神经科学、神经科学、认知科学、医学与教育领域的学习科学"这一研究取向相对应，基本上对应教育神经科学研究。借助先进的认知神经科学研究技术，研究人员可以从微观的神经联结层面研究真实情境中的教与学过程，从认知功能与认知结构相结合的综合视角，研究特定教育干预（学习内容、媒体等）对学习过程的影响。区别于当前认知心理学对脑认知机制的实验室研究，学习科学视野下的脑认知机制研究更强调真实的学习情境与教育干预方案。

比如有学者针对苏格拉底的启发式教学，采用功能性近红外光谱成像技术，对参与启发式教学的教师和学生的大脑进行扫描，研究结果发现，如果师生之间的神经活动是相关的，则教学是有效的，反之教学则是失败的。③这一类与脑科学相关的研究目前确实是热点，但是如何在真实学习情境的准实验条件下应用神经科学的技术工具，将会成为教育科学领域中的一个新挑战。

（二）学习环境设计研究

这类研究与"整合认知心理学、教学设计、计算机信息技术、智能系统的学习科学研究"这一研究取向基本吻合，也常称为学习技术（learning technology）研究或学习设计（learning design）研究。区别于学习基础机制的研究，学习环境设计研究更关注如何在已有的基础研究成果的基础上，将这些成果转化为可以直接应用于真实教育情境的干预方案，包括学习媒介（教材、教具、多媒体软件、学习平台等）设计、实体环境（教室、桌椅等）设计、学习交互（教学模式、组织策略）设计等。

比如知名的可汗学院（Khan Academy，http://www.khanacademy.org）开发了一套个性化自适应学习系统，学习者可设计个性化的学习路径并自由选择想要学

---

① 尚俊杰，裴蕾丝，吴善超.学习科学的历史溯源、研究热点及未来发展［J］.教育研究，2018，39（3）：136—145+159.

② 尚俊杰，王钰茹，何奕霖.探索学习的奥秘：我国近五年学习科学实证研究［J］.华东师范大学学报（教育科学版），2020，38（9）：162—178.

③ Holper L, et al. The teaching and the learning brain: a cortical hemodynamic marker of teacher student interactions in the Socratic dialog［J］. International journal of educational research, 2013, 59: 1-10.

习的知识点，还可通过练习或测试提升对某一知识点的掌握程度。①北京师范大学余胜泉等人依据儿童成长过程中的典型问题的知识图谱及其解决案例知识库，构建了个性化育人助理系统——"AI好老师"。②这一类研究通常会基于某种学习理论，统筹考虑技术、学习内容和学习者等要素来设计课程、学习软件、学习平台或学习空间。

（三）学习分析技术研究

这一类研究与"整合机器学习、工程技术、人工智能等领域的学习科学"这一研究取向比较吻合。随着智能学习软硬件环境体系的构建，教育过程中产生的数据呈现出数量大、种类多的新特点，若仍采用传统的测量技术，已无法释放教育大数据本应具有的巨大能量，从而会严重阻碍学习基础机制的深度挖掘以及学习环境设计的有效评估。因此，基于未来人工智能和大数据的新一代学习分析技术成为当前亟待攻关的新挑战。这种对技术的迫切需求，不仅体现在分析算法等软技术上，还体现在收集学习指标数据的硬件技术上。以软硬结合为特征的学习分析技术研究，将为前两类研究的顺利开展开创崭新的平台。

常见的学习分析技术研究包括"在线学习分析""课堂话语分析"等。主要是基于线上或线下学习的行为数据，分析学习者行为特征，从而给予个性化的干预。比如，有学者基于edX平台上的122个麻省理工学院MOOC（massive open online course，大规模在线开放课程）的数据以及280万注册MOOC参与者的数据，对MOOC和学习者特征进行深入研究。③

学习分析不仅仅是针对线上学习，也可以针对传统课堂学习。比如匹兹堡大学劳伦·雷斯尼克（Lauren Resnick）等人尝试使用课堂讨论分析工具classroom discourse analyzer（CDA）对一节或多节课堂讨论进行分析，并将数据信息加以自动整合，以互动式图表形式提供给老师，帮助老师及时反思和改善课堂教学

---

① 张振虹，刘文，韩智. 学习仪表盘：大数据时代的新型学习支持工具［J］. 现代远程教育研究，2014,（3）：100—107.

② 余胜泉，彭燕，卢宇. 基于人工智能的育人助理系统——"AI好老师"的体系结构与功能［J］. 开放教育研究，2019,25(1)：25—36.

③ Cagiltay N E, Cagiltay K, Celik B. An analysis of course characteristics, learner characteristics, and certification rates in MITx MOOCs［J］. The international review of research in open and distributed learning, 2020, 21(3): 121-139.

实践。①

其实，学习科学的三大研究内容并非相互独立，而是彼此相关联的。学习基础机制为学习环境设计和分析技术的研究确立了理论引领，学习环境设计为学习基础机制和分析技术的应用提供了实践机会，而学习分析技术又为学习基础机制和环境设计（学习设计）的深入搭建了观察平台。②

三、学习科学的研究方法和技术

学习科学是一个跨学科研究领域，它使用的研究方法和技术也因此比较复杂，不同学科不同取向的研究可能采用不同的方法。③④限于篇幅，本节只简单介绍一下比较典型的研究方法和技术。

（一）实验研究法、调查研究法等传统研究方法

实验研究和调查研究是教育领域乃至社会科学领域都广为使用的方法，在学习科学研究中也一样被广泛使用。

实验研究法，指的是根据研究目的，基于一定的理论或假设，运用一定的手段，主动干预或控制研究对象，进行有计划的实践，从而验证假设，并得出一定的科学结论的研究方法。⑤它的主要目的是建立变量之间的因果关系，基本逻辑是改变 A 变量，然后看看 B 变量是否随着变化；如果 B 变量随着 A 变量的变化而变化，就说明 A 变量对 B 变量有影响。⑥比如著名学者梅耶（Mayer）的很多研究通常会分对照组和实验组，给予不同的学习材料或其他干预措施，然后通过测试来比较学习成效。⑦

在教育领域，很多时候很难完全随机分组，也很难严格控制实验对象（学习

---

① Chen G, Clarke S N, Resnick L B. An analytic tool for supporting teachers' reflection on classroom talk[A]// Proceedings of the 11th International Conference of the Learning Sciences (ICLS)[C]. Boulder, Colorado, USA, 2014: 583-590.
② 罗陆慧英. 连接学习设计和学习分析的国际努力[J]. 开放教育研究, 2020, 26(2): 49—52.
③ 杨南昌, 刘晓艳, 曾玉萍, 等. 学习科学的方法论革新与研究方法综述[J]. 开放教育研究, 2011, 17(6): 20—29.
④ 尚俊杰, 王钰茹, 何奕霖. 探索学习的奥秘: 我国近五年学习科学实证研究[J]. 华东师范大学学报(教育科学版), 2020, 38(9): 162—178.
⑤ 李克东. 教育技术学研究方法[M]. 北京: 北京师范大学出版社, 2003: 172.
⑥ 李沛良. 社会研究的统计应用[M]. 北京: 社会科学文献出版社, 2002: 9.
⑦ Mayer R E, Johnson C I. Adding instructional features that promote learning in a game-like environment[J]. Journal of educational computing research, 2010, 42: 241-265.

者），所以通常会采用准实验研究法。该方法指的是利用自然场景，采用原始的组，在较为自然的环境下以类似实验的设计方案来进行研究。① 与真正的实验相比，准实验的严谨性略低，但是便于操作，具有广泛的应用性。比如，研究者常结合课堂教学，按照原始班级分组，通过对照实验来探讨某种教学方式或干预手段的教学效果。

调查研究法，指的是采用问卷或访谈的方法，有计划地、系统地、直接地从一个取自某种社会群体的样本那里收集资料，并通过对资料的统计分析来认识社会现象及其规律的社会科学研究方法。② 在调查研究中，可以采用问卷调查（定量）或者访谈调查（定性）。比如有学者想了解课堂中的"沉默学生"（比较少发言的学生）和他们参与课堂交流的模式特点，研究者将该研究工作分为两段：第一阶段是定量研究，对 32 个班级进行了问卷调查和阅读能力测试；第二阶段是定性研究，通过观看视频选取了 8 名同学进行深度访谈，并结合视频数据进行编码分析。③

（二）设计研究方法

学习科学的一个重要目标就是要重新设计学习环境，这就需要用到一个特别独特和重要的方法——设计研究方法（design-based research，简写为 DBR，也翻译为基于设计的研究）。

设计研究方法是一种为了解决现实教育问题，在真实自然的情境下，基于认知和学习理论，综合运用多种研究方法，为特定需求设计学习环境，并根据来自实践的反馈不断迭代改进直至排除缺陷、"逐步完善"，以实现理论与实践双重发展的新兴研究范式。④ 实际应用中，研究者通常在一定理论指导下，快速设计、开发出系统原型，并邀请专家或用户提出意见，或者进行准实验室研究，然后研究者在整合意见的基础上开发出第 2 版原型，继续请专家或用户提建议。这个过程循环多次，直到专家和用户都比较满意为止。此外，研究者还会根据这个研究

---

① 李克东. 教育技术学研究方法 [M]. 北京：北京师范大学出版社，2003：186.
② 梁林梅，杨九民. 教育技术学 [M]. 北京：北京大学出版社，2012：240—241.
③ Sedova K, Navratilova J. Silent students and the patterns of their participation in classroom talk [J]. Journal of the learning sciences, 2020, (1): 1-36.
④ 张文兰，刘俊生. 基于设计的研究——教育技术学研究的一种新范式 [J]. 电化教育研究，2007，(10)：13—17.

过程总结出设计策略或原则供其他研究者参考。① 具体过程如图 1-10 所示。可以看出，设计研究方法特别强调四点：①要解决的是现实中的教育问题；②在研究过程中研究者、相关领域专家、用户都要参与进来；③要进行多轮迭代；④要注重提炼设计原则和策略。

图 1-10 设计研究方法的一般过程②

目前，设计研究方法在学习科学领域，尤其是在学习环境设计研究方向上得到了比较广泛的应用。

（三）基于脑科学的研究方法和技术

近年来，学习科学领域的研究者越来越多地开始采用脑科学方面的研究方法和技术分析，如脑电图、跨颅直流电刺激、功能性磁共振成像技术、功能性近红外光谱技术等。这类技术的基本工作原理是，当人们在进行认知任务时，脑的某个特定区域的神经活动随之增强，研究者通过测量这些变化来获取脑神经活动的信息。也有研究者采用眼动技术、可穿戴设备等神经生理科学测量方法来获得反馈数据，以便对学习者的学习行为和表现进行更客观的评价。

（四）基于大数据和人工智能的研究方法和技术

随着教育领域积累的学习行为数据越来越多，基于人工智能和大数据的研究方法和分析技术越来越受到青睐。③ 这方面比较重要的两个概念就是教育数据挖掘（educational data mining）和学习分析（learning analytics）。

教育数据挖掘，指的就是综合运用数学统计、机器学习等技术，从大量教育数据中挖掘和抽取出未知的、具有教育应用价值的模式或规律。常用的教育数据挖掘技术包括聚类分析、回归分析、滞后序列分析、因果分析等。比如华中师范

---

① 王其云，呼春. 逐步优化电脑教育应用-开发研究方法［A］// 李芳乐，杨浩. 电脑教育应用研究——方法与案例［C］. 北京：北京交通大学出版社，2005：38—47.

② 缪蓉，赵国栋. 教育技术研究的方法与策略［M］. 北京：北京师范大学出版社，2003：69.

③ 余胜泉，徐刘杰. 大数据时代的教育计算实验研究［J］. 电化教育研究，2019，40（1）：17—24.

大学杨宗凯等人基于学生食堂消费数据，利用大数据技术分析，来分析学生朋友关系的演化特征，并考察同伴对学生行为的影响。[1]

学习分析，指的是测量、收集、分析、报告学习者及其学习情境的相关数据，以促进对学习过程的理解，并对学习及其发生的环境进行优化。[2]在学习分析研究领域，针对不同的研究内容，主要可以采用话语分析（discourse analysis）、内容分析（content analysis）、社会网络分析（social network analysis）、可视化分析等方法。[3]相关内容将在第十章讲解，这里不再展开。

第三节　学习科学的未来发展趋势

当前，教育事业发展特别快，不过仍然存在很多待解决的问题。比如，常态使用平板电脑对学生的认知发展、社会性发展以及视力会产生什么样的影响，影响机制是什么？再如，听真人讲课和看视频上课的差异究竟是什么，其学习成效的影响因素的神经机制是什么？……这些问题归根结底，都会汇聚到一个根本性问题上来：人究竟是怎么学习的，怎样才能促进有效学习？学习科学的诞生就是希望用实证的、科学的方法帮助解决或部分解决这一根本性问题，从而推动教育的深层变革。[4]

一、学习科学研究的发展趋势

基于对《剑桥学习科学手册》《国际学习科学手册》等文献的分析，学习科学的研究内容和方法未来将会呈现出如下发展趋势。[5]

（一）学习作为一个复杂系统受到越来越多的关注和研究

学习是一种复杂的系统现象，学习和学习机制在不同层级中运行。例如，个

---

[1] Yang Z, Su Z, Liu S, et al. Evolution features and behavior characters of friendship networks on campus life [J]. Expert systems with applications, 2020, 158: 113519.

[2] Siemens G. 1st international conference on learning analytics and knowledge 2011 (LAK' 11) [EB/OL]. [2020-6-9]. https://tekri.athabascau.ca/analytics/.

[3] 杨南昌, 刘晓艳, 曾玉萍, 等. 学习科学的方法论革新与研究方法综述 [J]. 开放教育研究, 2011, 17(6): 20—29.

[4] 尚俊杰. 未来教育重塑研究 [M]. 上海：华东师范大学出版社, 2020: 268.

[5] 任友群, 赵建华, 孔晶, 等. 国际学习科学研究的现状、核心领域与发展趋势——2018版《国际学习科学手册》之解析 [J]. 远程教育杂志, 2020, 38(1): 18—27.

体层面的学习行为化证据,也会在神经层面(神经中枢)上有特定的体现。另外,虽然经常在个体层面上讨论学习,但是学习也是群体层面的成就表现。然而,目前尚缺乏足够的理论、实践和分析工具,去分析不同层级的系统机制是如何相互连接的。未来需要越来越关注现实情境下复杂多变的多层级学习现象,从而揭示神经机制、行为表现和社会文化方面的连接和属性。

(二)学习科学研究内容越来越丰富和具体

围绕学习基础机制、学习环境设计、学习分析技术,学习科学的研究内容将会越来越丰富,其中脑科学和新技术支持下的学习科学研究将会成为重点。

学习科学的诞生,离不开一部分认知科学家(包括认知神经科学家)的贡献,目的就是将脑、心智和真实情境中的教学联系起来,而这一与脑科学相关的研究领域实际上逐渐发展为教育神经科学,这也为学习科学走向深度科学化提供了机遇。不过,在重视脑科学研究的同时,也要谨防脑科学神话。[1]

另外,要特别注重人工智能、大数据等新技术支持下的学习科学研究。[2]事实上,人工智能、大数据在学习基础机制、学习环境设计、学习分析技术三个方向上都有应用。教育领域现在特别重视个性化自适应学习,这就需要利用人工智能和大数据技术,对海量学习过程数据进行学习分析,并适当结合小班教学,借此真正实现个性化自适应学习。

当然,就我国学习科学研究现状及存在问题而言,未来可以开展的研究议题其实很多。从学习基础机制到学习环境设计到学习分析技术,从婴幼儿、青少年、大学生到成人、老年人的学习,从神经机制到真实情境中的学习行为,从学习兴趣、学习动机到学习投入、学习行为、学习评价,从移动学习到模拟、仿真、游戏化学习、VR/AR学习,从MOOC、微课、翻转课堂到混合式学习,从课堂学习、校外学习再到非正式学习、社会化学习,从学习科学研究方法、研究技术到研究工具,其中都有大量值得研究的基础课题。[3]

---

[1] 杨南昌,曾玉萍,陈祖云,等.学习科学主流发展的分析及其启示——基于美国《学习科学杂志》(1991—2009)内容分析研究[J].远程教育杂志,2012,30(2):15—27.

[2] 洪超,程佳铭,任友群,等.新技术下学习科学研究的新动向——访学习科学研究专家Roy Pea教授[J].中国电化教育,2013,34(1):1—6.

[3] 尚俊杰,王钰茹,何奕霖.探索学习的奥秘:我国近五年学习科学实证研究[J].华东师范大学学报(教育科学版),2020,38(9):162—178.

（三）学习科学在逐渐形成独特的方法论

学习科学研究者们在努力发展一种独特的融合性方法，它将民族方法学和民族志研究方法相结合，定量研究的会话分析和实验研究进行对接，并努力结合不同领域的研究方法，呈现出定量和定性研究相融合的趋势。在这些研究方法中，需要特别重视设计研究方法（DBR）。设计研究方法特别强调研究者、一线教师、使用者（学生）共同参与设计，通过多轮迭代，在完善设计的同时总结设计原则和策略。

（四）社会公正公平和伦理道德问题逐渐成为学习科学关注的主题

随着社会的进步，社会公正公平和伦理道德问题也逐渐成为学习科学关注的主题。因此，需要考虑特定的学科内容、认识实践、教学设计、学习软件和平台，以及学习结果测量，以确保每一位学习者无论性别、年龄、健康状况、社会或经济地位、民族或文化背景、地域如何，都能够享受优质的教育和学习机会。要善用技术，防止有害应用，要保证对学习者的数据进行合乎伦理、非歧视、公平、透明和可审核的使用。

二、学习科学的发展策略

要想促进学习科学的快速发展，还需要注重如下发展策略。[①]

（一）加大对学习科学的支持力度

在学习科学发展的近几十年来，世界各国纷纷投入巨资筹建专门的学习科学研究机构、支持学习科学研究课题、设立学习科学专业培养点，以此引领和推进本国教育教学模式的变革。我国国家自然科学基金委从 2018 年开始也正式设立了项目（代码为 F0701），专门资助教育基础科学研究。当然，我国学习科学研究刚步入发展正轨，因此还需要国家从研究课题、学科建设、学术活动等各个层面提供更多的政策支持，加大对人才和资金的投入力度。

（二）促进学习科学研究的跨学科合作

作为跨学科研究的典型，学习科学研究不仅需要跨学科知识，还需要漫长的时间跨度保证，单一学科背景的研究团队很难独立承担。美国国家科学基金会从 2004 年开始在全美创设 6 个学习科学中心，其目的就是打破学科边界，为跨学科

---

① 尚俊杰，裴蕾丝. 发展学习科学若干重要问题的思考［J］. 现代教育技术，2018，28（1）：12—18.

视野下的学习科学研究提供完备的条件保障。在我国，目前师范大学、综合性大学中不同学科的学者们纷纷开始开展学习科学研究，也都在努力进行合作，但是目前尚未形成成熟的跨学科合作体系。未来，如何建立制度措施保障跨学科学习科学研究共同体的形成和可持续发展，将是我国学习科学领域建设与发展所面临的紧迫议题。

（三）注重提升教师学习科学素养

学习科学的根本出发点和落脚点是回答"人是如何学习的"，具体到教育教学实践中，就要围绕"学生如何学"来设计教师如何教，因此未来的学校教师需通过专业培训，构建起以学习科学素养为核心的教学知识能力体系，从而促进学习科学和课堂教学的深度融合，促进课堂教学的深层变革。[①]具体的学习科学素养教师培训方案可以针对在职教师和师范生分别实施：一方面借助现有的教师系统培训项目，实现从骨干教师到普通教师的学习科学素养普及；另一方面依托现有的师范生培养课程体系，通过开设学习科学相关专业课程、开展教育实习，双管齐下，培养潜在教师的学习科学素养。

（四）注重学习科学成果的发表和推广

目前，在国外已经有多本专门的学习科学期刊，在国内，虽然现在教育类（含教育技术类）和心理类期刊也会发表学习科学的相关文章，并且也有期刊开始开设学习科学专栏，但是目前还没有专门的学习科学期刊。为了更好地推动学科发展，希望在国家相关部门的支持下，能够尽快开办专门的学习科学期刊。

另外，学习科学是一门从实践角度研究学习的科学，这一定位就要求该领域的成果不仅是严谨科学的研究论文和研究报告，还要有与研究相关的产品原型设计。对于产品原型设计类成果，尤其是那些经过多轮研究实验被证明有效的学习产品或环境设计，应该更进一步做好成果的市场转化和推广，使研究成果能无缝接轨教育实践。

本章结语

人们对学习的研究经历了从依赖经验总结和哲学思辨到应用科学研究方法的重要转变。在这一过程中，心理学研究方法对教育研究科学化起到了重要的推动

[①] 尚俊杰，李军，吴颖惠.提升教师学习科学素养 促进课堂教学深层变革［J］.中小学信息技术教育，2021（01）：5—8.

作用。不过，心理学对教育学研究改造的极端化，也造成了教育研究领域中理论与实践互相割裂的问题。特别是在20世纪80年代以前的教育心理学研究中，常见的动物隐喻和机器隐喻已经不能满足对复杂人类学习现象的解释需求。于是，人们开始转向在真实世界环境中研究学习发生的过程和机制，即研究"人是如何学学习的，怎样才能促进有效学习"。在此背景下，学习科学应运而生，并逐渐成为聚焦人类学习的一个多学科交叉研究领域。学者们围绕学习的基础机制、环境设计、分析技术等方向进行广泛的探索，深入探讨了影响学习过程的各种因素，如认知、情感、社会文化背景等。这些研究不仅丰富了学术领域的理论和实践，也对全球教育政策的制定和实践变革产生了深远影响。随着技术的快速发展和教育需求的不断变化，可以预见，学习科学将在教育研究中扮演愈加重要的角色。因此，我们需要加大力度推进学习科学研究，以期为促进全人类的学习和发展作出更大贡献。

> **重点回顾**

1. 学习研究的动物隐喻从生理学家巴甫洛夫有关经典条件反射的实验开始，历经华生、桑代克、斯金纳等心理学家的努力，最终成为统治20世纪上半叶学习研究的主流范式。
2. 行为主义主要关注学习者作为学习结果之外显行为的改变，它的理论目标是对行为的预测和控制，其核心为探究刺激与反应之间的联结机制，以便预测和控制学习者的行为。
3. 从教育的视野来看，与教育具有密切相关性的经典认知研究主要有三条线索：有关于人类记忆的研究、对人类问题解决的研究、专家与新手的比较研究。
4. 行为主义心理学原理在教育实践中的应用导致人被视为动物的非人化倾向；而认知主义心理学原理在教育实践中的应用则导致人被视为机器的问题，这也是一种非人化倾向。
5. 学习研究的动物隐喻以及机器隐喻背后潜藏着的是机械的自然观、身心二分与主客二分的认识论以及由此导致的分析还原的方法论。
6. 1991年，美国西北大学创建了世界上第一个学习科学专业，致力于培养研究生层次的、能够胜任对教学和学习进行科学探索，并能切实推动学习之实践进步的研究者、开发者和实践者，授予博士和硕士两种等级的学位。
7. 1991年1月，学习科学的第一份学术刊物《学习科学杂志》的第一期组稿完成并正式发行与读者见面。

8. 1991年，在尚克的倡议下，一批学者在第五届"教育中的人工智能"国际会议上现场组织发起了第一届学习科学国际会议。
9. 学习科学作为一个新兴科学领域最终形成的标志是2002年国际学习科学学会的正式成立。
10. 学习科学既不属于纯粹的基础研究，也不属于纯粹的应用研究，而是兼具基础研究和应用研究的双重性质。它是一门新科学，它开创了教育研究的新传统和新领域。
11. 简而言之，学习科学主要就是研究："人究竟是怎么学习的，怎样才能促进有效学习？"
12. 学习科学的主要研究方向包括学习基础机制研究、学习环境设计研究和学习分析技术研究。
13. 除了传统的实验研究方法、调查研究方法外，设计研究方法（基于设计的研究方法）也是学习科学领域非常重要的研究方法。
14. 学习科学正在形成独特的方法论，呈现出定量和定性研究相融合的趋势，这种融合包含案例研究、会话分析以及关于教学条件和学习情境的实验和准实验的研究。

> **思考题**

1. 行为主义的发展经历几个阶段？其代表人物、核心观点分别是什么？它们对心理学和学习理论的发展产生了哪些重要影响？
2. 教育视野中经典认知研究的三条线索都是什么？
3. 学习科学产生的背景原因是什么？
4. 请根据学习科学创生的基本历程，绘制学习科学学科创建与发展的时间轴。
5. 请举例说明学习科学的三个主要研究方向的含义。
6. 请结合本章所学和自己的思考阐述学习科学未来发展趋势。

第二章　脑科学与学习

内容摘要

本章主要讲述脑科学视角下的学习研究，从学习的生物基础——大脑和大脑对学习的作用两个层面解读脑科学与学习之间的关系。分别从微观的脑，如脑的结构功能、工作机制及可塑性来审视宏观的学习过程；以及从宏观的学习任务出发，反过来审视脑结构和功能对学习的支持作用，讲述了基础视知觉、注意、记忆对学习的作用，以及高级的语言、数学、情绪加工的脑机制。最后对认知神经科学研究的方法进行了系统描述。

通过本章的学习，大家可以基本掌握大脑的结构与功能及其在学习中的作用，且对研究大脑功能的认知神经科学的方法技术也有所了解。

学习目标

1. 了解大脑的结构、功能、工作机制及可塑性；
2. 能够阐述视知觉、注意、记忆等在学习中的作用；
3. 通过了解认知神经科学相关的学习研究，对学习的脑机制产生兴趣；
4. 了解认知神经科学的基本研究方法与工具；
5. 通过了解认知神经科学的研究与方法，从认知神经科学的角度理解学习科学；
6. 通过了解学习相关脑机制结论的发展，形成批判性的学术精神与学习态度。

思维导图

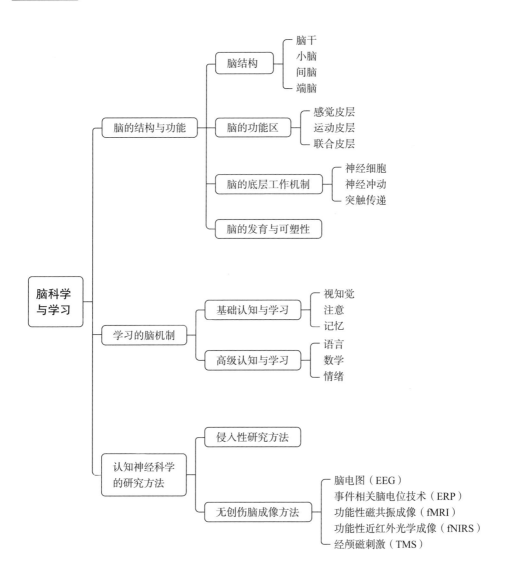

第一节　脑的结构与功能

神经系统（nervous system）由中枢神经系统和周围神经系统构成，主要作用是调节机体内生理功能活动。中枢神经系统包括脑和脊髓，周围神经系统包含脑神经和脊神经。本节先从大脑开始讲起。

一、脑的结构功能

（一）脑的解剖结构

从解剖学角度看，大脑是由脑干、小脑、间脑和端脑组成的（图2-1）。

1. 脑干（brainstem）

脑干是连接脊髓和大脑的信息传导桥梁，包括中脑、脑桥、延髓三个部分，它主要参与调节睡眠、控制体温、控制消化、呼吸和心跳等重要的基本生理活动。

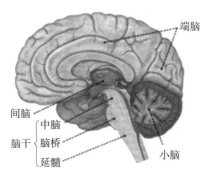

图2-1　大脑的结构

其中，中脑（mesencephalon或midbrain）介于间脑与脑桥之间。在低等哺乳动物中，中脑是其整合复杂姿势动作的中枢。在高等动物中，中脑除了作为脊髓和前脑（在结构上包括端脑和间脑）交换的桥梁，还包含一些参与感觉系统、运动控制和其他功能的神经元。脑桥（pons）位于中脑与延髓之间，为小脑所覆盖。脑桥只在哺乳动物中发现，在人脑中尤为发达。神经纤维束通过脑桥传递信息，连通左右小脑，并接通小脑与大脑，以协调自主运动。延髓（medulla oblongata）也叫延脑，居于脑最下部，和脑桥相连。延髓控制呼吸、吞咽、消化和心跳等基本生命活动。

2. 小脑（cerebellum）

小脑位于大脑的后下方，是重要的运动调节中枢。小脑的主要功能是维持躯体平衡，它从前庭器官接收信息，从而改变身体不同部位的肌肉张力，使身体在加速或旋转运动中保持姿势平衡。

3. 间脑（diencephalon）

间脑位于左右大脑半球之间，分为下丘脑、底丘脑、后丘脑、背侧丘脑和上丘脑。间脑的主要功能是接受和整合躯体和内脏感觉冲动（嗅觉除外），并将它们传递到大脑皮层的特定感觉区域；它也是大脑皮质下自主神经和内分泌的调节中枢。

4. 端脑（telencephalon）

端脑是人脑最大的组成部分，由左右两半球组成，主要包括大脑皮层、边缘系统等部分。它是脊椎动物脑的高级神经系统的主要部分，与运动的控制、感觉的产生以及一些高级脑功能的实现密切相关。

其中，边缘系统（limbic system）主要包括海马、海马旁回及内嗅区、齿状回、扣带回、乳头体以及杏仁核。其主要涉及嗅觉、内脏、自主神经、内分泌、性、摄食、学习、记忆等认知功能。杏仁核和情绪的表征有关，位于颞叶内部的海马则与记忆有关，损伤海马及相邻部位会导致健忘症。大脑皮层（cerebral cortex，如图2-2所示）由处于皮层表面、大约1～4毫米厚的灰质和处于皮层底层的白质组成。其中央有一条裂缝，它把大脑从前到后分成左右两半球，两个半球通过胼胝体（corpus callosum）连接在一起。

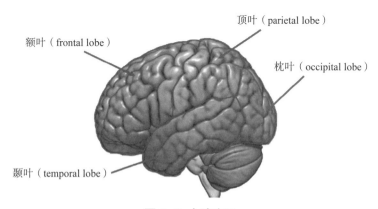

图2-2 大脑皮层

大脑两半球表面三条比较大的沟裂将大脑分成了不同的区域。额叶（frontal lobe）位于中央沟之前。其背部的运动皮层主要负责初级运动的加工，而额叶前部则被认为是与更高级的加工过程有关，这些过程包括执行功能、记忆和其他认知过程。额叶损害会导致随意运动、语言表达及精神活动障碍。顶叶（parietal lobe）位于大脑背外侧。顶叶背外侧面有一条中央后沟，它平行于中央沟，其后部有交错而行的顶间沟（也叫顶内沟）。空间加工中枢等许多重要的区域位于顶叶。颞叶（temporal lobe）位于颞骨下方，接受来自枕叶的输入，参与物体识别。颞叶也包括初级的听觉区以及参与语言加工的威尔尼克区。枕叶（occipital lobe）位于大脑皮层顶枕裂之后。距状裂两侧的纹状体是处理视觉信息的重要中枢，并控制与视觉有关的眼球运动以及与瞳孔调节有关的反射活动。单侧枕叶皮层主要与双眼的同侧视网膜相连，加工双眼的对侧视野中的信息。

大脑皮层是调节身体机能的最高级的部分，是高等动物维持正常生命活动不可或缺的部分。大脑皮层的表面积约2500平方厘米，为了容纳于颅骨内，它被高度折叠，这也因此成了人类和其他众多哺乳动物脑的显著区别。

（二）脑的功能区

脑的主要生理功能是控制生理心理活动和感觉运动。与其他动物相比，人类智力的发展得益于大脑的扩张和复杂的结构。脑功能区的划分方法很多。布罗德曼（Brodmann）根据细胞形态和组织之间的区别将大脑皮质分为52个区域，这些区域又可以分成几大功能区域（如图2-3所示），主要包括视觉皮层区、听觉皮层区、躯体感觉区、运动皮层区和联合区。

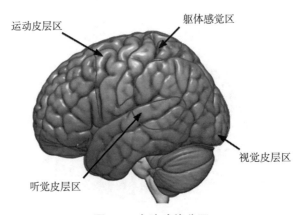

图2-3 大脑功能分区

1. 视觉皮层区（visual cortex area）

顶枕裂后面的枕叶内皮层称为视觉皮层区，位于布罗德曼第17区。大脑的两个半球都包含一个视觉皮层，每个视区负责眼睛对侧视野所输入的神经冲动，视觉冲动经过位于丘脑的外侧膝状体到达视觉皮层形成初级的视觉。左半球的视觉皮层接收来自右视野的信号，右半球的视觉皮层接收来自左视野的信号。此外，视觉区也会与附近的脑区合作，对视觉信息进行进一步加工，从而产生形状识别、空间关系辨别等更加复杂的视觉。

2. 听觉皮层区（auditory cortex area）

听觉皮层区位于颞叶皮层处，位于布罗德曼第41、42区。听觉冲动通过丘脑的内侧膝状体到达大脑的听觉皮层形成听觉。大脑两半球均包含听觉皮层，但不同于视觉皮层，听觉皮层接受的听觉信息输入既包含同侧的也包含对侧的，且以对侧的为主。也就是说，右脑的听觉皮层主要接收左耳的听觉信号，左脑的听觉皮层主要接收右耳的听觉信号。

3. 躯体感觉区（somato-sensory area）

躯体感觉区主要位于中央沟后面的后沟回，位于布罗德曼第1、2、3区。大脑的感觉区域可以感知来自皮肤、脏器等传入的各种感觉刺激，产生触觉、痛觉、内脏感觉等。人体的各个部位在躯体感觉区的投射方向是不同的，比如人的躯体、四肢在躯体感觉区上的投射是交叉、倒置的；而人的头部各器官在躯体感觉区上的投射是正向的。此外，身体部位在躯体感觉区的投射面积与其作用大小有关，越重要的部位投射面积越大。

4. 运动皮层区（motor cortex area）

初级运动皮层是额叶的一部分，位于布罗德曼第4区。运动皮层首先产生神经冲动，神经冲动经过传导到达脊髓，从而实现对人体各部位运动的控制。运动区主要负责人体运动的控制，包括发出运动指令、调节身体的动作和姿势以及通过控制四肢和肌肉进行运动执行，尤其是与延迟反应相关的运动。身体一侧的运动控制取决于对侧初级运动皮层，例如，身体的左侧运动对应于皮层右侧，身体的右侧运动对应于皮层左侧。同样，身体各部位在本区的投射面积取决于其功能的重要程度，而不是各部位的实际大小。

5. 联合区（association area）

皮层联合区用于联络、综合各种结构和机能系统。种系进化水平越高，大脑中的联合区在皮层所占的比例越大。联合区不与感觉、运动过程直接联系，而是用于整合各种感觉通路中的信息。联合区在行为计划、决策控制上起着关键作用，是一种整合和支配人类高级心理活动、进行复杂信息处理的神经结构。

（三）与学习有关的特定脑区

除了大脑皮层外，边缘系统中的海马、杏仁核、扣带回等区域也与学习密切相关。

1. 海马（hippocampus）

海马与大脑不同感觉区相联系，能够影响记忆的存储和提取。研究者们发现，海马损伤将导致产生顺行性遗忘——患者的短时记忆、长时记忆均正常，但是记不住刚刚学习的内容，难以将短时记忆转换成长时记忆。此外，研究者还发现，切除海马还会影响患者的空间环境事物记忆表现，使患者失去方向感。[1]

2. 杏仁核（amygdala）

杏仁核在感觉体验与记忆转化中有重要作用，它能够将触觉信息、视觉信息等进行汇聚，将信息传递给皮层感觉区，从而实现对事物的辨别与识记。这说明杏仁核能够以感知觉的形式存储信息，形成长时记忆，也就是我们常说的"触景生情"——见到类似的场景就能勾起大脑中的记忆。

3. 扣带回（cingulum gyrus）

扣带回主要包含前扣带回与后扣带回。其中，前扣带回被认为与人的情绪，特别是冷漠与抑郁情绪有关。在执行复杂任务时，扣带回会被显著激活，它能够对正在执行的任务进行监控，并且根据当前所进行的任务的加工要求在脑区中对认知资源进行分配。[2]其次，扣带回与海马的联系十分密切，因此对人的记忆功能也十分重要。最后，扣带回也是学习纠正错误的中心结构。

二、脑的底层工作机制

脊椎动物的中枢神经系统包括大脑、小脑、脑干和脊柱椎管内的脊髓，它们均含有大量的神经元。在探讨神经系统的工作方式时，先了解神经系统的最基本单位——神经细胞，然后再学习神经细胞的工作方式、神经冲动的产生以及神经突触和突触传递。

---

[1] Scoville W B, Milner B. Loss of recent memory after bilateral hippocampal lesions [J]. Journal of neurology neurosurgery & psychiatry, 1957, 20(1): 11-21.

[2] Gazzaniga M S, Ivry R B, Mangun G R. Cognitive neuroscience: the biology of the mind [M]. 2ed. NewYork: W.W.Norton & Company, 2002: 530-535.

（一）神经细胞

1. 神经元

神经元（neuron）负责接受信息并将信息传递给其他细胞。一个成年人的大脑中约含1000亿个神经元。[1][2] 神经元一般包含胞体（cell body）、轴突（axon）、树突（dendrites）和突触（synapse）。一般情况下，轴突远大于胞体，胞体则一般在轴突上。

如图2-4所示，运动神经元（motor neuron）的胞体位于脊髓里，它利用树突与周围其他神经元沟通、交流。这是由于树突表面存在许多突触受体，它能够接收周围其他神经元发出的信息，并将信息沿着轴突传递到肌肉组织上。而如图2-5所示，感觉神经元（sensory neuron）的神经末梢通常具有特异性，仅对某一类特殊刺激，例如声音、光线或气味等有反应。

胞体是神经元发生新陈代谢活动的主要部分。单个神经元具有不止一个树突，但有且只有一个轴突。轴突负责将神经冲动传递给其他神经元或器官、组织，具有许多分支。分支末端会释放神经递质（化学物质），一般称分支末端部位为突触前末端。神经递质会通过突触从一个神经元传递到另一个神经元来完成神经元之间的信息传递。

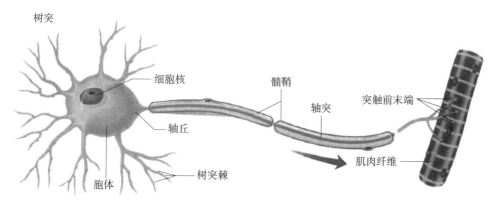

图2-4 脊椎动物的运动神经元[3]

---

[1] Williams R, Herrup K. The control of neuron number [J]. Annual review of neuroscience, 1988. 11(1): 423-453.
[2] 也有研究显示，大脑中神经元数量可能接近860亿。
[3] Kalat J W. Biological psychology [M]. 13th ed. Cengage Learning, 2019: 20.

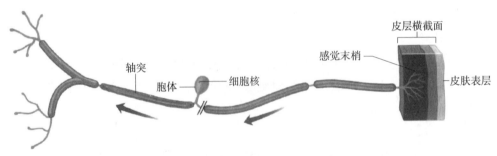

图2-5 脊髓动物的感觉神经元[1]

2. 神经胶质细胞

除了神经元，神经系统中的另一种重要细胞叫作神经胶质细胞。相比于神经元可以通过突触传递来进行神经信息的远距离传播，神经胶质细胞只可以与周围邻近的神经元通过交换化学物质来进行信息沟通。星形胶质细胞（astrocytes）因形而得名，其周围通常围绕着一群具有相关功能的轴突。星形胶质细胞接收周围各个轴突释放的化学物质，继而再将化学物质释放给轴突，这样周围轴突的活动便得以同步。此外，它还可以协助清理死亡细胞所产生的废弃物，并通过增大大脑激活区域的血流量为活动脑区供给更多的"燃料"。[2]

（二）神经冲动

1. 神经元的静息电位

在没有外界刺激时，即当处于静息状态时，神经元的膜内为负电位，膜外为正电位，此时也称为细胞膜的极化（polarization）状态。神经元在静息状态下的膜内外电位差为静息电位（resting potential）。

当神经元处于静息状态时，离子产生运动需要满足一定的前提条件：第一种条件是电位差，方向总是由正电位指向负电位，已知静息状态下细胞膜内是负电位，故电位差推动带正电的离子向细胞膜内流动；第二种条件是浓度梯度（concentration gradient），也就是细胞膜内外的离子分布密度。离子总是从浓度高处流向浓度低处。

2. 动作电位

当细胞接收到外界刺激，产生兴奋时，大量钠离子迅速内流，这一过程称

---

[1] Kalat J W. Biological psychology [M]. 13th ed. Cengage Learning, 2019: 20.
[2] Takano T, Tian G F, Peng W, et al. Astrocyte-mediated control of cerebral blood flow [J]. Nature neuroscience, 2006, 9(2): 260.

为动作电位的去极化。在钠离子内流过程中，钾通道因被激活而开放，动作电位的复极化则是由大量钾通道开放引起钾离子快速外流的结果。动作电位具有一个特点，即"全或无法则"（all-or-none law）。通常情况下，针对某个具体神经元，其产生的所有动作电位的速度和强度是基本相同的，动作电位的速度和强度与外界刺激的强度无关。

神经冲动在神经纤维上的传导过程如下：当神经纤维上的某处接收到刺激时，该处细胞膜两侧会产生短暂的电位变化，静息状态下细胞膜两侧的内负外正情况这时会转为内正外负，而周围其余未兴奋部位细胞膜两侧的电位情况还是内负外正。这样，兴奋部位和未兴奋部位间便产生了电位差，电位差促使电荷移动，移动方向为由正到负，于是便产生了局部电流。局部电流又继续以相同的方式使得邻近的未兴奋部位产生电位变化，这样一来，最初由刺激导致的神经冲动便不断向前传导，后方继而又恢复为静息电位。

（三）神经突触传递

在神经系统中，神经元与神经元间并非直接相连，那么神经信息是怎样在神经元间进行传播的呢？之前在细胞结构处，我们简单提及，轴突的分支末端形成释放神经递质的突触前末端，神经递质从一个神经元传递到下一个神经元。这就是信息传递的重要环节。

在这里我们重点讲解一下突触（synapse）。突触是神经元之间联系的部位，由突触前膜、突触间隙和突触后膜三部分组成。当神经末梢接收到神经冲动时，突触前膜内的突触小泡与突触前膜融合，神经递质（neurotransmitter）被释放到突触间隙中并扩散，然后神经递质与突触后膜（下一个神经元）上的特异性受体结合，引发突触后膜上的电位变化，即引发新的神经冲动。这样，神经信息就通过突触从上一个神经元传到了下一个神经元。这里要注意的是，神经递质只能从突触前膜释放，然后作用于突触后膜，因此神经元间的兴奋传递是单向的。

三、脑的发育与可塑性

（一）大脑的发育

大脑结构的发育遵循着特殊的顺序。形成大脑皮层的神经元产生于大脑中的前体细胞。前体细胞是一种没有分化的细胞，它首先分化形成神经元，再形成胶质细胞。大脑皮层中的神经元可以分为6层，遵循着先内层后外层的发展顺序。初生的神经元首先形成大脑的深层结构，而后期产生的神经元会穿过之前形成的深层神经元，迁移出去形成浅层。需要注意的是，神经元在发育过程中不是形成一层后再开始形成第二层,而是不同层重叠发展。由于皮质神经发育具有时间序列性,因此任何阶段发生的影响皮质神经发育的因素都会导致皮质结构的改变。

成年后大脑也会产生新的神经元。已有研究发现,成年被试的海马齿状回中的干细胞可以产生新的神经元,它们还可以迁移到其余海马区域,与原有细胞形成树突和轴突,进行正常的功能活动。[①] 人出生时,大脑重量约为350克,2岁时达到900克,10岁左右达到成人水平的1350克左右。到成年后,脑的体积与重量都不再增长,老年时大脑的重量则逐渐减轻,大脑广泛或局部萎缩,大脑的水分甚至会减少20%左右。

(二)脑的可塑性

认知神经科学家们将大脑结构和各种连接因学习和经验的影响而发生变化的现象称为大脑的可塑性。诸多实验证据支持了大脑的可塑性观点。在一项动物实验中,研究者发现,当猴子的手指被截断后,手指所对应的大脑区域在一段时间里没有信号输入,但之后会开始对周围手指的信号输入进行反应。这一点证明了大脑功能的替代性。而当两根手指被手术缝合到一起一段时间后,研究者发现原来两根手指所对应的两个区域有发展为一个区域的趋势。[②]

由于大脑具有可塑性,一些行为对大脑具有破坏作用。如长期的酒精摄取会导致神经元树突的萎缩,与记忆、情绪等相关的大脑海马部位等的萎缩,被试会出现无法回忆长远事件或记忆错乱等不良反应。还有研究发现,游戏成瘾也会导致大脑损伤,游戏成瘾者额叶、边缘系统等部位的灰质体积更小。[③]

第二节 学习的脑机制

知觉、注意和记忆等是个体的基础认知能力,我们需要在这些基础认知之上进一步实现语言、数学、情绪等高级认知并完成一系列学习任务。本节内容将结合已有的研究成果来总结知觉、注意和记忆等基础认知与学习的脑机制,以及语

[①] Shors T J. Memory traces of trace memories: neurogenesis, synaptogenesis and awareness [J]. Trends in neurosciences, 2004, 27(5): 250.

[②] (美) Gazzaniga S M, Ivry B R, Mangun R G. 认知神经科学:关于心智的生物学 [M]. 周晓林,高定国,等 译. 北京:中国轻工业出版社, 2011: 87—88.

[③] Yao Y, Liu L, Ma S, et al. Functional and structural neural alterations in Internet gaming disorder: a systematic review and meta-analysis [J]. Neuroscience & biobehavioral reviews, 2017(83): 313-324.

言、数学、情绪等高级认知与学习的脑机制。

一、基础认知与学习

(一) 视知觉

知觉（perception）就是利用已有的知识解释感觉器官所记录的刺激，通常是对五种感觉（视觉、听觉、触觉、嗅觉和味觉）信息的整合。它是一种极其复杂的人类能力。被最广泛研究的感觉是视觉。

1. 视觉的解剖学

眼球后方有一层膜叫视网膜（retina），上面的每一处都含有对光线强弱非常敏感的视杆细胞和对不同颜色的光敏感的视锥细胞。[①]人类视网膜含有大约1.25亿个视锥细胞和600万个视杆细胞。视杆细胞对光更为敏感，可以使我们在夜间和低光照条件下分辨物体，但无法使我们看到颜色。不同的视锥细胞分别对红、绿和蓝三种光敏感，它们可以使我们在亮光下看到各种颜色。每当视杆细胞或视锥细胞接收到光，它就产生信号，发给大脑。大脑再把上亿个光感受器的信号处理成连贯统一的画面。这个过程由多个阶段组成，任一阶段发生问题，都有可能导致视觉缺陷。人类视觉牵涉吸收光的细胞和处理光信息的脑，脑在处理完信息之后，我们就可以对这些信息做出反应。处理光信息的脑区域，如初级视觉皮层（primary visual cortex），位于大脑的枕叶。

2. 自下而上的加工与自上而下的加工

自下而上的加工（bottom-up processing）强调，识别物体时刺激的特征是重要的。例如，将视线集中到附近的某个物体，注意它的形状、大小、颜色和其他重要的物理体征。这些信息从最基本（最下层）的知觉水平开始，依次传递到比初级视觉皮层更复杂的认知区域。简单的下层特征的组合有助于你识别更复杂和完整的物体。

视觉加工过程可以是自下而上的，也可以是自上而下的。自上而下的加工强调人们的概念、期望和记忆是如何影响物体识别的。这些高水平的心理加工有助于我们对物体的识别。你期待在特定位置发现特定的形状，期待能借助过往经验看到这些形状，并快速识别物体。[②]认知心理学家们认为，在解释物体识别的复杂

[①] Vinje W E. Sparse coding and decorrelation in primary visual cortex during natural vision [J]. Science, 2000, 287 (5456): 1273-1276.

[②] Delorme A, Rousselet G A, Macé M J M, et al. Interaction of top-down and bottom-up processing in the fast visual analysis of natural scenes [J]. Cognitive brain research, 2004, 19(2): 103-113.

性时，两种加工都是必要的。例如，你辨认出了鼠标是因为两种加工几乎同时在进行：①自下而上的加工使你记录了成分特征，如鼠标的形状；②办公室的环境让你能更快识别出鼠标，这是自上而下加工的结果。

（二）注意：配置认知资源

在任何时刻，我们的注意力只覆盖了进入感觉系统刺激中的很少部分。比如，当你把注意力集中于你的衣服、手表或首饰上时，你能感觉到它们紧贴着你的皮肤吗？也许一秒前你并没有意识到它们的存在。

1. 注意和选择性注意

注意（attention）是指人的心理活动对一定对象的指向和集中。选择性注意（selective attention）指从外界环境中选择特定信息进行加工，同时忽略其他无关信息的认知过程。日常生活中，我们在快速扫视寻找物品时，目光会下意识地聚集在与这些物品相关的线索上。这种倾向于关注与任务目标相关的物体的注意模式在神经水平上可反映为"自上而下"的信号传递。[1][2] 参与脑高级功能的联合皮层产生注意信号，经反馈环路作用于视觉皮层，导致视觉皮层内相关神经元的放电增加，并引起视觉皮层整体活动模式的改变，进而导致视觉皮层中注意效应的发生。研究发现，注意的脑机制可以概括为三个功能网络：①定向网络，参与感觉刺激与空间位置的定向功能，包括顶叶、颞顶联合、中脑的上丘和丘脑的枕核；②执行网络，额叶的一些区域如扣带回，实现选择注意的执行；③警觉网络，实现注意持久维持的调节功能，与右半球顶叶额叶有关。[3]

2. 注意和未被注意

认知心理学家使用双耳分听（dichotic listening task）的技术研究未被注意到的信息。在双耳分听任务中，被试需要戴上耳机，一种信息呈现于左耳，另一种信息呈现于右耳。实验通常要求被试追随某一侧耳朵内的信息，口头重复出该侧耳朵听到的信息。如果被试在追随时出现了错误，研究者就知道他们没有注意那个特定的信息。结果显示，人们对非注意信息（非追随耳内呈现的信息）的注意

---

[1] Corbetta M, Shulman G L. Control of goal-directed and stimulus-driven attention in the brain [J]. Nature reviews neuroscience, 2002. 3(3): 201−215.

[2] Kaster S, Ungerleider L G. Mechanisms of visual attention in the human cortex [J]. Annual review of neuroscience, 23(1): 315−341.

[3] Fan J, Mccandliss B, Fossella J, et al. The activation of attentional networks [J]. NeuroImage, 2005,26(2): 471−479.

是很少的。一般来说，人们同一时间只能加工一种信息，但是人们有的情况下会加工非注意的信息，如当两种信息都呈现得非常慢的时候，当主要的任务不是很难的时候，或者当非注意信息的意义是即时相关的时候。当我们能够很熟练地做某件事情时，这一操作只需要较少注意就可以执行。打字便是一个很好的例子。一般来说，任务难度和人对工作的熟悉程度影响了任务所需的注意资源。练习可以减少一项任务所需心理努力的总量。

（三）记忆与学习

在普通人日常的心理体验中，记忆常常占据了相当大的部分。我们的记忆依赖于感觉输入：一股熟悉的气味或一首最爱的歌都能触发一场详细的回忆。

> **关键概念 —— 记忆**
>
> 记忆（memory）是人脑对经验或事物的识记、保持、再现或再认，它是进行思维、想象等高级心理活动的基础。

那么，什么是学习（learning）呢？在第四章我们会对学习的含义进行详细的探讨，简单地说，"学习是指由经验引起的学习者知识的变化"[①]。至于学习与记忆之间的关系，简而言之就是，学习是获取新信息的过程，其结果便是记忆。学习与记忆过程可以假设为三个主要的阶段（图2-6）：形成记忆（编码信息），保持记忆（储存信息）和提取记忆（重新获得信息）。

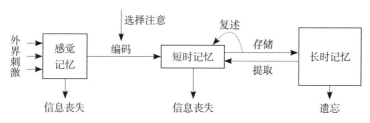

图2-6 记忆系统模式图

感觉记忆（sensory memory）。它是记忆的第一阶段，也称瞬时记忆。它是信息通过感觉系统（眼睛、耳朵）进入神经系统的节点。我们能看到很多人和事物，但是只有一部分我们需要的信息会真正进入这道门进入感觉记忆。感觉记忆

---

① （美）理查德·E. 梅耶. 应用学习科学——心理学大师给教师的建议［M］. 盛群力，丁旭，钟丽佳译. 北京：中国轻工业出版社，2016：14.

的维持时间以毫秒或秒计算。

信息会通过感觉记忆进入下一个阶段——短时记忆（short-term memory）。这个过程是通过选择性注意完成的。短时记忆能够维持几秒至几分钟，它是一个短暂保持信息并保证信息可用的系统。不过它会因为复述不当、延迟和相似信息的干扰而遗失。当新的信息侵入短时记忆时，旧的信息会被挤出。一般来说，短时记忆中能保持7个左右的数字、字母、单词或有意义的项目，这被称为"7±2"原则。[①]

记忆中的第三个系统是长时记忆（long-term memory）。在这个系统中，所有信息或多或少被永久性地保留了下来。短时记忆中的信息必须经过复述，且我们只有了解信息之间的意义与联系，才有可能转入长时记忆。它有几种不同的类型：①程序性（非陈述性）记忆是对技能、习惯和条件反射的记忆；②陈述性记忆是对一般事实和个人经历的记忆，包括语义记忆和情景记忆两种。

> **关键概念——工作记忆**
>
> 巴德利（Baddeley）和他的同事们提出了工作记忆（work memory）的概念。他们认为，工作记忆是完成认知任务时，对信息进行暂时存储和操作的一个记忆系统，工作记忆不单单是一个被动的存储器。工作记忆是指长时记忆中刚被激活的那部分知识，包括短暂的短时记忆。短时记忆、工作记忆和长时记忆彼此嵌套，工作记忆只包含长时记忆中最近被激活的部分，短时记忆仅包括工作记忆中较少的、稍纵即逝的部分。工作记忆在管理记忆过程中的作用，包括对信息的编码、重组、整合等。
>
> 在实际应用中，有学者认为，工作记忆实际上就是短时记忆，是同一概念的两方面，工作记忆侧重于功能，短时记忆侧重于储存的时间。[②]

利用高分辨率的神经成像技术，研究人员发现，内侧颞叶中的海马系统和相关皮质对形成长时记忆是至关重要的。[③]内侧颞叶是组织和巩固长时记忆的关键组

[①] Miller G A. The magical number seven plus or minus two: some limits on our capacity for processing information [J]. Psychological review, 1956, (63)2: 81–97.

[②] 冯忠良, 伍新春, 姚梅林, 等. 教育心理学 [M]. 3版. 北京: 人民教育出版社, 2015: 189.

[③] Squire L R. "Memory and the hippocampus: a synthesis from findings with rats, monkeys, and humans": correction [J]. Psychological review, 1992, 99(3): 582–582.

成部分,而长时记忆以分布式的方式永久储存在新皮质中。

二、高级认知与学习

近年来,各类无创性脑功能成像技术的发展与应用为观察高级认知和学习加工时的大脑活动模式提供了支持。它们有助于揭示语言、数学、情绪等加工的脑机制,以及各种高级认知和学习对大脑的塑造作用。

(一)语言学习的脑机制

语言是人类区别于动物的最主要特征,更是人类思维和交流的重要工具。语言的各个子成分(语音、字形、语义)分别依赖于不同脑区的加工;而听、说、读、写等语言加工往往包括语言的各个子成分,需要大脑多个脑区的协同参与。大脑左侧半球是语言加工的优势半球。

1861年,布洛卡医生发现了第一个与语音表征相关的脑区,该区域后来被命名为布洛卡区(Broca's area),主要负责语音的动作表征,是大脑的口语产出中枢(如图2-7所示)。布洛卡区损伤通常会造成表达性失语症(expressive aphasia),即存在口语产生困难,不能产生流利的语言,但阅读、理解和书写不会受到影响。

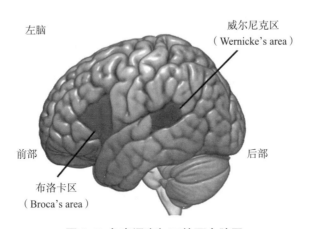

图2-7 负责语言加工的两个脑区

随后威尔尼克(Carl Wernicke)医生又发现了另一个负责语音加工的脑区,该区域主要功能是分辨语音,负责语音的听觉表征,是大脑的言语听觉中枢,后来被命名为威尔尼克区(Wernicke's area)。该区域损伤通常会造成感觉性失语症(receptive aphasia),即患者能听到声音,但是不能分辨出所听到的声音对应的是哪些词汇,导致不能正确地理解所听到的声音。

负责字形表征的脑区也有两个部分。首先，颞枕区（occipito-temporal region）负责字形的视觉表征，是大脑的阅读中枢。①②该区域损伤通常会造成失读症（dyslexia），即患者可以复述所听到的语句，但不能读出所看到的文字。其次，额中回后部（posterior middle frontal gyrus）负责字形的动作表征，是大脑的书写中枢；其在文字书写任务中的激活强度要显著高于在画圈任务中的激活强度。③该区域损伤通常会造成失写症（agraphia），即患者存在书写困难，也就是说不能书写出正确的字形。

除识别和输出语音、字形外，人们还需要通过语义表征来理解各类词汇、语句、段落的含义。语义加工不仅存在于语言活动中，还存在于推理、计划、问题解决等一系列复杂加工中。大脑语义网络（semantic network）包括角回（angular gyrus）、颞中回（middle temporal gyrus）、梭状回和海马旁回（fusiform and parahippocampal gyri）、背内侧前额皮层（dorsomedial prefrontal cortex）、额下回（inferior frontal gyrus）、腹内侧前额皮层（ventromedial prefrontal cortex）和后扣带回（posterior cingulate gyrus）7个区域。④这些脑区之间存在一致性和特异性，它们均负责大脑的语义表征，在部分语义加工中会同时被激活；也存在部分语义加工只激活其中的部分核心脑区的情况，如角回、颞中回、额下回的特异性激活。

第二语言学习是21世纪学生素养的核心要求之一。研究发现，第二语言学习不仅会征用负责加工母语的核心脑区⑤，还会调用其他特异性脑区，如更强地激活额叶、顶叶和基底神经节（basal ganglia）。此外，第二语言的学习会增大个体顶叶的灰质密度，且第二语言的熟练程度和习得的年龄也是影响灰质密度的因素。因此，习得一门新的语言可以进一步塑造我们的大脑。

---

① Baker C I, Liu J, Wald L L, et al. Visual word processing and experiential origins of functional selectivity in human extrastriate cortex [J]. Proceedings of the national academy of sciences of the United States of America, 2007, 104(21): 9087–9092.

② Cohen L, Lehericy S, Chochon F, et al. Language-specific tuning of visual cortex functional properties of the visual word form area [J]. Brain, 2002, 125: 1054–1069.

③ Roux F E, Dufor O, Giussani C, et al. The graphemic/motor frontal area exner's area revisited [J]. Annals of neurology, 2009, 66(4): 537–545.

④ Binder J R, Desai R H, Graves W W, et al. Where is the semantic system? a critical review and meta-analysis of 120 functional neuroimaging studies [J]. Cerebral cortex, 2009, 19(12): 2767–2796.

⑤ Perani D, Abutalebi J. The neural basis of first and second language processing [J]. Current opinion in neurobiology, 2005, 15(2): 202–206.

（二）数学学习的脑机制

数学是各类理工科学习的基础，数学能力的高低不仅影响个体的学习与生活，还会影响国家的经济水平。当前的认知神经科学研究发现，数学学习主要依赖于视空、语音、语义三个大脑网络，且三个大脑网络之间各司其职并紧密合作。

1. 大脑视空网络

首先，人类依赖双侧顶叶和枕叶构成的大脑视空网络（visuospatial network）进行各种数学加工。以往的行为研究发现个体空间能力可以预测数学成就。[1]这初步表明了视觉空间能力和数学能力存在紧密关联。随着脑科学的发展，越来越多的证据揭示大脑视空网络中双侧顶叶的顶内沟区域（intraparietal sulcus, IPS）确实是数量加工和算术计算等数学加工的领域特异性脑区。[2][3]此外，大脑视空网络中的腹侧颞枕区（ventral occipito-temporal region）还存在一个对数字形状有较多激活的脑区，被称为数字形状加工区（visual number form area）。研究发现，加工数字符号比加工语言、无意义符号等能更强地激活双侧腹侧枕颞区。[4]

2. 大脑语音网络

以往的行为研究使用双任务范式或个体差异分析发现算术计算也依赖于工作记忆中的语音环路（phonological loop）[5]，且个体的语音加工能力可以预测其未来的算术计算成绩[6]。近年来一系列脑科学研究也进一步揭示，除布洛卡区和威尔尼克区负责一般语言的语音表征外，中央前回（precentral gyrus）、辅助运动区（supplementary motor area）、罗兰迪克岛盖（rolandic operculum）等脑区构成的

---

[1] Wei W, Yuan H B, Chen C S, et al. Cognitive correlates of performance in advanced mathematics [J]. British journal of educational psychology, 2012, 82(1): 157-181.

[2] Liu J, Zhang H, Chen C S, et al. The neural circuits for arithmetic principles [J]. Neuroimage, 2017, 147: 432-446.

[3] Eger E, Sterzer P, Russ M O, et al. A supramodal number representation in human intraparietal cortex [J]. Neuron, 2003, 37(4): 719-725.

[4] Shum J, Hermes D, Foster B L, et al. A brain area for visual numerals [J]. Journal of neuroscience, 2013, 33(16): 6709-6715.

[5] Furst A J, Hitch G J. Separate roles for executive and phonological components of working memory in mental arithmetic [J]. Memory & cognition, 2000, 28(5): 774-782.

[6] Hecht S A, Torgesen J K, Wagner R K, et al. The relations between phonological processing abilities and emerging individual differences in mathematical computation skills: a longitudinal study from second to fifth grades [J]. Journal of experimental child psychology, 2001, 79(2): 192-227.

大脑语音网络（phonological network）也参与数学加工的语音表征，主要负责算术事实的语音编码并参与信息维持。

3. 大脑语义网络

数学问题解决是利用概念性数学知识对数学问题进行推理的过程。一项功能磁共振研究利用数字系列推理、几何求解、应用题三种不同形式的数学问题解决，与相同形式的复杂算术计算加工进行对比，均发现数学问题解决能更强地激活大脑语义网络。① 此外，大脑语义网络的核心脑区还参与其他涉及概念性数学知识的数学加工中，如量词、数学术语、算术原理等加工过程。②③

除基本的数学加工脑机制研究外，研究还发现不同的数学学习经验、学习方式对大脑会产生不同的塑造作用。比如，跨文化研究发现，乘法口诀表的早期学习经验会影响个体在进行乘法运算时的大脑活动模式。④ 再如，磁共振研究发现，儿童长期的珠心算学习通过珠像和语音两种数字表征形式的整合促进了颞枕区的白质（white matter）发育。⑤

（三）情绪加工的脑机制

情绪作为人脑的高级认知功能之一，在保证个体生存和适应的同时，对个体的学习、记忆、决策也有着重要的影响。情绪的产生与调控主要涉及大脑边缘系统（limbic system）和前额叶皮层（prefrontal cortex）的各个部位。

1. 大脑边缘系统

大脑边缘系统在情绪产生和调控中起着重要作用。边缘系统真正包含哪些部分，目前还没有完全统一的结论，但大多数研究者认为主要包括杏仁核、扣带回、海马、海马旁回、丘脑等结构，其中杏仁核区域更是负责情绪加工的核心脑区。

杏仁核本身是一个核团和内部通路的汇聚区域，包括基底外侧复合体、中央

---

① Zhou X L, Li M Y, Li L N A, et al. The semantic system is involved in mathematical problem solving [J]. Neuroimage, 2018, 166: 360-370.

② Liu J, Zhang H, Chen C S, et al. The neural circuits for arithmetic principles [J]. Neuroimage, 2017, 147: 432-446.

③ Wei W, Chen C S, Yang T, et al. Dissociated neural correlates of quantity processing of quantifiers, numbers, and numerosities [J]. Human brain mapping, 2014, 35(2): 444-454.

④ Zhou X L, Chen C H, Zhang H C, et al. The operand-order effect in single-digit multiplication: An ERP study of Chinese adults [J]. Neuroscience letters, 2007, 414(1): 41-44.

⑤ Hu Y Z, Geng F J, Tao L X, et al. Enhanced white matter tracts integrity in children with abacus training [J].Human brain mapping, 2011, 32(1): 10-21.

内侧核团和皮层核团，在不同的情绪加工中发挥着不同的功能。第一，杏仁核容易被消极的情绪，尤其是厌恶、恐惧等情绪激活；例如，个体在注视带恐惧表情的面孔时能比注视中性面孔更强地激活杏仁核。[1]第二，杏仁核也参与其他情绪的加工，任何类型的情绪都会增强杏仁核对刺激的反应。例如，个体在读到使其仰慕或使其厌恶的人名时，均会引发杏仁核的激活。[2]

2. 大脑前额叶皮层

大脑前额叶皮层的各个区域也与情绪的产生及调控有着密切的关系，且存在半球特异性。其中左侧前额叶皮层主要参与积极的情绪加工，而右侧前额叶皮层主要参与消极的情绪加工。例如，功能磁共振成像研究发现，个体在进行涉及奖赏和惩罚的任务时，其左侧前额叶皮层中的眶额皮层（orbitofrontal cortex）激活强度与奖赏程度呈显著相关，而右侧前额叶皮层中的眶额皮层激活强度与惩罚程度呈显著相关。[3]此外，左侧前额叶皮层受损的病人通常会出现抑郁的症状。[4]

情绪相关的大脑发育是一个漫长的过程。大量研究发现，在儿童-青少年时期，情绪加工脑区还处于未成熟的阶段。例如，研究发现，3～11岁儿童在情绪反应时大脑前额叶皮层脑电信号的不对称性并不稳定。同时，研究还发现，情绪相关的加工脑区在7～9岁时的分化和整合水平远低于成人，并表现出较高的压力敏感性。[5]因此，儿童-青少年时期是塑造情绪脑的关键期，该阶段负责情绪加工的脑区具有较强的可塑性。

第三节　认知神经科学的研究方法

认知神经科学的方法与技术的进步，为人类探索大脑结构、功能及活动提供

---

[1] Breiter H C, Etcoff N L, Whalen P J, et al. Response and habituation of the human amygdala during visual processing of facial expression [J]. Neuron, 1996, 17(5): 875-887.

[2] Cunningham W A, Van Bavel J J, Johnsen I R. Affective flexibility evaluative processing goals shape amygdala activity [J]. Psychological science, 2008, 19(2): 152-160.

[3] O'Doherty J, Kringelbach M L, Rolls E T, et al. Abstract reward and punishment representations in the human orbitofrontal cortex [J]. Nature neuroscience, 2001, 4(1): 95-102.

[4] Morris P L P, Robinson R G, Raphael B, et al. Lesion location and poststroke depression [J]. Journal of neuropsychiatry and clinical neurosciences, 1996, 8(4): 399-403.

[5] Qin S Z, Young C B, Duan X J, et al. Amygdala subregional structure and intrinsic functional connectivity predicts individual differences in anxiety during early childhood [J]. Biological psychiatry, 2014, 75(11): 892-900.

了更多可能。这些方法与技术可分为侵入性、非侵入性两大类。侵入技术主要运用于动物以及某些患有自然脑损伤的病人；非侵入性技术又称无创性脑功能研究技术，主要应用于常态被试。本节将介绍几种典型的无创性脑功能研究技术。

一、脑电图

脑电图（electroencephalogram，EEG）技术是一种有效的、非侵入性测量大脑电活动的方法，它将大脑的电活动与认知联系在一起。当大脑工作时，神经细胞中离子的运动产生电流，表现为头皮表面不同部位电位差的变化。EEG 技术可通过高灵敏电极和放大器来探测头皮电位，从而探知与特定认知、行为状态相关联的 EEG 信号（图 2-8）。

图 2-8 EEG 记录设备

EEG 信号具有一定的模式。通常不同意识状态的 EEG 数据可通过频率波段来划分（图 2-9）。最低频的是 δ 波，它是一个规律的、频率为 1~4Hz 的低频波，这一波形反映了较低的神经元放电率，通常与深度睡眠有关。θ 波是中等振幅、中等频率波，频率为 4~8Hz，展现这一节律的个体通常会感到昏昏欲睡。α 波频率为 8~12Hz，当产生 α 波时，人处于"放松性觉醒"状态（大脑清醒但完全放松），这种状态有利于学习者有效吸收知识及信息。β 波频率为 13~30Hz，主要发生在警觉和活跃的思维过程中。此外，还有一种 γ 波，频率在 30Hz 以上，它与不同感觉信息的整合相联系。

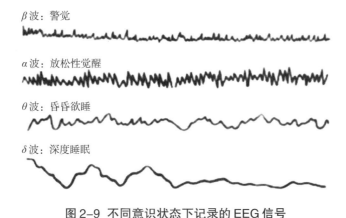

图 2-9 不同意识状态下记录的 EEG 信号

EEG 技术具有极高的临床价值与研究价值。早在 20 世纪，汉斯·伯格（Hans Berger）就发表 EEG 技术的使用报告，他对 EEG 技术进行了详细描述，并初步记录了他儿子的脑电。[1] 随着分析技术的不断进步，EEG 技术开始广泛应用于临床疾病的诊断（例如癫痫等脑部疾病、睡眠障碍）、儿童行为问题的研究（例如注意力缺陷多动障碍的治疗）。在注意力缺陷多动障碍（ADHD）研究中，研究者较为关注的频率波段是 θ 波、α 波和 β 波。[2][3][4][5] 未来有望通过进一步研究，将 EEG 指标作为诊断标准之一纳入临床诊断。除了鉴别外，研究者提出了利用 EEG 神经反馈治疗 ADHD 的方法。这种非药物的训练方式，可以让患者在轻松愉快的氛围中完成治疗与干预。[6]

近年来，越来越多的研究者开始探究教育活动中两个以上学习者的脑间同

---

[1] Berger H. On the electroencephalogram of man [J]. Electroencephalography and clinical neurophysiology, Supply 1969, 28: 37−73.

[2] Loo S K, Makeig S. Clinical utility of EEG in attention-deficit/hyperactivity disorder: a research update [J]. Neurotherapeutics, 2012, 9(3): 569−587.

[3] Barry R J, Clarke A R, Johnstone S J, et al. Electroencephalogram theta/beta ratio and arousal in attention-deficit/hyperactivity disorder: evidence of independent processes [J]. Biological psychiatry, 2009, 66(4): 398−401.

[4] Clarke A R, Barry R J, McCarthy R, et al. Electroencephalogram differences in two subtypes of Attention-Deficit/Hyperactivity Disorder [J]. Psychophysiology, 2001, 38(2): 212−221.

[5] Geir O. The quantitative EEG theta/beta ratio in attention deficit/hyperactivity disorder and normal controls: sensitivity, specificity, and behavioral correlates [J]. Psychiatry research, 2012, 198(3): 482−488.

[6] 吴大兴. 儿童多动症神经反馈治疗研究进展 [J]. 中国当代儿科杂志, 2002, (3): 267—270.

步性(将个体的 EEG 信号做相关),探究个体在课堂上的同步性与课堂动态的关系。[①] 尽管 EEG 脑间同步性研究仍处于起步阶段,但它的确为我们探究个体的课堂参与度提供了一种可行的手段。

二、事件相关电位技术

EEG 研究通常使用频带能量分析(band power analysis)或者事件相关脑电位(event-related brain potential,ERP)。事件相关脑电位是体现脑活动的一系列脑电波,它是隐藏于脑电图中的微弱信号,通过叠加平均可以提取出这一信号(图 2-10)。ERP 技术的基本逻辑是:多次进行重复刺激,对相同刺激下记录到的电位数据进行叠加平均以滤去噪声,得到与刺激相关的脑信号。ERP 技术具有较高的时间分辨率,适用于探讨认知的时间进程问题。[②] 但其缺陷在于,在头皮外记录脑电活动,很难分析是脑内哪些结构或神经集合活动的结果,这导致其空间分辨率较差。

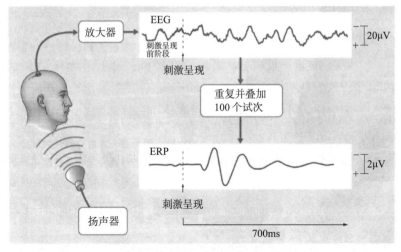

图 2-10 EEG 与 ERP 的联系[③]

目前 ERP 技术已经得到广泛应用,研究者利用 ERP 技术,鉴别出心理活动中发生的不同电信号成分,从而探究与揭示认知过程。这些 ERP 成分,根据波

---

① Dikker S, Wan L, Davidesco I, Kaggen L, et al. Brain-to-brain synchrony tracks real-world dynamic group interactions in the classroom [J].Current biology, 2017, 27(9): 1375–1380.
② 陈巍. 认知神经科学技术在心理学上的应用 [J]. 心理技术与应用, 2013, (2): 32—34.
③ (美) Gazzaniga S M, Ivry B R, Mangun R G. 认知神经科学:关于心智的生物学 [M]. 周晓林, 高定国, 等 译. 北京: 中国轻工业出版社, 2011: 128.

形正（P，positive）、负（N，negative）、潜伏期时长来命名。P300（或P3）是出现在顶叶的正波，发生于刺激呈现后250～500毫秒（ms），与新异刺激的呈现有关。这个成分又可划分P3a和P3b两个亚成分。其中，P3a源于任务处理过程中额叶的注意过程，P3b则源于颞顶叶的与注意及之后的记忆处理相关的活动。① 利用这一脑电成分，研究者可以探究被试对于某一类别概念的加工。② 此外，P300也是目前测谎技术中常用的脑电指标，当被试识别出某些与犯罪活动细节有关的隐藏信息时，就会诱发P300。③

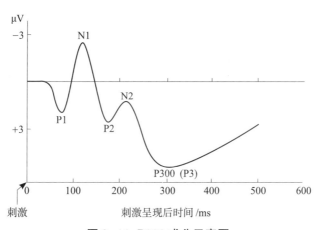

图 2-11 P300 成分示意图

三、功能性磁共振成像技术

功能性磁共振成像（functional Magnetic Resonance Imaging，fMRI）技术利用了大脑活动区域的局部血流量变化的原理。fMRI关注血红蛋白的磁场特性，即氧合血红蛋白与脱氧血红蛋白之间的比例，或称血氧水平依赖（blood oxygen level dependent, BOLD）信号。当局部大脑皮层参与特定任务时，该脑区耗氧量增加、血液内氧含量降低（氧合血红蛋白与脱氧血红蛋白之间的比率小幅度下

---

① Polich J. Updating P300: an integrative theory of P3a and P3b [J]. Clinical neurophysiology, 2007, 118(10): 2128-2148.

② Dahlstrom-Hakki I, Asbell-Clarke J, Rowe E. Showing is knowing: the potential and challenges of using neurocognitive measures of implicit learning in the classroom [J]. Mind brain and education, 2019, 13(1): 30-40.

③ 崔茜，张庆林，邱江，等. P300和CNV在GKT的延时反应范式中测谎效果的分离 [J]. 心理学报，2009, 41(4): 316-328.

降，表现为 BOLD 信号略微下降）；之后，流向该脑区的血流量增加，为脑区提供更多携带氧分子的氧合血红蛋白，造成该脑区氧合血红蛋白与脱氧血红蛋白之间的比率上升，即 BOLD 信号增强。

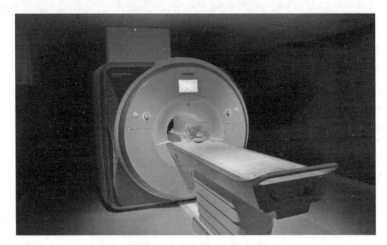

图 2-12 磁共振成像仪

fMRI 的空间分辨率较好，可以到 3 立方毫米，是目前主流成像工具中最好的；成像速度也达到几十毫秒，但由于它检测的是滞后于神经活动 5~8 秒的血氧信号，故时间分辨率低于 EEG。需要强调的是，fMRI 技术不适于幽闭恐怖症患者，扫描过程中的巨大噪声也限制了该技术在听觉研究上的应用。

fMRI 技术的出现，促进了人类对于人脑心理功能的认识。fMRI 实验设计通常采用减法范式，研究者需要设计实验任务，同时将静息或控制任务作为基线，利用实验水平数据与基线水平数据相减的方式得到和特定心理过程相关的脑活动。认知心理学相关研究显示，fMRI 可以用于测谎[1]、态度识别[2]，利用 fMRI 测量的大脑活动数据甚至可以解码出人们的梦境[3]、受到的视觉刺激[4]。

---

[1] Davatzikos C, Ruparel K, Fan Y, et al. Classifying spatial patterns of brain activity with machine learning methods: application to lie detection [J]. Neuroimage, 2005, 28(3): 663-668.

[2] Izuma K, Shibata K, Matsumoto K, et al. Neural predictors of evaluative attitudes toward celebrities [J]. Social cognitive and affective neuroscience, 2017, 12(3): 382-390.

[3] Horikawa T, Tamaki M, Miyawaki Y, et al. Neural decoding of visual imagery during sleep [J]. Science, 2013, 340(6132): 639-642.

[4] Nishimoto S, Vu A T, Naselaris T, et al. Reconstructing visual experiences from brain activity evoked by natural movies [J]. Current biology, 2011, 21(19): 1641-1646.

四、功能性近红外光学成像技术

功能性近红外光学成像（functional Near-Infrared Spectroscopy，fNIRS）技术是近年来新兴的脑功能成像技术。它的原理与fMRI技术类似，通过推知大脑活动时血氧水平的变化（在近红外区域，氧合血红蛋白和脱氧血红蛋白的吸收光谱是不同的，通过测定某一区域内透过脑皮层的光强变化，可以推知大脑皮层氧合血红蛋白和脱氧血红蛋白的变化），来探索认知过程的脑机制（图2-13）。

图2-13 近红外光学成像设备[①]

fNIRS技术造价低于fMRI技术，它的最大优势是可以在相对自然的情境下（如走路等自然条件）研究认知活动，它对被试的运动不会过分敏感，很适合用于测量婴幼儿与老年人群体。它的操作也较为简便，对人体没有损伤性。fNIRS技术时间分辨率较高，在理论上可达毫秒级甚至更高；但其空间分辨率较低，穿透深度只能达到灰质部位，一般近红外成像探测的深度为2~3cm。

五、经颅磁刺激

经颅磁刺激（transcranial magnetic stimulation, TMS）是一种能够无创地在大脑中产生局部刺激的方法，能够产生暂时性的虚拟损伤。TMS技术借助电容器放电，通过线圈产生强磁场。磁场放置于头皮的某部分时，可能激活内在皮质的神经元，产生生理电流引起神经元放电，从而改变大脑内的生理过程；也可导致磁场下的神经元活动暂时失活，造成一种虚拟的脑损伤。

相较于只能揭示相关关系的fMRI技术，TMS技术通过在给定皮质区产生暂

---

① 图片取自：北京师范大学认知神经科学与学习国家重点实验室官网，http://brain.bnu.edu.cn/a/zh/keyanpingtai/jinhongwaiguangxuechengxiangzhon/。

时的虚拟损伤，可以精确地探索出磁刺激后大脑的变化情况，能够揭示脑活动与认知任务之间的因果关系。此外，研究者利用 TMS 技术选择性地、暂时地干扰某一特定皮层区域的正常活动，这与真实的损伤研究逻辑一致，但它无创且安全。TMS 技术可以比较同一被试在有无刺激条件下的认知与行为表现，这在脑损伤病人身上无法实现。

本章结语

大脑是人类中枢神经系统中最高级的部分，是思维和意识的最高级器官。大脑在结构上十分精密，在功能上也十分复杂。一个成年人的大脑是由约 1000 亿个神经元组成的精密系统，我们这才得以通过大脑快速而准确地接收、加工信息并进行学习。大脑的可塑性是终身的，可以说任何形式、强度、内容的学习都会或多或少地改变大脑的结构与功能。终身学习不仅是时代的要求，也符合脑科学规律。

学习的过程也与认知有密切的关系，视知觉、注意、记忆在不同类型的学习中不可或缺。利用已有的知识解释感觉器官所记录的刺激，然后选择需要进一步加工的信息，最后将信息保存于长时记忆、短时记忆或工作记忆之中，是学习的主要过程。被加工的信息会进入我们的记忆，那些重要的东西会永久保留在我们的长时记忆里。语言、数学、情绪等高级认知均具有复杂的加工过程，需要大脑不同区域间的分工合作。

最后，认知神经科学的研究方法非常多样。其中，无创性的认知神经科学研究技术主要包括事件相关脑电位技术、功能性磁共振成像技术、功能性近红外光学成像技术、经颅磁刺激等，可以应用于正常被试。这些方法为人类探索大脑结构及功能、探究大脑活动提供了更多可能。

重点回顾

1. 人脑的解剖结构主要分为脑干、间脑、端脑和小脑。
2. 人脑的功能区可以分为视觉皮层区、听觉皮层区、躯体感觉区、运动皮层区、联合区。
3. 神经系统由神经元及神经胶质细胞组成，其中，神经元包括胞体、树突、轴突以及突触末梢。神经元通过突触的化学传递和神经电位活动来传递神经冲动。
4. 全或无法则：动作电位的速度和强度（变化幅度）与外界刺激的强度无关。

5. 神经系统发育遵从从内层到外层的发展顺序，在任何阶段，大脑都具有一定的可塑性。
6. 知觉就是利用已有的知识解释感觉器官记录的刺激，通常由五种感觉（视觉、听觉、触觉、嗅觉和味觉）整合而得到，它是组织并解释这些感觉的过程。
7. 注意是心理活动对一定对象的指向和集中，是伴随着感知觉、记忆、思维、想象等心理过程的一种共同的心理特征。
8. 记忆是人脑对经历过事物的识记、保持、再现或再认，它是进行思维、想象等高级心理活动的基础。
9. 语言中的语音、字形、语义表征分别依赖于不同的大脑区域，且大脑左侧半球是语言加工的优势半球。
10. 数学学习主要依赖于视空、语音、语义三个大脑网络，三个大脑网络各司其职并且紧密合作。
11. 情绪的产生与调控主要涉及大脑边缘系统和前额叶皮层的各个部位，儿童-青少年时期是塑造情绪脑的关键期。
12. 侵入性研究方法和技术主要运用于动物以及某些患有自然脑损伤的病人。
13. 非侵入性研究方法，又称无创性脑功能成像技术，主要包括：事件相关脑电位技术、功能性磁共振成像技术、经颅磁刺激等，可以应用于正常被试。
14. 功能性磁共振成像和功能性近红外光学成像技术都是间接测量大脑活动的技术手段，通过推知大脑活动时血氧水平的变化来探索认知过程的脑机制。
15. 经颅磁刺激是一种能够无创地在大脑中产生局部刺激的方法，能够在给定皮质区产生暂时性的虚拟损伤。它可以精确地探索出磁刺激后大脑的变化情况，揭示脑活动与认知任务之间的因果关系。

> 思考题

1. 解释大脑皮层的功能及其在人类心理和行为中的重要意义。
2. 神经冲动的原理是什么？静息电位、动作电位分别指的是什么？
3. 神经系统的发育存在关键期吗？为什么？
4. 请各举出一个感觉记忆、短时记忆和长时记忆的例子。
5. 数学与语言加工的脑机制有什么相同点与区别？
6. 论述杏仁核在情绪加工中的作用。
7. 列举间接测量大脑活动的几种认知神经科学研究方法，阐述它们的原理。
8. 对比认知神经科学中各种研究方法的优缺点。

第三章　学习理论

内容摘要

　　本章首先讲述了学习理论的概念以及一百多年来学习理论的发展脉络，其次讲解了行为主义学习理论、认知主义学习理论、建构主义学习理论以及人本主义学习理论，最后简单讲解了联通主义学习理论和社会情绪学习理论。

学习目标

1. 了解华生的"刺激－反应"理论、格式塔学派的完形－顿悟说、托尔曼的符号学习理论、斯皮罗等人的认知灵活性理论、联通主义学习理论、社会情绪学习理论的基本观点。
2. 理解巴甫洛夫的经典条件反射理论、桑代克的联结主义学习理论和试误说、斯金纳的操作性条件反射理论、班杜拉的社会学习理论、布鲁纳的认知－发现学习理论、奥苏贝尔的有意义接受学习理论、加涅的信息加工学习理论、皮亚杰的认知发展理论、维果斯基的社会文化历史理论、马斯洛和罗杰斯的人本主义学习理论的基本内容。
3. 掌握行为主义学习理论、认知主义学习理论、建构主义学习理论、人本主义学习理论的主要观点、发展渊源及主要异同点。
4. 能够应用相应的理论解释教育实践中的现象及问题。

思维导图

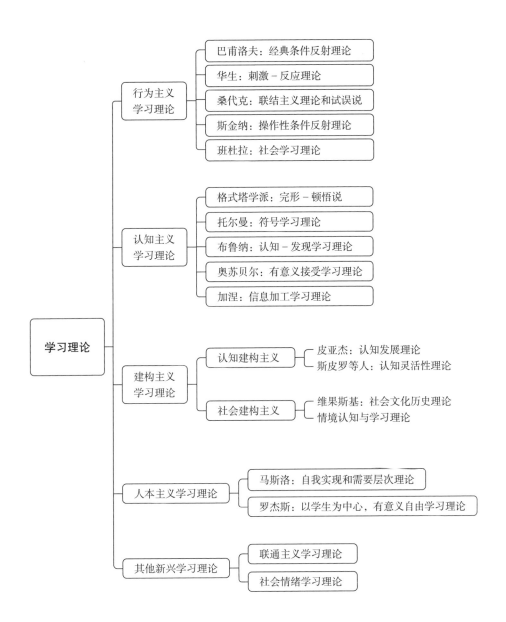

第一节 学习理论的概念

针对"人究竟是怎么学习的?""怎样才能促进有效学习?"这两个问题,上千年来专家学者们从不同角度提出了很多学习理论去解释,本章就从概念开始,系统讲解近现代比较经典的学习理论。

一、学习理论的含义及内容

学习理论就是对人学习的心理结构、特点和规律进行研究和揭示的理论,主要研究的是个体如何在后天获得经验的过程,比如婴幼儿是如何一点一点学会说话的。学习理论一般包括三个部分:

1. 学习的条件:个体能够顺利学习所需要的条件。
2. 学习的过程:为了达成学习的结果,个体需要进行什么样的认知加工活动?
3. 学习的结果:通过学习,个体获得了什么成果?

学习理论是教育科学领域和学习科学领域都非常重视的问题,只有深刻把握了人类认知与学习的特点和规律,才能更好地设计学习环境、开展学习活动及进行学习研究。

二、学习理论的发展脉络

在过去的上百年间,众多学者从不同角度提出了不同的学习理论。从大的方面来说,大致经历了从行为主义学习理论到认知主义学习理论,再到人本主义学习理论,最后到建构主义学习理论这样的发展。

20世纪初,行为主义学习理论流派由约翰·华生在巴甫洛夫经典条件反射理论的基础上创立,在华生、桑代克、斯金纳等人的努力下,行为主义主导了学习研究大约五六十年。行为主义学习理论强调,只有能够直接观察和测量的东西才是科学的,学习就是在刺激与反应之间建立联结的过程。不过由于当时的观察手段和仪器设备的限制,一般只能基于动物开展实验,并聚焦于比较简单的学习过程,因此难以解释比较复杂的认知和学习。

在20世纪二三十年代,几乎和行为主义学习理论同时崛起的是德国的格式塔心理学派,这个学派强调心理功能的整体性和结构性,认为学习就是知觉的重新组织,可以通过顿悟实现。在格式塔心理学派的影响下,问题解决逐渐成为学习研究的重点,这样就超越了知识和技能的获取。而事实上,格式塔心理学派也为认知主义学习理论的产生奠定了基础。

20世纪50年代，乔姆斯基和其他学者一起开辟了认知科学这一领域。此后认知主义学习理论逐渐开始崛起，除了刚才讲的格式塔心理学派的完形－顿悟说外，认知主义学习理论主要还包括爱德华·托尔曼（Edward Tolman）提出的符号学习理论、布鲁纳提出的认知－发现学习理论、戴维·奥苏贝尔（David Ausubel）提出的有意义接受学习理论等。认知主义学习理论强调不能只关注一些外显的行为，还必须关注人的认知结构。

也是在20世纪五六十年代，人本主义学习理论产生了，代表人物是卡尔·罗杰斯（Carl Rogers）和亚伯拉罕·马斯洛（Abraham Maslow）。罗杰斯提出了"当事人中心疗法"（也称来访者中心疗法），马斯洛提出了需要层次理论。人本主义学习理论强调人有自由意志，有尊严和价值，有自我实现的需要，主张心理学要研究对个人和社会的进步富有意义的问题，要能够促进人格的发展。

20世纪80年代，建构主义学习理论开始兴起。该理论主要强调知识不是可以直接灌输的，而是学习者通过意义建构的方式而获得的。该理论可以追溯到让·皮亚杰（Jean Piaget）提出的儿童认知发展理论、利维·维果斯基（Lev Vygotsky）的社会文化理论等。随着信息技术的发展，也有很多学者从设计建构主义学习环境的角度提出了多种观点。

20世纪80年代以后，涌现出了更多的学习理论，比如具身认知学习理论、社会情绪学习理论、联通主义学习理论等。

以上我们大致梳理了学习理论的发展历史。需要注意的是，行为主义、认知主义和建构主义学习理论的出现顺序并不是严格地从前往后的，只不过是在不同的历史时期，不同的学习理论占据学术研究领域的主导地位。下面我们就简要介绍每个学习理论流派中最具有代表性的几个学习理论。

第二节　行为主义学习理论

行为主义学习理论特别强调可观察的行为，认为学习的基本单位是条件反射，刺激得到反应，学习就完成，即学习是在刺激与反应之间建立联结的过程，只要控制行为和预测行为，也就能控制和预测学习结果。行为主义学习理论的代表人物主要有巴甫洛夫、华生、桑代克、斯金纳等人。

一、巴甫洛夫的经典条件反射理论

第一章也讲过,巴甫洛夫是苏联生理学家、心理学家。他从著名的经典条件反射实验中提出了著名的经典条件反射(conditional reflex)理论,并且因对消化生理的研究而获1904年诺贝尔生理学或医学奖。

(一)经典条件反射理论

在该理论中,刺激(stimulus)是指激活行为的事件,比如给予食物或者呈现铃声,反应(response)是指可以观察的对刺激的回应行为,比如分泌唾液;这里的食物是无条件刺激(unconditioned stimulus,US),表示能够自动引起生理或情绪反应,而由食物引起的唾液分泌就是无条件反应(unconditioned response,UR);实验中的铃声原本不会引起狗分泌唾液,这称为中性刺激(neutral stimulus,NS),但是铃声和食物多次配对以后,铃声也可以引发唾液分泌,就成了条件刺激(conditioned stimulus,CS),由铃声引发的唾液分泌就称为条件反应(conditioned response,CR),这就是经典条件反射的形成过程。

(二)经典条件反射5条学习规律

经典条件反射理论包括以下5条学习规律。①习得律(acquisition),指条件作用的基本特征是依靠条件刺激与无条件刺激的配对引起条件反射,且无条件刺激在条件刺激出现之后的0.5秒呈现时,反射效果最好。②消退律(extinction),指条件刺激重复多次而未伴随无条件刺激时,条件反射将逐渐削弱直至消失,但生物体本身具有不完全的自发恢复功能。③泛化律(generalization),指某一种条件反射一旦确立,便可通过类似于原来条件的刺激引发。④分化律(discrimination),指条件作用过程开始时,个体需要辨别相关刺激与无关刺激,而辨别是一个与泛化相反的过程。⑤高级条件作用律(higher-order conditioning),指先前的条件刺激可以在后来的实验中起到无条件刺激的作用。[①]

经典条件反射理论很好地解释了有机体如何在刺激和反应之间建立联结,也能够较好地解释人类和动物的一部分行为。但是,它很难解释有机体为了某种目的主动做出某种行为的现象,比如学生为了得到老师的表扬而勤奋学习。虽然该理论有一定缺陷,但是对学习研究产生了深刻和长远的影响。

---

① 施良方.学习论[M].北京:人民教育出版社,2001:44—47.

二、华生的"刺激-反应"理论

华生非常推崇巴甫洛夫提出的经典条件反射理论,主张一切行为都以经典条件反射为基础,心理学的研究应该限制在可观察到的行为变化层面。

(一)"刺激-反应"理论

华生认为,行为的基本单元就是"刺激-反应"。刺激指的是外界环境中的任何东西以及各组织所起的各种变化;反应指的是个体所做的任何动作或所说的话。刺激与反应之间的联系是直接的,不存在心理和意识的中介。

在华生看来,学习的实质就是形成习惯,形成刺激与反应之间的联结,而学习的过程就是通过条件反射,在刺激与反应之间建立牢固联结的过程。而且他认为,形成联结的过程会遵循频因律和近因律。所谓频因律,指的是在其他条件相等的情况下,某种行为练习得越多,该行为就越容易得到强化;所谓近因律,指的是当反应频繁发生时,最近的反应相对于较早的反应更容易得到强化。

(二)人类经典条件反射实验

受巴甫洛夫经典条件反射实验的启发和影响,华生尝试将条件反射的理论作用到人的身上,小艾伯特实验就是华生用于彰显人类经典条件反射经验证据的典型研究案例。

总体而言,华生是一位严格的行为主义者,他强调心理学必须研究可观测的行为。因此,他提出的"刺激-反应"理论特别强调对学习过程的客观研究,却忽视学习的内部过程。虽然华生的理论未能得到普遍接受,但是以"刺激-反应"理论为基础的行为主义学习理论在美国统治了五十多年。[①]

三、桑代克的联结主义学习理论和试误说

和其他早期行为主义学家一样,美国著名心理学家桑代克也认为学习的实质就是建立刺激与反应之间的联结,并提出了"刺激-反应"公式(S→R),而学习的过程就是在不断的尝试和错误中,按照一定规律建立联结的过程。在他开展的实验中,最经典的当属"桑代克迷箱实验",他据此提出了联结主义学习理论和试误说(trial and error theory)。

---

① 冯忠良,伍新春,姚梅林,等.教育心理学[M].3版.北京:人民教育出版社,2015:90—93.

（一）桑代克的联结主义学习理论

桑代克认为学习的实质就是在刺激和反应之间建立联结（S→R）。所谓联结，指的是某情境（situation）仅能引起某些反应（response），而不能引起其他反应的倾向。要注意的是，桑代克这里说的"情境"，虽然有时候也称为"刺激"，但是和前面华生等人提到的刺激不完全一样，他说的情境既包含外部情境，比如外界声光电刺激等，也包含大脑内部的情境，如思想、感情等；他说的反应不仅指个体外在的反应行为，也包括观念、情绪、态度等"内部反应"。①

另外，桑代克认为联结并不是人在学习中重新建立起来的，事实上人在生命发生时（也可以看作出生时）已经存在无数联结的"原本趋向"。所谓学习，就是在一定的情境下，唤起某种"原本趋向"的联结，并使之增强；而不唤起其他联结倾向，使其他联结倾向减弱。

（二）桑代克的试误说和学习律

桑代克根据迷箱实验，认为刺激与反应之间的联结是通过尝试与错误，并按照一定的规律形成的，据此他提出了"试误说"。

> **关键概念 —— 试误说**
> 学习的本质就是通过不断尝试错误的过程，形成刺激与反应之间的联结。

基于试误说，他给出了3条学习律。①准备律（law of readiness）。学习者习得知识的前提是，学习者具备学习该知识的欲望与心理准备。②效果律（law of effect）。只有当行为产生了令个体满意的效果时，学习进程才会持续进行。②③练习律（law of exercise）。由使用律（law of use）和失用律（law of disuse）构成，指学习联结会随着练习强弱的改变而不同。③即一个已形成的可变联结，若加以使用就会更强（使用律），若不再使用则会逐渐减弱（失用律）。桑代克提出的3条学习律分别针对学习准备阶段、学习进行阶段及学习强化阶段阐释了有效联结产生的必要条件，并指出了保持联结的措施。

---

① 冯忠良,伍新春,姚梅林,等.教育心理学[M].3版.北京：人民教育出版社,2015：83.
② 施良方.学习论[M].北京：人民教育出版社,2001：34—35.
③ 施良方.学习论[M].北京：人民教育出版社,2001：5.

尽管桑代克的联结主义学习理论和试误说尚不完善，但是他的理论客观上推动了教育心理学体系的发展。另外，他提出的学习是通过行为受奖励而进行的，也为后面斯金纳提出的操作性条件反射理论奠定了基础。

四、斯金纳的操作性条件反射理论

从1930年起，在美国出现了新行为主义理论，这些研究者修正了华生的极端主义观点，认为在刺激与反应之间存在着中介变量。在此背景下，斯金纳对桑代克的动物实验研究装置进行了改进，设计了著名的"斯金纳箱"，并提出了操作性条件反射理论。

（一）操作性条件反射理论

斯金纳认为，有机体的反应有两种：一种是应答性行为，这是由特定的刺激所引起的被动反应，不是自发的，这是巴甫洛夫的经典条件反射理论所关注的行为；另一种是操作性行为，这种行为是自发的，这些行为由于受到强化，成为特定情境中有目的的操作行为，这是斯金纳的操作性条件反射理论所关注的行为。

操作性条件反射理论和经典条件反射理论不同的是，经典条件反射是"刺激－反应"之间的联结（S-R），反应是由刺激引起的；而操作性条件反射则是"操作－强化"之间的联结（R-S），其中重要的是跟随操作反应之后的强化刺激。斯金纳认为，人的行为大部分都是操作性行为，主要受到强化规律的制约，通过控制情境事件（刺激）就可以控制行为或者改变行为。

（二）强化理论

在斯金纳的理论体系中，强化（reinforcement）是特别重要的概念，因为只有操作性行为得到强化之后，联结才能巩固下来。凡是能增强反应概率的刺激和事件都叫强化。与此相反的是，凡是能导致反应概率下降的刺激和事件都叫惩罚（punishment）。强化又分为正强化和负强化。正强化通过呈现愉快刺激来增强反应概率，负强化通过消除厌恶刺激来增强反应概率。惩罚也分为Ⅰ型惩罚（正惩罚）和Ⅱ型惩罚（负惩罚）。Ⅰ型惩罚通过呈现厌恶刺激来降低反应概率，Ⅱ型惩罚通过消除愉快刺激来降低反应概率（表3-1）。[1]

---

[1] 陈琦，刘儒德．当代教育心理学［M］．3版．北京：北京师范大学出版社，2019：90—93．

表 3-1 强化与惩罚

	增强反应概率	降低反应概率
呈现刺激	正强化（呈现愉快刺激，如小明好好学习，妈妈决定带他去旅游）	Ⅰ型惩罚（正惩罚，呈现厌恶刺激，如小明不好好学习，妈妈让他面壁1小时）
消除刺激	负强化（消除厌恶刺激，如小明好好学习，妈妈决定免除他的家务活）	Ⅱ型惩罚（负惩罚，消除愉快刺激，如小明不好好学习，妈妈不允许他去玩儿）

（三）程序教学和教学机器

斯金纳以操作性条件反射理论为依托，于20世纪50到60年代掀起了一场轰轰烈烈的程序教学运动。1954年，斯金纳在匹兹堡大学"心理学的当前动向"会议上，演示了基于教学机器进行拼写和算术教学的过程，同年在"学习的科学和教学的艺术"（The Science of Learning and the Art of Teaching）论文中，提出强化学习原理，将教学机器作为一种方法为学生提供学习强化。[①]

> **关键概念 —— 强化学习**
>
> 强化学习指的是，个体在环境的奖励或惩罚刺激下，逐步形成对刺激的预期，产生能使利益最大化的习惯性行为。

斯金纳发明的教学机器是一种台式机械装置，内置教学程序，将所教科目的具体内容由浅入深地编成系列，通过机器的特定窗口逐个呈现，答案也由教学机器控制。从某种意义上讲，斯金纳设计的教学机器是今天计算机辅助教学（computer assisted instruction，简称CAI）的先声，斯金纳本人也因此被称为"教学机器之父"。

程序教学（programmed instruction，简称PI）始于教学机器的研制与开发，并因斯金纳而得到极大的应用。程序教学的原则可以概括为以下几点：①积极反应原则：学习者与程序之间应该相互影响，学习者要想达成学习目标就必须积极地对每一个刺激做出反应。②小步子原则：将知识分解为一个难度渐增、有次序的学习序列。③及时反馈原则：对于学生的每一个反应及时核对，反馈的及时性与强化效果呈正相关。④自定步调原则：学习者根据自身能力来决定学习的速度，显示出对学习者个体差异的尊重。

---

① 普莱西，斯金纳，克劳德. 程序教学和教学机器[M]. 刘范，曹传咏，荆其诚 译. 北京：人民教育出版社，1964：84.

斯金纳是对当今心理学影响最大、最重要的新行为主义者。他建构了一套阐释动物和人类行为的操作行为主义体系，并将其应用范围推广到教育教学和社会控制中[①]，为学习科学的探索留下了一笔宝贵财富。

五、班杜拉的社会学习理论

阿尔伯特·班杜拉（Albert Bandura）是美国当代著名心理学家，新行为主义的主要代表人物之一，社会学习理论（也称为社会认知理论）的创始人。

社会学习理论认为，儿童社会行为的习得主要是通过观察、模仿现实生活中的重要人物（榜样，如老师、家长等）的行为而实现的，而儿童观察学习的过程是在个体、环境和行为三者相互作用下发生的，即所谓的三元交互决定论（reciprocal determinism）。

该理论认为，环境、行为和个体之间既相互独立，又相互联结，从而相互决定。比如乐于助人的儿童会期望别的儿童也乐于助人（个体认知），这种期望使他产生乐于助人的行为（行为），并使其他儿童也乐于帮助他（环境），这样就强化了他最初的期望（个体认知）。值得注意的是，三元交互决定论中的三个要素间的交互影响力和交互模式并非固定不变的。

事实上，班杜拉还通过开展一系列行为实验，提出了观察学习、替代性强化、自我效能感、自我调节等概念。

（一）观察学习

班杜拉认为，人类的大多数行为是可以通过观察而习得的，通过观察他人（榜样）的行为及其后果就能学会某种复杂行为，他把这种学习方式称为观察学习。

> **关键概念 —— 观察学习**
> 观察学习也称替代性学习或无尝试学习，是指通过观察榜样的行为及结果，经过个体大脑的加工和内化，再将习得的行为在自己的行为和观念中反映出来的一种学习方式。

观察学习需要经历4个过程（表3-2）。

[①] 叶浩生.西方心理学的历史与体系[M].北京：人民教育出版社，1998：242.

表 3-2 观察学习的 4 个过程

1	注意过程	观察学习始于学习者对榜样行为的注意,榜样特征和观察者特征会影响观察学习的程度。比如人们一般会观察和自己相似的人,或者比自己优秀或重要的人。
2	保持过程	观察者用表象或言语的表征方式记住所观察到的信息。
3	复制过程（动作再现）	观察者将记忆中存储的信息用行为表现出来。
4	动机过程	观察者因为表现出观察到的行为而受到强化,这些强化会激励观察者去记住那些有价值的、可以学习的行为。包括直接强化、替代性强化和自我强化三种。

（二）三种强化

在观察学习的动机过程中有直接强化、替代性强化和自我强化三种强化方式。其中，直接强化指的是观察者表现出观察到的行为后得到强化；替代性强化指的是观察者看到榜样受强化而被强化；自我强化指的是观察者依靠自己的标准对行为进行评价而受到强化。

（三）自我效能感和自我调节

基于对自我强化的认识，班杜拉还提出了自我效能感和自我调节的概念。自我效能感（self-efficacy）指的是人们对自己是否有能力完成某一行为的主观判断。效能预期影响个体活动和场合的选择，甚至影响其努力程度。因此，自我效能感是个体自我系统中的核心动力，也是决定个体潜能发挥程度的关键因素。

自我调节（self-regulation）指的是人们会根据自己的标准进行判断，并据此给予自己强化或者惩罚，从而加强、维持或调整自己的行为。自我调节学习（self-regulated learning，简称 SRL）指学习者积极激励自己并使用适当的学习策略的学习。它是学习者主动地运用与调控自己的认知、元认知、动机与行为的学习过程或学习活动。

班杜拉提出的观察学习对于人类社会中的许多学习，尤其是社会规范和道德学习，具有重要的意义，所以家长和教师在日常生活中要利用多种方式给学生树立可供学习的榜样，并对学生的模仿行为给予恰当的表扬或批评（强化或惩罚）。

第三节　认知主义学习理论

与行为主义学习理论相比，认知主义学习理论认为不应该只关注简单低级的刺激-反应，还应该重视问题解决、推理、思维等高级认知能力；学习不是对外界信息的简单接受，而是对信息的主动选择和理解，是积极主动地进行复杂的信息加工活动的过程；学习的目的不是形成简单的刺激-反应联结，而是形成和完善认知结构。

一、格式塔学派的完形-顿悟说

格式塔学派是诞生于德国的一个心理学流派，代表人物有马克斯·韦特海默（Max Wertheimer）、库尔特·考夫卡（Kurt Koffka）和沃尔夫冈·苛勒（Wolfgang Kohler）。格式塔是德文 Gestalt 的音译，在德文中有"完形"或"形状"的意思，因此，格式塔心理学又称为完形心理学。该理论认为，学习会在头脑中留下记忆痕迹，这些痕迹不是孤立的要素，而是一个有组织的整体，即完形。

1913—1917年，苛勒针对黑猩猩的问题解决行为做了一系列实验，并依此提出了完形-顿悟说。该理论主要观点有如下几点：①学习是通过顿悟过程实现的。学习是个体利用其智慧与理解力对情境及情境与个体关系的顿悟，而不是动作的累积或盲目的尝试。②学习的实质是在个体大脑内部构造完形。学习过程中问题的解决，都是由于对情境中事物关系的理解而构成一种完形来实现的。③刺激与反应之间的联系不是直接的，而需以意识为中介。刺激与反应或环境与行为之间的关系，格式塔学派认为是以意识因素为中介的，用公式表示为 S–O（organism）–R，而不是 S–R。[①]

> **关键概念——顿悟说**
>
> 顿悟（insight theory）指的是个体在解决问题时，清楚地理解问题情境中各个事物的关系，并改组知觉经验中的旧有结构及豁然洞察新的结构。或者说突然领悟到了解决方法。

总之，格式塔心理学派认为，学习不是形成简单的刺激-反应联结，而是不断构建完形的过程。虽然该理论也有一定的缺陷，但对于反对当时行为主义学习理论的机械性具有重要意义。

[①] 冯忠良, 伍新春, 姚梅林, 等. 教育心理学 [M]. 3版. 北京: 人民教育出版社, 2015: 109—112.

二、托尔曼的符号学习理论

托尔曼是美国著名心理学家，符号学习理论（也称认知－目的理论）的创始人。他的研究实际上同时受到了行为主义和格式塔学派的影响，追求认知与行为的统一。他认为，学习是对情境所形成的完整认知地图（认知结构）中符号与符号之间关系的认知过程。

托尔曼提出的符号学习理论主要包括以下三点内容：①学习是有目的的，是对期待的获得。期待是符号学习理论中的重要概念，指的是个体根据经验而建立起来的一种内部心理状态，是一种关于学习目的的认知观点。②学习是对"符号－完形"的认知，是形成认知地图。这里说的符号指的是个体对环境的认知，认知地图指的是将"目标—环境—对象—手段"联系在一起的整体认知结构。③学习不是简单的刺激反应，而是以目的、意识等为中介的。[①]

总之，托尔曼提出的符号学习理论对于纠正行为主义学习理论的机械性和片面性有重要意义，因此有人称其为认知心理学的开山鼻祖。

三、布鲁纳的认知－发现学习理论

布鲁纳是美国著名的认知教育心理学家，认知－发现（也称认知结构）学习理论的创始人。他认为学习的本质在于形成认知结构，学习的过程包括习得、转化和评价三个部分，而学习的方式则主要是发现学习。[②]

（一）学习的本质在于形成认知结构

布鲁纳也认为学习的本质不是被动地形成刺激－反应联结，而是积极主动地形成认知结构。所谓认知结构，就是一种内在的编码系统，是一组相互关联的、非具体性的类别。

（二）学习包括习得、转化和评价三个过程

布鲁纳认为学习包括习得、转化和评价这三个几乎同时发生的过程。①新知识的习得。新知识可能是对个体原来模模糊糊地知道的知识的精确化，或者是与原有知识相违背的知识。②知识的转化：个体通过一定的方法对获得的知识进行转化，从而获得更多的知识。③知识的评价：个体检查自己处理知识的方法是否

[①] 冯忠良，伍新春，姚梅林，等. 教育心理学 [M]. 3版. 北京：人民教育出版社，2015：124—125.
[②] 冯忠良，伍新春，姚梅林，等. 教育心理学 [M]. 3版. 北京：人民教育出版社，2015：112—117.

恰当，概括得是否合适，应用得是否适当。

（三）学习和教学的原则

布鲁纳认为，在学习和教学中要坚持如下原则：①注重激发内在动机。内在动机包括好奇内驱力（求知的欲望）、胜任内驱力（成功的欲望）和互惠内驱力（人际交往的欲望）三部分。②注重掌握知识结构。所谓知识结构，指的是某一学术领域的基本观念、基本原理和基本方法。③注重培养直觉思维。布鲁纳认为，直觉思维对科学发现活动非常重要，教师在教学过程中要注重发挥学生的想象力，让学生自己去试着做。④注重学习的序列性。布鲁纳认为，任何一门学科的学习都有一定的程序性，教师可以用某种适当的方式将其教给任何年龄的任何人。

（四）发现学习法

布鲁纳认为，对于儿童来说，最好的学习方法就是发现学习法。

> **关键概念 —— 发现学习法**
>
> 发现学习法（discovery learning）指的是让个体自己去积极主动地获得知识、掌握原理或原则的一种学习方式。

发现不局限于发现人类未知的事物，个体通过自己的努力，掌握自己以前不知道的知识也属于"发现"。发现学习没有固定的模式，不过一般来说包括这样几个步骤。①提出问题：教师创设情境，让学生在其中自己发现问题、提出问题、明确问题。②做出假设：教师帮助学生基于所提出的问题做出假设。③收集材料：学生去收集可以用于验证假设的材料。④验证假设：基于所收集的材料，验证假设。⑤形成结论：基于以上成果，评价、反思并给出结论。

总之，布鲁纳在认知结构、词语学习、概念形成、思维发展等方面都取得了重要成果，并坚持将心理学研究应用到教育教学实践中，对20世纪的教育教学改革运动起了重要的推动作用，因此被誉为杜威之后对美国教育影响最大的人。

四、奥苏贝尔的有意义接受学习理论

奥苏贝尔是与布鲁纳同时代的美国知名教育心理学家，是有意义接受学习（也称认知同化学习）理论的提出者。他认为，发生在学校的学习应该主要是有意义接受学习，其中要注重使用先行组织者策略。

（一）有意义接受学习

奥苏贝尔认为，学习按照性质内容可以分为机械学习和有意义学习（也称意义学习），而按照进行的方式可以分为接受学习和发现学习。

机械学习（rote learning）指的是学习者并不了解符号所代表的知识，而只是死记硬背的学习方式。有意义学习（meaningful learning）指的是学习者在符号所代表的新知识与自己认知结构中原有的知识之间建立非人为的、实质性的联系的学习方式。这里的非人为的联系，指的是新知识与原有知识之间能够建立合理的、具有逻辑关系的联系。实质性的联系指的是新知识与认知结构中原有的概念、表象、命题等有本质上的联系。

发现学习（discovery learning）指的就是前面布鲁纳提出的学习方式。接受学习（reception learning）有时也称为讲授式教学，指的是学习者在教师的引导下获取新知识的学习方式。该学习方式下要学的内容通常是现成的、有定论的基础知识。

接受学习并不一定就是死记硬背式的机械学习，发现学习也不一定就是有意义学习。奥苏贝尔认为，只要是有助于在新旧知识之间建立非人为的、实质性的联系的学习，不管是接受学习还是发现学习，都是有意义学习；发现学习主要是要求学生自己去"发现"知识，但是在"发现"知识以后，需要将知识内化到自己的认知结构中。

（二）有意义接受学习的条件和认知同化过程

有意义接受学习的顺利开展需要满足一定的外部条件（客观条件）和内部条件（主观条件）。[1] 外部条件是指学习材料必须具有逻辑意义，并且能满足与认知结构中的知识建立非人为的、实质性联系的要求。内部条件主要包括以下三条：①学习者必须具有将新知识与认知结构中的知识建立联系的学习动机；②学习者认知结构中已经具有适当的基础知识；③学习者必须积极主动地将新知识和认知结构中原有的知识建立联系，让新知识获得实际意义。

奥苏贝尔认为，有意义的学习是通过新知识与认知结构中原有知识的相互作用而发生的，这种相互作用导致了新旧知识有意义的同化，这就是认知同化过程。具体的认知同化过程主要包括如下三种。①下位学习，是指将概括程度较低

---

[1] 冯忠良,伍新春,姚梅林,等.教育心理学[M].3版.北京:人民教育出版社,2015:118.

的新概念或命题,归属到认知结构中概括程度较高的概念或命题下,从而获得新概念的意义。②上位学习的概念与下位学习相反。③组合学习,是指新概念与已有概念不构成上位或下位关系,但是可能形成组合关系。比如将新概念"足球"和已有的"篮球""排球"等概念组合到一起。

认知同化过程会受到几个主要因素的影响。①锚定观点(也称锚点),是指认知结构中对新知识起到固定作用(或者说连接作用)的适当观点。②可辨别性,是指新旧知识之间的区别程度。③清晰稳定性,是指认知结构中的锚点是否清晰稳定,会影响学习者区分新旧知识。基于这三个因素,教师在课堂教学中要注意引导学生复习旧的知识,并要强调新旧知识之间的区别和联系。

(三)先行组织者

为了促进知识的同化和有意义接受学习的发生,奥苏贝尔提出了一个重要的策略,那就是先行组织者策略。先行组织者的主要目的是增强新旧知识之间的可辨别性,帮助认知同化过程的发生。例如,在讲授"钢"的性质之前,先学习一下"合金"的性质(这就是先行组织者),会有助于学生更好地理解"钢"的性质。

> **关键概念——先行组织者**
>
> 先行组织者(advanced organizer)指的是先于学习任务本身而呈现的一种引导性材料,它的抽象、概括和综合水平高于学习任务,并且与认知结构中原有的观念和新的学习任务相关联。①

先行组织者主要分为两种:一种是陈述性先行组织者,指的是为新知识提供的一种上位的概念;另外一种是比较性先行组织者,指的是为新知识提供的一种可供比较的学习材料,以增强新旧知识之间的可辨别性。

奥苏贝尔提出的接受学习看起来和布鲁纳提出的发现学习是相反的,但其实两者是相辅相成的,分别适合不同的学习者和不同的学习内容。事实上,虽然今天的学校特别注重"发现学习",但是教学中更多的还是有意义接受学习。

五、加涅的信息加工学习理论

20世纪50年代以来,受计算机技术发展的影响,学习的信息加工理论开始

---

① 冯忠良,伍新春,姚梅林,等.教育心理学[M].3版.北京:人民教育出版社,2015:119.

崛起，人们希望用信息加工的术语和原则，用计算机的加工过程，来模拟和说明人类的内部心理活动和认知过程。在这方面，美国著名教育心理学家加涅对学习的本质、过程、条件以及教学设计等进行了系统的研究和论述。

（一）学习的信息加工模型

图 3-1 所示的是加涅提出的学习的信息加工模型。在该模型中，学习者从外部环境中接受刺激，刺激推动感受器，并产生神经信息。然后信息进入感觉登记器（感觉记忆），其中被选择性知觉（选择性注意）加工过的信息会进入短时记忆。进入短时记忆中的信息经过编码后会进入长时记忆。当需要使用信息时，学习者就必须从长时记忆中检索、提取信息，提取出来的信息既可以直接送到反应发生器，也可以再回到短时记忆，之后再通向反应发生器。反应发生器中的信息会传递给效应器，效应器会对外界做出反应。

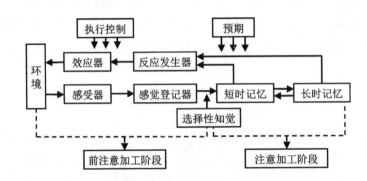

图 3-1 学习的信息加工模型图

模型中的预期（期望系统）指的是学习者期望达到的目标，即学习动机。执行控制（执行控制器）实际上就是认知策略，就是决定选择哪些信息进入短时记忆，如何编码，如何提取信息等。

（二）学习阶段和学习事件

加涅将学习过程分为了 8 个阶段。每个阶段在学生头脑中都需要进行不同的信息加工过程，在这个过程中发生的事件被称为学习事件。这 8 个阶段依次为：①动机阶段——学习者了解学习目标，形成对学习结果的期望，从而激发学习动机；②领会阶段——学习者有选择地注意与学习有关的刺激，而忽视无关的刺激；③习得阶段——将有选择地注意到的信息特征编码、储存到短时记忆中；④保持阶段——习得的信息经过复述、强化等进一步编码后储存到长时记忆中；

⑤回忆阶段——根据线索提取和回忆信息;⑥概括阶段——对知识进行概括,并应用到新的情境中;⑦作业阶段——通过作业阶段反映学生是否掌握了所学知识;⑧反馈阶段——通过对作业的反馈,让学生知道自己是否达到了学习目标,从而强化学习动机。

(三)教学事件和教学方法

加涅还对教学过程进行了研究,认为教学过程要根据学生的内部认知加工过程进行,因此教学过程和学习过程基本上是一一对应的,在每一个教学阶段发生的事情就称为教学事件。加涅提出了九类不同的教学事件,按照教学发生的顺序,分别为引起注意、告知学习者目标、刺激回忆先前的学习、呈现刺激、提供学习指导、引出行为、提供反馈、评价行为、促进保持和迁移。[①]

加涅基于行为主义学派和认知主义学派的研究成果,重点吸收了信息加工心理学的思想,形成了有理论依据也有操作支持的学习理论。这一理论能够解释很多学习现象的认知过程,并具有切实可行的教学操作步骤,对推动教育教学理论和实践发展都做出了重要的贡献。

第四节 建构主义学习理论

行为主义学习理论认为学习就是要形成刺激-反应联结,认知主义学习理论认为学习是要形成和完善认知结构。两者虽然有冲突,但有一个共同点:都是以客观主义认识论为基础。在客观主义者看来,知识是不依赖于人脑而独立存在的具体实体,只有在知识完全"迁移"到人的大脑内部,并进入人的内心活动世界时,人们才能获得对知识的真正理解。在这种观念的影响下,传统的教学观更多地表现为知识传授式教学方法。

20世纪80年代以来,建构主义学习理论开始兴起。该理论认为,知识不是通过教师传授得到的,而是学习者在一定的情境即社会文化背景下,借助其他人(包括教师和学习伙伴)的帮助,利用必要的学习资料,通过意义建构的方式而获得的。[②]该观点可以用一个经典的"鱼牛的故事"来生动地诠释。

---

① 陈琦,刘儒德.当代教育心理学[M].3版.北京:北京师范大学出版社,2019:126—127.
② 何克抗.建构主义的教学模式、教学方法与教学设计[J].北京师范大学学报(社会科学版),1997,(5):74—81.

> **鱼牛的故事**
>
>
>
> 从前，在一口井里有一条鱼和一只青蛙。有一天，青蛙跳出井，四处看了看，看到一头奶牛。回来后，青蛙就给鱼讲述自己看到的奶牛：它的身体很长很高，头上长着两只角，身上有黑色的斑点，长着四条粗壮的腿……鱼一边听一边在脑海里想象牛的样子（图3-2）……
>
> 图3-2 鱼牛的故事

一、建构主义思想渊源

建构主义的奠基人当属皮亚杰，他基于对西方传统认识论的批判和继承而提出：知识既不是来自主体，也不是来自个体，而是个体在与周围环境相互作用的过程中，自己逐步建构起关于外部世界的知识，从而使自己的认知结构得到发展。[①]

20世纪70年代，苏联教育心理学家维果斯基的社会文化历史论被介绍到美国后，对于建构主义的发展也起到了重要的推动作用。维果斯基认为，个体的学习是在一定的历史、社会文化背景下进行的，社会可以为个体的认知与学习发展起到重要的支持和促进作用。此外，杜威有关学习与探索、活动和经验改造的关系的设想也对建构主义的发展产生了一定的影响。在杜威看来，一切真正的教育都是从经验中产生，学习的实质就是经验的生长和经验的改造。

当然，建构主义的兴起也有现实因素。随着社会经济的发展，人们对创新人才有了更高的需求，而传统的灌输式教学让大家不满，此时信息技术的快速发展为创设学习情境提供了更多的可能性，所以促使建构主义在20世纪80年代开始快速发展。

二、建构主义学习理论的基本观点

下面，将着重介绍建构主义学习理论的知识观、学生观和学习观。

---

① 冯忠良,伍新春,姚梅林,等.教育心理学［M］.3版.北京：人民教育出版社,2015:150.

（一）知识观

建构主义认为知识具有如下特性：①主观性和相对性。知识只是人们对客观世界的一种解释、假设或假说，它会随着人们认识程度的深入而不断变化。②情境性。知识与知识发生的情境紧密相连，知识是在情境中通过活动产生的。③个体性。每一个学习者都会基于自身的经验来建构知识，因此不存在唯一标准的理解。

（二）学生观

建构主义学习理论认为学生不是空着脑袋来到教室的。当面对一个新问题情境时，他们可以基于他们已经形成的丰富的经验，通过推理和判断，形成对问题的解释。因此，教师在教学中不能"无视"学生已有的经验，而要努力帮助学生将新知识和自己已有的经验结合起来。

（三）学习观

知识观和学生观的差异导致在学习观上出现了三个方面的变化：强调学习的主动建构性、社会互动性和情境性。[①]①主动建构性。学习不是知识由外到内的转移和传递，而是学习者主动建构自己的知识经验的过程。在这个过程中，学习者必须主动进行选择、加工和意义建构，别人无法替代。②社会互动性。知识不仅仅是个体在与物理环境的相互作用中建构起来的，社会文化背景的作用同样重要甚至更加重要。因此，教学中要特别注重促进学习者之间的互动、合作与交流。③情境性。知识不能脱离情境而存在，学习应该与具体的情境结合起来。因此，应该尽可能让学生在真实或近似真实的情境中学习知识。[②]

总而言之，建构主义强调学生是个体知识的建构者，教师只是学习的帮助者和促进者，而不是知识的提供者和灌输者。

三、认知建构主义学习理论

认知建构主义起源于皮亚杰的认知发展理论。该理论主要关注个体是如何建构知识的，其基本观点是：知识不是个体被动接受的产物，而是由个体通过新旧经验的相互作用而主动建构起来的。

[①] 张建伟. 从传统教学观到建构性教学观——兼论现代教育技术的使命［J］. 教育理论与实践，2001,（9）：32—36.

[②] 陈琦，张建伟. 建构主义学习观要义评析［J］. 华东师范大学学报（教育科学版），1998,（1）：61—68.

(一)皮亚杰的认知发展理论

在皮亚杰看来,儿童是在与周围环境相互作用的过程中,逐步建构起对外部世界的知识,从而使自身认知结构得到发展的。具体的知识建构过程可以用"图式、同化、顺应、平衡"四个概念来说明。其中,图式(schema)表示心理认知结构,指的是有组织、可重复的行为模式或思维模式。同化(assimilation)是指把外部环境中的有关信息吸收过来并结合到儿童已有的图式中的过程,也可看作认知结构的量变。顺应(accommodation)是指当原有图式无法同化外部环境中的新信息时,儿童的图式发生重组、改变或创造的过程,也可看作认知结构的质变。平衡(equilibration)是指用原有图式去同化新信息时,儿童就处于一种平衡的认知状态。儿童的认知结构就是通过同化与顺应过程逐步建构起来,并在"平衡—不平衡—新的平衡"的循环中得到不断的发展。

皮亚杰认为,虽然儿童的发展速度不太一样,但是所有儿童都会依次经历4个阶段(表3-3),在不同的阶段会呈现出不同的认知发展特征。[1][2]皮亚杰的认知发展理论对于教育教学实践具有重要的意义,它提醒我们,教学要适合儿童当前的发展阶段,要注意个体之间的差异,要促进儿童内部积极主动的建构过程。

表3-3 儿童认知发展阶段

阶段	年龄	特征
感知运动阶段	0~2岁	此时语言还未形成,儿童主要通过感知觉来与外界取得平衡,处理主、客体的关系。比如学习抓物体。 显著标志是儿童在大约9~12个月时逐渐获得了"客体永久性",知道某一个物体从视野中消失后并不意味着它不存在。
前运算阶段[3]	2~7岁	此时儿童还不能进行熟练的运算,但是已经用表象、语言以及比较抽象的符号来表征内心世界和外在世界。不过其思维还是直觉性的、非逻辑性、不可逆性的,且具有明显的自我中心特征。
具体运算阶段	7~11岁	此时儿童已经能够进行合格的运算,思维具有明显的符号性、逻辑性和可逆性,能进行简单的逻辑推演和基本的数学运算,也越来越以社会为中心,日益关注别人的看法。但在很大程度上仍然局限于具体事物以及过去的经验,抽象性还不够。

---

[1] 皮亚杰.发生认识论原理[M].王宪钿 译.北京:商务印书馆,1985:21—57.
[2] 乜勇.学与教的理论与实践[M].西安:陕西师范大学出版社,2012:32—33.
[3] 运算是皮亚杰从逻辑学中借用来的一个术语,表示能在心理上进行内化的动作。比如,能够在头脑里想象把一个物体扔到地上的过程和结果。2~7岁时,儿童还不能进行熟练的运算,但是在逐渐掌握运算,所以称为前运算阶段。

续表

阶段	年龄	特征
形式运算阶段	11～16岁	此时儿童已经超越了对具体事物的依赖，能够把思维的形式与内容相分离，能够设定和检验假设，能够采用演绎、归纳等推理方式解决问题，能够监控和内省自己的思维活动，其思维已经进入抽象的逻辑思维阶段，基本接近成人水平。

（二）斯皮罗等人的认知灵活性学习理论

斯皮罗等人提出了认知灵活性理论（cognitive flexibility theory），主要是希望借此解释人们在实际情境中解决复杂问题时的心理认知机制，并促进个体灵活运用知识的能力。

在斯皮罗等人看来，知识可以分为结构良好领域（well-structured domain）和结构不良领域（ill-structured domain）知识两类。结构良好领域知识指的是关于某一主题的概念、事实、规则和原理。这类问题一般有明确的规则，基本上可以直接套用相应的法则或公式来解决；结构不良领域知识指的是将结构良好领域的知识应用到具体问题情境时所产生的知识，也就是灵活应用知识的知识。这类问题通常不能简单套用法则或公式，而需要在原有经验的基础上根据问题情境来具体分析，寻找新的适当的解决方法。

基于以上知识观，斯皮罗等人将学习分为初级知识获得与高级知识获得两种。初级知识获得是指对结构良好领域知识的学习，这一类学习通常采用操练和练习的方式进行，主要是要求学习者记住相应的内容。高级知识获得是指对结构不良领域知识的学习，这一类学习往往要求学习者能把握概念的复杂性及彼此之间的联系，并能在各种复杂情境中灵活地应用知识解决问题。

斯皮罗等人认为，传统教学混淆了初级知识学习和高级知识学习，导致问题情境过于抽象化和简单化，所以学习者较难掌握结构不良领域知识，进而导致知识难以被灵活地迁移应用。针对这个问题，斯皮罗等人提出了认知灵活性学习理论。所谓认知灵活性，指的是学习者在学习结构不良领域知识时，只有从多个角度、采用各种方式同时建构自己的知识，才能对知识有全面而深刻的理解。这样，即便情境发生变化，他也能灵活地应用知识解决新问题。基于认知灵活性学习理论，斯皮罗等人提出了随机通达教学法（random access instruction），即让学习者可以在不同的时间、不同的情境下、为不同的教学目的、用不同的方式进入同样教学内容的学习，从而获得对同一事物或问题的全面而深刻的理解和掌握。

当今教育越来越关注在复杂的问题情境中灵活应用知识解决问题的能力，就这个角度而言，斯皮罗等人提出的认知灵活性学习理论确实具有重要的意义。

四、社会建构主义学习理论

社会建构主义学习理论起源于维果斯基的社会文化历史理论。该理论主要强调社会文化历史背景在认知发展中的作用，其基本观点是：个体与社会相互联系，密不可分，学习是一个文化（语言、概念、社会规范等）参与过程，学习者通过借助一定的文化支持来参与某个学习共同体的实践活动，从而内化有关知识和技能。

（一）维果斯基的社会文化历史理论

维果斯基是苏联著名心理学家，他提出的社会文化历史理论主要包括活动说、符号中介说和内化说这三个相关的基本观点。①活动说：人的心理发展受以劳动为基础的社会生活的制约，个体主要的概念、观点、思维和交流方式等都是在参与一定文化背景下的社会文化活动时形成的。②符号中介说：包括心理活动和劳动活动在内的社会文化活动都是以工具为中介的。人类发展出两套工具：一套是物质生产工具，比如刀、斧头等；一套是精神生产工具，也就是人类特有的语言和符号系统。而正是这套语言和符号系统逐渐改变了人的心理结构，形成了人类特有的高级心理机能。③内化说：人类特有的高级心理机能是在语言和符号系统的中介下由外部集体活动内化而成的。这种从社会的、集体的、合作的活动向个体的、独立的活动形式的转换，从外部的、心理间的活动形式向内部的、心理过程的转化，实质上就是人类心理发展的一般机制——内化机制。[1]

维果斯基将人类的心理机能分为低级心理机能和高级心理机能两种。其中，低级心理机能，比如简单的记忆、情绪等，是人类作为动物进化的结果；高级心理机能，比如记忆、逻辑、推理、抽象思维等，是历史文化发展的结果，是个体后天在一定文化背景下参与的社会文化活动中，以符号为中介逐渐形成的。从低级心理机能向高级心理机能的发展主要有四个表现：①随意（有意识）机能的不断提高；②抽象概括机能的提高；③形成以符号为中介的心理结构（认知结构）；④心理机能的个性化。

---

[1] 陈琦，刘儒德. 当代教育心理学［M］. 3 版. 北京：北京师范大学出版社，2019：29—30.

> **关键概念——最邻近发展区**
>
> 最邻近发展区指的是个体现有发展水平和潜在发展水平之间的差距。前者指个体能够独立解决问题,后者指个体在其他人的帮助下能够解决问题。

基于以上理论,维果斯基提出了"最邻近发展区"(zone of proximal development,ZPD)的重要概念。他认为,教学要走在儿童发展的前面,要特别关注最邻近发展区,不断地将最邻近发展区转换为现有发展水平,也就是不断创造更高水准的最邻近发展区,这样儿童的高级心理机能(认知结构)才能不断得到扩展。[①] 那么,在教学中究竟应该怎么样落实呢?维果斯基提出了搭支架的方式,后来逐渐发展为支架式教学法(scaffolding instruction)。该方法认为,教师在教学过程中要为学习者提供支架,即有助于理解知识的适当的指导和帮助,并随着学习者水平的发展,不断调整指导和帮助,以便把学习者的理解逐步引向深入。

除了以上提到的最邻近发展区和支架式教学法以外,维果斯基的理论对当前比较受重视的交互式教学、合作学习与协作学习、情境学习等都有重要的参考价值。

(二)情境认知与学习理论

情境认知与学习理论(situated cognition and learning theory)最初起源于对词汇学习的研究。人们发现,在课堂中学习词汇效率很低,但是在日常交往中学习词汇却很快,这就显示了情境的重要性。[②] 在此之后,情境认知与学习理论开始引起人们的广泛注意。该理论的基本观点是,在传统的学校教育中,学校关注的是抽象的、简化的和去情境化的知识,学生所解决的是结构良好的问题,因此无法很好地迁移到相关的情境中去。而知识应该是情境性的,应该在真实的情境、真实的活动中,通过积极的参与进行学习。

情境学习理论认为,知识是一种高度基于情境的实践活动,是个体与环境交互作用过程中建构出的一种交互状态。学习是一种文化适应,是"实践共同体"

[①] 王文静. 维果茨基"最近发展"理论对我国教学改革的启示[J]. 心理学探新,2000,(2):17—20.

[②] Brown J S, Collins A, Duguid P. Situated cognition and the culture of learning[J]. Educational researcher, 1989, 18(1): 32–42.

中"合法的边缘性参与",学习者通过合法的边缘性参与来获得意义和身份的建构。① 所谓实践共同体(communities of practice),表示"一群追求共同事业,一起通过协商的实践活动来分享共同信念和理解的个体的集合"②。人们在某种现实情境中通过实践活动不仅获得了知识和技能,还形成了某一共同体成员的身份。所谓合法的边缘性参与(legitimate peripheral participation),是指基于情境的学习者必须是共同体中的"合法"参与者,而不是被动的观察者。当然,由于学习者是新手,所以一开始不可能完全地参与所有共同体活动,只能作为"边缘的"参与者来参加共同体的某些活动。在参加部分活动的同时,通过观察专家工作、与同伴及专家讨论的方式进行学习,逐渐完成由新手向专家和熟手的转变。③

情境学习理论自提出以来,在教育中得到了极大的应用,有学者提出了"认知学徒制教学法"。这种教学法类似于传统的学徒式训练,强调学习者在教师和其他同学的帮助下,参与某种真实的活动,通过观察、模仿、练习和应用,通过合作、社会交互以及知识的社会建构,来获得有关知识技能。

此外,还有学者提出了"抛锚式教学法",强调创设一个真实或近似真实的学习情境,让学习者去解决一些在某领域中专家们可能碰到的真实的问题和任务。当前,利用以 VR/AR 为代表的新技术创设近似真实的学习情境越来越容易,这预示着情境认知与学习理论将会在教育实践中得到更为广泛的应用。

第五节 人本主义学习理论

20世纪五六十年代,起源于人本主义心理学的人本主义学习理论开始兴起。人本主义心理学派号称"心理学的第三势力"④,从人本心理观和自然人性论出发,反对行为主义将人比作动物,只是研究行为;也反对弗洛伊德的精神分析学派只是研究非正常人的心理;同时还反对认知主义只是研究认知,而忽略情感。他们强调要把人当作活生生的人看待,要注重研究情感、价值、自尊、自我实现等因

---

① 王文静. 情境认知与学习理论:对建构主义的发展[J]. 全球教育展望,2005,34(4):56—59+33.

② Wenger E. Communities of practice: learning, meaning, and identity[M]. N.Y.: Cambridge University, 1998.

③ Lave J, Wenger E. 情景学习:合法的边缘性参与[M]. 王文静 译. 上海:华东师范大学出版社,2004:1—11.

④ 第一势力为行为主义学派,第二势力为精神分析学派。

素。人本主义学习理论的代表人物主要有马斯洛和罗杰斯。

一、马斯洛的自我实现和需要层次理论

马斯洛是人本主义心理学的领袖人物之一,他提出了自我实现、需要层次和内在学习等重要理论,对于教育教学改革运动产生了比较重要的影响。

(一)自我实现理论

马斯洛认为,人的成长源自自我实现的需要,自我实现的需要是人格形成、发展和成熟的驱动力。而所谓人格,也称个性,是指个体根据自己对外部世界的认识所形成的带有倾向性的、本质的、比较稳定的心理特征(兴趣、爱好、能力、气质、性格等)的总和。所谓自我实现的需要,就是一个人尽其所能,实现其本性的需要。

正是在自我实现的需要的驱动下,个体的人格逐渐得到发展。人格发展的关键是形成正确的"自我"概念。所谓自我,就是个体的内心世界或经验世界中与我们自身相联系的那部分经验。比如,最初儿童在父母、教师的教导下认为"要成为一个正直的人",这是自我发展的第一阶段;随着年龄增加,个体意识到自己是按照他人的想法而活着,于是感到不满,但是对于究竟什么是正确的,也不是十分理解,于是产生迷茫,这是自我发展的第二阶段;再后来,个体逐渐意识到他根据自己内心的判断,就是要成为一个正直的人,这是自我发展的第三阶段,也就是说,他逐渐形成了独立的个性。

马斯洛认为,要促进自我的发展,就需要无条件的尊重和自尊,个体只有得到其他人的好感、认可和尊重,才会对自己产生好感(自尊)。另外,马斯洛还认为,教育只是提供了一个外部环境,人的潜能要得到实现,起关键作用的还是个体的自我实现。

(二)需要层次理论

基于自我实现理论,马斯洛还提出了需要层次理论。[①] 他强调,驱动个体发展的动机由不同性质的需要组成,需要之间有不同的层次和顺序,按照从低到高、由先至后依次为生理需要、安全需要、归属与爱的需要、自尊需要、自我实现需要,后来他又增加了认知的需要和审美的需要。当低层次的需要被满足或部分被满足时,高层次的需要才会产生。其中,前面四级需要为"缺失需要",如果

---

① Maslow, A. H. Motivation and personality [M]. N.Y.: Harper, 1954: 35-58.

不能满足可能会危及个体发展；后面三级需要为"生长需要"，它们不是必需的，但是会让人更健康、更开心、更幸福。

马斯洛的需要层次理论被广泛用来解释各个领域中的动机问题，在教育领域也经常被应用，比如有学者用该理论来解释人们玩游戏的动机，因为游戏中的不同的功能满足了人类的不同需要。[①]

（三）内在学习

马斯洛还特别倡导内在学习（internal learning），简而言之，就是要依靠内在动机驱动，充分发挥个体的潜能，达到自我实现的学习。这是一种开放的、自由的、自发的、自主的学习方式，可以让个体自由地选择自己想学习的内容，充分发挥自己的潜能，展示自己的想象力和创造力。

二、罗杰斯的有意义自由学习理论

马斯洛去世后，罗杰斯成为人本主义学习理论的重要代表人物。他将自己创立的"当事人中心疗法"移植到教育领域，先后提出了知情统一的教学目标观、有意义自由学习观和以学生为中心的教学观等观点。[②]

（一）知情统一的教学目标观

在罗杰斯看来，情感和认知是人类精神世界中两个密不可分的组成部分，所以在教学中必须重视培养知情合一的人，这样的人被称为"全人"或"功能完善者"。一个人只有知道如何学习，知道如何适应外部变化，知道没有任何知识是绝对可靠的，只有寻求知识的过程是可靠的，才能成为一个"全人"。

（二）有意义自由学习观

罗杰斯认为学习分两种：认知学习和经验学习，对应的学习方式则分别为无意义学习和有意义学习。所谓有意义学习，是指一种与个人各部分经验都融合在一起，使个人的行为、态度、个性在未来选择行动方针时发生重大变化的学习。它有4个重要特征。①个人参与：个体从认知到情感全身心投入。②自我发动：学习是由内部愿望或者说内在动机驱动的。③全面发展：个体的行为、态度、人格等得到全面发展。④自我评价：个体评估自己的学习过程是否满意，学习目标

---

① 尚俊杰，庄绍勇，李芳乐，等.教育游戏的动机、成效及若干问题之探讨［J］.电化教育研究，2008（6）：64—68+75.
② 陈琦，刘儒德.当代教育心理学［M］.3版.北京：北京师范大学出版社，2019：153—155.

是否达成。[①]

在罗杰斯看来，认知学习是一种"发生在颈部以上的学习"，只与认知有关，与情感及个人意义无关，所以是无意义学习。而经验学习是以个体的经验生成为中心、个体自主自发的学习，能把学习者的兴趣、愿望和需要等都联系起来，使个人行为、态度和人格得到发展，所以是有意义学习。

这里需要说明的是，罗杰斯的有意义学习关注的是内容和个人意义的关系，而奥苏贝尔的有意义学习关注的是新旧知识之间的联系，两者是不一样的。在罗杰斯看来，奥苏贝尔的有意义学习也只是"发生在颈部以上的学习"，所以也属于他所说的无意义学习。简而言之，罗杰斯倡导的就是让学生自由学习，教师只要充分信任学生，就能够促进学生的全面发展。所以他的观点通常被称为"有意义自由学习"。

（三）以学生为中心的教学观

罗杰斯在做心理咨询治疗时创立了"当事人中心疗法"。所谓当事人中心疗法，指的是治疗者在咨询治疗过程中，要鼓励当事人自己叙述问题、自己解决问题，治疗者在过程中不要太多解释，也不要去批评当事人，而只是通过适当重复、附和等方式使谈话持续下去，同时帮助他理清思路，让当事人自己去克服其中的自我概念问题，最后达到自我治疗的效果。

当事人中心疗法必须满足三个条件。①真诚一致：治疗者应该是表里如一的人，内心的想法和外在的做法应该是一致的，不能是虚伪做作的。②无条件地积极关注：治疗者对当事人一定要充满热情，无条件地尊重、关心、支持和帮助当事人，不能表示出冷淡或鄙视。③移情性理解（也称有同理心）：治疗者要站在当事人的立场上去理解他的内心世界。

基于以上理念，罗杰斯提出了"以学生为中心"的教学观。他认为，凡是可以教给别人的知识都是相对无用的知识，只有个体自己发现并同化的知识才能真正影响个体行为。所以，教师的角色不在于教会学生多少知识，而是要作为学习的促进者，提供促进学习的气氛（包括提供资源等），让学生自己决定如何学习。客观地说，人本主义学习理论过于强调学生，过于强调情感和自由学习，而忽视了教师的作用，忽视了系统学习知识的作用，因而存在一定的缺陷。不过马斯洛和罗杰斯提出的这些观点推动了教育教学改革运动，直到今天仍然具有很重

[①] 冯忠良, 伍新春, 姚梅林, 等. 教育心理学 [M]. 3版. 北京: 人民教育出版社, 2015: 145—146.

要的现实参考意义。

第六节 其他新兴学习理论

除了以上主要的学习理论外，还有一些新兴的学习理论。限于篇幅，本章只是简单介绍几个理论，其他学习理论在后面章节中会再讲到。

一、联通主义学习理论

数字时代，信息愈加庞杂，知识更新周期缩短，学习碎片化，这些变化让非正式学习越来越重要。在此时代背景下，加拿大学者乔治·西蒙斯（George Siemens）率先提出了联通主义学习理论。他认为，网络时代的学习模式，重点在于建构一个联通各个知识点的社会网络，而不在于知识（内容）及认知行为本身，这凸显的是社会网络化学习思想。[①]

联通主义学习理论有三个重要的概念（图3-3）：①节点指的是可以用来形成网络的外部实体，该外部实体可以是一本书、一个人或任何其他信息源；②连接指的是各个节点之间的任何联系方式；③网络指各实体之间的联系及节点的总和，分为内部网络和外部网络。

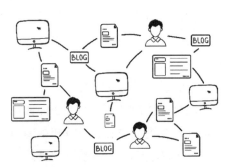

图3-3 节点、连接和网络示意图

与传统学习理论强调知识的传递、接受或建构不同，联通主义学习强调知识是一种网络现象，学习即连接的建立和网络的形成。[②]西蒙斯指出，学习不再是内化的个人活动，而是联接专门节点和信息源的过程，表达了一种"在关系中学"和"分布式认知"的观念，具有自我学习与社会化学习相结合的属性特征。[③]"知识是一种网络现象，学习即网络的创建"是对联通主义学习理论知识观和学习观的概

---

① 西蒙斯,李萍.关联主义:数字时代的一种学习理论[J].全球教育展望,2005,34(8):9—13.
② 王志军.联通主义学习教学交互研究新视角:行动者网络理论[J].现代远程教育研究,2017,(6):28—36.
③ 王佑镁,祝智庭.从联结主义到联通主义:学习理论的新取向[J].中国电化教育,2006,(3):5—9.

括，体现了联通主义学习理论的本质特征。①②

西蒙斯曾经提出了联通主义学习理论的八条基本原则：①学习与知识存在于多样性的观点中；②学习是一种将专业节点或信息源连接起来的过程；③学习可能存在于非人类的器具中；④知晓的能力比已知的知识重要；⑤为促进持续学习，培养和维护连接是必需的；⑥能够看到不同领域、想法和概念之间的连接是一种核心能力；⑦准确而最新（流通性）的知识是所有联通主义学习活动的目标，所以课程应该是开放的；⑧决策本身就是一种学习过程。③后来，他又新增了五条原则：①在理解中将认知与情感加以整合非常重要；②学习的最终目标是发展学生"做事情"的能力；③课程不是学习的主要渠道，学习也发生在电子邮件、社群、对话、搜索、博客等中；④个人学习和组织学习是相互整合的过程；⑤学习不仅是消化知识的过程，也是创造知识的过程。④

联通主义学习理论虽然还不是十分成熟，但是因为契合了信息技术和终身学习的发展，所以在互联网学习中越来越受重视。

二、社会情绪学习理论

所谓社会情绪学习，是指个体能够认识并控制、管理自己的情绪，在不同环境中识别不同人的情绪状态并做出相应的反应，设立合适的目标，获得解决问题的技能，并做出负责任的决定，以维持良好人际关系的学习过程。它主要包括五个维度：自我意识、自我管理、社会意识、人际关系以及做负责的决定。⑤

不少研究表明，学生在系统地参加社会情绪学习相关项目后，除了会提高社会胜任力，其学术相关的表现和产出也有所提升。⑥目前社会情绪学习的实现方式

---

① Siemens G. Orientation: Sensemaking and wayfinding in complex distributed online information environments[D]. Aberdeen: University of Aberdeen, 2012.
② 王志军，尹默. 联通主义学习理论视角下的成人学习及其发展路径[J]. 终身教育研究, 2017, 28(5): 30—37.
③ 王志军，陈丽. 联通主义学习的教学交互理论模型建构研究[J]. 开放教育研究, 2015, 21(5): 25—34.
④ 王志军. 联通主义学习教学交互研究新视角：行动者网络理论[J]. 现代远程教育研究, 2017, (6): 28—36.
⑤ CASEL.What is SEL[EB/OL].[2022-03-11]. https://casel.org/what-is-sel/.
⑥ Durlak J A, Weissberg R P, Dymnicki A B, et al. The impact of enhancing students' social and emotional learning: a meta-analysis of school-based universal interventions[J]. Child development, 2011, 82(1): 405−432.

包括了提供独立课程、整合至日常教学中场景以及关注学校以外的场景，在实现的过程中会针对儿童不同年龄的心理发展提供不同类型的教学。

随着未来信息化社会的到来，学生的身心健康、自我的认识与管理、与人交流协作等非认知能力会得到进一步的重视，相信未来关于社会情绪学习的研究会有更深入的发展。

本章结语

不同时代的不同学者，从不同的角度提出了不同的学习理论。行为主义学习理论特别强调可观测的行为，认为学习是在刺激和反应之间建立联结，只要控制刺激，或者给予强化，就可以预测行为。认知主义学习理论认为不仅要研究简单的刺激－反应行为，更要关注心理和意识的作用，关注问题解决、思维等高级认知能力。建构主义学习理论认为，仅仅关注心理和意识也是不够的，知识是个体在一定的社会文化背景下，借助学习材料和其他人的帮助，自己建构起来的。人本主义学习理论强调，还要注重学习者作为人的情感、价值、自尊、自我实现等。

需要注意的是，学习理论其实并不存在高下之分，不同的理论在不同的学习场景下具有不同的价值，对于广大读者来说，最重要的是根据研究和应用场景选择合适的学习理论。

重点回顾

1. 学习理论大致经过了行为主义、认知主义、建构主义学习理论三个阶段。
2. 行为主义学习理论认为学习是在刺激与反应之间建立联结的过程，只要能控制和预测行为，也就能控制和预测学习结果。
3. 巴甫洛夫提出的经典条件反射的5条规律是：习得律、消退率、泛化律、分化律、高级条件作用律。
4. 桑代克认为，学习的本质就是通过不断尝试错误来形成刺激与反应之间的联结。
5. 斯金纳的操作性条件反射理论是行为主义学习理论的杰出代表。他提出的强化和惩罚、程序教学和教学机器等对现代教学都很有意义。
6. 班杜拉通过实验提出了观察学习、替代性强化、自我效能感、自我调节等概念。

7. 认知主义学习理论认为，学习不是对外界信息的简单接受，而是对信息的主动选择和理解，是积极主动地进行复杂的信息加工活动的过程；学习的目的不是形成简单的刺激－反应联结，而是形成和完善认知结构。
8. 格式塔学派提出了完形－顿悟说。主要观点是：学习是通过顿悟过程实现的；学习的实质是在个体大脑内部构造完形；刺激与反应之间的联系不是直接的，而需以意识为中介。
9. 托尔曼利用位置学习等实验提出了符号学习理论。主要观点是：学习不是盲目的，而是有目的的，是对期待的获得；学习是对"符号－完形"的认知，是形成认知地图；学习不是简单的刺激－反应，而是以目的、意识等为中介的。
10. 布鲁纳认为，学习的本质在于形成认知结构，学习的过程包括习得、转化和评价三个部分，而学习的方式则主要是发现学习。
11. 奥苏贝尔认为，发生在学校的学习主要应该是有意义接受学习，其中要注重使用先行组织者策略。
12. 加涅提出的学习的信息加工模型很好地解释了学习的内在机制，他的学习过程8阶段理论对于现代教学也有很好的指导作用。
13. 建构主义学习理论认为，知识不是通过教师传授得到的，而是学习者在一定的情境即社会文化背景下，借助其他人（包括教师和学习伙伴）的帮助，利用必要的学习资料，通过意义建构的方式而获得的。
14. 建构主义的基本观点：知识具有主观性和相对性、情境性、个体性，学习具有主动建构性、社会互动性和情境性，学生是自己知识的建构者，教师只是学习的帮助者和促进者，而不是知识的提供者和灌输者。
15. 皮亚杰认为，儿童的认知结构就是通过同化与顺应过程逐步建构起来的，并在"平衡—不平衡—新的平衡"的循环中得到不断的发展。
16. 维果斯基提出的最邻近发展区指的是个体现有发展水平和潜在发展水平之间的差距。前者指个体能够独立解决问题，后者指个体能够在其他人的帮助下解决问题。
17. 情境学习理论认为学习是一种文化适应，是"实践共同体"中"合法的边缘性参与"，学习者通过合法的边缘性参与来获得意义和身份的建构。
18. 人本主义学习理论强调要把人当作活生生的个体看待，要注重研究情感、价值、自尊、自我实现等因素。
19. 马斯洛强调驱动个体发展的动机由不同性质的需要组成，需要之间有不同的层次和顺序，按照从低到高、由先至后的顺序依次为生理需要、安全需要、归属与爱的需要、尊重需要、自我实现需要，后来他又增加了认知的需要和审美的需要。

20. 罗杰斯提出的有意义学习指的是一种与个人各部分经验都融合在一起，使个人的行为、态度、个性在未来选择行动方针时发生重大变化的学习。
21. 罗杰斯提倡要"以学生为中心"，过程中要做到真诚一致、无条件地积极关注、移情性理解（也称同理心）。
22. 建构主义提出的教学法大致有：随机通达教学法、认知学徒制教学法、抛锚式教学法、支架式教学法。
23. "知识是一种网络现象，学习即网络的创建"是对联通主义学习理论知识观和学习观的概括，体现了联通主义学习理论的本质特征。
24. 社会情绪学习主要包括五个维度：自我意识、自我管理、社会意识、人际关系以及做负责的决定。

思考题

1. 名词解释：试误说、顿悟说、发现学习、有意义接受学习、先行组织者策略、最邻近发展区、实践共同体、合法的边缘性参与、社会情绪学习。
2. 巴甫洛夫和华生的主要观点是什么，有什么异同？
3. 桑代克和斯金纳的主要观点是什么，有什么异同？
4. 操作性条件反射理论和经典条件反射理论的异同是什么？
5. 请解释加涅提出的学习的信息加工模型。
6. 请辨析奥苏贝尔的有意义学习和罗杰斯的有意义学习的差异。
7. 请尝试用马斯洛提出的需要层次理论解释自己的需求。
8. 请讨论人本主义学习理论对实际教学的启示，以及其未来的发展趋势。
9. 联通主义学习理论对你的知识观和学习观有什么改变？
10. 行为主义、认知主义、建构主义、人本主义、联通主义学习理论的主要观点是什么？有什么差异？

第四章　高级认知与学习心理

> **内容摘要**
>
> 本章将在脑机制和学习理论的基础上对高级认知过程和认知心理进行全面的讲授。首先讲述学习的含义、类型和学习的过程和机制；其次介绍学习动机的含义及主要理论；再次对知识的表征和组织进行全面的探讨；接下来，对问题解决和创造性进行系统的评述；之后介绍元认知和学习策略的概念；最后则介绍学习风格的概念及其主要类型。

> **学习目标**

1. 了解学习的过程和机制、学习动机的含义和类型、学习动机的作用、知识表征和信息加工的综合模型、学习投入理论、学习迁移的早期理论、推理和决策等概念。
2. 理解学习动机理论、学习迁移理论的核心内容，理解新手与专家的知识组织和问题解决的异同。
3. 掌握学习的含义及类型、知识的表征、问题解决的模式与过程、认知策略与元认知策略、学习风格的主要类型等。
4. 能够结合理论反思分析自己的学习过程和学习风格，体会学习背后的深层机制，思考如何更有效地学习。

[思维导图]

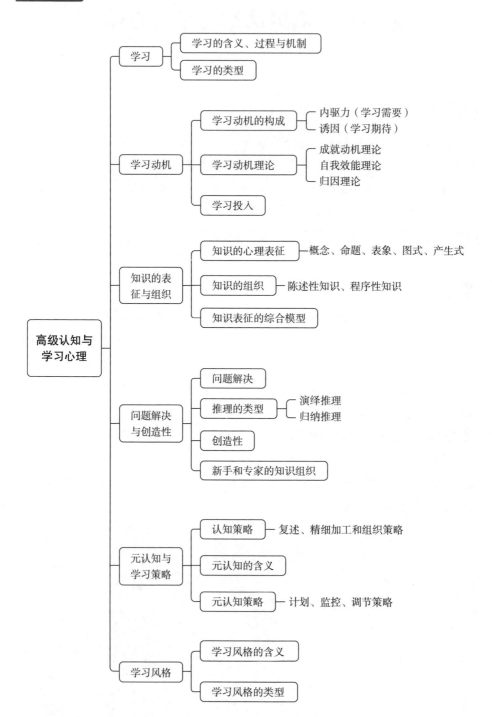

第一节　学习的概念

上一章我们已经学习了各种学习理论，但是学习的含义究竟是什么，学习有哪些类型，学习是怎么发生的，学习动机该如何激发？本节就在上一章的基础上系统讲授这些内容。

一、学习的含义

在不同的历史阶段，人们对学习的理解有所不同。比如，第一章讲到的行为主义学习观认为学习就是在刺激与反应之间形成联结，认知主义学习观则认为学习就是认知结构的改变。基于对学习的不同理解，人们也对学习给出过不同的定义。[1][2] 本书选用的是教育心理学领域比较知名的学者梅耶对学习给出的一个简洁的定义：

> **关键概念——学习**
> 学习是指由经验引起的学习者知识的变化。[3]

在这个定义中，梅耶特别强调三点：①学习是一种变化；②学习者的知识发生了变化；③这种变化是由学习者的经验引起的。比如"小明这两个礼拜每天都在玩游戏，所以游戏分数得到了提高"，因为玩游戏的经验引起了学习者知识（游戏水平）的变化，所以这是学习。再如"小红从自行车上摔下来，瞬间失去了知觉，但是她苏醒后却不记得这件事情了"，因为知识的变化不是由经验引起的，所以这就不是学习。

二、学习的类型

根据学习对象、内容、形式、层次等的不同，学习可以分为多种类型。下面介绍几个主要的分类。

---

[1] 冯忠良,伍新春,姚梅林,等.教育心理学［M］.3版.北京:人民教育出版社,2015:184.
[2] （美）丹尼尔·夏克特,丹尼尔·吉尔伯特,丹尼尔·韦格纳,等.心理学:第3版上［M］.傅小兰,等译.上海:华东师范大学出版社,2016:351.
[3] （美）理查德·E.梅耶.应用学习科学——心理学大师给教师的建议［M］.盛群力,丁旭,钟丽佳译.北京:中国轻工业出版社,2016:14.

（一）加涅的学习水平分类

加涅根据学习的复杂程度，将其分成以下八类。①信号学习：这是最低级层次的学习，是动物和人类都普遍具有的学习类型。其实质就是对信号产生反应，通常过程是"刺激－强化－反应"，属于第一章讲过的经典条件作用。②刺激－反应学习：这一层次的学习属于斯金纳提到的"操作性条件作用"，通常过程是"情境－反应－强化"，也就是说先有情境，接着产生反应，然后得到强化。不过，它只涉及一个刺激与一个反应之间的单个联结。③连锁学习：这是一系列"刺激－反应学习"的联合，个体首先要学习每一个刺激－反应的联结，然后按照特定的顺序反复练习。④言语联结学习：这也是一系列"刺激－反应学习"的联合，只不过它是由语言单位组成的联结，比如学会说一个完整的句子。⑤辨别学习：这是指学会识别不同的刺激并给出不同的反应，比如能够识别出不同的字。⑥概念学习：这是指能够对刺激进行分类，并根据同一类刺激的共同特征做出相同的反应。不过，这里的特征主要指抽象特征，比如重力的概念。⑦原理学习（也称规则学习）：这是指对概念之间关系的认识和理解。自然科学中的各种定理的学习都属于规则学习。⑧解决问题的学习（也称高级规则的学习）：这一层次的学习是"规则学习"的升级版，指的是利用原理或规则的组合去解决问题。

以上八类学习是分层排列的，由简单到复杂，由低级到高级，同时又具有累积性。每类学习都以前一层次的学习为基础，较高级、较复杂的学习是建立在较低级、较简单的学习基础之上的。[①]

（二）加涅的学习结果分类

除了学习水平分类以外，加涅还根据学习所得到的结果进行了分类，形成如下五类学习结果。[②]①言语信息：是指能用言语（或语言）表达的知识，比如名称、事实、事件特性等；还有一种是指由相互关联的命题、事实所组成的知识体系。②智慧技能：是指运用概念和规则解决问题的能力，比如用物理定律和原理去解决实际物理问题的能力。③认知策略：是指用于调节学习者自己的注意、学习、记忆与思维过程的技能，比如，如何更快地解决问题。④动作技

---

① 冯忠良，伍新春，姚梅林，等．教育心理学［M］．3版．北京：人民教育出版社，2015：200—201．
② （美）R. M. 加涅，W. W. 韦杰，K. C. 戈勒斯，等．教学设计原理：第5版［M］．王小明，庞维国，陈保华，等 译．修订本．上海：华东师范大学出版社，2018：50—56．

能：是指通过练习获得的协调自身运动的能力，比如不断地练习跳绳。⑤态度：是指习得的对人、对事、对物、对己的反应倾向，比如对于应用互联网的态度。

（三）布鲁姆的教育目标分类

在教育领域，还有一个非常有影响的分类法，那就是布鲁姆的教育目标分类法。他将教育目标分为三大领域：认知领域、情感领域和动作技能领域。其中，比较重要的是认知领域，可以分为如下层次：记忆、理解、应用、分析、评价和创造。第八章会再做详细讲解。

三、学习的过程与机制

在第二章我们已经了解了学习的脑机制，本章就从学习心理学角度来继续探讨学习的过程与内在机制，也就是说学习是如何发生、进行和结束的。

（一）学习的过程

学习的过程，实际上是主体（学习者）和客体（客观环境）交互作用的过程。一个正常的学习者，当面对一个新异刺激（问题情境）时，自然会产生探究反射，也就是好奇心与求知欲，这是无条件反射。当然，仅靠无条件反射只能引起短暂的注意，还必须依靠其他因素，比如学习者已有的身心发展状态以及学习的需要和目的（也就是学习动机），学习才可能持续下去。[1]

克努兹·伊列雷斯（Knud Illeris）认为，所有的学习都包含两个非常不同的过程：个体与其所处环境的互动过程以及个体的心理获得过程。这两个过程必须都是活跃的，大多数情况下它们还会同时发生，不过它们也可以完全或部分地在不同时间发生。

（二）学习的机制

至于学习的内在机制，在脑科学看来，学习就是获取新信息的过程，学习的结果就是记忆。随着信息理论和计算机技术的发展，人们试图用计算机处理信息的过程来类比人类的学习过程，把它想象成一个包括信息的输入、加工处理和输出的过程。基于这一类比，加涅提出了学习的信息加工模型，其他学者也提出了相似的信息加工理论，比如记忆的多重存储模型。不过，这些信息加工模型主

---

[1] 冯忠良，伍新春，姚梅林，等.教育心理学［M］.3版.北京：人民教育出版社，2015：190—191.

要是从认知心理学角度来谈的，我们还需要考虑信念、社会环境、自我概念等因素，以适应教育学的要求。①

第二节 学习动机

在日常学习生活中，我们经常听到学习动机（learning motivation）这个说法，这一小节就系统讲解学习动机的定义、构成、种类、作用及相关的理论。

一、学习动机的含义和构成

心理学家将动机定义为引起和维持一个人的行为活动，并使之朝向某一目标的心理倾向。②例如，小红同学想通过英语六级考试，这个目标会激发她努力背单词、练听力、写作文等。在考试之前她会一直努力，并根据自身情况调整学习的进度和方向。

动机构成的基本因素包括内部和外部两个部分。内部因素是内驱力，即个体需要缺失时其内部产生的一种能量和冲动。例如小红同学想保持健康的体态，决定每天锻炼一小时。外部因素是诱因，它是指激发个体定向活动的、能满足某种需要的外部刺激和情境，是个体趋向或回避的目标。例如，小明同学看到小红考了全班第一名，受到老师表扬，于是想要发奋图强。

以上是普通动机的含义和构成，至于学习动机，它是指激发个体进行学习活动、维持已引起的学习活动，并使个体的学习活动朝向一定的学习目标的一种内部启动机制。③

> **关键概念——学习动机**
>
> 引起和维持一个人的学习行为活动，并使之朝向某一学习目标的心理倾向。

---

① （美）David A. Sousa. 脑与学习［M］."认知神经科学与学习"国家重点实验室脑与教育应用研究中心 译. 北京：中国轻工业出版社，2005.
② 卢家楣，魏庆安，李其维，等. 心理学：基础理论及其教育应用［M］. 修订本. 上海：上海人民出版社，2004：284—285.
③ 冯忠良，伍新春，姚梅林，等. 教育心理学［M］. 3版. 北京：人民教育出版社，2015：226.

在学习动机中，内驱力实际上就是学习需要，也就是学习者的学习愿望和学习意向，这种愿望和意向驱动学习者去努力学习，通常包含学习兴趣、学习爱好和学习信念等。比如小明同学特别喜欢数学，每天如饥似渴地学习。诱因实际上就是学习期待，学习期待和学习目标有相似性，但是不完全相同。比如，小红同学很希望考上北京大学，于是每天废寝忘食地学习。

二、学习动机的类型

学习动机包括很多种类。下面简单介绍几个主要分类。

根据学习动机的动力来源可以分为内部动机和外部动机。内部动机类似于前面讲的内驱力，主要是指由学习者的好奇心、求知欲、学习兴趣等内在的需要所引发的动机，也可以说是学习者对学习活动本身感兴趣而产生的动机。外部动机是由表扬、惩罚、分数、奖品等外在诱因所引发的学习动机，也可以说是学习者对学习活动之外的事物产生的动机。通常来说，内部动机具有恒定性、自主性和自发性，而外部动机则有被动性、诱发性。在教学过程中，要注意更多地激发学习者的内部动机。

奥苏贝尔（Ausubel）将学校情境中的成就动机分为三类：认知内驱力、自我提高内驱力和附属内驱力。认知内驱力就是人们希望掌握知识、理解事物并解决内在的需要；自我提高内驱力是指人们希望通过学业成就获得相应的地位、声望和回报的需要；附属内驱力是指学习者希望获得教师、家长等人的认可和赞许的需要。这三种内驱力所占的比重会随着年龄、外界环境的改变而改变。

三、学习动机的理论

从心理学诞生至今，动机理论大致经历了本能理论时期、驱力或需要理论时期、认知理论时期三个阶段。[①] 下面简要介绍几个主要的动机理论。

（一）强化动机理论

早期以桑代克、斯金纳为代表的行为主义心理学家用强化来解释学习的发生和动机的引起。强化可以增强和巩固刺激和反应之间的联结。但强化论过于重视外在学习动机（如为了分数、名次、奖励而学习）而忽视了内在学习动机（如学习成就感、求知热情等），不利于学生学习积极性、自主性的培养。

---

① 王振宏.学习动机理论——社会认知的观点［M］.兰州：甘肃文化出版社，2001：前言．

（二）需要层次理论

马斯洛强调人类的动机由不同性质的需要组成，低层次的需要得到满足，高层次的需要才会产生。需要层次理论强调综合考虑学生学习的外部动机和内部动机，但是也存在忽略个体兴趣等因素在学习中的驱使作用的局限。

（三）成就动机理论

所谓成就动机，指的是人们努力克服困难和障碍、战胜挑战、取得优异的结果和成就的动机。戴维·麦克利兰（David McClelland）把人的高层次需求归纳为对成就、权力和亲和的需求。[1] 其中，成就需求表示争取成功、希望做得最好的需求；权力需求表示希望能够控制他人且不被控制的需求；亲和需求表示希望和他人建立良好人际关系的需求。在此基础上，约翰·阿特金森（John Atkinson）进一步提出了"期望-价值理论"，指出个人的动机强度由成就需要、期望水平和诱因三者共同决定，用公式可以表示为：动机强度（T）=f（需要×期望×诱因）。

（四）归因理论

美国认知心理学家韦纳（B.Weiner）提出的归因理论集中研究了个体对自己行为结果成败的认知解释。[2] 韦纳将行为结果的成败归因于能力强弱、努力程度、任务难易、运气好坏、身心状况、外部环境（如评价是否公正、教师水平等）六种因素。以上六种因素按照其特性分为原因来源、稳定性、可控性三个维度。将六个因素和三个维度结合起来，就形成了如表 4-1 所示的归因模式。

表 4-1 归因模式

	原因来源		稳定性		可控性	
	内部	外部	稳定	不稳定	可控	不可控
能力强弱	+		+			+
努力程度	+			+	+	
任务难易		+	+			+
运气好坏		+		+		+
身心状况	+			+		+
外部环境		+		+		+

---

[1] McClelland D C, Atkinson J W, Clark R A, et al. The achievement motive [M]. New York: Appleton-Century-Crofts, 1953.

[2] Weiner B. Achievement motivation and attribution theory [M]. Morristown, N.J.: General Learning Press, 1974.

不同行为结果的归因方式会影响个体的动机和行为。[1]例如，当个体将成功归因于内部因素时，会增强自信心和学习动机，而将成功归因于运气好等外部原因时，学习满足感较低；当个体将失败归因于内部原因时，会产生内疚感，而归因于外部原因时，会产生绝望感。

（五）自我效能感理论

自我效能感是指人们对自己是否有能力完成某一行为的主观判断。自我效能感理论最初由班杜拉提出[2]，他认为人的行为同时受结果因素和先行因素影响，结果因素就是通常说的强化，先行因素就是期待。不过，他这里说的期待有两个含义：一个是传统的结果期待，也就是个体对自己的行为会导致某一种结果的推测。另外一个是效能期待，也就是个体认为自己是否有能力实施某种行为的判断，如果个体确信自己有能力实施某一行为，他就会产生高度的自我效能感。[3]

（六）自我决定理论

自我决定理论是一种人本主义学习动机理论。该理论认为，自我决定就是一种关于经验选择的潜能，是个体在充分认识自我需要和环境信息的基础上，对行动做出的自由选择。要想激发人们的内在动机，就需要满足人们的三种基本需要：自主需要、胜任需要和归属需要。其中，自主需要就是自我决定的需要，指的是个体能感知到自己的行为是自己决定的；胜任需要指的是个体能感知到自己是有能力完成任务的；归属需要类似于成就动机中的亲和需求，指的是个体能感知到自己从属于一个团体，有比较良好的人际关系。

虽然自我决定理论比较强调内在动机的作用，但是也不否认外在动机的价值，它认为人们原来对一些活动不感兴趣，只不过这些活动对社会生存具有重要意义，因此人们会对它们主动地、内在地加以整合和内化。然而，自我决定理论把内化过程看作一个连续体，而不是"内外分明"的二分变量。根据外在动机调节内化程度，也即个体对行为的自主程度的不同，可以将外在动机的调节类型分为四种：外部调节、内摄调节、认同调节和整合调节（图4-1）。

---

[1] 张大均. 教育心理学[M]. 2版. 北京：人民教育出版社，2011：150.

[2] Bandura A. Self-efficacy: the exercise of control [M]. New York: Freeman, 1997.

[3] 冯忠良，伍新春，姚梅林，等. 教育心理学[M]. 3版. 北京：人民教育出版社，2015：244—255.

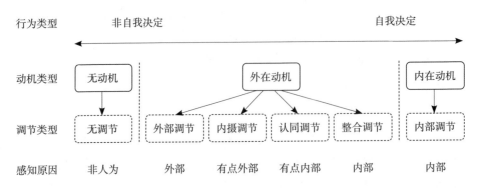

图4-1 自我决定理论中的动机类型、调节类型和行为之间的关系

在图中,外部调节指的是个体为了获得奖励或躲避惩罚而服从外部规则做出某种行为。内摄调节指的是外部奖励和惩罚已经内化为规则和要求,个体会不自觉地遵守。认同调节指的是个体意识到了规则的重要意义,开始认同并接受规则。整合调节是外在动机内化的最高形式,此时,个体把外部规则完全内化为自我的一部分,在个体看来,这是高度自主的、高度自我决定的。整合调节阶段的外在动机和内在动机虽然仍有差异,但是很多地方都是相似的,都具有很强的自主性和自我决定性,也可以说,此时的外在动机基本内化为了内在动机。

四、学习动机与学习效果的关系

通常来说,学习动机水平比较高,学习效果也会比较好。但是学习动机水平超过一定限度,学习效果可能会变差。耶克斯-多德森定律就指出:在一定限度内,随着动机水平的提高,工作效率也随之提高;超过这个限度,工作效率随之降低。最佳工作效率的动机水平为中等,但因工作的复杂程度而略有差异。任务较简单时,动机强度较高,工作效率可达到最佳水平;任务较复杂困难时,动机强度较低,工作效率可达到最佳水平。

五、学习投入

在学习研究早期,人们主要使用学习兴趣的概念,后来更多使用学习动机,直到最近几年来,人们开始广泛使用学习投入的概念。[①] 所谓学习投入(learning engagement),指的是学生在学校和学习中付出的精力和努力。具体而言,一般可以分为三个维度。①行为投入:学习者在课堂内外的学习中的行为表现。②情

---
① 郭戈.西方兴趣教育思想之演进史[J].中国教育科学,2013,(1):125—155+124+211.

感投入：学习者在学习活动中的兴趣、价值体验和情感体验。当学生高度投入时，一般会表现得更主动，具有更积极的情感体验。③认知投入：学习者在学习中的动机、努力以及认知策略和元认知策略的使用。投入水平高的学习者，通常具有较强的求知欲，善于解决问题。①

学习投入最初起源于对基础教育辍学问题的研究，代表人物有芬恩（Finn）、纽曼（Newmann）、库哈（Kuh）等人。学习投入研究近些年发展比较快，随着在线教育的广泛应用，人们对学习投入也越来越关注。

第三节　知识的表征与组织

学生学习最主要的内容就是知识，本节就来系统探讨知识的含义和分类、知识的表征和组织等内容。

一、知识的含义

关于知识的定义一直存在争议。一般而言，有两种意义上的知识：一类是人类知识，该类知识经常以书籍、计算机或其他载体来存储，是人类对物质世界以及精神世界探索的结果的总和；一类是个体知识，是个体头脑中所具有的对物质世界以及精神世界探索的结果的总和。②

知识和数据、信息的区别在于，数据是客观世界的零散的事实；信息是以一定语义规则排列和处理的数据；知识是经过个体认知建构并赋予意义的信息。

二、知识的类型

从不同的角度可以将知识分为不同的类型：①根据知识的状态和表述方式，可以分为陈述性知识和程序性知识；②根据知识与言语的关系，可以分为显性知识和隐性知识；③根据知识的反映深度，可以分为感性知识和理性知识；④根据知识的抽象水平，可以分为具体知识和抽象知识；⑤根据知识的复杂程度，可以分为结构良好领域的知识和结构不良领域的知识；⑥根据知识的获取方式，可以分为直接知识和间接知识；⑦根据知识的客观性，可以分为主观知识和客观知识；⑧根据知识的所有权，又分为个体知识和公众知识。下面我们简述几个重要的种类。

---

① 张娜.国内外学习投入及其学校影响因素研究综述［J］.心理研究，2012，5（2）：83—92.
② 冯忠良，伍新春，姚梅林，等.教育心理学［M］.3版.北京：人民教育出版社，2015：301.

（一）陈述性知识和程序性知识

陈述性知识也叫描述性知识，是关于"是什么"（What）、"为什么"（Why）的知识，是对事物的事实、定义、规则、原理等的描述，通常可以用言语说清楚，比如"三角形内角和等于180°"。

程序性知识也叫操作性知识，是关于"怎么做"（How）的知识，涉及的是活动的具体过程和操作步骤，如怎么推理、决策和解决问题。程序性知识一旦掌握后，反而很难用言语说清楚，比如"骑自行车的过程"。

（二）显性知识和隐性知识

显性知识就是能够用文字、图表和数学描述的知识，通常可以通过口头、图书、计算机等媒介呈现；而隐性知识是指难以或尚未用文字、图表和数学清楚描述的知识，或者说是难以言传的知识。

需要注意的是，显性知识和隐性知识可以相互转化。比如，请一名优秀教师把自己的教学经验进行深度反思并写出来，就可以把隐性知识变为显性知识，这个过程称为外化；一位新老师仔细阅读优秀教师的反思文章，并把它逐渐应用到自己的教学过程中，就可以把显性知识转变为自己的隐性知识，这个过程称为内化。

三、知识的表征

知识的表征是指知识在头脑中的表现形式和组织结构，也常称为知识的心理表征或主观表征。不同类型的知识在头脑中通常以不同的方式表征，陈述性知识通常以概念、命题、表象或图式来表征，程序性知识通常以产生式来表征。下面简述这几个表征形式。

（一）概念

概念（concept）代表事物的基本属性和基本特征，是一种比较简单的表征方式。比如"足球"就包含了这样一些特征：是圆形的，用皮革做成的，可以用脚踢，等等。概念的特征可以分为知觉特征（颜色、形状）、功能特征（可以用来踢）、关系特征（足球是一种球类）等。不同的概念之间是互相联系的，并且存在一定的层次关系，于是就组成了语义层次网络模型。图4-2就是一个关于动物的语义层次网络模型实例。[①] 其中，鱼和鸟属于动物，金丝雀和鸵鸟属于鸟，鲨

[①] 冯忠良,伍新春,姚梅林,等.教育心理学[M].3版.北京：人民教育出版社,2015：305.

和鲑属于鱼。每一个概念都有一些特征，比如"金丝雀"是黄颜色的、会唱歌，但是"金丝雀"同时继承了"鸟"和"动物"的公共特征，比如有皮肤、有翅膀等。同类概念共同的特征会储存在上位概念中以节省储存空间。

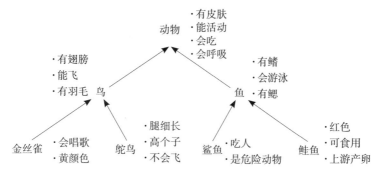

图4-2 语义层次网络示例

（二）命题

命题（proposition）是意义或观念的最小单元，用于表述一个事实或描述一个状态，通常由一个关系和一个以上的论题组成，关系限制论题。比如"镜子破了"是一个命题，其中"镜子"就是论题，即这个命题所涉及的主题或话题，而"破了"就是这个命题的关系，它对这个命题进行了限制。

命题通常用句子来表示，但是命题不等同于句子，一个句子可能包含多个命题。比如"小朋友们在高兴地玩教育游戏"，这句话就包含了三个基本命题："小朋友们在玩游戏"，"玩得很高兴"，"游戏是教育方面的"。这三个基本命题是有关系的，它们就组成了一个命题网络。

（三）表象

表象（image）是我们在头脑中形成的、与现实世界的情境相类似的心理图像。比如，当我们看到"书在桌子上"这个说法时，头脑中就会浮现出一本书放在一张桌子上的画面。表象是对事物的物理特征做出连续保留的一种知识形式，是人们保存情境信息与形象信息的一种重要方式。[①]

当然，对于"书在桌子上"这一说法，可以用表象和命题两种方式进行表征（图4-3）。用表象进行表征，会对书、桌子以及它们的相对大小、位置等空间

---

① Gagné E D. The cognitive psychology of school learning [M]. Boston, MA: Little, Brown and Company. 1985: 56–57.

关系提供明显的信息；用命题进行表征，虽然也会对书和桌子的位置关系进行表示，但是并不提供书和桌子相对大小的关系。由此可以看出，命题是一种断续、抽象的表征，而表象是一种连续的、模拟的表征。表象特别适合对空间信息和视觉信息进行表征。①

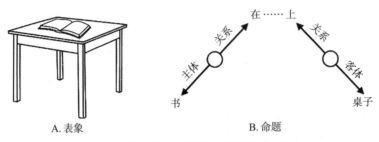

图 4-3 关于"书在桌子上"的两种心理表征

（四）图式

图式（schema）是有组织的知识结构，通常用多个概念、命题和表象来表示某个主题的综合知识。比如，我们头脑中都有一个关于"学校"的图式，想到它的时候，你就会想到教学楼、办公楼、操场、教师、学生、上课等活动，其中既包括了教学楼的大小等知觉特征，也包括了学校是培养人才的抽象特征。

图式主要有三个基本特征。②③①图式含有变量：图式含有经典的、普遍的事实，而具体的实例可以有细微的不同。比如在"学校"图式中，一般会有教学楼等要素，但是不同学校的教学楼的大小可能不一样。②图式是有层次的：图式可以包含别的图示，也可以被嵌套在别的图示中。比如"教学楼"这一图式可以包含"教室"的图式，它可以被嵌套在"学校"或"建筑物"图式中。③图式是可以推论的：比如对于"教学楼"这一图式，我们可以通过"学校"这一图式推论出教学楼中会有一些大小差不多的教室，老师可以在教室里给学生讲课。

在我们的头脑中，存在多种不同类型的图式，这些图式对学习迁移非常重要。学习者一旦学习了某个图式，当学习可以应用这个图式的其他内容时，这个

---

① 冯忠良，伍新春，姚梅林，等. 教育心理学 [M]. 3 版. 北京：人民教育出版社，2015：307—308.
② Gagné E D. The cognitive psychology of school learning [M]. Boston, MA: Little, Brown and Company. 1985: 56.
③ 冯忠良，伍新春，姚梅林，等. 教育心理学 [M]. 3 版. 北京：人民教育出版社，2015：308—309.

图式将会被激活，学习者可以用它来理解和归类新学的知识，还能借鉴它为其他信息创造新的图式。

（五）产生式

产生式（production rule）是一个条件-行动步骤（规则）的配对，用来表示"如果某个条件满足了，那么就执行某个行动步骤"的知识。比如，当人们走到设有红绿灯的十字路口时，就会有如下的产生式：

如果是红灯→那么停

如果是绿灯→那么行

如果正在行走，并且左脚在人行道上→那么抬起右脚走步

如果正在行走，并且右脚在人行道上→那么抬起左脚走步

由此我们可以看出：①产生式比较适合用来表征程序性知识；②产生式具有自动激发的特点，常常不需要明确的意识，比如，我们在十字路口不会刻意思考该停还是该走。安德森认为，程序性知识的表征发生在三个阶段：认知、联结和自动化。其中，在认知阶段，我们会考虑所需的外显规则；在联结阶段，我们将练习广泛使用外显规则；在自动化阶段，我们会高度综合与协调地且自动、内隐地使用这些规则。简单地说，我们最初需要刻意练习，时间长了，就可以自动地、无意识地使用这些技能了。

四、学习迁移

学习不仅仅是为了记住"死"知识，更是为了能够灵活应用知识、举一反三。这就涉及"学习迁移"（learning transfer）的概念。

（一）学习迁移的含义

学习迁移也称训练迁移，是指一种学习对另外一种学习的影响，或者说是原有的知识和经验对新的知识和行为的影响。比如小红同学学会了打羽毛球，该过程中习得的知识和经验对于学习打乒乓球具有一定影响。

学习迁移不仅仅存在于技能的学习中，其实也广泛存在于知识技能、过程与方法和情感态度价值观的学习中，比如，小红同学对分数知识的掌握有助于她学习百分数知识，而她在家里养成的良好习惯在学校也会表现出来。

（二）学习迁移的类型

学习迁移有很多种类。根据迁移的影响效果的不同，可以分为正迁移、负迁移和零迁移；根据迁移内容在抽象和概括水平上的不同，可以分为水平迁移和垂

直迁移；根据迁移的时间顺序，可以分为顺向迁移和逆向迁移；根据迁移内容的不同，可以分为一般迁移和具体迁移。下面简述一下各类迁移。[1]

（1）正迁移、负迁移和零迁移。正迁移表示一种学习对另一种学习存在正面促进作用；负迁移表示一种学习对另一种学习存在干扰和负面影响；零迁移也称中性迁移，表示两种学习之间不存在直接的相互影响。

（2）水平迁移和垂直迁移。水平迁移指处于同一抽象和概括水平的知识和经验之间的迁移。比如长方形和正方形的关系是并列的，处在同一抽象和概括水平上，因此学习两者时的相互影响就是水平迁移。垂直迁移是指不同抽象和概括水平的知识和经验之间的迁移，通常可以分为自上而下的迁移和自下而上的迁移。比如学习者掌握"角"的知识有助于学习"锐角"的知识就属于自上而下的迁移，反过来就属于自下而上的迁移。

（3）顺向迁移和逆向迁移。顺向迁移是指前面的学习对后面的学习有影响，比如学习者学习分数知识有助于他后来学习百分数的知识。逆向迁移是指后面的学习对前面的学习有影响，比如学习者学习百分数的知识反过来会对前面学习过的分数知识产生影响。

（4）一般迁移和具体迁移。一般迁移是指将一种学习中所掌握的一般性的原理、方法、策略等应用到另一种学习中；具体迁移是指将一种学习中所掌握的具体的、特殊的原理、方法和策略等应用到另一种学习中。

（三）学习迁移的理论

在学习迁移方面，前人也进行了大量研究。下面就来简要介绍几个主要理论。[2][3]

（1）形式训练说。形式训练说认为，注意、知觉、记忆、思维等官能都可以通过训练得以发展，并自动迁移到其他活动中。简单地说，就是认为迁移是自动发生的。该理论是最早的迁移理论，但是显然有其局限性。

（2）相同要素说。桑代克等人认为，并不是所有的训练都能自动迁移，只有两种学习情境中的刺激相似且反应也相似时才能产生迁移，相似的刺激和反应就是相同要素。该理论能够解释一些迁移现象，具有一定的贡献，但是把相同要素视为决定迁移的唯一因素就否认了迁移活动中的认知活动，比较片面，因此也有

---

[1] 冯忠良，伍新春，姚梅林，等.教育心理学[M].3版.北京：人民教育出版社，2015：272—274.
[2] 冯忠良，伍新春，姚梅林，等.教育心理学[M].3版.北京：人民教育出版社，2015：275—280.
[3] 陈琦，刘儒德.当代教育心理学[M].3版.北京：北京师范大学出版社，2019：233—239.

一定的局限性。

（3）经验类化理论。该理论认为，对原理和经验进行概括是迁移得以产生的关键因素，一个人只要对他的经验进行概括，就可以完成从一个学习情境到另一个学习情境的迁移。当然，现有研究表明，概括化的经验只是迁移成功的一个因素，但不是全部。

（4）关系理论。格式塔派心理学家认为，迁移能否产生，关键不在于有多少相同要素，也不在于对原理和经验的概括，而主要在于能否了解要素之间、原理与事物之间的关系。

（5）符号性图式理论。该理论认为，原有情境中的学习会形成一种抽象的符号图式（抽象的结构特征，后面会详细讲解），当新情境的特征与该图式中的符号匹配时，就产生了迁移。其中，图式匹配或表征相同是迁移的决定因素。[1]

（6）认知结构迁移理论。奥苏贝尔认为，迁移是以认知结构为中介进行的，先前学习所获得的经验，通过影响原有认知结构的有关特征而影响新学习。所谓认知结构，就是学生头脑里的知识结构，是学生头脑中观念的内容和组织，是影响学习和迁移的重要因素。

这些理论试图从不同角度对学习迁移进行解释，有一些共同点，但是也有一些分歧，有待继续深入研究。

第四节　问题解决与创造性

我们在日常学习、工作和生活中，几乎每时每刻都在解决各种各样的问题。相对于学习知识（这里指狭义上的知识）而言，提升问题解决能力可能更为重要，本讲就来讲授问题解决、推理、决策和创造性等相关内容。

一、问题与问题解决

（一）问题的含义及类型

所谓问题（problem），就是指当个体想做某件事，但是不知道做这件事情需要采取的一系列行动步骤时的情境。每个问题都包含初始状态、目标状态和障碍三种成分。其中，初始状态表示问题情境初始状态的一系列描述信息，目标状态

---

[1] Holyoak K J. The pragmatics of analogical transfer [J]. Psychology of learning and motivation, 1985, 19: 59-87.

指有关问题结果状态的描述信息,而障碍表示从初始状态到结果状态需要解决的各种困难因素。

从不同的角度我们可以将问题划分为不同的类型,比如,根据问题的组织程度,还可以将问题分为结构良好的问题和结构不良的问题。[①]结构良好的问题是指那些具有明确的初始状态、结果状态和障碍(或者说解决方法)的问题。比如"求三角形的面积",其初始状态(已知底和高)、结果状态(求面积)和障碍(三角形的面积公式等)都是明确的,学生只要知道三角形的面积公式,基本上就能解决这类问题。结构不良的问题是指那些没有明确的初始状态、结果状态和障碍的问题。比如"怎样才能成为一名优秀学生"这个问题,其初始状态和结果状态是模糊的,也没有明确的解决方法。

(二)问题解决的含义及特征

所谓问题解决(problem solving),指的是个体在面对问题情境时,从初始状态经历一系列认知活动,最终到达结果状态。问题解决有四个特点。①问题性:一般来说,解决的问题应该是初次解决的新问题,如果是再次碰到,那么就只是操练和练习了,不能称为问题解决。②目的性:问题解决有明确的目标,如果是没有明确目标的思维活动,就不能称为问题解决。③认知性:问题解决是通过一系列认知思维活动实现的,那些比较自动化的操作,比如走路等,就不能称为问题解决。④序列性:问题解决通常包含一系列认知思维活动,经常需要重新组织已有规则,形成适用于当前问题的新规则。如果只是简单的记忆提取,就不能称为问题解决。

二、问题解决的模式与过程

(一)问题解决的模式和步骤

问题解决是教育学家和心理学家都特别关注的问题,他们也提出了各种各样的问题解决模式。

1. 试误说和顿悟说

桑代克提出了试误说,认为问题解决是由刺激与反应之间的联结构成的,这种联结通过试误形成。个体通过一系列的试误操作,发现了解决问题的方法,也就是形成了刺激与反应之间的联结,然后再不断巩固这个联结,指导问题的解决。苛勒提出了顿悟说,认为当个体面对问题解决时,会在头脑中重新组织当前

[①] 陈琦,刘儒德. 当代教育心理学[M]. 3版. 北京:北京师范大学出版社,2019:267.

问题情境的结构,仔细思考问题的缺口,然后突然领悟出问题的解决方法。

试误说和顿悟说实际上是相辅相成的。当个体碰到一个问题情境时,自然会在头脑中重组问题情境,试图领悟出解决方法;如果找不到方法,那就只能去不断尝试各种可能的解决方法,也就是试误。

2. 现代认知派的观点

杜威曾经就问题解决提出了五阶段理论:首先意识到难题的存在;其次确定出问题;然后收集材料,提出假设;接下来验证假设;最后形成和评价结论。自现代认知心理学面世以来,人们又提出了各种各样的基于现代认知的问题解决理论,其中比较有影响力的是基克(M. Gick)等人提出的四阶段问题解决模式(图4-4)。[1]

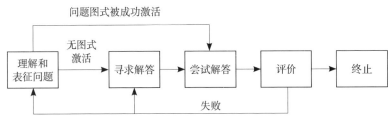

图4-4 基克提出的问题解决模式

在基克提出的问题解决模式中,首先要识别出问题情境中的有效信息,准确地理解和表征问题。然后,如果该问题和头脑中已有的某个图式基本匹配,那么我们就会激活该图式,并尝试利用该图式去解答;如果不能激活已有图式,那么就用算法式策略或启发式策略去尝试解答。解答完毕后,对其加以评价,如果成功,则停止,否则重新解答。[2] 其中,算法式指的是为了解决某个问题,严格执行一步步的算法程序,从而解决问题;而启发式指的是根据目标结果,不断地将问题的初始状态转换成与目标状态相近的状态。

(二)问题解决的影响因素

问题解决是一个复杂的过程,受多种因素影响。从个人角度来说,会受到知识经验水平、情绪和动机等因素的影响;从问题角度来说,会受到功能固着、反应定势等因素的影响。功能固着是指当一个人看到某一个制品通常的用途后,就

---

[1] Gick M L. Problem-solving strategies [J]. Educational psychologist, 1986, 21(1-2): 99-120.
[2] 陈琦,刘儒德. 当代教育心理学 [M]. 3版. 北京:北京师范大学出版社,2019:271.

很难再想起它的其他用途。比如勺子通常是用来喝汤的,但是其实也可以用来切开一个石榴,只不过后一功能很难被人想起。反应定势是指个体以最熟悉的方式做出反应的倾向,比如拿起剪刀就想剪东西。反应定势有时会有利于问题的快速解决,但是有时会使思维僵化,反而阻碍问题的解决。

三、推理

推理是指根据定理和证据得出结论的过程,是从已知条件出发推出一个新的结论或者评价一个已提出结论的过程。推理通常分为两种:演绎推理和归纳推理。

(一)演绎推理

演绎推理是以逻辑命题为基础,从一组条件命题或三段论的前两个前提中推出结论。它是从一般到特殊的推理方法,形式有三段论、假言推理和选言推理等。

> **关键概念 —— 三段论**
>
> 三段论是指根据两个命题得出结论的演绎推理。所有的三段论都包括一个大前提、一个小前提、一个结论。比较常见的三段论有线性三段论和直言三段论两种类型。线性三段论中,项目之间的关系是线性的,包含着质或量的比较。例如,前提A:小红比小黄瘦,前提B:小黄比小兰瘦,结论:我们可以得出她们三人谁最瘦的结论。而在直言三段论中,前提描述的是与某个项目的范畴成员相关的事情。比如,前提A:所有的教育学家都是歌手,前提B:所有的歌手都是运动员,结论:所有的教育学家都是运动员。

不是所有的三段论都有结论,有可能根据已知的两个前提不能得到任何结论,比如:前提A:你比你最好的朋友聪明,前提B:你的室友比你最好的朋友聪明,结论:我们不能得出你们三人谁最聪明的结论。在很多情况下,如果无法演绎推理出一个在逻辑上有效的结论,就要用到归纳推理。

(二)归纳推理

归纳推理是一种由个别到一般的推理,是由一定程度的关于个别事物的观点过渡到范围较大的观点,由特殊具体的事例推导出一般原理、原则的解释方法。研究归纳推理的一种方式是因果推论,即判断是不是某件事导致了另一件事,最常用的是求同法和求异法。

求同法是指分别列出产生某一结果的所有可能的原因。若所有可能的原因中只有一个原因在给定的所有结果中都出现，则这个原因便是真正的原因。例如，某社区很多人突然腹泻。假设调查结果显示，这些人住在不同的街区，有不同的医生，但都在某天中午于某家甜品店吃了蛋糕，那么很可能归纳出他们因为在这家甜品店进食而导致腹泻。

求异法则类似假设检验，给定现象发生时的所有环境与没有发生这个现象时的环境除了在一个方面不同，其余都相同。比如，一所住宿制的高中，两个班级同学住宿条件、就餐情况、午休时间、授课教师等全部一致，英语老师在A班采用正常的授课方式，在B班采用游戏化教学的授课方式，A班同学的英语平均成绩显著高于B班。据此，可以推论出不同的授课方式会对英语课程成绩产生影响。

在进行归纳和概括的时候，解释者不单纯运用归纳推理，同时也运用演绎法。在人们的解释思维中，归纳和演绎是互相联系、互相补充、不可分割的。演绎推理和归纳推理也是人们生活中常用的推理方式。

四、创造性思维

尽管创造力已经是大家耳熟能详的概念，但是关于创造力的定义却存在分歧。这里我们就参考前人尤其是林崇德教授的观点，将创造力定义为"根据一定目的，运用已知信息，产生出某种新颖、独特、有社会或个人价值的产品的能力"[1]。其中的产品泛指新概念、新思想、新理论、新技术、新工艺或新作品；"新颖"指的是前所未有，为纵向比较；"独特"指的是别出心裁，为横向比较；"有社会价值"指的是对人类、国家和社会的进步有意义。创造力的组成部分通常包括创造性思维、创造性人格和创造性技法（技术和方法），本节将重点探讨创造性思维。

（一）创造性思维的本质和内涵

根据前面创造力的定义，创造性思维指的是人产生创新性、独特性和有价值成果的最高级思维，它是以直观力、想象力、逻辑能力为基础，产生改革旧事物所需要的灵感和创造性设想的能力。它是创造性人才心理结构的主要组成部分，也是创造力的核心。[2] 比如，高斯在解决1+2+3……+100这个计算题时，发现第

---

[1] 林崇德.创造性人才·创造性教育·创造性学习[J].中国教育学刊，2000，（1）：5—8.
[2] 曹培杰.重启创造力：网络时代的创新法则[M].北京：北京交通大学出版社，2015：35.

一个数加最后一个数是101，第二个数加倒数第二个数也是101……如此相加都是101。所以只要计算50×101的结果就可以了，这就是典型的创造性思维。

创造性思维不是孤立的，它包括了一系列思维，其中发散思维和聚合思维是最主要的。发散思维指的是产生尽可能多的观点和方法的能力，聚合思维指的是能够从多种方案中确定一个方案的能力。当然，创造性思维与发散思维有更多的相同点，或者说创造性思维更多地体现在发散思维上。

（二）创造性思维的特点和影响因素

通常认为创造性思维具有流畅性、灵活性和独创性三个特点。其中：①流畅性指的是在限定时间内产生出观念或方法的多少。比如，在纸上画一个圆，让大家尽可能多地联想出各种事物，联想出的事物越多，流畅性就越好。②灵活性也称为变通性，指的是能够从不同方向考虑某一事物的能力，或者说是随机应变的能力。比如面对一个圆，有人能想出足球、篮球等球类，还能想出太阳、月亮、硬币等多个方面的事物，灵活性就比较好。③独创性指的是能够产生不同寻常、不落俗套的想法的能力。比如面对一个圆，能够想到"圆滑"等一般人想不到的事物。

一般来说，创造性思维会受到大脑、智力、知识、人格等多种因素的影响。[①]①大脑。之前有研究表明大脑右半球与创造性思维有关，当然，也有学者认为创造性思维实际上是整个大脑协调的结果。②智力。通常认为创造性思维需要中等以上的智力，但是两者并不是线性相关的，并不是说智力越高创造力就越好。③知识。思维必须以一定的信息为基础。不过在创造性思维与知识的关系上却存在不同看法。一种看法认为，丰富的知识是创造性思维的基础，知识量越多，创造性越强；一种看法认为，知识和创造性思维之间有一种张力，知识和创造性之间的关系曲线呈倒U形，知识太少肯定不行，知识太多了可能会导致个体的思维定式，进而阻碍创造性思维的发生。④人格。创造性还受到动机、个性、理想、价值观等人格因素的影响。比如高创造性思维的人一般都有比较强烈的动机去了解新的事物。不过，如果动机过于强烈，可能就会变成创造性的障碍。

总而言之，创造性是比较复杂的，一般来说是多个因素在某个个体身上的集中体现，而这些因素和创造性的关系不是线性的，甚至许多因素看起来是相互矛盾的。这些特点也使得创造性发展起来比较困难，所以在教育中要特别注意培养创造性思维。

---

① 陈琦，刘儒德.当代教育心理学［M］.3版.北京：北京师范大学出版社，2019：293—294.

（三）创造性思维的训练（创造性技法）

当前，对创造力究竟是否天生，学者们还是有分歧的，不过大家都认为，不管创造力是否天生，进行适当的训练是有助于提升创造力的。所以这些年来也发展出了许多种训练方法。下面简要介绍几种主要方法。①头脑风暴法。这是一种集体开发创造性思维的方法。一般会组织大家进行集体讨论，鼓励每个人展开想象，从不同角度尽可能多地提出不同的观点和方法，最后再逐渐归纳、确定最终的结论。②列举法。是指根据一定的规则，罗列出事物的各种性质，从而刺激产生创造性思维的方法。③联想法。包括定向联想和自由联想两种。定向联想是指给定方向，让个体进行联想的方法。比如给定一个曲别针，让个体联想它的用途。自由联想指的是不加限制，让个体自由展开联想的方法。比如在纸上画一个圆，然后让个体随意联想。④分合法。是指把两种原本不相干的事物联系到一起，也泛指把熟悉的事物变得新奇、把新奇的事物变得熟悉的方法。比如瑞士军刀就是把各种原本不相干的工具放到了一起。

五、新手与专家的知识组织和问题解决

在学习科学研究领域，人们特别重视研究新手与专家在知识组织和问题解决方面的差异，因为人们特别希望新手能够像专家一样地去学习、思考和解决问题。

新手与专家之间的差异有比较多的方面。在知识组织方面，新手和专家所掌握的概念、事实和技能之间的联系密度或数量不同。领域专家经常会在脑海中无意识地创造并存储一个复杂的知识网络，把重要的事实、概念、程序与本领域中的其他要素联系起来，而且会围绕某些有意义的特征和抽象原理来组织本领域的知识，即形成具有高度关联性的知识组织。这些更为复杂且联系紧密的知识，使得专家在提取和运用时更为快速、有效。而对于新手来说，他们仅仅获得了一些孤立的事实或知识，并没有习得以关联或有意义的方式组织所学知识的方法，即学习者没有以如此复杂的方式来组织知识。因此新手会遇到很多困难，甚至无法有效提取和运用知识。[①]

我们应该认识到专家和新手在知识组织上的差异，并明确告知学习者，专家是如何组织并利用学科知识来完成特定任务的。以课堂教学为例，作为学科专家的教师已经形成了具有高度关联性的知识结构，但是学生并没有以如此复杂的方式来

---

① 陈琦,刘儒德. 当代教育心理学［M］. 3版. 北京：北京师范大学出版社，2019：287—288.

组织他们的知识。所以，与让学生自己推断概念结构相比，教师为他们提供适合于新知识的组织结构，可以使他们的学习效果更好、效率更高。

第五节 元认知与学习策略

在教育领域，我们经常听到"学会学习"这几个字。简单地说，学习是一种能力，学会学习比学习本身都要重要。当然，学会学习涉及的知识也比较广，本讲就重点讲解其中比较重要的"元认知"和"学习策略"。

一、学习策略的含义和分类

学习策略（learning strategies）一般包括复述、记笔记等学习技能，也包括时间管理、任务管理等自我管理活动，还包括记忆方法、正确认识自己的优缺点等认知技能，以及本节要讲的元认知技能。陈琦和刘儒德将学习策略定义为：学习者为了提高学习的效果和效率，有目的、有意识地制订的有关学习过程的复杂方案。[1]

不同的学者将学习策略分成不同种类，如分为认知信息加工策略、积极学习策略、辅助性策略、元认知策略，或将学习策略分为如图 4-5 所示的认知策略、元认知策略和资源管理策略[2]。后面我们将分别予以介绍。

学习策略
- 认知策略
  - 复述策略：重复、抄写、做记录、划线等
  - 精细加工策略：想象、口述、总结、做笔记、类比、答疑等
  - 组织策略：组块、选择要点、列提纲、画地图等
- 元认知策略
  - 计划策略：设置目标、浏览、设疑等
  - 监控策略：自我检查、集中注意力、监控领会等
  - 调节策略：调整阅读速度、重新阅读、复查、应试策略等
- 资源管理策略
  - 时间管理：如建立时间表、设置目标等
  - 学习环境管理：寻找固定地方、安静地方、有组织的地方
  - 努力管理：归因与努力、调整心境、自我谈话、坚持不懈、自我强化等
  - 学业求助管理：寻求教师帮助、伙伴帮助、小组学习、获得个别指导等

图 4-5 学习策略分类[3]

---

[1] 陈琦，刘儒德. 当代教育心理学 [M]. 3 版. 北京：北京师范大学出版社，2019：300.

[2] Mckeachie W J, Pintrich P R, Lin Y G, et al. Teaching and learning in the college classroom: a review of the research literature [J]. Information infrastructures' information & software technology, 1987, 36(5): 731-756.

[3] 陈琦，刘儒德. 当代教育心理学 [M]. 3 版. 北京：北京师范大学出版社，2019：302.

二、认知策略

认知策略（cognitive strategies）是学习策略中最主要的部分，这个概念最早是由布鲁纳提出来的，之后加涅把认知策略看作是一种智慧技能，后来也有许多学者探讨过这一概念，不过大家对其界定不尽相同。在本书中，我们还是采取狭义的定义：认知策略是指在信息加工过程中，为了更好地获取、储存、提取和运用信息等而采用的方法和技术，通常包括复述策略、精细加工策略和组织策略三种。[①]

（一）复述策略

复述策略指的是为了在记忆中保持信息，运用内部语言在大脑中重现学习材料或刺激，以便将注意力维持在学习材料之上的学习策略。在学习中，复述是一种主要的记忆手段。因为只有经过重复、复述的信息才能进入长时记忆，才能被记住。常用的复述策略包括利用随意记忆和无意记忆、多种感官参与增强记忆、整体与部分学习、及时复习、集中与分散复习相结合、反复实践（做中学）等方法。

（二）精细加工策略

精细加工策略指的是一种将新信息与头脑中已有知识联系起来从而建立编码、建构意义的深层加工策略。一般来说，新信息与其他信息联系得越多，从记忆中提取该信息的线索也就越多，将来能够回忆出该信息原貌的途径也就越多。常见的精细加工策略包括记忆术和灵活处理信息等。其中，记忆术可以在新信息和已有知识之间建立起联系，比如位置记忆术、视觉联想法、谐音联想法和关键词法等；灵活处理信息指的是意义识记（相对于机械识记）、主动应用知识、利用背景知识等。

（三）组织策略

组织策略指的是整合新知识之间、新旧知识之间的联系并组成新的知识结构的策略。比如列提纲、画图（概念图等）、做表格等方法就可以帮助学习者更好地分析、组织和理解材料。

---

① 陈琦，刘儒德. 当代教育心理学［M］. 3版. 北京：北京师范大学出版社，2019: 304—317.

三、元认知及元认知策略

（一）元认知的含义和构成

元认知（metacognition）是指个体对于自己认知的认知。这一概念由美国著名发展心理学家约翰·弗拉维尔（John Flavell）首次提出。[1] 弗拉维尔认为，"元认知是个体关于自己的认知过程及其认知结果或者其他相关事情的知识"，具体表现在有关认知的知识和对认知活动的监控和调节两个方面。

元认知主要可以分为元认知知识和元认知监控两部分。其中，元认知知识是个体存储的与自己以及各种任务、经验等有关的知识，它是对有效完成学习任务所需的技能、策略以及来源的意识，或者说"知道做什么"。例如，在一场数学考试中，学生知道运用以前的解题经验来答题；元认知监控则是指个体对自己认知活动的调节和控制。它确保个体能够完成学习任务，或者说"知道何时、如何做什么"。例如，在数学考试过程中，能够自我检查，并根据考试时间等因素调整和矫正解题思路等。因此说，元认知反映了认知主体对个人认知的认知。[2]

（二）元认知策略

元认知策略可以分为计划策略、监控策略和调节策略三种。①计划策略就是要给学习做好计划。在一项学习活动之前，要考虑各种因素，确定学习目标，选择合适的方法和工具，并预估学习结果和学习的有效性，从而使学习活动能够顺利进行下去。②监控策略是指在学习活动中，要根据学习目标即时评价、反思自己的不足，同时评价各种认知策略的成效。比如在考试时，要根据考试时间、完成题目数量反思自己之前的认知策略是否成功。③调节策略和监控策略相关，是指要评估自己的认知策略的效果，并及时调整和修正认知策略。比如在考试时碰到很难的题目，先跳过去做简单的题目，最后再来做难题。

从以上论述可以看出，元认知策略和认知策略是紧密相关、相辅相成的。如果个体没有认知愿望和基本技能，那么不可能应用好元认知策略；如果个体缺乏元认知策略，就无法很好地确定选择应用哪种认知策略，所以也很难成功。

---

[1] Flavell J H. Metacognition aspects of problem solving [C]//Resnick L. (ed.). The nature of intelligence. Hillsdale, HJ: Erlbaum, 1976.

[2] 汪玲，方平，郭德俊. 元认知的性质、结构与评定方法 [J]. 心理学动态，1999，7(1)：6—11.

四、资源管理策略

资源管理策略是认知活动的辅助策略,指的是帮助学生管理可用环境和资源的策略,包括时间管理策略(合理安排、有效利用时间)、学业求助策略(当学习中遇到困难时向他人求助的策略)、学习环境管理策略(选择合适的学习环境)、努力管理策略(如何激发自己的学习动机等)等。

时间管理策略

我们可以根据所要做的事情的重要程度和紧急程度将它们分成四种类型,可以画出如图4-6所示的象限图。有研究显示,普通人通常在第三象限(不重要不紧急)花时间最多,但成功人士在第四象限(重要但不紧急)投入更多时间。

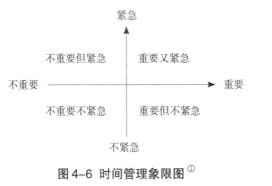

图4-6 时间管理象限图[①]

第六节 学习风格

教育领域一向很重视"因材施教",可是怎么才能"因材"呢?这首先就需要了解清楚个体的特征和彼此的差异,只有这样才能给予个性化的"施教"措施。个体的差异包括很多层面,比如年龄、性别、智力、认知水平、学习动机、文化背景等。限于篇幅,本节主要讲授个体在学习风格方面的差异。

一、学习风格的含义

学习风格(learning style)是由美国学者赫伯特·西伦(Herbert Thelen)

---

① 陈琦,刘儒德. 当代教育心理学[M]. 3版. 北京:北京师范大学出版社,2019:322.

1954年首次提出的。关于学习风格的含义，不同的学者从不同角度有不同的解释：以认知为中心的研究者通常关注认知和感知功能，以个性为中心的研究者通常关注个性特征，以学习活动为中心的研究者关注学习者对教学情景的感知、动机取向及信息加工方式，以在线学习为中心的研究者则关注在线学习行为特征。尽管各位学者关注的角度不同，但是学习风格的核心内涵都是指学习者喜欢的学习方式以及表现出来的学习倾向。在本书中，学习风格是指学习者持续一贯的带有个性特征的学习方式，是学习策略和学习倾向的总和。①

二、学习风格的主要类型

根据各位学者的理论，学习风格主要有如下类型。

（一）视觉、听觉和动觉型学习者

有学者根据个体对感知觉通道的偏爱将学习者分为：①视觉型学习者，对视觉刺激比较敏感，喜欢通过视觉接受来学习，比如看书、看图等；②听觉型学习者，对听觉刺激比较敏感，喜欢通过听说来学习；③动觉型学习者，喜欢接触和操作物体，喜欢通过动手参与来学习。

（二）场依存型和场独立型

美国心理学家赫尔曼·威特金（Herman Witkin）把人分为场依存型和场独立型两类。②①场依存型的个体易受外界因素的干扰，偏爱人文和社会学科，比较注重学习环境的社会性，喜欢合作学习，也容易受其他人影响。②场独立型的个体不容易受外界因素干扰，偏爱数学等自然科学学科，善于分析和组织，学习自主性强，喜欢个人钻研或独自学习。③

（三）反思型和冲动型

根据知觉与思维方式的特征可以将人分为反思型和冲动型两类。④①反思型个体的知觉与思维以反思为特征。他们一般不急于回答问题，而是会深思熟虑，认真评价几种可能的答案，然后谨慎地给出最有把握的答案。②冲动型个体的知

---

① 谭顶良.学习风格论［M］.南京：江苏教育出版社，1995：12.
② Witkin H A, Moore C A, Goodenough D R, et al. Field-dependent and field independent cognitive style and their educational implications［J］. Review of educational research, 1977, 47: 1-64.
③ 康淑敏.学习风格理论——西方研究综述［J］.山东外语教学，2003，(3)：24—28.
④ Kagan J, Rosman B L, Day D, et al. Information processing in the child Significance of analytic reflective attitudes［J］. Psychological monographs, 1964, 78(1): 1-37.

觉与思维方式以冲动为特征。他们通常会根据几个线索快速形成自己的看法，然后很快给出答案。

（四）在线学习行为特征

随着互联网技术的发展，越来越多的学者开始针对在线教育（远程教育、网络教育）开展研究，希望了解学习者的在线学习行为特征。比如安德森（A. Anderson）等人将 MOOC 学习者分为五类，分别是观看者（主要是看课件）、解决者（主要是解决问题）、全能多面手（既看课件也解决问题）、收集者（主要是收集课件等）、旁观者（很少参加各种活动）。[①]再如福格森（R. Ferguson）等人通过聚类，将 MOOC 学习者分为七类：抽样学习者、虎头蛇尾者、回归者、中期辍学者、全程参与者、拖延的完成者和敏锐的完成者。[②]

除了这几个分类外，还有许多学者也从不同角度提出了各种分类。[③]事实上，在我国还有很多学者针对在线学习行为进行了深入研究。[④]不过，因为在线教育发展的时间还比较短，目前提出的各种类型可能还需要进一步验证和完善。

三、学习风格与教学策略

根据学习风格制定的教学策略可分为两类：①与学习风格中的长处或学习者偏爱的方式相一致的匹配策略，比如对于喜欢独自学习的学习者就让他独自钻研；②针对学习风格中的短处或劣势采取有意识的失配策略，比如对于喜欢独自学习的学习者不妨故意让他参加小组学习。[⑤]至于具体的教学策略，可以根据学习风格的类型来确定。比如让视觉型学习者看书做笔记学习，让听觉型学习者多听多说，让动觉型学习者多动手。再如对于场依存型学习者，就让他们多参加小组学习；对于场独立型学习者，可以让他们多独自学习。总之，就是要尽量发挥每

---

① Anderson A, Huttenlocher D, Kleinberg J, et al. Engaging with massive online courses [C] // International World Wide Web Conference. New York: ACM, 2014: 687−698.

② Ferguson R, Clow D. Examining engagement: analyzing learner subpopulations in massive open online courses (MOOCs) [C] //International Conference on Learning Analytics & Knowledge. New York: ACM, 2015: 51−58.

③ 王梦倩, 范逸洲, 郭文革, 等. MOOC 学习者特征聚类分析研究综述 [J]. 中国远程教育, 2018, (7): 9—19+79.

④ 尚俊杰, 王钰茹, 何奕霖. 探索学习的奥秘: 我国近五年学习科学实证研究 [J]. 华东师范大学学报（教育科学版）, 2020, 38 (9): 162—178.

⑤ 谭顶良. 学习风格与教学策略 [J]. 教育研究, 1995, (5): 72—75.

种类型的学习者的优势。

需要特别强调的是，尽管大家对学习风格非常重视，但是目前学术界对学习风格还是有很多未能达成共识的地方。不过随着技术的发展，也许未来我们能够逐步加深对学习风格的认识。

本章结语

学习是指由经验引起的学习者知识的变化。对于学习来说，最为重要的就是学习动机，因为动机是启动、维持学习者持续学习过程的动力。学习动机可以分为多个类型，并且可以用成就动机、归因理论、自我效能感等多种理论去解释。对于要学习的知识，我们在头脑中通常用概念、命题、表象、图式和产生式来表征。当然，我们特别希望学习者能够灵活应用知识，所以要特别注重研究学习迁移理论，更好地促进学习迁移。教育学现在非常关注问题解决能力和创新能力的培养。推理在问题的解决过程中和日常生活中极为关键；在知识组织和问题解决过程中，新手和专家通常会有比较大的差异。就学习而言，除了要重视认知策略的学习，也要注重学习者元认知的培养。在具体的教与学过程中，要想真正因材施教，就需要结合个体的智力、认知水平、学习动机以及学习风格，采用适当的教学策略。

重点回顾

1. 学习是指由经验引起的学习者知识的变化。
2. 加涅根据复杂程度的不同，将学习分成八类：信号学习、刺激－反应学习、连锁学习、言语联结学习、辨别学习、概念学习、原理学习（也称规则学习）、解决问题的学习（也称高级规则的学习）。
3. 克努兹·伊列雷斯将学习分为两个过程（个体与其所处环境的互动过程以及个体的心理获得过程）和三个维度（内容、动机和互动）。
4. 学习就是获取新信息的过程，学习的结果就是记忆。
5. 动机作为学习活动的内在动力，影响着信息加工的主动性与积极性；影响动机的内部因素是内驱力（学习需要），外部因素是诱因（学习期待）。
6. 个人的动机强度由成就需要、期望水平和诱因共同决定，用公式表示为：动机强度（T）＝f（需要 × 期望 × 诱因）。
7. 学习投入一般可以分为三个维度：行为投入、情感投入和认知投入。

8. 知识的心理表征形式包括概念、命题、表象、图式和产生式。
9. 图式是陈述性知识组织的重要形式，产生式是程序性知识组织的重要形式。
10. 学习迁移不仅可以发生在同一类型的学习中，也可以发生在不同类型的学习中。迁移的本质就是经验间的相互作用，通过迁移，各种经验得以沟通和整合。
11. 所谓问题解决，指的是个体在面对问题情境又不知道该怎么办时，想办法克服障碍，从初始状态经历一系列认知过程并从事一系列活动到达结果状态。
12. 常用的推理方法是演绎推理和归纳推理。常用的三段论属于演绎推理，常用的求同法和求异法属于归纳推理。
13. 创造性思维具有流畅性、灵活性和独创性三个特点。
14. 专家和新手在知识组织上有比较明显的差异，他们所掌握的概念、事实和技能之间的联系密度或数量是不同的。
15. 元认知是对认知的认知，元认知策略包括计划策略、监控策略和调节策略。
16. 学习风格是学习者持续一贯的带有个性特征的学习方式，是学习策略和学习倾向的总和。
17. 学习风格根据不同的特征可以分成不同的类型，通常包括场依存型和场独立型、反思型和冲动型等。

思考题

1. 名词解释：学习、学习动机、学习投入、表象、图式、学习迁移、结构不良问题、演绎推理、归纳推理、三段论、元认知、创造性思维、学习风格。
2. 什么是学习？学习的类型有哪些？
3. 请使用信息加工模型来论述学习的机制。
4. 学习动机和学习效果有什么关系？
5. 在教学过程中应该如何激发学生的学习动机？如何指导学生正确地归因？
6. 知识在头脑中是怎样表征的？
7. 问题解决有哪些步骤？
8. 从知识组织和问题解决的角度，论述专家与新手的差别。
9. 请结合自己的学习谈谈认知策略、元认知策略和资源管理策略的应用。
10. 请结合学习风格的主要类型反思自己的学习风格特征。

第五章 学习方式

> **内容摘要**
>
> 在过去的几十年中，学习方式在不断发生变化。本章就聚焦于学习方式的变革，首先介绍了学习方式的含义、类型和发展历程；其次介绍了自主学习的含义、特征和理论基础，并探讨了自主学习的模式、条件和影响因素；再次介绍了社会性学习（社会化学习）的含义、特征、理论基础，并重点剖析了合作学习与协作学习、群体学习与组织学习；接下来探讨了探究学习的含义、特征、理论基础以及典型案例；然后探讨了当前备受大家重视的项目式学习的含义、特征、理论基础及设计与实施框架；最后简要介绍了体验学习、设计学习和深度学习。

学习目标

1. 了解学习方式的基本类型和发展历程，了解体验学习、设计学习、深度学习的定义和基本观点。
2. 掌握自主学习的含义、特征和理论基础，重点掌握齐默尔曼和平特里奇的理论观点。
3. 掌握社会性学习的含义和特征，深入理解合作学习、协作学习和群体学习的概念和含义，掌握实施合作学习和协作学习的常用方法。
4. 掌握探究学习的含义、特征和理论基础，重点掌握探究学习的5E教学模式。
5. 掌握项目式学习的含义、特征、理论基础，全面掌握项目式学习的设计与实施。
6. 能够应用相关理论来分析、解释各种学习方式，并能够预测未来学习方式及发展趋势。

思维导图

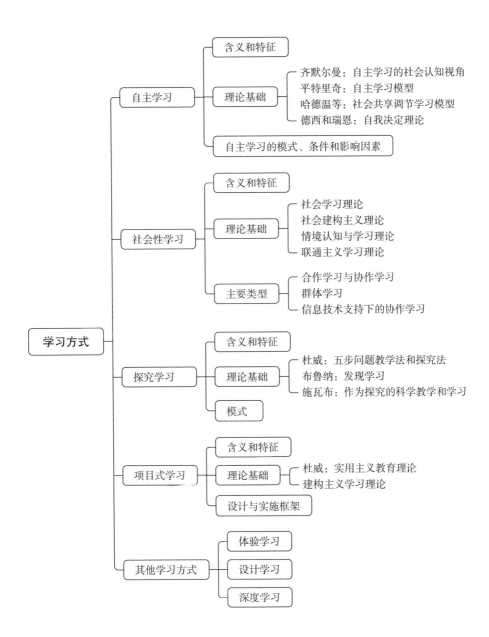

第一节 学习方式的概念

在日常学习中,我们经常会听到学习方式(learning approaches,或 learning mode)。我国教育部于 2001 年发布的《基础教育课程改革纲要(试行)》也特别强调要促进学习方式的变革。那么,学习方式究竟是什么,又有哪些学习方式呢?

一、学习方式的含义

对于学习方式的含义,心理学和教育学领域的学者的观点是不太一样的。[①] 心理学视角下的学习方式,侧重于个体学习过程中获取和处理信息的方式,指个体在进行学习活动时所表现出的具有偏好性的行为方式与行为特征,强调个体学习时的心理差异。[②] 教育学视角下的学习方式,侧重于学习过程中所采用的途径、形式、媒体和手段等,是指"学习者在学习知识和技能时所采用的途径、形式和手段"[③]。本书希望融合教育学和心理学的观点,但相对而言更侧重于教育学视角,所以采用如下比较宽泛的定义:

> **关键概念 —— 学习方式**
> 学习方式指的是学习的组织方式和所采用的途径、形式、媒体和手段等,也称学习模式或学习形式。

二、学习方式的发展历程与主要类型

随着时代的变迁,学习方式在不断发生变化,大致走过了这样一个历程:自从约翰·夸美纽斯(Johann Comenius)提出班级授课制以来,教育领域逐渐形成了以班级授课、学校学制为主的教育模式,此时学校教育中的学习方式主要是接受学习。到了 20 世纪 60 年代,美国教育界开始掀起教育改革运动。在此背景下,布鲁纳提出了发现学习理论,强调让学生利用教材或教师提供的条件独立

[①] 王运武,朱明月. 学习方式何以变革:标准与路径[J]. 现代远程教育研究, 2015(3):27—35.
[②] 庞维国. 论学习方式[J]. 课程·教材·教法, 2010, 30(5):13—19.
[③] 谢新观. 远距离开放教育词典[M]. 北京:中央广播电视大学出版社, 1999:253.

思考，自己发现知识，掌握原理和规则，这对推动美国中小学课程改革起到了重要作用。此后，探究学习、研究性学习、基于问题的学习、项目式学习等学习方式开始受到人们的推崇，这些方式强调让学习者围绕问题，通过自主探究来学习。

在接受学习方式下，大部分时候都是个体独立学习的。而在发现学习、探究学习、项目式学习等学习方式中，更多的时候会采用合作学习或协作学习，让学习者分成小组共同解决问题或完成项目。在20世纪八九十年代，随着信息技术的快速发展，计算机支持的协作学习（computer-supported collaborative learning，CSCL）开始流行，不同地区的学习者可以借助网络共同学习。到了2010年左右，MOOC的流行，使得大规模在线协作学习成为现实，几万、几十万学习者可以在一门MOOC中共同学习。

当然，信息技术不仅仅在促进合作和协作学习上发挥了作用，事实上，早在20世纪八九十年代，多媒体学习就已经非常流行。随着新技术的快速发展，以使用不同媒体技术为特征的各种学习方式开始流行起来。此外，现在教育领域也越来越重视深度学习（也称深层学习）。这一概念主要是相对于浅层学习而言的，强调学习不能满足于对知识的表面理解和重复记忆，而是要在已有知识的基础上，主动将所学新知与原有知识建立联系，获取对知识的深层次理解，并将这些理解有效迁移应用到真实情境中以解决复杂问题。[①]

随着教育改革的不断深入，学习方式变革越来越受重视，特别是自主、合作、探究的学习方式。下面就结合这三个重点来深入探讨。

第二节 自主学习

自主学习是每一个学习者都要使用的一种学习方式。那么，什么是自主学习呢？自主学习与其他学习方式的区别和联系有哪些呢？

一、自主学习的含义和特征

（一）自主学习的含义

自主学习（self-directed learning）指的是学习者自己确定学习目标、制订学习计划、选择学习方法、监控学习过程的学习方式。自主学习和班杜拉提出的自

---

① 张浩，吴秀娟.深度学习的内涵及认知理论基础探析［J］.中国电化教育，2012，33（10）：7—11.

我调节学习（self-regulated learning，SRL）的含义十分接近，但也有细微区别。自我调节学习更多地强调自我调整的能力，而自主学习更多地强调主观能动性。本书将两者当作同义词看待，不再区分其差别。

此外，需要注意的是，自主学习中的"自主"或者说"自我调节"不是指心理能力或者学业技能，而是更强调"一种自我指导的过程和一系列行为，学习者通过指导、实践和反馈所学的过程，将心理能力转化为技能和习惯"。[①]

（二）自主学习的基本特征

密歇根大学教授平特里奇（P. R. Pintrich）认为，一个自主学习者应当具有四个特征：①能够从外部环境和自身想法（内在环境）中获取信息，主动建构属于自己的意义、目标和策略；②能够潜在地监控、控制和调节自己的认知、动机和行为中的某些方面以及环境的某些特征；③能够根据目标和标准评估自己的学习效果，并在必要时决定是否对学习目标和标准进行调整；④能够对其认知、动机和行为进行自我调节，并通过行为协调个人、环境和最终成果之间的关系。[②]此外，自主学习者还要能够对自身表现做适应性归因，通过调节自身动机与情感来改善学习表现。

华东师范大学庞维国教授综合国内外研究，将自主学习的基本特征进一步总结为四点，即能动性、独立性、有效性和相对性：①能动性是说自主学习区别于他主学习，是学生积极、主动、自觉地从事和管理自己的学习活动；②独立性与依赖性相对，是说学生在学习的各个方面和整个过程中要尽可能摆脱对教师或他人的依赖；③有效性是说自主学习的出发点和目的是尽量协调好学习系统中各种因素的作用，使学习达到最优化；④相对性是说自主学习不是绝对的，学生的学习通常介于绝对自主和绝对不自主的两极之间，对于学生的学习需要具体问题具体分析。

二、自主学习的理论基础

自主学习的思想最早可以追溯到班杜拉的自我调节学习。自 20 世纪 80 年代以来，在齐默尔曼、平特里奇等研究者的推动下，基于不同视角的自主学习理论

---

① LINCS. TEAL Center fact sheet No. 3: self-regulated learning [EB/OL]. [2021-10-01]. https://lincs.ed.gov/state-resources/federal-initiatives/teal/guide/selfregulated.

② Pintrich P R. The role of goal orientation in self-regulated learning [J]. Handbook of self-regulation, 2000: 451–502.

模型被建立起来，自主学习逐渐发展成为教育心理学研究的重要领域。下面简要介绍几种主要理论。

（一）齐默尔曼：自主学习的社会认知视角

美国纽约城市大学齐默尔曼教授是较早研究自主学习的研究者之一。1989年，他在班杜拉的个人、行为、环境交互决定论思想和自我调节理论的基础上，提出了自主学习三元分析模型。该模型认为，自主学习涉及环境、行为和个人（自我）的相互作用。自主学习者要主动控制和调节自己的学习过程。①②

2000年，齐默尔曼又提出自主学习的循环阶段模型（cyclical phases model），在个人层面上解释了自主学习中的元认知和动机参与过程（图5-2）。该模型分为预想、行为表现和自我反思三个阶段：①在预想（计划）

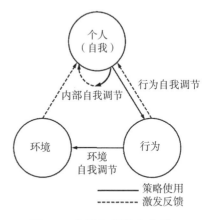

图5-1 齐默尔曼的自主学习三元分析模型

阶段，学习者分析任务、设定目标，计划如何达到目标，动机信念会驱动整个过程并影响学习策略的激活；②在行为表现阶段，学习者执行任务并监控自己如何处理任务，在此期间，会使用一些自我控制策略来保持完成任务所需的认知参与和动机；③在自我反思阶段，学习者根据自己的任务表现进行成败归因。③

图5-2 齐默尔曼的自主学习循环阶段模型④

---

① 庞维国. 自主学习——学与教的原理和策略［M］. 上海：华东师范大学出版社，2003：79.

② Zimmerman B J. A social cognitive view of self-regulated academic learning［J］. Journal of educational psychology, 1989, 81(3): 329-339.

③ Ernesto P. A review of self-regulated learning: six models and four directions for research［J］. Frontiers in psychology, 2017, 8(422): 422.

④ Zimmerman B J. Attaining self-regulation: a social cognitive perspective［C］//Boekaerts M, Pintrich P R, Zeidner M. (Eds.) Handbook of self-regulation. San Diego, CA: Academic Press, 2000: 13-39.

（二）平特里奇：自主学习模型

平特里奇是较早通过实证研究来分析自主学习与动机和认知之间联系的学者。[1] 基于实证研究，他提出了自主学习模型（表5-1）[2]，认为自主学习由四个阶段组成：①预想、计划和激活；②监控；③控制；④反应和反思。每个阶段都涉及认知、动机/情感、行为、情境四个不同方面的调节类型，该模型中不同的组合将自主学习的各种过程清晰呈现出来。

表5-1 平特里奇的自主学习模型

阶段	调节方面			
	认知	动机/情感	行为	情境
预想、计划和激活	目标设定 原有内容知识激活 元认知知识激活	目标导向选取 效能感判断 易学性判断 任务困难感知 任务价值激活 兴趣激活	计划时间及需要付出的努力 计划自我观察行为	任务感知 内容感知
监控	元认知；对认知的觉察和监控	对动机和情感的觉察和监控	对努力、时间运用、需要帮助的觉察和监控	监控变化的任务和情境条件
控制	选择和调节学习认知策略；思考	选择和调节管理动机和情感的策略	增加/减少努力坚持，放弃；求助	改变、再协调任务或离开情境
反应和反思	认知判断；归因	情感反应；归因	选择行为	任务评估、情境评估

（三）哈德温、耶维拉和米勒：社会共享调节学习模型

哈德温（Hadwin）、耶维拉（Järvelä）和米勒（Miller）在社会调节和学习的互动特征方面继续探索自主学习理论，提出了社会共享调节学习模型。

该模型认为，在协作情况下有三种调节模式：①自主调节，是指学习者个体的调节行为，学习者以此来适应并与其他团队成员互动；②共同调节，是指学习

---

[1] Pintrich P R, Marx R W, Boyle R A. Beyond cold conceptual change: the role of motivational beliefs and classroom contextual factors in the process of conceptual change [J]. Review of educational research, 2016, 63(2): 167-199.

[2] Pintrich P R. The Role of Goal Orientation in Self-Regulated Learning [C]//Boekaerts M, Pintrich P R, Zeidner M. (Eds.) Handbook of Self-Regulation. San Diego, CA: Academic Press, 2000: 451-502.

者与其他成员互动时，对学习策略进行计划、制订、反思和调整的行为，强调个体之间的影响；③共享调节，是指群体成员在协作过程中审慎、策略和交互地进行需求明确、计划制订、任务实施、反思和适应等活动的行为，强调学习是通过群体成员之间一系列相互交流而实现的。①

（四）德西和瑞恩：自我决定理论

我们在第四章自我决定理论部分提到，内部动机的激发与三种基本需要的满足息息相关。基于该理论，我们可以更有效地培养学生的自主学习能力：①可以满足学生的自主需要，激发其学习的内在动机；②帮助学生认识学习的价值，促进外部动机的内化与整合；③合理设计、安排教学活动，满足学生的胜任力需要；建立安全的人际关系，提高学生的归属感；④改变学生的动机信念，为全体学生提供自主学习机会。②

三、自主学习的条件和影响因素

（一）自主学习的条件

要想实现自主学习，需要满足一定的内部条件。①自主学习必须以一定的心理发展水平为基础。如果个体没有达到一定的心理发展水平，没有自我意识的形成，就不可能有意识地控制、调节自己正在进行的学习活动。②自主学习必须以学生的内在学习动机为前提。学生如果缺乏内在的学习动机，就很难自觉地确定学习目标、启动学习过程，自主学习也就无从谈起。③自主学习必须以学生掌握一定的学习策略为保障。如果学生缺少相应的问题解决策略等学习策略，即使具有较强的学习动机，学习也不可能顺利进行。④自主学习还必须以意志控制为条件。在自主学习过程中，学生可能会碰到各种困难，这时候就需要学生用意志努力来控制自己，使学习进行下去。③

此外，开展自主学习还需要一定的外部条件。比如，教师应该在以学生为中心的前提下，提供适当的支持和帮助，从而让不同水平的学生都能有效开展自主学习。

---

① Hadwin A F, Järvelä S, Miller M. Self-regulation, co-regulation, and shared regulation in collaborative learning environments [C] //Schunk D H, Greene J A. Handbook of self-regulation of learning and performance, 2nd. New York: Routledge, 2018: 83—106.
② 王婷婷, 庞维国. 自我决定理论对学生学习自主学习能力培养的启示 [J]. 全球教育展望, 2009, 38(11): 40—43.
③ 庞维国. 论学生的自主学习 [J]. 华东师范大学学报(教育科学版), 2001, 19(2): 78—83.

（二）自主学习的影响因素

自主学习会受到多种因素的影响。其中，内部因素主要包括：学习动机、学习策略、个人品质、性别等；外部因素包括学校的因素、家庭的因素和社会文化背景的因素等。这些因素中，学习动机最为重要，如果缺乏学习动机，自主学习便很难进行下去。在动机方面，最重要的就是自我效能感，如果个体不相信自己有能力完成学习任务，自主学习显然也无法进行下去。研究表明，高自我效能感的学生在使用学习策略、把握学习时间、进行自我监控等方面都更加有效。[①] 除此之外，归因对于自主学习也很重要，学生如果能够把成功或失败归因于努力、学习策略的使用等自己可以控制的因素，就有利于激发学习动机，从而有助于自主学习的进行。

四、自主学习的未来发展趋势

未来，自主学习会越来越重要。我们国家的"双减"政策，理论上也给学生留出了更多自主学习的时间。就未来发展而言，其一，自主学习将和其他各种学习方式整合；其二，信息技术会在创建学习环境、激发学习动机、支持学习策略等方面发挥越来越重要的作用；其三，脑科学、人工智能、大数据的发展可能让我们对自主学习的发生机制有更深入的理解，从而能够更好地促进自主学习。

第三节 社会性学习

社会性学习（social learning）也称为社会化学习，这一概念可以追溯到1977年班杜拉所提出的社会学习理论。20世纪八九十年代，随着建构主义学习理论的流行，合作学习和协作学习备受重视，成为学习科学领域的重要研究议题。

一、社会性学习的含义和特征

社会性学习指的是利用各种传统或现代信息技术，创设一种生态环境，让人们在其中通过观察、模仿、互动、参与等方式进行学习。[②]

[①] Schunk D H, Ertmer P A. Self-regulation and academic learning: self-efficacy enhancing interventions [C]//Boekaerts M, Pintrich P R, Zeidner M. (Eds.) Handbook of Self-Regulation. San Diego, CA: Academic Press, 2000: 631-649.

[②] 顾小清. 社会性学习及其研究趋势综述——兼论Laffey团队的社会性学习研究项目[J]. 开放教育研究, 2010, 16(2): 33.

社会性学习的基本特征主要有交往性、文化性、依存性和联通性：①交往性（互动性）是社会性学习的一个重要特征。有研究认为，人际互动会唤醒学习者记忆中的某些东西或情绪，从而给人留下深刻印象。[①][②] ②文化性。学习需要个体在社会的支持下与客体进行互动，在学习的过程中激活或者把相关的文化情境纳入学习中，从而建构关于客体的意义，并形成社会化自我。[③] ③依存性。个人与他人、个人与社会的这种依存关系是相互的，个体在依存他人和社会时，也在为他人提供各种支持和影响。[④] 同样，学习的依存性也是积极的，是促使学习发生的动力。④联通性。随着互联网技术的快速发展，人与人之间呈现出极强的"联通性"。群体之间的联通，促进了个体与个体、社会间的有效交互，从而实现了知识的传递和创造。联通性改变的不仅是学习方式，还包括个体的思维和认知方式。

二、社会性学习的理论基础

社会性学习可以追溯到班杜拉提出的社会学习理论，但也和社会建构主义学习理论、情境认知与学习理论、联通主义学习理论、活动理论等许多理论都有关系。这些理论中的大部分在第三章都已经讲过，这里简要回顾几个比较重要的理论。

（一）社会学习理论

班杜拉提出的社会学习理论认为，人类的大多数行为可以通过观察而习得，他把这种学习方式称为观察学习。观察学习分为注意过程、保持过程、复制过程（动作再现）、动机过程四个阶段，通过这四个阶段，个体就可以从榜样身上学到知识。比如在小组学习中，个体通过仔细观察、模仿组员的操作就能学会实验操作。班杜拉强调，在社会学习过程中，行为、个体（主要侧重认知等个人因素）和环境三者在相互影响的过程中发挥作用，人就是在这三者的相互作用中逐渐发展起来的。

---

① （美）托尼·宾汉姆，玛西娅·康纳.新社会化学习：通过社交媒体促进组织转型［M］.陈晶，吴晓蕊，张愉 译.北京：电子工业出版社，2016：35—40.
② 吴刚，黄健.社会性学习理论渊源及发展的研究综述［J］.远程教育杂志，2018，36（5）：69—80.
③ 高文.学习创新与课程教学改革［M］.广州：广东教育出版社，2007：46.
④ 叶澜.中国教师新百科（中学教育卷）［Z］.北京：中国大百科全书出版社，2002：160.

（二）社会建构主义理论

社会建构主义理论认为，学习既是一种意义建构过程，也是一种社会建构过程。学习是个体通过与社会之间的互动、中介、转化以建构和发展知识的过程，即学习是知识的社会协商，在协商过程中，学习者之间共享对象、事件和观念的意义。因此，我们在设计学习环境时要注重通过"增强社会性"来促进知识建构。[①]比如，鼓励学习者之间交流、分享和协作。

（三）情境认知与学习理论

在第三章，我们已经讲述过情境认知与学习理论。简而言之，该理论认为知识是情境性的，不能脱离情境来谈知识。学习更多的是发生在社会环境中的一种活动，其本质就是个体参与社会实践，与他人、环境等相互作用的过程，是形成参与实践活动的能力、提高社会文化水平的过程。在情境认知与学习理论中有两个重要的概念："合法的边缘性参与"和"实践共同体"。教育领域一般采用"学习共同体"（learning communities）的概念，它是指学习者基于共同的学习主题，通过合法参与来促进知识的社会协商，在这一过程中所建构的具备一定文化特点的动态场域。学习共同体关注知识的社会文化来源，强调群体交往对学习的影响，这样就弥补了其他学习组织无法实现知识的社会性建构的缺陷。[②]因此，它在教育领域比较受重视，也得到了广泛的应用。

（四）联通主义学习理论

第三章中也讲过联通主义学习理论，它的核心观点是：知识路径比知识内容更重要，学习知识的目的就是将知识节点和信息来源进行联结，形成知识路径，最终形成知识网络。基于联通主义学习理论，学习不再是一个人的活动，我们不仅要重视个人的学习，更要重视集体的学习，要努力构建社会认知网络。在学习过程中，要特别注重分享、转发、评论、引用、汇聚、生成等活动。

三、社会性学习的主要类型

社会性学习主要有合作学习、协作学习、群体学习、信息技术支持下的协作学习等类型。

---

① 郑太年. 论学习的社会性［J］. 全球教育展望，2003，32（8）：35—39.
② 赵健. 学习共同体的建构［M］. 上海：上海教育出版社，2008：23.

（一）合作学习与协作学习

所谓合作学习（cooperative learning），通常指的是将学习者分成小组，以小组为单位接受学习任务，小组成员一起分工合作，共同完成任务的学习方式。

合作学习的形式通常可以分为同伴合作学习（比如同桌一起学习）、小组合作学习和班级合作学习（比如全班一起表演一个节目）等形式，不过其中最为大家熟知和常用的就是小组合作学习。然而，如果只是将人员简单地分成小组开始学习，并不意味着一定能发生合作学习。真正的合作学习必须具备五个特征：积极的相互依赖、面对面的相互促进、个人责任、社交技能和小组加工（也称为小组自评）。[1][2]

合作学习的方法通常有五种。①学生小组成绩分工法（STAD）。首先将学生分成4人学习小组，并要求成员在成绩水平、性别等方面具有异质性。然后由教师上课，并逐步开展小组学习，个人测验，记录学生相较于之前成绩的提升分数（提高分计分制），最后将小组成员的提高分相加作为小组分数，并给予优秀小组奖励。②小组—游戏—竞赛法（TGT）。该方法与前述的STAD方法类似，只不过将每周一次的测验替换成了竞赛（游戏）。在竞赛中，小组成员可以与其他小组的学习者竞赛，从而为本组赢得分数。③拼图法（Jigsaw，也称切块拼接法）。首先把学生分为6人小组，学习已经被分割成片段的学习材料。每个小组中学习同一部分材料的同学组成"专家组"，一起讨论、学习、掌握该部分内容。然后学生返回各自的小组（也称为"学习组"），最后轮流将自己所负责部分的内容教给其他组员。④共学模式（LT）。首先把学生分成4～5人的异质小组，要求他们共同学习指定的学习任务，并共同完成一份作业，然后按小组成绩对他们进行表扬和奖励。⑤小组调查法（GI）。该方法把学生分成2～6人的小组，学生们在小组中会围绕某一个课题，运用合作探究、小组讨论、合作设计等方法展开学习活动，完成小组报告，并在全班展览或汇报本组的发现。[3]

教师要想有效开展合作学习，就要做到这样几点。①明确学习目标，并且让学生认可这一目标。②适当选择学习内容，要选择一些有挑战、有价值、开放性的问题。③控制小组差异，要尽量做到组内异质、组间同质。④积极给予学习支

---

[1] 王坦. 合作学习述评［J］. 山东教育科研, 1997, (2): 33—36.
[2] 王鉴. 合作学习的形式、实质与问题反思——关于合作学习的课堂志研究［J］. 课程·教材·教法, 2004, (8): 30—36.
[3] 王坦. 合作学习述评［J］. 山东教育科研, 1997, (2): 33—36.

持，确保合作学习顺利进行。⑤平衡竞争与合作，尽量实现组内合作与组间竞争性合作。⑥总结学习成果，并引导学生进行反思和总结。

近年来，协作学习（collaborative learning）用得越来越广泛，它也是一种通过小组或团队的形式组织学生进行学习的策略。与合作学习相比，协作学习更加强调小组成员之间的协作和交流，强调深度合作，强调在协商和交互的基础上共同完成学习任务。不过，在本书中，我们不去区分合作学习和协作学习。

（二）群体学习

群体学习（group learning）是指"群体集体水平的知识和技能通过群体成员的共同经历而产生的相对持久性的变化"[①]，例如在企业内部、在线论坛、在线课程中发生的学习。随着终身学习理念的贯彻与发展，群体学习将在个体的学习生活中，尤其是脱离学校教育后的非正式学习过程中发挥重要作用。

群体学习的基本特征有三个。①共享，指的是新知识、新行为在群体中产生、扩散的过程。②存储，指的是为了促进新知识的保持，群体需要对新知识进行储存。③重用，这是群体学习的第三个重要特点，它是对知识的访问、检查和运用。[②]

需要说明的是，群体学习实际上是合作学习（协作学习）的一种特殊形式。要想促进群体学习，可以采取如下策略：①搭建线上线下社群平台，促进个体之间的交流合作和知识共享；②在社群中加入不同角色的群体以提高群体动力，例如在教师社群中加入教学设计者和教育专家；③为社群提供优质的研讨资源；④在企业等组织中，组织经验交流活动并收集员工工作总结或反思，来实现知识共享和传承。

（三）技术支持下的合作学习与群体学习

合作学习和群体学习其实不一定需要信息技术，但是以多媒体网络技术为主的信息技术确实可以更好地支持合作和协作学习的开展。它可以让分布在世界各地的学习者一起交流、互动和合作，这样就大大突破了传统合作学习和群体学习人数规模的限制，比如成千上万的人可以同时学习一个MOOC课程。这一部分内容将会在第七章详细讲解。

[①] Ellis A, Hollenbeck J R, Ilgen D R, et al. Team learning: collectively connecting the dots [J]. Journal of applied psychology, 2003, 88(5): 821.

[②] Wilson J M, Goodman P S, Cronin M A. Group learning [J]. Academy of management review, 2007, 32(4): 1041−1059.

四、社会性学习的未来发展趋势

微信等社交软件的应用,让我们的社会交往的广度和深度都大大增加。在信息化、全球化这样的大背景下,社会性学习显然会越来越重要。就社会性学习的未来发展而言:首先,新技术支持的协作学习模式研究将会越来越受重视,比如利用游戏化学习环境或者虚拟现实学习环境来开展协作学习;其次,文化因素对社会性学习的影响未来也会成为关注点之一;最后,针对老年人以及残障人士等特殊群体的社会性学习需求也将得到重视。

第四节 探究学习

探究学习是人类认识世界的基本方式,近年来随着跨学科教学理念的发展和信息技术的广泛应用,探究学习的内涵和外延也呈现出新的变化。本节将介绍探究学习的含义和特征、理论基础及其在实践中的应用。

一、探究学习的含义和特征

（一）探究学习的含义

探究学习（inquiry learning）也称为基于探究的学习(inquiry-based learning),其理念来自"科学探究"（scientific inquiry）,这是指科学家研究自然世界并根据研究所获事实证据做出解释的各种方式。在"探究学习"中,探究是指学生建构知识、理解科学思想、领悟科学家如何研究自然世界的各种活动,包括进行观察,提出问题,检查书籍和其他信息来源以了解已知的情况,制订调查计划,根据实验证据回顾已知的知识,使用工具收集、分析和解释数据,提出回答、解释和预测,并交流结果。[1]

最初,探究学习主要是针对科学教育提出来的。[2][3]但到了今天,探究学习已不再局限于科学教育,也被运用到了人文社科领域的多个学科中。因此本书综合各位学者的观点,给探究学习做了如下定义:

---

[1] National Research Council. National science education standards [M]. Washington, DC: National Academy Press, 1996: 23.
[2] 钟启泉.现代教学论发展[M].教育科学出版社,1988: 363.
[3] 徐学福.探究学习的内涵辨析[J].教育科学,2002, 18(3): 33—36.

> **关键概念 —— 探究学习**
>
> 探究学习是指学生在教师指导下,为获得科学素养或其他方面素养,以类似科学探究的方式所开展的学习。

(二)探究学习的基本特征

在探究学习中,学生遵循与科学探究相似的方法和实践来建构知识,在此过程中,学生体验到了与科学家相同的活动和思维过程。[①]一般来说,探究学习具有如下特征。①自主性,学习者必须通过主动参与知识产生过程,来理解科学知识和科学概念,掌握研究方法和探究技能,形成探究未知世界的积极态度。[②]②问题性,一方面强调通过问题来进行学习,问题是学习的动力、起点和贯穿学习过程的主线;另一方面强调通过学习来生成问题,把学习看成是发现、提出、分析和解决问题的全过程。③过程性,相对于结论而言,探究学习更注重学习过程中的不同思维和认知方式。④开放性,探究学习强调给学生一种心理安全感,让他们大胆地探究。[③]

二、探究学习的理论基础

探究学习的发展贯穿了整个20世纪,最终形成了系统的教学模式和评价规则,成为科学教育领域最重要的学习理论之一。

(一)杜威:五步问题教学法和探究法

杜威在其著作中提出了本书第四章中讲到的问题解决五阶段理论,也即五步问题教学法,包括:①学习者要有一种"经验的真实情境",即学习者有兴趣的一些活动;②在这种"情境"里面,要有促使学习者去思考的"真实的问题";③学习者须具备相当多的知识,从事必要的观察,用来对付这种问题;④学习者须具有解决这种问题的种种设想,并整理排列这些设想,使其秩序井然,有条不紊;⑤学习者把设想的办法付诸实施,检验其可靠性。[④]杜威要求学习者通过问题解决来"做"科学,而非被动地读科学,这也就是后来影响非常广泛的"做中

[①] Keselman A. Supporting inquiry learning by promoting normative understanding of multivariable causality [J]. Journal of research in science teaching, 2003, 40(9): 898−921.
[②] 靳玉乐. 探究学习 [M]. 成都:四川教育出版社, 2005.
[③] 余文森. 论自主、合作、探究学习 [J]. 教育研究, 2004, (11): 27—30+62.
[④] (美)约翰·杜威. 我们怎样思维·经验与教育 [M]. 姜文闵 译. 北京:人民教育出版社, 2005:序言10—11.

学"（learning by doing）。①② 之后，杜威又进一步提出了探究法，将探究学习从观念层面向实践层面推进。

（二）布鲁纳：发现学习

布鲁纳提出的认知-发现学习理论倡导，让个体自己去积极主动地获得知识、掌握原理原则。③ 发现学习与探究学习息息相关。首先，探究学习强调自主性，如果缺乏内在动机，显然不可持续。发现学习也特别强调学习的主动性，布鲁纳建议增加教科书的趣味性，引导学生对学科本身产生兴趣。其次，探究学习要求学习者运用基础知识与核心概念合作探究，这就需要掌握知识结构，这与发现学习也是一致的。最后，探究学习在解决问题的过程中也需要综合应用分析思维和直觉思维，这也是发现学习所强调的。

（三）施瓦布：作为探究的科学教学和学习

施瓦布最先提出了"探究学习"概念。他提出，教师应像探究一样教科学，让学生在实验室中体验，使其在接触正式科学概念和原则之前积累经验，并利用这种经验引领科学课堂教学。因此，他为科学教师提供了三种可能的探究形式：①使用实验室手册或教科书提出问题并描述调查问题的方法；②使用教学材料提出问题，但方法和答案由学生自己探索；③学生在没有教学材料和问题的情况下直接面对现象，根据自己的调查提出问题、收集证据并提出科学解释。

此外，施瓦布还提出了"对探究的探究"，是指教师为学生提供关于科学研究的报告和阅读材料，学生通过阅读研究的详细材料来了解什么是科学知识以及科学知识是如何产生的。④

三、探究学习的教学模式与实践案例

（一）探究学习的教学模式

虽然探究学习强调学生的主体地位，但是教师的组织和指导必不可少。教师只有掌握探究教学模式，才能在课堂中有效引导学生开展探究学习。探究学习的

---

① 韦钰. "做中学"科学教育改革实验的起步［J］. 基础教育课程，2019,（19）：7—13.
② 张建伟, 孙燕青. 从"做中学"到建构主义——探究学习的理论轨迹［J］. 教育理论与实践, 2006,（7）：35—39.
③ （美）布鲁纳. 教育过程［M］. 邵瑞珍 译. 北京：文化教育出版社，1982.
④ National Research Council. Inquiry and the national science education standards: a guide for teaching and learning［M］. Washington, DC: The National Academies Press, 2000: 15-16.

一般教学模式包括五个步骤：①学习者围绕科学性问题展开探究活动；②学习者获取可以帮助他们解释和评价问题的证据；③学习者根据事实证据形成解释，对科学性问题做出回答；④学习者通过比较其他可能的解释，特别是那些体现出科学性理解的解释，来评价他们自己的解释；⑤学习者交流并论证他们所提出的解释。① 也可以简单地说，探究学习一般包括发现问题、分析问题、提出假设、验证假设、分享交流五个步骤。

20世纪60年代，学习环教学模式被正式提出。②③ 20世纪80年代，美国生物学课程研究会（BSCS）对学习环教学模式进行了修订，提出了基于建构主义学习理论和概念转变理论的5E教学模式，该教学模式由5个教学环节组成（表5-2），分别是吸引、探究、解释、迁移和评价。④

表5-2 5E教学模式的教学环节⑤

阶段	概述
吸引（engagement）	教师或课程任务联系学生的先验知识，并使用小活动来激发学生的好奇心，引出先验知识，帮助学生理解新概念。活动应将过去和现在的学习经验联系起来，展示前概念，组织学生对当前活动的学习成果进行思考。
探究（exploration）	探索经验为学生提供了开展活动的共同基础，在这些活动中，学生将前概念（即迷思概念）、过程和技能识别出来，并促进概念的转变。学生在完成实验室活动的过程中，利用先验知识产生新想法、探索问题和可能性，并设计和进行初步调查。
解释（explanation）	解释阶段将学生的注意力集中在他们参与和探索体验的特定方面，并提供机会展示他们的概念理解、过程技能和行为。在这一阶段，教师还需要向学生提供直接介绍概念、过程或技能的机会。学生解释自己对概念的理解，同时老师或课程的解释可以引导他们进行更深入的理解，这是这个阶段的关键部分。

---

① （美）美国国家研究理事会.科学探究与国家科学教育标准——教与学的指南[M].罗星凯，等译.北京：科学普及出版社，2010：23—24.

② 谭帮换，胡绪.试论探究教学的"学习环"模式[J].教育与教学研究，2011，25(7)：38—40.

③ National Research Council. Inquiry and the national science education standards: a guide for teaching and learning [M]. Washington, DC: The National Academies Press, 2000: 34—35.

④ 王健，李秀菊.5E教学模式的内涵及其对我国理科教育的启示[J].生物学通报，2012，47(3)：39—42.

⑤ Bybee R W, Taylor J A, et al. The BSCS 5E instructional model: origins, effectiveness, and applications [EB/OL].[2021-07-20]. http://www.bscs.org.

续表

阶段	概述
迁移（elaboration）	教师挑战和扩展学生的概念理解和技能。通过新的体验，学生会获得更深更广的理解、更多的信息和足够的技能。学生通过额外的活动来展示他们对概念的理解。
评价（evaluation）	评价阶段鼓励学生评估他们的理解和能力，并且教师向学生提供机会展示学生在实现教育目标方面的进展。

5E 教学模式以学习活动为中心，突出学习者的主体地位，强调学生对于概念的自主建构。新旧概念之间的情境冲突为学生主动建构提供了动力，通过建构并应用概念，学生实现了从前概念到科学概念的转变，从而对学习内容形成了更深层次的理解。[①]5E 教学模式整合了研究者们对探究学习过程的思考，并为教育实践者提供了清晰的指导框架，从而深刻影响了探究学习的发展。

（二）探究学习实践案例

探究学习目前已经被广泛应用在了各个学科中。比如在化学课堂中，教师首先提出问题："为什么试管中的酚酞最终变为无色？"之后引导学生提出假设，然后开展实验探究来验证假设，最后学生在讨论、交流的基础上获得共识。[②]再如有小学数学教师让学生用探究学习的方式去理解分数的意义，也有历史教师让学生用探究学习的方式去理解历史事件背后的意义。

20 世纪 90 年代以来，信息技术的快速发展提供了新的技术工具和学习环境，出现了基于网络的探究学习。比如基于建构主义学习理论的 WebQuest（网络探究）教学模式，该模式是一种学生在教师的引导下，利用网络环境和工具，对某个问题或某类课题自主进行建构、探索和研究的探究学习模式。[③]再如"基于网络的科学探究环境"（web-based inquiry science environment，WISE[④]），这是当前比较优秀的科学探究教学平台之一。在我国，教育技术学科前辈李克东教授等人曾进行基于网络的专题研究性学习研究和实践，这也属于探究学习的范畴。[⑤]

---

① 吴成军，张敏. 美国生物学"5E"教学模式的内涵、实例及其本质特征［J］. 课程·教材·教法，2010，30（6）：108—112.
② 孙夕礼. 论高中化学探究学习的课堂案例设计［J］. 化学教学，2003，（3）：19—21.
③ 李祥兆. WebQuest：一种新型的网络探究学习模式［J］. 现代远距离教育，2005，(6)：21—23.
④ https://wise.scnu.edu.cn/legacy
⑤ 黄娟，李克东. 开发专题学习网站及进行相关研究性学习的思路及方法［J］. 中国电化教育，2003，24（5）：25—28.

四、探究学习的未来发展趋势

探究学习未来可能会呈现出如下发展趋势。首先，注重跨学科探究学习。这需要教师和学生不仅考虑解决方案在科学、技术、工程上的可行性，同时还要考虑在社会、文化方面的适切性，产生多种问题解决方案，这对学习的思维能力提出了更的要求。其次，注重应用信息技术。信息技术提供了丰富的探究学习资源和工具，可以进一步提高探究学习的效率。因此，基于网络的探究学习、计算机支持的协作学习（CSCL）、游戏化探究学习[①]、移动技术支持的探究学习也逐渐成为研究热点。

第五节 项目式学习

项目式学习（project-based learning，简称 PBL，也称基于项目的学习或项目化学习）最早可以追溯到 19 世纪末杜威的"做中学"和"三中心论"（儿童中心、活动中心、经验中心）等教育哲学思想。20 世纪 60 年代，项目式学习被加拿大麦克马斯特大学的教师们应用在了医学教育中。21 世纪以来，随着人们对"能力素养"的重视，随着创客、STEM 教育、编程等课程的推广，项目式学习开始受到学校教师、教育研究者的广泛关注。

一、项目式学习的含义、特征和类型

（一）项目式学习的含义

所谓项目式学习，就是学生在教师的指导下通过做项目的方式进行学习的活动。不过，由于项目式学习的应用学科、应用学段等不尽相同，国内外学者对于项目式学习的定义也略有不同。[②③④⑤] 在综合多方观点的基础上，本书给项目式学

---

① 蒋宇，尚俊杰，庄绍勇.游戏化探究学习模式的设计与应用研究［J］.中国电化教育，2011，32（5）：84—91.

② （美）巴克教育研究所.项目学习教师指南——21 世纪的中学教学法［M］.任伟 译.北京：教育科学出版社，2008：4.

③ Markham T. Project based learning: a bridge just far enough［J］. Teacher librarian, 2011, 39(2): 38—42.

④ 刘景福，钟志贤.基于项目的学习（PBL）模式研究［J］.外国教育研究，2002，（11）：18—22.

⑤ 张文兰，张思琦，林君芬，等.网络环境下基于课程重构理念的项目式学习设计与实践研究［J］.电化教育研究，2016，37（2）：38—45+53.

习作出如下定义：

> **关键概念 —— 项目式学习**
> 项目式学习是一种以源自现实生活的驱动性问题或任务为引领，学生运用基础知识与核心概念在一定时期内持续地进行合作式探究，完成任务或设计出产品（作品），然后进行展示、交流、总结、反思的学习模式。

（二）项目式学习的特征

《剑桥学习科学手册》中指出，项目式学习应具有驱动问题（同驱动性问题）、聚焦目标、参与实践、投身协作、技术支架、创造产品六大特征。[1]我国学者夏雪梅提出，项目式学习强调学生对核心知识的再建构能力，强调真实问题和成果，强调高阶思维带动低阶思维，强调将追求的学习素养转化成持续的实践。[2]约翰·托马斯（John Thomas）提出了项目式学习必须达到中心性、驱动性问题、建构性调查、自主性和现实性这五条标准。[3]①中心性，强调项目式学习在课程中的中心地位，它不仅仅是课程中的一种补充或辅助方式。②驱动性问题，这是促使学生开展项目式学习的第一步，要能够引导学生通过项目来学习课程知识而非课程以外的知识。③建构性调查，强调的是学生要能够在项目式学习过程中建构出新的知识。④自主性，强调学生能够在项目中自主探究，遇到问题要靠自己想办法解决。⑤现实性，强调所驱动的问题是现实生活中的真实问题，而不是虚构或不切实际的问题。

（三）项目式学习的类型

根据项目式学习过程中学科整合的程度，项目可分为单学科项目、多学科项目和跨学科项目。[4]单学科项目指一个项目只涉及单个学科问题；多学科项目指一个项目会涉及多个学科问题，学科知识之间独立且并列，学科界限分明；跨学科项目指一个项目中融合了多个学科知识，学科之间没有界限，完全融合。

类似地，项目式学习根据所覆盖知识范围的大小，可分为微项目式学习、学

---

[1]（美）R. 基思·索耶. 剑桥学习科学手册［M］. 徐晓东，等 译. 北京：教育科学出版社，2010：4.

[2] 夏雪梅. 项目化学习设计：学习素养视角下的国际与本土实践［M］. 北京：教育科学出版社，2020：64.

[3] Thomas J W. A review of research on project-based learning［R］. San Rafael, CA: Autodesk, 2000.

[4] 张丰，等. 重新定义学习：项目化学习15例［M］. 北京：教育科学出版社，2020：3—4.

科项目式学习、跨学科项目式学习和超学科项目式学习。①

二、项目式学习的理论基础

项目式学习通常包含了自主、合作、探究学习方式，所以项目式学习和前面提到的社会学习理论、建构主义学习理论、认知-发现学习理论、情境认知与学习理论等也都有关系，这里简单回顾几个相对比较重要的理论。

（一）杜威：实用主义教育理论

杜威在《民主主义与教育》一书中提出了教育即生活、生长和经验改造的主张。他指责了当时学校忽视学生的需要和兴趣、拘泥于书本的灌输式教学方式，强调兴趣在教育中的能动地位和"在经验中学习"的重要性，鼓励学生尝试并承受结果，发现事物之间的联系。同时，杜威认为，学生在活动中的态度处于活动的中心地位，学生需要具备的态度包括直接性、虚心、专心和责任心。②直接性是指学生将重心放在解决问题上；虚心是说学生要养成接纳各方面知识的积极态度；专心是说要全神贯注地学习教材；责任心是指事先考虑到可能的后果，并在行动中承担这个后果，而不仅仅是在口头上同意。

总体来说，杜威强调：学生要通过活动的方式在经验中学习，活动要能激发学生的兴趣，学生应具备几种学习态度。这体现了以活动为中心、以经验为中心和以儿童为中心的教育思想，这些思想对于开展项目式学习都有重要的参考价值和指导意义。

（二）建构主义学习理论

建构主义学习理论指导下的教学模式可以概括为："以学生为中心，在整个教学过程中由教师同时起着组织者、指导者、帮助者和促进者的作用，利用情境、协作、会话等学习环境要素充分发挥学生的主动性、积极性和创造性，最终达到使学生有效地实现对当前所学知识的意义建构的目的。"③

在项目式学习的实施过程中，学习者是主体，教师是主导。教师将课程知识项目化，结合现实生活中的热点问题来组织学习活动：在启动阶段，创造情境，

---

① 夏雪梅.项目化学习设计：学习素养视角下的国际与本土实践［M］.北京：教育科学出版社，2020：18.
② （美）约翰·杜威.民主主义与教育［M］.王承绪 译.北京：人民教育出版社，2020：189.
③ 何克抗.建构主义的教学模式、教学方法与教学设计［J］.北京师范大学学报（社会科学版），1997,（5）：74—81.

向学习者抛出驱动问题或任务，协助学习者梳理项目任务框架和流程；在探究阶段，作为知识建构的帮助者，教师引导学习者运用核心知识与概念解决驱动性任务或问题，组织学习者交流协作并及时提供学习支架与反馈；在展示阶段，教师组织学习者将项目式学习成果进行展示汇报、交流分享。在整个过程中，信息技术与多媒体技术不仅要充当展示工具的角色，而且还要促进师生之间、生生之间更有效的沟通与协作。

三、项目式学习的设计与实施框架

（一）项目式学习的设计步骤与要素

巴克教育研究所曾经提出了设计项目式学习的五大步骤。[①]

1. 以终为始——启动阶段：教师需要思考并规划出有吸引力的项目主题、与项目相对应的课程标准，以及项目的最终成果。它包括六个步骤：寻找项目选题，确定项目范围，选择课程标准，统合项目式学习的目标，确立项目的设计标准，以及创设理想的学习氛围。

2. 设计驱动性问题：教师需要思考如何将课程标准与项目主题融合，从而提炼出一个重要且有意义的驱动性问题。在设计驱动性问题时，可以考虑该问题能否激起学生的兴趣，是否具有开放性和挑战性，以及目标是否指向课程的核心内容。

3. 规划项目评价：教师在对学生的表现做出评价时，既要评价学生最终的成果，也要评价学生在活动过程中建构出的新知识和问题解决方法，即要对学生做出总结性评价和过程性评价。

4. 规划项目过程：规划整个项目的过程有三个关键点需要思考。第一，教师要把整个项目分解成一系列的任务。第二，在启动项目时要设计一些有趣的活动来吸引学生的参与与思考。第三，教师要提前计划好为学生准备的资源，包括图书、互联网、工具等。

5. 管理项目过程：为了顺利开展项目式学习，教师需要留意四个关键步骤。第一是要将项目目标分享给学生，让他们理解参与项目的意义。第二是让学生使用一些工具以便能顺利完成项目，如用日志来记录活动进展。第三是教师要设计检查点来关注学生的活动进展。第四是在项目结束时，教师要预留足够多的时间

[①]（美）巴克教育研究所. 项目学习教师指南——21世纪的中学教学法 [M]. 任伟 译. 北京：教育科学出版社，2007：14.

对项目进行总结，并让学生们讨论、反思和评估自己的项目。

（二）网络环境下的项目式学习实施框架

信息技术的发展为项目式学习提供了新的手段、途径和方式。陕西师范大学张文兰教授提出，网络环境下的项目式学习实施框架主要包括三阶段六步骤。其中，三阶段指的是项目引入阶段、项目活动探究阶段、项目成果展示阶段；三阶段所对应的六个步骤依次为"确定项目""制订计划""活动探究""作品制作""成果交流""总结评价"。每个阶段和步骤中教师和学生具体要从事的活动以及需要的技术支持如图5-3所示。①

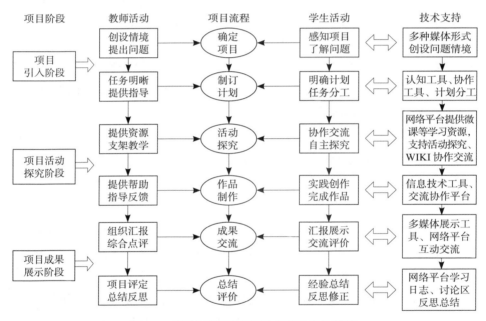

图5-3 网络环境下的项目式学习实施框架

四、项目式学习的未来发展趋势

当前，世界各国各地区都对培养学习者的问题解决能力、协作能力、创新能力等高阶能力备加重视。在这样的背景下，项目式学习被认为是当前时代发展最

---

① 张文兰，张思琦，林君芬，等. 网络环境下基于课程重构理念的项目式学习设计与实践研究[J]. 电化教育研究，2016，37（2）：38—45+53.

为需要的 21 世纪技能。[1][2] 项目式学习未来的发展有如下趋势。首先，基于项目式学习的研究和实践将会越来越广泛。其次，项目式学习会被广泛应用在教师培训、成人培训等教学中。借助人工智能、移动技术、VR/AR、教育游戏等技术，未来可以创造更有效的项目式学习环境。最后，在项目式学习中，评价是重要的因素。量化与质性相结合的评价方式将会成为未来发展趋势。[3]

第六节　其他学习方式

一、体验学习

所谓体验学习（experiential learning，也称体验式学习），是指一种以学习者为中心、通过实践与反思相结合来获得知识、技能和态度的学习方式。一般来说，体验学习遵循了库珀提出的四阶段循环模型（图 5-4）：首先是从具体体验开始，然后是观察和反思，进而形成抽象的概念和普遍的原理，最后将形成的理论应用到新情境的实践当中。[4]

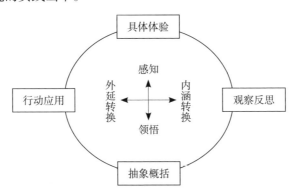

图 5-4　库珀提出的体验学习四阶段循环模型

---

[1] 贺巍，盛群力. 迈向新平衡学习——美国 21 世纪学习框架解析［J］. 远程教育杂志，2011，29（6）：79—87.

[2] 教育部. 义务教育课程方案（2022 年版）［M］. 北京：北京师范大学出版社，2022：14.

[3] 张文兰，苏瑞. 境外项目式学习研究领域的热点、趋势与启示——基于 CiteSpace 的数据可视化分析［J］. 远程教育杂志，2018，36（5）：91—102.

[4] Kolb D A. Experiential learning: Experience as the source of learning and development (Second edition)［M］. New Jersey: Pearson Education, 2015: 31-33.

体验学习是非常重要的学习方式，尤其对于医学、法律、商业等注重实践的学科更加有用。随着信息技术的发展，现在利用 VR、游戏等技术可以创设近似真实的学习环境，可以任意添加和删除影响因素，还可以替代危险场景，所以体验学习的未来应用应该会越来越广。

二、设计学习

所谓设计学习（design-based learning），是指让学生通过设计作品或实物来回顾原有知识、学习新知识的学习方式。学生在设计学习中，根据任务需要设计问题解决的方案，并对设计方案进行实施，在实施的过程中不断吸收新的知识，对方案加以修改和改进。

设计学习符合西蒙·佩珀特所提倡的"建造主义"（constructionism）的基本原理，强调学习者通过设计外在的、可分享的作品来建构知识。[①] 目前，设计学习多被应用于中小学的 STEM 教育、创客教育、人工智能教育领域，学生在具体的问题情境中，不仅可以学习跨学科的理论知识，更能通过实践活动培养动手能力和合作学习能力。设计学习在高等教育领域也得到了比较广泛的应用，学生可以设计成熟的产品、方案，或者参与到课程建设中。

三、深度学习

教育领域中的深度学习（deep learning）是指一种主动的、探究式的、理解性的学习方式，这种学习方式能够帮助学习者从多个角度批判性地理解新知识、建立新旧知识之间的联系并将知识的应用迁移到真实情境中以解决复杂问题，在这个过程中培养学习者的问题解决能力、批判性思维等高阶思维能力。

深度学习有几个重要的特征。①强调批判性理解。深度学习是在理解基础上的批判性学习，要求学习者对任何事都保持一种批判或怀疑的态度，批判性地看待新知识并深入思考，从而加深对深层知识和复杂概念的理解。[②] ②强调知识建构。深度学习要求学习者将新知识和原有知识联系起来，从而调整原有的认知结构，达到建构新知识的目的。③强调知识迁移。深度学习特别希望培养学习者在真实情境中解决问题的能力，所以它特别强调知识迁移。

---

① 王旭卿. 佩珀特建造主义探究——通过建造理解一切［J］. 现代教育技术，2019，29（1）：26—31.
② 张浩，吴秀娟. 深度学习的内涵及认知理论基础探析［J］. 中国电化教育，2012，33（10）：7—11+21.

在教学实践中到底怎样促进深度学习呢？新媒体联盟在2017年发布的《地平线报告》中建议：可以采用基于问题的学习、项目式学习、基于挑战的学习和探究学习等方法，鼓励学生创造性地解决问题并积极实施解决方案。当然，在技术高速发展的今天，在促进深度学习时也要注重信息技术的使用。[1][2]

本章结语

随着教育理念的变革、媒体技术的发展和教育组织的变迁，人类的学习方式也在不断地变化。自主、合作和探究学习是最近几十年来比较受推崇的学习方式。其中，自主学习最为重要。因为在终身学习时代，人必须具备自主学习的能力，这也是使用其他学习方式的基础。合作和协作学习则重在培养学生的交流和合作能力。探究学习则重在培养学生的科学探究精神和能力。项目式学习是近年来世界各地都很重视的学习方式，它融合了自主、合作、探究等多种学习方式，被认为是促进深度学习、培养核心素养的有效方式。

另外，要特别注意的是，信息技术的发展也在促使学习方式不断发生变化。虚拟学习社区中的群体学习、基于信息技术的探究学习、大规模协作学习等方式的实现，给未来学习方式的变革带来了无限的可能性。

重点回顾

1. 自主学习的基本特征包括：能动性、独立性、有效性和相对性。
2. 齐默尔曼的自主学习循环阶段模型分为预想阶段、行为表现阶段、自我反思阶段。
3. 平特里奇认为自主学习由四个阶段组成：预想、计划和激活；监控；控制；反应和反思。
4. 自我决定理论将外在动机分为四个类型：外部调节、内摄调节、认同调节和整合调节。
5. 社会性学习的基本特征主要有：交往性、文化性、依存性和联通性。
6. 真正的合作学习必须具备五个特征：积极的相互依赖、面对面的相互促进、个人责任、社交技能、小组加工。

---

[1] 吴颖惠，李芒，侯兰. 基于互联网教育环境的深度学习［M］. 北京：人民邮电出版社，2017.
[2] 沈霞娟，张宝辉，冯锐. 混合学习环境下的深度学习活动研究：设计、实施与评价的三重奏［J］. 电化教育研究，2022，43（1）：106—112+121.

7. 群体学习的三个基本特征：共享、存储、重用。
8. 探究学习的基本特征包括：自主性、问题性、过程性和开放性。
9. 探究学习的 5E 教学模式由五个教学环节组成，分别是：吸引、探究、解释、迁移和评价。
10. 托马斯提出了项目式学习必须达到的 5 条标准：中心性、驱动性问题、建构性调查、自主性、现实性。
11. 巴克教育研究所提出了设计项目式学习的五大步骤：以终为始——启动阶段、设计驱动性问题、规划项目评价、规划项目过程、管理项目过程。
12. 库珀提出的体验学习四阶段循环模型包括具体体验、观察反思、抽象概括、行动应用这四个环节。
13. 深度学习强调批判性理解、知识建构、知识迁移。
14. 项目式学习是促进深度学习的重要学习方式。

> 思考题

1. 名词解释：学习方式、自主学习、社会性学习、学习的社会性、合作学习、协作学习、群体学习、探究学习、项目式学习、体验学习、设计学习、深度学习。
2. 请结合本章和其他资料梳理学习方式随着教育理念的变革、媒体技术的发展及教育组织的变迁而变化的历史发展状况。
3. 请结合自主学习的内部条件分析自己的自主学习状况，并探讨应该如何促进自主学习。
4. 请分析元认知在自主学习中的作用。
5. 请论述合作学习的方法，并探讨其在信息技术环境中的应用策略。
6. 教师应该如何有效组织学生开展合作学习？
7. 请结合探究学习的 5E 教学模式分析一个探究学习案例。
8. 请分析项目式学习的设计要素及实施步骤。
9. 请论述项目式学习在促进深度学习中的作用。
10. 试论述自主学习、合作学习、探究学习、项目式学习在新时代课程教学中的价值。
11. 请你结合本书及其他资料预测未来的学习方式。

第六章 技术支持下的认知与学习

> **内容摘要**
>
> 技术发展引领社会生活不断前进,给各行各业带来了无限可能,一些人也因此而感叹"技术将改变一切"。然而当我们将目标聚焦在"教育"这一领域时,会发现技术并没有像人们想象的那样彻底地改变教育——从最早的黑板粉笔到后来的电子白板,从最早的纸质课本到后来的电子课本,从最早的实物模型到后来的AR/VR模型……虽然技术的呈现方式越来越丰富,但从相关实证研究来看,使用先进技术对于学生学业成绩的提高并没有特别显著的影响,这一结果也让教育领域的一些人开始感慨"技术无用"。到底是"技术有用"还是"技术无用"?本章将以这一问题为线索,探索技术对认知与学习的影响,以及如何基于现有的研究更好地设计技术支持下的学习。本章共分为三个小节,内容涉及认知负荷理论、多媒体学习认知理论,以及第二代认知科学兴起之后两种情境认知取向(具身认知和延展认知)对学习本质和技术设计的新认识。

> **学习目标**

1. 了解技术在教育语境下的内涵、技术支持教育的两种形式。
2. 了解认知负荷的测量方法。
3. 了解具身认知和延展认知的基本概念。
4. 理解认知负荷理论、多媒体学习认知理论以及情境认知三种取向的主要观点。
5. 理解不同理论对学习本质认识的差异性;理解不同理论观点之下技术在学习中扮演的角色和作用。
6. 掌握认知负荷的分类以及判别方法。
7. 能够应用斯威勒提出的认知负荷效应和梅耶提出的多媒体学习设计原则来解决教学中的实际问题。

[思维导图]

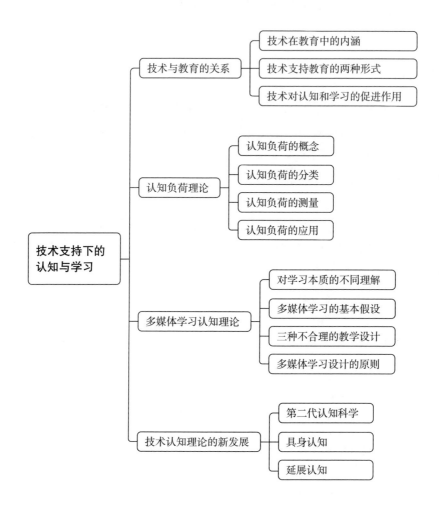

第一节 技术与教育的关系

近年来,人工智能、大数据、虚拟现实、物联网等新技术的快速兴起,让人们对未来的美好生活包括对未来的教育满怀期待。然而,一些研究者发现,这些正在深刻变革社会生活的新技术并没能如人们所期望的那样变革教育。技术真的没有改变教育吗?在回答这一问题之前,我们先了解一下"技术"在教育中的定义是什么,以及"技术"是以何种形式支持教育的。

一、技术在教育中的内涵

"技术"的英文是 technology,学术界对"技术"的解释一般有以下两种。一是泛指根据生产实践经验和自然科学原理而发展出的各种工艺操作方法与技能。二是指为社会生产和人类物质文化生活需要服务的、供人类利用和改造自然的物质手段、智能手段和信息手段的总和。[1]第一种对"技术"的定义更加强调的是实体形态的技术,比如黑板、电视、计算机等,这些也被称为"物质技术";而第二种定义不仅强调实体形态的技术,还强调人们在实践过程中积累的经验和知识,比如一些解决特定问题的策略、方法、技巧等。这类与人类智力相关但没有实体形态的技术通常被称为"智能技术"。

人们对"技术"的认识很容易局限在有形的"物质技术"而忽略了无形的"智能技术"。具体到教育中,"技术"的定位也经历了从"物质技术"向"物质技术"与"智能技术"相结合的发展过程。[2]其中,"物质技术"包括一切在传统和现代教育中使用的工具和设备。比如,随着"视听教育"(或称"电化教育")兴起的幻灯、电影、播音等技术;以及在信息技术的推动下出现的计算机、多媒体、网络通讯等技术。在这一过程中,技术主要以教学媒体的形态出现,它们极大地丰富了教学过程中信息的呈现方式。

受到传播学和系统科学的影响,人们对于教育中"技术"的认识延伸到了"智能技术",其中包含两层变化。[3]首先,受到传播学的影响,人们对于教学的认知发生了从单向传递到双向互动的变化,"技术"不应只被视为一种单向的教

---

[1] 卓发友.正确理解现代教育技术的涵义[J].电化教育研究,2002,23(5):9—11.
[2] 刘美凤.广义教育技术定位的确立[J].中国电化教育,2003,24(6):9—16.
[3] 安涛,李艺.守正与超越:教育技术学的边界与跨界[J].电化教育研究,2021,42(1):29—34+56.

学信息呈现的工具，其作用也应体现在整个教学互动的过程之中。其次，受到系统论的影响，人们对"技术"的认识逐步拓展为"一种根据具体目标来设计、实施和评价整个教与学过程的系统方法，它以人类学习和传播理论为基础，结合应用人力和物力资源，来促进更有效的教学"①，这是之后教学设计理论得以成型的关键。

总的来说，人们对于教育中"技术"的认识经历了"媒体""过程"和"系统"这三个阶段。在"媒体"阶段，教育中的"技术"主要是指"物质技术"。在"过程"和"系统"阶段，教育中的"技术"主要是指"智能技术"，即能够有效达成教学目标的设计、实施和评价的方法。

二、技术支持教育的两种形式

"技术"内涵的丰富性也决定了其在教育领域应用的广泛性。比如，同样使用信息技术的多媒体呈现功能，我们既可以将它用于知识信息呈现，使之更加具象清晰，也可以将它用于创设教学情境，使之激发学习动机，帮助学习者更好地进行知识建构。因此，"技术"在教育中的应用大致可以分为两种类型——从技术中学习和用技术学习。前者体现的是一种客观主义的技术应用观，一般与前面所讲的"物质技术"相对应；后者体现的则是一种建构主义的技术应用观，主要对应于前面所讲的"智能技术"。技术在教育中的这两种应用形式也经历了从前者向后者的转变，这一过程受到了人们对于教育本质认识变化的影响。

"从技术中学习"是最早被人们接受的一种技术支持教育的形式。在这一阶段，人们将教育视为一种以教为中心的单向的知识传递的过程，技术被视为一种教师角色的替代，即替代或部分替代教师完成知识信息的单向传递，让技术能像教师那样去"教学"。②即便到了20世纪后期计算机技术兴起，技术的形式虽然得到了迅猛的发展，但其在教育中作为知识载体的本质并没有改变，技术对教育的变革作用也因此受到各种质疑。③

另一种技术支持教育的形式是"用技术学习"，这一形式的产生离不开人们对教育认识的转变，即从以教为中心变为以学为中心。在这一阶段，技术不再被

---

① 尹俊华. 教育技术学导论［M］. 2版. 北京：高等教育出版社，2002：34.
② 钟志贤. 面向知识时代的教学设计框架［D］. 上海：华东师范大学，2004：123.
③ 杨浩，郑旭东，朱莎. 技术扩散视角下信息技术与学校教育融合的若干思考［J］. 中国电化教育，2015，36(4)：1—6+19.

视为一种教师角色的替代，而是变成了支持学习者学习的工具，即让学习者使用技术来表达他们的学习内容，并以此来支持更高阶思维的学习。在这一背景下，研究者继而提出了技术可以作为学习工具的六个方面，分别是效能工具、信息获取工具、认知工具、情境创设工具、交流工具和评价工具（如图6-1所示）。

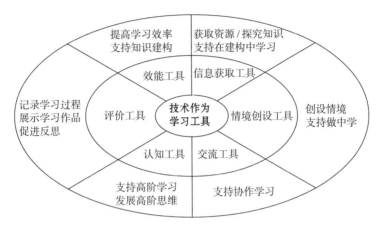

图6-1 技术作为学习工具的角色和功能[①]

总之，随着不同发展阶段人们教育认知的改变，技术与教育的关系也在相应地进行动态调整。同样的技术，评价视角不同或者使用方法不同，最终的结果可能大相径庭。

三、技术对认知与学习的作用

虽然我们很难对技术是否有用做出一个肯定的回答，但具体到不同的发展阶段，技术确实在不同程度上促进了认知与学习的发生。索耶在《剑桥学习科学手册（第2版）》中谈到，皮亚杰最广为人知的发现，就是学习始于较为具体的信息，然后逐步变得抽象。所以，19世纪60年代至70年代，在皮亚杰的影响下，学校开始广泛使用"教具"，比如在数学课中采用彩色木块和木棒。后来，计算机的出现让我们以可视化的形式将更多的抽象概念呈现出来。在此基础上，索耶总结了计算机教育软件的价值：①能将抽象的知识表征为具体的知识；②能让学习者以可视化或者言语化的方式表达自己发展中的知识；③能让学习者通过用户界面处理同时进行知识的表达、反思和学习；④支持可视化和言语化相结合的反思模式；⑤基于互联网的学习者可以分享和整合他们发展中的理解，并且通过协

---

① 钟志贤.面向知识时代的教学设计框架［D］.上海：华东师范大学，2004：124.

助学习获得提升。①

随着人工智能、大数据、VR/AR、移动技术、教育游戏、视频等技术的发展，技术给认知、学习和教育带来了更多的可能性。尽管有学者质疑技术的作用，但是也有许多学者验证了技术对促进认知和学习的作用。以现在比较流行的游戏为例。有研究表明，玩《超级玛丽》可以增加工作记忆能力所对应脑区的大脑灰质。②玩第一人称射击游戏能够改变支持注意力的神经过程。③动作游戏能够促进视觉能力的发展，包括视觉的空间解决、即时处理和敏感性。④《自然》杂志也曾报道过一项利用脑科学研究方法开展的研究，发现一款名为 NeuroRacer 的自适应性三维电子游戏可以促进老年人的认知控制能力的发展，也可以改善注意力保持和工作记忆等认知能力。⑤除了认知能力外，游戏在学科学习方面也有重要的价值。比如脑与数学认知专家斯坦尼斯拉斯·德哈恩（Stanislas Dehaene）教授带领团队设计和开发的一款名为 The Number Race 的数学电子游戏，不仅可以帮助计算障碍儿童，还可以促进早期正常儿童的数学学习。⑥这些研究都说明，游戏确实可以有效地促进认知和学习过程。⑦

当然，以上是以游戏为例，实际上动画、模拟、仿真、VR/AR 等技术在促进认知和学习方面都具有重要的价值。⑧但是，只有科学地设计和选择适合的应用场景，技术才能真正在教育中发挥积极作用。从第二节开始，我们将从技术设计的两个重要理论出发，一起探讨设计有效技术所需要遵循的科学原则。

---

① （美）R. 基思·索耶. 剑桥学习科学手册［M］. 2 版. 徐晓东，杨刚，阮高峰，等 译. 北京：教育科学出版社，2021：11—13.
② Kirsh D, Maglio P. On distinguishing epistemic from pragmatic action［J］. Cognitive science, 1994, 18(4): 513−549.
③ Wu S, Cheng C K, Feng J, et al. Playing a first-person shooter video game induces neuroplastic change［J］. Journal of cognitive neuroscience, 2012, 24(6): 1286−1293.
④ Bavelier D, Green C S, Pouget A, et al. Brain plasticity through the life span: learning to learn and action video games［J］. Annual review of neuroscience, 2012, 35: 391−416.
⑤ Anguera J A, Boccanfuso J, Rintoul J L, et al. Video game training enhances cognitive control in older adults［J］. Nature, 2013, 501(7465): 97−101.
⑥ Wilson A J, Revkin S K, Cohen D, et al. An open trial assessment of "the number race", an adaptive computer game for remediation of dyscalculia［J］. Behavioral and brain functions, 2006, 2(1): 20.
⑦ 尚俊杰，庄绍勇. 游戏的教育应用价值研究［J］. 远程教育杂志，2009，17(1)：63−68.
⑧ （美）Spector J M, Merrill D M, van Merrienboer J, et al. 教育传播与技术研究手册［M］. 任友群，焦建利，刘美凤，等 译. 上海：华东师范大学出版社，2013：213—396.

第二节　认知负荷理论

如前所述，使用技术的目的是促进认知，但是如果使用不当，反而可能会阻碍认知和学习。那么，究竟怎样才能使得技术促进认知而不是阻碍认知呢？这一节，我们就从技术设计的第一个重要理论——认知负荷理论（cognitive load theory，CLT）开始讲起。

一、认知负荷的概念

20世纪80年代末90年代初，澳大利亚心理学家约翰·斯威勒（John Sweller）教授及其研究团队提出了认知负荷理论。该理论旨在从认知资源有限性的角度来解释和检验教育实践中的教学与学习设计，并通过充分优化教学设计中认知资源的合理分配，来实现复杂任务中的有效学习。该理论的提出为研究教学过程中的认知加工过程提供了一个新的理论框架。随后，斯威勒基于该理论进行了大量的教学设计实验研究，从中提炼出了一系列富有成效的教学策略，对真实情境中的教与学产生了积极、深远的影响。

图6-2　约翰·斯威勒

> **关键概念——认知负荷**
>
> 认知负荷（cognitive load）是指人在完成任务的过程中进行信息加工所需的认知资源总量，即工作记忆能够注意和处理的内容总和。[1]

（一）认知负荷理论的认知加工基础

认知负荷理论继承了以往认知心理学的理论模型，即认为人类的认知加工是以感觉记忆、工作记忆[2]和长时记忆为基础的。其中，工作记忆和长时记忆对于人类学习的认知加工最为关键。相比于长时记忆，工作记忆的容量是有限的，大

---

[1] Chandler P, Sweller J. Cognitive load theory and the format of instruction [J]. Cognition & instruction, 1991, 8(4), 293−332.

[2] 这里也可以将其等同于短时记忆。

约为 7 个单位①。他进而将这一容量称为组块，用以度量记忆的容量。经过工作记忆加工后的信息，最终会被人们以图式建构的方式储存在长时记忆中。除了信息提取更加便捷，以图式为基础精心组织过的若干信息还可以一个组块的形式在工作记忆中进行整体加工，这样便在记忆容量有限的前提下，实现了信息加工数量的增加，从而提高了认知加工效率。比如，人们在记手机号码时，如果一个一个数字来记，通常很难一次记全，因为手机号码的长度远大于 7 位，而如果我们将这些数字以每 3~4 位为一个组块来记忆，那么需要整体记忆的组块长度就远小于 7 个了。在图式建立之后，随着在日常生活中的反复提取和使用，人们便会逐渐形成图式自动化的能力，不再需要有意识地从长时记忆中将相关的图式信息提取出来，这样会进一步提高认知加工效率。②比如，人们在最初学习开车的时候需要全神贯注，后来逐渐形成了开车的图式，并在日常中不断地反复提取和使用这一图式，这样就形成了图式自动化，从而可以一边开车一边听音乐甚至和别人聊天了。

综上所述，认知负荷理论主要建立在两个重要的研究结果之上：一是工作记忆的容量有限，二是长时记忆中的图式建构和图式自动化。虽然认知负荷理论的最终目标是在长时记忆中完成知识技能的图式建构和图式自动化，但要实现这一目标，却离不开工作记忆阶段的一系列前期加工。因此，该理论便将重点放在了解决人们有限的工作记忆容量与学习过程中需要加工若干信息之间的矛盾上，也就是要将认知负荷控制在工作记忆所能承受的范围内，这样才能更好地促进认知与学习。

（二）认知负荷理论的适用范围

由于工作记忆的特殊性，并不是所有类型的知识学习都可以应用认知负荷理论来进行有效的教学流程设计，即认知负荷理论只适合应用于教授生物二级知识，而不适合教授那些无须明确学习的生物初级知识。因此，在实际应用认知负荷理论时，只有属于生物二级知识的高级认知和技能才能通过减轻和优化工作记忆中的认知负荷来提升学习的效果。

---

① Miller G A. The magical number seven, plus or minus two: some limits on our capacity for processing information [J]. Psychological review, 1956, 63(2): 81-97.

② Sweller J, Van Merrienboer J J G, Paas F G W C. Cognitive architecture and instructional design [J]. Educational psychology review, 1998, 10(3): 251-296.

> **关键概念——生物初级知识与生物二级知识**[①]
>
> 生物初级知识主要是通过自然选择或性别选择进化来的,这类知识是可以学习但不能教授的,即这类知识不需要外显学习,就可以自己学会,就像天生就会的一样,比如区分人脸和物体、通过动作与外界环境互动等。
>
> 而生物二级知识则不同,这类知识是可以学习的,同时也是可以被教授的,它反映的不是生物为了达到进化目的而实现的某种原始能力,而是在其生存的具体文化环境中逐渐发展起来的。此外,生物二级知识的习得离不开生物初级知识作为基础。

二、认知负荷的分类

关于认知负荷的分类,自该理论被提出以来,就引起过广泛的争论,人们对"认知负荷"这一概念的理解也经历了从最早的"三元论"到后来的"一元论"再到"二元论"的发展。

最初,研究者关注的是如何降低外在认知负荷。[②]但随着研究的深入,研究人员发现,不同的学习材料设计以及不同的学习任务设计,会导致外在认知负荷效应的不同,由此他们猜测这一不同是由学习材料或任务本身引起的,因此就引入了内在认知负荷这一概念。再后来,研究人员在实验中发现,需要再引入一个变量来解释人们在有意识学习过程中对外在认知负荷和内在认知负荷的控制,因此又引入了相关认知负荷。[③]这便形成了最早的认知负荷的"三元论"(图6-3)。

[①] Geary D C. An evolutionarily informed education science [J]. Educational psychologist, 2008, 43(4): 179-195.

[②] Sweller J. Cognitive load during problem solving: effects on learning [J]. Cognitive science, 1988, 12(2): 257-285.

[③] 林琳. 基于认知负荷理论的虚拟仿真培训系统设计 [D]. 大庆:东北石油大学,2012:4—5.

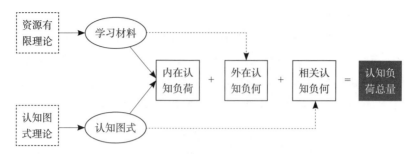

图 6-3 认知负荷的理论基础及三种认知负荷之间的关系[1]

> **关键概念 —— 外在认知负荷**
>
> 外在认知负荷是由学习材料的呈现方式以及学习者的学习活动引起的。一般而言，外在认知负荷主要是由不合理的教学设计、复杂的教学活动形式引起的。
>
> **关键概念 —— 内在认知负荷**
>
> 内在认知负荷是由学习材料本身的复杂程度以及学习者自身的初始知识水平决定的。一般而言，如果学习材料涉及的知识越简单，解释知识的内容越丰富，学习者已有的相关知识越多，那么学习新知识所需的认知资源也就越少。
>
> **关键概念 —— 相关认知负荷**
>
> 相关认知负荷是由学习过程中图式的建构与自动化引起的，它可以帮助学习者将更多的认知资源分配到值得认知加工的学习活动中去。[2]

到了 2010 年，斯威勒自己推翻了最早提出的"三元论"，认为外在认知负荷、内在认知负荷和相关认知负荷这三个子成分并不是相互独立的，它们应该是一个内在统一的整体，不应生硬地划分开来，而应被视为一个总体认知负荷。[3]他进一步提出元素交互性，认为那些必须在工作记忆中同时加工且在逻辑上相互

---

[1] 王建中，曾娜，郑旭东. 理查德·梅耶多媒体学习的理论基础［J］. 现代远程教育研究，2013，（2）：15—24.

[2] Schnotz W, Kürschner C. A reconsideration of cognitive load theory［J］. Educational psychology review, 2007, 19(4): 469−508.

[3] Sweller J. Element interactivity and intrinsic, extraneous, and germane cognitive load［J］. Educational psychology review, 2010, 22(2): 123−138.

关联的元素是决定工作记忆中总负荷的原因。而工作记忆总负荷究竟是由外在认知负荷还是内在认知负荷引起的，则主要取决于学习目标与内容。如果在所要学习的目标与内容不变的前提下，可以通过一些教学策略降低元素交互性，那么就说明此时工作记忆总负荷中主要是外在认知负荷；相反，如果只有通过改变所要学习的目标与内容才能降低元素交互性，那么就说明此时工作记忆总负荷中主要是内在认知负荷。而作为外在认知负荷与内在认知负荷之间调停者的相关认知负荷，其大小则取决于同一时间工作记忆中外在认知负荷与内在认知负荷的增减，因此，也就直接或间接地同时为元素交互性所左右。基于此，斯威勒认为，总体认知负荷在理论上至少是存在的，这三种成分在深层关系上由元素交互性所支配。①

2011年，美国新南威尔士大学教育心理学教授斯拉瓦·卡利尤（Slava Kalyuga）提出了认知负荷的"二元论"，即认为认知负荷并不是单一的结构，而是由外在认知负荷与内在认知负荷构成的。②之所以去掉相关认知负荷，主要基于以下两点：其一，虽然相关认知负荷有其明确的界定，并有实证研究支持其存在③，但总体而言，相关认知负荷在概念上十分不清晰，很多研究结果也能用内在认知负荷来解释；其二，相比于另外两种负荷，相关认知负荷很难从总体认知负荷中被剥离出来，很难被现有测量工具和方法测量。基于以上两点，斯拉瓦·卡利尤认为，应该将相关认知负荷从认知负荷的构成中剔除，并将研究重点放在如何在教学设计中根据所需来优化外在认知负荷与内在认知负荷上。④

截至目前，认知负荷理论仍在被不断地研究和完善。虽然，该理论对认知负荷的分类，从理论上促进了教学设计的科学实践，但在实际中如何真正测量这两种认知负荷，仍然是该领域亟待解决的问题之一。

三、认知负荷的测量

如何科学准确地测量认知负荷一直是认知负荷领域研究的重点和难点。经过

---

① 林立甲. 基于数字技术的学习科学：理论、研究与实践［M］. 上海：华东师范大学出版社，2016：6—8.

② Kalyuga S. Cognitive load theory: how many types of load does it really need? ［J］. Educational psychology review, 2011, 23(1): 1-19.

③ Renkl A, Atkinson R K. Structuring the transition from example study to problem solving in cognitive skill acquisition: a cognitive load perspective ［J］. Educational psychologist, 2003, 38(1): 15-22.

④ 林立甲. 基于数字技术的学习科学：理论、研究与实践［M］. 上海：华东师范大学出版社，2016：9—10.

多年的发展，目前主要形成了三种方法，分别是主观测量法、任务绩效测量法和生理测量法。[1]

（一）主观测量法

主观测量法是让学习者根据自己在学习过程中的主观感受来测量认知负荷的一种方式。该方法一般以量表的形式呈现，让学习者在完成学习任务或活动后通过回忆来对前面学习过程中各个环节中的认知负荷进行主观评估。在很长一段时间，主观测量法都是认知负荷理论研究中最主要的测量方法，不过由于该方法反应的是学习者的主观感受，因此其测量结果具有一定的局限性。目前，领域内已经有很多可以用于主观测量认知负荷的工具，这些工具一般以7点或9点量表为主。常用的量表工具有认知负荷自评量表[2]、多维脑力负荷评价量表SWAT[3]、TLX评价量表[4]等。在实施过程中，研究者需要将量表的相关表述内容稍加修改，以更好地匹配自己所要研究的内容。

（二）任务绩效测量法

任务绩效测量法是一种客观测量认知负荷的方法，是通过学习者完成既定学习活动或任务的最终表现来评估其对学习者施加的认知负荷量。在实践中，主要使用的是双重任务测量的方法。

双重任务测量是测量认知负荷的经典范式。[5]在该方法中，学习者需要在规定的时间内同时完成两项需要同类认知资源的任务，一个主任务（投入主要精力）和一个次任务（投入剩余精力）。学习者需要将有限的同类认知资源在两个任务中进行分配，这时就可以根据学习者在两个任务中的成绩来合理评估其认知负荷大小。一般而言，次任务通常是一个与学习任务内容（主任务）无关，但会

---

[1] 孙崇勇, 刘电芝. 认知负荷主观评价量表比较[J]. 心理科学, 2013, 36(1): 194—201.

[2] Paas F G W C, Van Merriënboer J J G, Adam J J. Measurement of cognitive load in instructional research [J]. Perceptual and motor skills, 1994, 79(1): 419−430.

[3] Hill S G, Iavecchia H P, Byers J C, et al. Comparison of four subjective workload rating scales [J]. Human factors, 1992, 34(4): 429−439.

[4] Hart S G, Staveland L E. Development of NASA-TLX (task load index): results of empirical and theoretical research [M]//Hancock P A, Meshkati N. (Eds.). Human mental workload. Amsterdam: North-Holland, 1988: 139−183.

[5] Brünken R, Steinbacher S, Plass J L, et al. Assessment of cognitive load in multimedia learning using dual-task methodology [J]. Experimental psychology, 2002, 49(2): 109−119.

分散主任务认知资源的一个简单任务，比如在执行主任务的过程中，当看到或听到某个视觉或听觉刺激时按下相应的按键。由于工作记忆的容量是有限的，因此通过测量学习者在次任务上的表现（如准确率、反应时等），就可以推测出学习者在主任务中的认知负荷大小。双重任务测量虽然可以弥补主观测量认知负荷客观性和准确性不足的问题，但由于次任务一般与主任务相关性不高、主次任务之间还可能因为设计不合理而产生交互效应，因此在实际研究中很少被单独使用。

（三）生理测量法

生理测量法是通过测量学习者在完成学习任务或活动中的生理反应来评估其在过程中所承受认知负荷大小的方法，一般可采用心脏活动（如心率）、大脑活动（如脑电）、眼活动（如瞳孔直径、注视时长）等数据来间接反映认知负荷的大小。[1] 相比于前两种方法，生理测量可以对学习者认知负荷的全过程进行测量，并详细地刻画出认知负荷大小随时间（或任务完成进度）的变化。这为动态分析认知负荷的特征提供了更加全面、立体的计算指标。[2][3] 不过，生理指标虽然可以提供更为客观精确的数据，但这些生理变化并不能直接等同于认知负荷的变化，因为在分析时很难排除其他引起生理指标变化的活动，因此在实际中单独使用生理测量法也存在一定的问题。

四、认知负荷的应用

在实际教学中，合理的教学设计应该尽可能减少学习者总体的认知负荷以促进学习效果。考虑到由学习内容本身引起的内在认知负荷很难通过简单的教学设计得到改善，因此，采取适当的教学策略，以降低外在认知负荷的方式来减少总体的认知负荷成了解决这一问题的关键。[4]

基于此，斯威勒提出了一系列减少外在认知负荷的效应。[5]①目标自由效应：

---

[1] 孙崇勇.认知负荷的测量及其在多媒体学习中的应用［D］.苏州：苏州大学，2012：28.

[2] Xie B, Salvendy G. Review and reappraisal of modelling and predicting mental workload in single-and multi-task environments［J］. Work & stress, 2000, 14(1): 74-99.

[3] Paas F, Tuovinen J E, Tabbers H, et al. Cognitive load measurement as a means to advance cognitive load theory［J］. Educational psychologist, 2003, 38(1): 63-71.

[4] 高媛，黄真真，李冀红，等.智慧学习环境中的认知负荷问题［J］.开放教育研究，2017，23（1）：56—64.

[5] Sweller J, Ayres P, Kalyuga S. Cognitive load theory［M］. NewYork, NY: Springer, 2011: 89-201.

将学习目标不明确的题目替换成学习目标明确的题目，会更有利于学习的迁移。②样例与问题解决效应：相比于直接解决问题，呈现解决问题的样例会产生更好的学习效果。③注意力分散效应：当图片与相应的文字解释信息在呈现时产生空间或时间上的分离时，容易导致学习者的注意力分散，而将这些信息整合到一起则可以降低认知负荷。④通道效应：相比于单纯用文字配合图表来呈现学习内容，多种形式（如视觉、听觉）的信息会更有利于学习者的认知信息加工。⑤冗余效应：不能帮助建构认知图式的冗余信息会降低学习效果。⑥能力反转效应：对初学者来说很有帮助的信息，对已具备专业知识的学习者而言可能是无效的，甚至会产生相反的效果。⑦指导消退效应：随着学习者专业知识的增加，在呈现样例后，应该让学习者开始尝试解决部分问题并慢慢尝试解决整个问题。

认知负荷理论的兴起与发展，不仅为教学设计的科学化提供了重要的理论基础，而且为信息化时代中层出不穷的基于技术的教学研究与实践指明了方向。不过，认知负荷理论仍有其缺陷，比如认知负荷的分类问题、测量问题等都尚未得到很好的解决，未来仍需对其进行完善。

第三节　多媒体学习认知理论

图 6-4　理查德·梅耶

认知负荷理论为人们研究如何改进教学设计以提升学习效果提供了一个理论抓手。美国著名教育心理学家理查德·梅耶将目光聚焦在多媒体学习这一具体领域，基于认知负荷理论及其他相关认知心理学研究成果，提出了多媒体学习认知理论（cognitive theory of multimedia learning）。

> **关键概念 —— 多媒体技术**
> 多媒体技术指的是用于呈现视觉和文本信息的工具设备和相关技术。
> **关键概念 —— 多媒体学习**
> 多媒体学习是指从文本和图像中学习，有时也可以指从触觉、嗅觉和

味觉中学习。一般而言，文本是指以文字为载体的材料，包括印刷和口头两种形式；图像是指以图形为载体的材料，包括静态（如图形、图表、插图、照片、地图等）和动态（如动画、电影、视频等）两种形式。

一、对学习本质的不同理解

回到本章开头提出的问题——"技术有用"还是"技术无用"，这其实并不是一个新问题。梅耶在开始研究多媒体学习时，就已经对其进行了思考。之所以对同一个问题会有不同的结论，其根本原因在于研究者对多媒体学习的认识视角不同——以技术为中心的设计和以学习者为中心的设计是其中两个典型代表。

以技术为中心的研究取向，是以研究（多媒体）技术的实用功能为根本的，也就是研究在设计多媒体呈现时，应该怎样将这些技术功能使用起来。因此，持这一取向的研究者们往往紧跟（多媒体）技术的最新发展动向，试图通过比较来得出哪种多媒体技术在呈现学习内容上更有助于学习，如比较通过看视频来学习和在真实课堂中学习哪个效果更好。然而，这一取向的研究常常发现技术是无效的。[1] 相反，以学习者为中心的取向不是迫使学习者去适应这些新技术的要求，而是主张以理解人类大脑如何工作为出发点，来考虑如何利用（多媒体）技术来帮助人们更有效地学习，也就是让技术适应学习者的需要[2]，从而实现"技术有用"这一结果。

这两种取向反映的是对技术的两种截然不同的观点以及对学习本质的不同理解。以技术为中心的取向隐含的是将多媒体学习当作一个信息获得的过程，即学习者是一个被动接受信息的个体，学习的过程就是将信息从一端传送到另一端。此时，学习者就像空容器一样等待被填满，而技术扮演的则是信息传播系统，其信息传递的速度、准确性是决定填满结果好不好的关键。以学习者为中心的取向隐含的则是将多媒体学习当作一个知识建构的过程，即学习者是一个主动的意义建构者，学习的过程是学习者从信息中逐渐建构知识的过程。也就是说，信息的传递不是原封不动地等待的被动过程，而是需要学习者主动加工的过程。因此，技术扮演的是辅助学习者学习的角色。除了呈现信息外，技术要科学地引导学习者加工信息，使信息转变为知识并整合进已有的知识体系，这才是决定学习效果

---

[1] Cuban L. Teachers and machines: the classroom use of technology since 1920 [M]. New York: Teachers College Press, 1986: 9—33.

[2] （美）理查德·E.迈耶. 多媒体学习 [M]. 牛勇，邱香 译. 北京：商务印书馆，2006：10—16.

好坏的根本。

二、多媒体学习的基本假设

梅耶提出的多媒体学习认知理论就是建立在"以学习者为中心"这一取向上的。在该理论中,梅耶基于人类的信息加工系统提出了多媒体学习认知模型(图6-5),并揭示了多媒体学习中的三条基本假设,分别是双重通道假设、容量有限假设和主动加工假设。

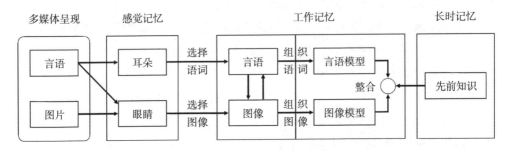

图6-5 多媒体学习认知模型

(一)双重通道

双重通道是指,人类信息加工系统中有两条相互独立的信息加工通道,分别处理听觉/言语信息和视觉/图像信息,如图6-6的上下两行所示。其中,听觉通道加工的信息类型主要包括文字解说、音乐等;视觉通道加工的信息类型不仅包括静态的图像、动态的视频等,还包括文本等内容。不同类型的信息在进入人类的信息加工系统后,会分别进入不同的信息加工通道进行处理。有经验的学习者也能够通过转换表征方式,使信息转入另一个加工通道处理。比如,屏幕上的文本属于视觉信息,应该进入视觉加工通道处理,不过有经验的学习者可以将文本转化为声音,使其进入听觉加工通道处理。

(二)容量有限

容量有限是指,在任何时候,每条信息加工通道可同时加工的信息数量是有限的,这是由工作记忆的有限容量(大概为7 ± 2个组块)决定的。因此,当视觉和听觉信息通过眼睛和耳朵进入大脑的信息加工系统后,并不是所有内容都能得到及时加工,只有有限的内容可以得到及时加工,其他的将会被快速遗忘。为了提高学习效果,我们就需要在信息加工通道中过滤掉无关信息,将有限的认知资源留给有用的信息。

（三）主动加工

主动加工是指，要想在信息加工系统中将输入的信息变成内在一致的心理表征，就需要人们主动参与认知加工。根据信息加工的顺序，主动加工包括三个基本过程，分别是选择相关的信息、组织选择的信息和把所选择的信息与已有的知识整合起来。当学习者对多媒体呈现的部分视觉或听觉信息予以注意时，选择相关的信息这一过程就发生了；接着，被注意的信息将会进入工作记忆中进行进一步的加工，学习者将会对所注意的信息及其相互关系进行关系建构，并根据信息类型分别形成一致的视觉或听觉心理模型；最后，学习者长时记忆中与之相关的知识将会被激活，并进入工作记忆，与刚形成的心理模型建立关联，最终完成知识整合并重新储存于长时记忆之中。

三、三种不合理的教学设计

在明确了多媒体信息加工的基本过程后，梅耶进一步提出了多媒体学习中的三种认知加工，分别是无关认知加工、基础认知加工和生成认知加工。此外，梅耶还进一步指出了实践中最常见的三种不良教学设计，分别为无关认知负荷过载（无关认知加工太多）、基础认知负荷过载（基础认知加工太多）和生成认知负荷不足（未进行充分的生成认知加工）。[①]

（一）无关认知加工

无关认知加工是与教学或学习目标无关的认知加工，主要是由不良的教学设计引起的。比如，在基于视频动画的学习过程中，一些教学或学习视频制作者会在视频的最下方添加解释视频内容的文字注释。这一设计会增加学习者的无关认知加工。因为学习者在观看过程中，需要在视频和注释间来回切换，这种视觉的反复切换就是无关认知加工中最常见的一种形式。如果教学设计引起过多的无关认知加工，就会导致无关认知负荷过载的发生，也就是说，有限的认知容量被各种眼花缭乱的无关信息占据了，没有足够的认知容量来完成所需的基础认知加工和生成认知加工。针对这一问题，我们需要寻找有效措施来减少干扰性信息，以达到降低无关认知加工的目标。

---

① Mayer R E. Computer games for learning: an evidence-based approach [M]. Cambridge: MIT Press, 2014: 61.

（二）基础认知加工

基础认知加工是在工作记忆中对与学习相关的内容进行的认知加工，由学习内容的内在复杂性决定。比如，学习如何解决一类新的、学习者之前从来没有见过的数学题，而且中间涉及的解题步骤十分复杂，这种情况可能就会让学习者出现认知负荷过载。在设计这类教学时，教师可以先为学习者提供一些相关的关键概念或一些相似的简单题目，学习者以此为基础再学习这类新题，就可以减少他们在直接学习新题时的认知负荷。因此，针对这一问题，我们可以通过适当调整或重新组织学习内容，比如为学习者提供学习脚手架，实现对基础认知加工的合理调节。

（三）生成认知加工

生成认知加工是学习者在理解基础认知加工内容时发生的认知加工，这类认知加工可以提高学习者的学习动机水平。比如，在基于技术的学习环境设计中，如果教学者使用一种日常对话风格或者比较礼貌的语气讲解学习内容，就容易让学习者发生生成认知加工，具体表现为学习者更愿意投入时间以及更愿意对当前所学的内容进行深入思考。为了让学习者提高学习过程中的生成认知加工，我们需要进一步丰富学习材料的内容：一方面要使内容对学习者更具吸引力，另一方面又要确保不会引入过多的无关认知负荷。

四、多媒体学习设计的原则

针对多媒体学习的特点，梅耶及其团队提出了一系列学习设计原则，并验证了这些设计原则是否有效、在什么条件下有效，以及为什么有效。[1] 根据所涉及的认知负荷的不同类型，这十条原则可以归为三类：减少无关认知加工的原则、调节基础认知加工的原则和促进生成认知加工的原则。[2][3][4]

---

[1] 郑旭东，吴秀圆，王美倩．多媒体学习研究的未来：基础、挑战与趋势［J］．现代远程教育研究，2013，(6)：17—23．

[2] Mayer R E. Multimedia learning (2nd ed.) [M]. New York, NY: Cambridge University Press, 2009: 85-262.

[3] 毛伟，盛群力．梅耶多媒体教学设计10条原则：依托媒体技术实现意义学习［J］．现代远程教育研究，2017，(1)：26—35．

[4] （美）理查德·E. 梅耶．应用学习科学——心理学大师给教师的建议［M］．盛群力，丁旭，钟丽佳译．北京：中国轻工业出版社，2016：65—67．

(一)减少无关认知加工的原则

减少无关认知加工的原则主要有五条。①一致性原则,是说删除学习材料中无关的文字、声音和图像,可以提高学习效果。②提示原则,是说突出学习材料的组织结构,在学习过程中给予适当提示,可以提高学习效果。③冗余原则,是说用图像、语音解说这两种形式来呈现学习信息,其所产生的学习效果要好于用图像、语音解说和字幕三种形式来呈现信息。④空间临近原则,是说将图像与解释图像的文字说明放在一起呈现,其所产生的学习效果要好于分开放的效果,比如在讲解云的形成原因时,图6-6中右边课件的学习效果比左边的学习效果要好。⑤时间临近原则,是说将图像与解释图像的语音解说同时呈现,其所产生的学习效果要好于前后错开时呈现的效果。

图 6-6 空间临近原则示意图[①]

(二)调节基础认知加工的原则

调节基础认知加工的原则主要有三条。①切块原则,是说将学习材料按照学习者的学习步调分块呈现,其所产生的学习效果要好于全部一起出现的效果。②预先准备原则,是说在正式学习之前让学习者预先了解一些关键概念的名称和特征可以取得更好的学习效果。③通道原则,是说使用图像和语音解说的呈现方式,其所产生的学习效果要好于使用图像和文字解说的效果。

---

① (美)理查德·E.梅耶.应用学习科学——心理学大师给教师的建议[M].盛群力,丁旭,钟丽佳译.北京:中国轻工业出版社,2016:67.

(三) 促进生成认知加工的原则

促进生成认知加工的原则主要有两条。①多媒体原则，使用文字和图像一起学习的效果要好于只用文字学习的效果。②个性化、声音和图像原则，是个性化原则、声音原则和图像原则的集合。其中，个性化原则是说使用对话风格的交流方式所产生的学习效果要好于使用正式风格的效果；声音原则是说当需要呈现声音时，使用人声所产生的学习效果要好于使用机器拟声的效果；图像原则是说呈现说话者的头像并不一定会提高学习效果。

多媒体学习认知理论是一套兼具理论完备性和实践验证性的体系。在理论层面不仅继承了认知负荷理论的很多重要观点，而且还引入了多媒体学习中的另一个关键理论——双重编码理论。在实践层面，提出了一系列实用、有效的多媒体教学策略，推动了多媒体学习在实践中的开展。

第四节　技术认知理论的新发展

经过前面几节的学习，相信大家对"技术有用"还是"技术无用"已经有了自己的初步判断。从认知加工的全过程看，技术有用与否的根本在于技术的应用能否帮助学习者优化原有的认知信息加工过程。然而，随着技术的快速发展和普及，技术除了作为人们认知信息加工的"辅助者"，是否也在教学与学习的其他方面扮演着重要角色？在本节中，我们将一起探索在第二代认知科学兴起的背景下，人们对技术在教育中作用的认识发生了哪些变化。

一、第二代认知科学的来临

前两节提到的认知负荷理论和多媒体学习认知理论都离不开 20 世纪 50 年代发生的"认知革命"。这场革命开启了认知科学发展的进程，其最初建立的认知科学研究范式对该领域的后续发展产生了重要的影响。

在认知科学发展的初始阶段，人们把认知或心智（mind）视为一种信息加工过程，即人的认知过程就类似于计算机的符号加工过程，是根据一系列既定的逻辑运算规则，将感觉器官输入的信息通过符号计算转化为一个特定的心理表征的过程。这种以"表征－计算"为主要特征的认知信息加工理论摆脱了传统的基于"刺激－反应"联结的行为主义范式和基于"内省"的认知主义范式，加深了人们对认知过程的理解，所以又被称为符号主义或认知主义。不过，人们逐渐发现，这一理论范式过于简单地将人的认知加工类比为计算机的符号计算，因此无法从理论或实践层面解释认知活动的灵活性。虽然计算机和人的认知加工的基础都是对输入内容进行计算并产生某种心理表征,但后者的计算和表征是基于其内在相互联结的神经元共同实现的一种动态过程。在这一背景下,一种新的基于神经科学的理论范式开始形成,它被称为联结主义(Connectionism)。

> **关键概念 —— 认知信息加工理论**
>
> 认知信息加工理论认为,认知的核心是记忆,而记忆就是信息在系统中的传递,就像用计算机储存、提取相应信息一样。[①]
>
> **关键概念 —— 联结主义**
>
> 联结主义认为,大脑中储存的知识不是以离散的形式进行编码表征的,而是以相互联结的网络形式进行的。知识并不是储存在大脑的某个局部,而是分布在大脑的各个部分。因此,知识需要基于这一已经建立的相互联结的网络并通过扩散激活的方式进行提取。[②]
>
> **关键概念 —— 具身认知**
>
> 具身认知认为,人的心智很大程度上是由人的身体结构(形态、感知觉和运动系统)以及身体与物理环境的交互作用决定的。这一概念最早产生于20世纪末的语言学、哲学和认知心理学领域。[③]

认知信息加工理论和联结主义构成了第一代认知科学的两大核心,两者都是将认知加工视为基于符号和表征的计算,将"人的智能"完全等同于基于规则推理的初代"人工智能"。也就是说,人的认知是可以脱离身体而独立存在的,身体只是接收外部输入信息的感受器,其本身并不参与认知的具体过程。[④]因此,第一代认知科学的理论本质是笛卡儿"身心二元论",即"身"和"心"是独立的,这一本质也决定了其难以在现实情境中应用。首先,以符号和表征为特征的信息加工过程通常是简单且形式化的,而自然状态下的"人的智能"往往具有更

[①] VandenBos G R. APA dictionary of psychology (second edition)[M]. Washington, DC: American Psychological Association, 2015: 539.

[②] VandenBos G R. APA dictionary of psychology (second edition)[M]. Washington, DC: American Psychological Association, 2015: 235.

[③] VandenBos G R. APA dictionary of psychology (second edition)[M]. Washington, DC: American Psychological Association, 2015: 361.

[④] 李其维. "认知革命"与"第二代认知科学"刍议[J]. 心理学报, 2008, 40(12): 1306—1327.

为复杂的心理过程，这就导致"人工智能"相比于"人的智能"显得太过笨拙。第二，在真实的认知过程中，"人的智能"必然会涉及与之相关的社会文化环境和背景，并在两者的交互过程中产生真正的意义，而这很难用"人工智能"所规定的一连串规则来表示。第三，虽然联结主义考虑了大脑神经网络工作模式的复杂性，但仍然局限在对计算机机械化功能的模拟上。总而言之，虽然建立在"身心二元论"上的第一代认知科学极大地推动了认知科学的发展，但其后期存在的与现实脱节的问题招致了很多批评的声音。在此情况下，研究者们希望能够寻找新的理论范式来研究人在真实情境中的认知过程。在这一呼声中，以情境认知（situated cognition）为核心的第二代认知科学开始受到关注，并逐渐占据了认知科学的主流。

以"情境认知"为核心的第二代认知科学打破了原有的理论假设，认为"身"与"心"并不是分离的，身体本身的感知觉、活动方式与解剖结构等决定了我们能如何认识世界，而认知发生的外部环境也决定了我们可以如何认识世界。因此，我们不应该将身体仅视为各种输入信息的感受器和输出信息的效应器，而应该将身体和外部环境放在整个认知的过程中来看待。[①]在这一思潮下，认知科学的理论假设开始发生转变，认为人的认知不应该只基于抽象的符号表征与规则计算，还应该基于人的身体以及身体与外部环境的交互。

很容易看到，认知负荷理论和多媒体学习认知理论有着明显的第一代认知科学的印记，两者都是从认知信息加工理论的视角看待学习，这也解释了为何两个理论都希望通过优化认知过程来加强技术对教学与学习的影响。随着"情境认知"拉开第二代认知科学的序幕，技术又会如何影响教学与学习呢？接下来，我们将分别从第二代认知科学发展的两个主流理论出发，对这一问题进行探讨。

二、具身认知

具身认知（embodied cognition）不再把人的认知简化为基于符号和表征的计算，而是把人的心理视为一个统一的、不可分割的整体，是一个肉体、心理与外部世界持续交互的过程。在这一过程中，身体的生理结构和神经活动扮演着关键角色，其产生的身体经验（如感知觉、运动等）将身体、大脑和环境编织在了一起。因此，具身认知十分关注身体在各种认知过程中扮演的角色，强调身体在解释各种认知能力中的重要性（如图6-7所示）。举一个通俗的例子，一个学生捧

---

① 叶浩生.有关具身认知思潮的理论心理学思考［J］.心理学报，2011，43（5）：589—598.

着一杯热咖啡去听课,和捧着一杯冷咖啡去听课,对老师讲课效果的判断可能有所不同,简单地说,手的温度可能会影响大脑的认知。

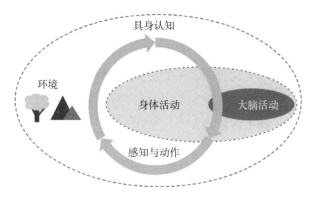

图 6-7 具身认知模型[①]

随着第二代认知科学的兴起,具身认知这一概念逐渐为更多人所接受,但在实践应用过程中仍然存在很多争议。为了统一认识,加利福尼亚大学圣克鲁兹分校心理学院的玛格丽特·威尔逊(Margaret Wilson)教授提出了关于"具身认知"的六个核心观点。[②③]①认知是情境的,认知活动发生在真实的情境中,从本质上看,这一过程包含感知与动作。②认知是有时间压力的,"心智是活的",只有将认知放在实时与外部环境交互的框架下,才能真正理解认知是如何工作的。③将认知工作转移到环境中。人的信息加工能力是有限的(如,工作记忆容量是有限的),因此充分地利用外部环境可以减少认知负荷。外部环境可以帮助保持和操作信息,人只需知道如何在需要时获得这些信息即可。④环境是认知系统的一部分,信息在心智和外部世界之间的流动具有密集性和连续性,因此对于科学家而言,在研究认知活动的本质时,心智不能作为一个单独的有意义的部分进行分析。⑤认知是为了行动,心智的功能是为了指挥行动,理解认知机制(如,感知觉、记忆)必须要看其最终是否产生了与情境相符的行为。⑥离线认知也是基于身体的,即使脱离了外部环境,心智活动如感觉加工、运动控制等,仍然离不开那些进化而来的与外部环境进行交互的机制。

---

① Hinton A. Understanding context: environment, language, and information architecture [M]. CA: O'Reilly Media, Inc., 2014: 45.
② Wilson M. Six views of embodied cognition [J]. Psychonomic bulletin & review, 2002, 9(4): 625-636.
③ 李恒威,肖家燕. 认知的具身观 [J]. 自然辩证法通讯,2006,(1):29—34+110.

在具身认知理论的影响下，技术开始逐渐在各种教学与学习环境中得到深入应用。比如，在语言学习中，有研究者尝试基于手势和身体姿态动作进行第二语言的学习，结果发现具身学习在语言教学中可以显著提高学习效果和注意力。[①]在基于微软 Kinect 体感交互技术的学习环境中，研究者发现，体感技术对于记忆动作短语具有促进作用。[②]在多人协作的学习物理光学知识的活动中，学生通过手势操作虚拟的光路原件，并以此观察光路的变化，结果发现该方法比传统的键鼠操作的效果要好。[③]再如，美国加州大学伯克利分校具身设计研究实验室（Embodied Design Research Lab）为小学生学习数学比例专门设计了形象化的训练工具，学生通过手持传感器可以将手的位置实时传输至电脑屏幕上，当学生用手比画的距离正确或错误时，屏幕会给予不同颜色的反馈。[④]再如，美国亚利桑那州立大学多媒体情境艺术学习实验室（Situated Multimedia Arts Learning Laboratory）创建了基于动作捕捉技术（TELEM）的具身学习空间，当学生手持一个可追踪设备时，他们的身体就成为该交互空间中的一个 3D 光标，他们可以通过身体实时的运动轨迹来学习一些抽象的物理概念。[⑤]

可以看出，基于具身学习理论的设计核心，在于以具身交互来促进经验建构，而技术在实现这一目标中扮演着重要角色。[⑥]体感和人机交互技术的发展，使得人们在传统视觉和听觉之外，还能以身体为媒介与外部环境进行交互；逼真的三维模拟和沉浸技术，使得创建虚拟又真实的物理环境成为现实，让更深层次的身体与环境的交互成为可能。未来，技术或将让更多更高质量的具身认知研究与实践成为可能。

[①] Eskildsen S W, Wagner J. Embodied L2 construction learning［J］. Language learning, 2015, 65(2): 268−297.

[②] Chao K J, Huang H W, Fang W C, et al. Embodied play to learn: exploring Kinect-facilitated memory performance［J］. British journal of educational technology, 2013, 44(5): 151−155.

[③] Hung I C, Lin L I, Fang W C, et al. Learning with the body: an embodiment-based learning strategy enhances performance of comprehending fundamental optics［J］. Interacting with Computers, 2014, 26(4): 360−371.

[④] Abrahamson D, Sánchez-García R. Learning is moving in new ways: the ecological dynamics of mathematics education［J］. Journal of the learning sciences, 2016, 25(2): 203−239.

[⑤] 杨南昌, 刘晓艳. 具身学习设计：教学设计研究新取向［J］. 电化教育研究, 2014, 35（7）: 24−29+65.

[⑥] 郑旭东, 王美倩, 饶景阳. 论具身学习及其设计：基于具身认知的视角［J］. 电化教育研究, 2019, 40（1）: 25−32.

三、延展认知

相比而言,延展认知(extended cognition)主要来源于一些哲学争论,在观点上也更为激进。[①]该理论流派认为,认知不仅包括发生在大脑内部的部分,还应该包括延展到外部环境的部分,即外部环境或情境本身也是一种认知。

延展认知的观点中虽然也有情境,但其对情境的认识与前面所述的具身认知是十分不同的。具身认知强调外部环境对大脑内认知过程的影响,认为认知的主体只有人的大脑,外部的物理环境、社会环境、身体等是为大脑形成认知的内在表征服务的,在认知过程中是一种被动参与。而对于延展认知而言,外部环境或情境也是认知的主体,即一个主动的参与者。也就是说,认知不仅发生在大脑内部,也发生在外部情境之中。[②]

分布式认知(distributed cognition)是延展认知最具代表性的一种表征模型(如图6-8所示)。该模型强调:认知是分布的,并没有一个中心的单元;认知是一个需要所有认知主体共同耦合来完成的过程。[③]随着信息技术在人类社会中的不断普及,人们逐渐意识到,在信息时代,已经很难将外部的技术工具剥离干净而只关注人本身的内在认知表征。在这一背景下,分布式认知开始受到广泛关注,对教育研究与实践产生了很大的影响。

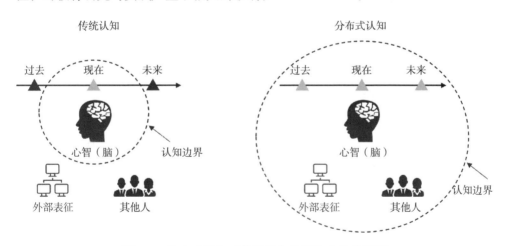

图6-8 分布式认知对传统认知边界和主体的延展

---

① 刘革,吴庆麟.情境认知理论的三大流派及争论[J].上海教育科研,2012,(1):37—41.
② Heylighen F, Heath M, Van F. The emergence of distributed cognition: a conceptual framework [EB/OL].[2006-12-15]. http://pespmc1.vub.ac.be/Papers/Distr.CognitionFramework.pdf.
③ 于小涵,盛晓明.从分布式认知到文化认知[J].自然辩证法研究,2016,32(11):14—19.

分布式认知让人们愈加认识到人工制品在认知活动中扮演着主动参与者的角色。技术工具不仅仅是知识的传递工具、意义建构的辅助工具、认知负荷的优化工具，更重要的是，它还对学习者思维的发展以及对学习共同体的分布式协作起着促进与支持作用。基于分布式认知的计算机支持的协作学习（CSCL）系统也成为探索将技术应用于教育研究与实践的重要方向，人们开始关注应该如何设计和组织去中心化的学习资源（包括教师、学习伙伴、线下学习场馆、线上多媒体学习资源等）来促进学习者的深度学习[①]。

可以看到，这种从个体认知到分布式认知的转变，对于适应当前信息社会的复杂性具有非常重要的意义。尤其是在泛在计算逐渐普及的今天，技术工具已经深刻地改变了传统的认知方式，人与技术的界限已经逐渐模糊，正在慢慢变成一个整体。总之，在数字时代，分布式认知为人与技术协同工作提供了理论支持，同时也为未来教育技术工具的设计和使用描绘了新的蓝图。

本章结语

技术对教育的影响十分复杂，它不取决于技术本身的先进程度，而取决于技术在学习过程中能够扮演何种角色、能够提供何种功能，而这些角色和功能的意义又取决于人们对学习本质的理解。可以看到，从第一代认知科学到第二代认知科学的转变中，人们在不断完善对认知与学习的理解——从早前"身心二元论"下的符号表征到"具身"思潮下的情境认知。而且，人们对于学习本质的认识不仅体现在从一种观点向另一种观点转变，还体现在对学习内在不同层次上的认知机制的逐步构建。从认知信息加工的角度，技术应该从优化认知加工过程出发，要考虑到工作记忆容量的有限性，尽可能减少由外在认知负荷引起的无关认知加工，使学习者可以将更多的认知资源投入有意义的认知加工之中。从情境认知的角度，技术应该从情境构建出发，为个体与外部物理、社会文化环境的交互搭建平台，让个体可以主动地感知、有意义地建构知识、积极地与技术工具协同工作。正是这些不断完善和发展的对认知与学习的认识，让我们对技术如何促进认知与学习有了更深刻的理解，也让"技术有用"真的成为可能。

---

① 柳瑞雪，骆力明，石长地. 分布式学习环境下的协作学习交互类型研究[J]. 中国远程教育，2017,（1）：30—36+76+80.

重点回顾

1. 技术一般包括"物质技术"和"智能技术"。
2. 人们对"技术"的认识经历了"媒体""过程"和"系统"三个阶段。
3. 技术支持教育的两种形式包括"从技术中学习"和"用技术学习"。
4. 认知负荷理论,旨在从认知资源有限性的角度来解释和检验教育实践中的教学与学习设计,并通过充分优化教学设计中认知资源的分配来实现复杂任务中的有效学习。
5. 人类的认知加工是以感觉记忆、工作记忆(短时记忆)和长时记忆为基础的。
6. 一般来说,认知负荷包括外在认知负荷、内在认知负荷和相关认知负荷。
7. 认知负荷的测量方法通常包括主观测量法、任务绩效测量法和生理测量法。
8. 研究者对于多媒体学习的认识有不同的视角,以技术为中心的设计和以学习者为中心的设计是其中的两个典型代表。
9. 多媒体学习过程中的三条基本假设,分别是双重通道假设、容量有限假设和主动加工假设。
10. 梅耶基于认知负荷理论进一步提出了多媒体学习中的三种认知加工,分别是无关认知加工、基础认知加工和生成认知加工。
11. 多媒体学习设计的原则分为三类,分别是减少无关认知加工的原则、调节基础认知加工的原则和促进生成认知加工的原则。

思考题

1. 名词解释: 技术、认知负荷、组块、图式建构、图式自动化、生物初级知识、生物二级知识、具身认知、延展认知、分布式认知。
2. 请结合自己的学习经验分析外在认知负荷、内在认知负荷、相关认知负荷。
3. 斯威勒基于研究提出了一系列认知负荷效应,用以降低教学设计中的外在认知负荷。请列举主要的认知负荷效应。
4. 认知负荷理论的核心目的究竟是什么?教师在日常教学中应该怎样应用认知负荷理论呢?
5. 以技术为中心的研究取向和以学习者为中心的研究取向有何不同?
6. 多媒体学习认知理论的三个基本假设是什么?
7. 在多媒体学习认知理论中,主动加工的三个基本过程是什么?
8. 请列举多媒体学习设计的主要原则,并利用这些原则对一些教学课件进行分析和评价。

第七章　学习环境与学习技术

内容摘要

本章将在上一章的基础上介绍更多的学习技术。首先，讲解学习环境和学习技术的概念，梳理学习技术的发展脉络；其次，根据学习环境与学习技术的发展历史，依次介绍计算机辅助学习、人工智能支持下的学习、技术支持下的协作学习以及新兴技术支持下的学习；最后，介绍包括教室在内的学习空间的含义及设计原则。希望通过本章的学习，大家能对学习环境与学习技术有一个概貌性的了解。

学习目标

1. 了解学习环境和学习技术的历史发展、计算机辅助学习的基本形式。
2. 了解微世界与建模的基本含义、智能导师系统的模型架构、个性化自适应学习的四阶段自适应循环模型。
3. 理解计算机支持的协作学习以及大规模在线协作学习的特点和局限性。
4. 掌握移动学习的含义、价值、模式及泛在学习的含义。
5. 掌握游戏化学习的含义和价值。
6. 掌握虚拟世界中的学习的含义、虚拟现实技术的类型、虚拟世界的教育价值。
7. 掌握在线学习、混合学习、MOOC、微课、翻转课堂的含义和特点。
8. 理解学习空间的含义以及其与学习环境、学习技术的关系。
9. 掌握学习空间的设计框架和设计原则。
10. 能够结合本章所学知识来分析学习中用到的各种技术。

[思维导图]

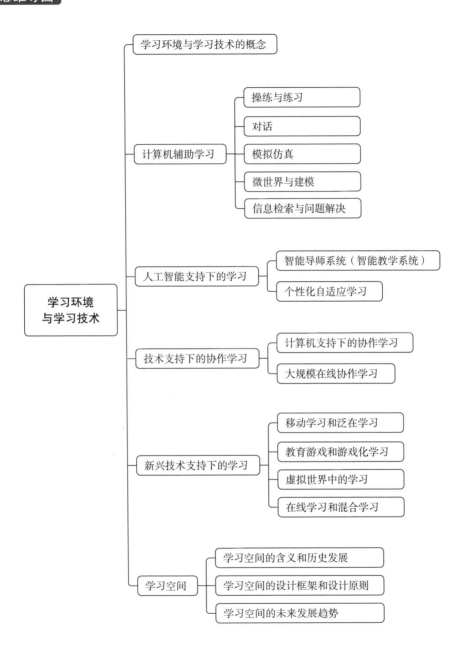

第一节　学习环境与学习技术的概念

在日常学习工作中，我们经常谈到要给学习者创造良好的学习环境，可是学习环境指的是什么，它又包括哪些内容，它与学习技术之间又是什么关系呢?

一、学习环境的含义及发展

（一）学习环境的含义

尽管大家一直在谈学习环境（learning environment），但是对学习环境却没有一个标准的定义。知名建构主义学习理论专家乔纳森认为，学习环境是学习者一起学习或相互支持的空间，学习者在其中控制学习活动，并且运用信息资源和知识建构工具来解决问题。[1] 我国学者杨开城也从建构主义的视角出发，认为学习环境是一种支援学习者进行建构性学习的各种学习资源的组合。[2] 武法提则认为，学习环境是一个动态概念，不仅包括支撑学习过程的物质条件（学习资源），而且还包括教学模式、人际关系等非物质条件。[3]

对学习环境的定义虽然都不尽相同，不过它们基本上都包含这些共性：①学习环境是一个场所；②学习环境包含了各种学习资源和人际关系；③学习环境包含了各种认知工具；④学习环境支持合作和协作；⑤学习环境是以学习者为中心的，目的是促进学习者的学习。基于以上探讨，本书给学习环境下一个比较简单的定义：

> **关键概念 —— 学习环境**
>
> 学习环境是一个包含了各种学习资源、认知工具和人际关系，并支持学习者相互合作和协作，旨在促进学习者学习的物理或虚拟的学习场所或活动空间。

需要说明的是，有时候我们也会提教学环境，两者的含义其实差不多，只不过学习环境更加强调学生的"学"，教学环境更加强调教师的"教"。

---

[1] Jonassen D H. Desining constructivist learning evironments [C]//C. M. Reigeluth (Ed.). Instructional-design theories and models (2nd ed). Mahwah, NJ: Lawrence Erlbaum Associates, 1999: 215–240.

[2] 杨开城. 建构主义学习环境的设计原则[J]. 中国电化教育, 2000, 21(4): 14—18.

[3] 武法提. 基于WEB的学习环境设计[J]. 电化教育研究, 2000, (04): 33—38+52.

（二）学习环境研究的历史发展

学习环境研究由来已久。①20世纪30年代，莱文（Lewin）第一次从心理学的角度对人和环境的关系进行了深入研究，让大家认识到了环境与个体间的互动关系是人的行为的重要影响因素。后来，以韦德（Wade）为代表的一些社会心理学家开始对课堂环境进行研究，并研发了观察和记录幼儿社会行为的技术以及对学校环境进行评价的工具。20世纪50年代，有学者对教师、学生的课堂行为以及课堂气氛等进行了研究，并开始从生态学的角度研究学习环境。20世纪60年代，西方国家开始进行新的课程改革，注重按人的身心发展需要组织教学环境，学习环境逐渐成为一个相对独立的研究领域。不过在60年代早期，主要侧重学习环境中的物理环境方面，而在60年代后期，研究者开始关注社会心理因素方面，更加注重师生对学习环境的感知。20世纪80年代以来，学习环境在国际上成为热门研究课题，众多学者开始对学校环境、班级环境、心理环境等展开研究。

进入20世纪90年代以后，建构主义学习理论开始流行②，特别强调打造有助于促进知识建构的学习环境，所以教育技术学者开始从建构主义的角度探讨学习环境。进入21世纪以后，随着移动技术、VR/AR、智能录播等先进技术的发展，越来越多的学者开始思考如何从学习环境的角度入手，将新技术与新理念相融合，构建出更适合学习者进行知识建构的学习环境，于是逐渐涌现出了能够支持网络探究、专题研习、虚拟学习、在线学习等各种学习方式的学习环境。近年来，随着人工智能第三次浪潮的来临，众多学者开始探讨把人工智能、大数据等技术应用到教育中，通过创设智慧学习环境（智能学习环境）促进学习者有效学习。③

二、学习技术的含义及发展

（一）学习技术的含义

学习技术（learning technology）是指用来促进学习的技术。英国学习技术协会将学习技术定义为："系统地应用一种整体性的知识来设计、执行、管理和评

---

① 陆根书，杨兆芳.学习环境研究及其发展趋势述评［J］.高等工程教育研究，2008,（02）：55—61.
② 何克抗.建构主义的教学模式、教学方法与教学设计［J］.北京师范大学学报（社会科学版），1997,（5）：74—81.
③ 黄荣怀，杨俊锋，胡永斌.从数字学习环境到智慧学习环境——学习环境的变革与趋势［J］.开放教育研究，2012, 18(1)：75—84.

价教与学。所谓整体性知识，是基于对潜在技术及其能力的理解；基于学习理论、教学设计和变化管理的原理而进行的研究与实践的成果。"[1]因此，学习技术实际上既包括了信息技术等硬技术，又包括了学习方法等软技术。结合上一章对"技术"的探讨，本书对学习技术给出如下定义：

> **关键概念——学习技术**
> 广义上的学习技术泛指一切用来设计、执行、管理和评价学习的技术和方法。狭义上的学习技术指的是用来设计、执行、管理和评价学习的现代教育技术，包括软件、平台和方法等。

在本章中，我们接下来主要介绍的是狭义上的学习技术，下面先简述这类学习技术的发展简史。

(二) 学习技术研究的历史发展

学习技术的发展和教育技术是密不可分的，只不过学习技术更加侧重学生的学，教育技术则相对侧重教师的教。这里就结合教育技术的发展，分几个阶段概述学习技术研究的发展脉络。[2]

1. 视听教育时期（20世纪初——   ）

19世纪末，人们开始将幻灯机应用到教学中，这算是现代教育技术的萌芽。进入20世纪以后，人们逐渐将电影、唱片、收音机、录音机、电视应用到教学中，此时一般称为视听教育。1936年，我国教育界人士在引进视听教育的时候，采用了更通俗易懂的名词——"电化教育"，这个名词一直沿用到了20世纪90年代，之后才逐渐改为了"教育技术"。

2. 计算机辅助教学时期（20世纪50年代——   ）

20世纪50年代开始，计算机逐渐被用到了教育领域，最初称为计算机辅助教学（computer assisted instruction，CAI），表示将计算机应用到教学环节中。比如，美国IBM公司在1958年设计了第一个计算机教学系统，它可以为小学生讲授二进制算数，并能根据学生的要求产生习题。之后斯坦福大学等机构也逐渐开展了CAI研究，学科上涵盖了算术、数理逻辑、外语、高等数学等，其中比较

---

[1] 黄都. 面向学习者的学习技术设计[J]. 开放教育研究，2006，(3)：84—88.
[2] 以下的各个阶段只是一个大致分期，主要是强调在什么时间兴起的。比如视听教育在20世纪初兴起，但是实际上现在电影和电视也还在用。

著名的是伊利诺伊大学于 1960 年开始启动的基于大型计算机的 PLATO 系统，目前该系统（http://www.plato.com）仍然在继续发展。[①]

20 世纪 70 年代，微型计算机开始出现，人们逐渐将 CAI 软件、课件等逐渐迁移到了微型计算机上。20 世纪 80 年代末 90 年代初多媒体技术出现后，CAI 也进入了多媒体学习时代。之后随着互联网技术的发展，超链接技术开始被使用，CAI 也就进入了超媒体学习时代。这期间，各种各样的多媒体学习课件开始涌现。

进入 21 世纪后，以多媒体网络技术为主的信息技术开始迅猛发展，万维网、移动技术、游戏、VR/AR 等新兴技术的应用，使得 CAI 形式越来越多元化。从广义上来说，本章讲的所有内容实际上都属于计算机辅助教学的范畴，只不过在多媒体网络技术崛起后，人们开始更多地使用多媒体学习、智能导师系统、计算机支持的协作学习等特定概念了。

3. 智能导师系统时期（20 世纪 70 年代 —   ）

20 世纪 70 年代左右，随着人工智能技术的发展，一批人工智能学者希望让计算机可以像人类教师和助教一样指导和帮助学生学习，所以智能导师系统开始发展起来。

第一个产生影响的智能导师系统是在 1970 年研发的教授南美洲地理的 Scholar 系统，后来又有 GUIDON、PROUST、SOPHIE、Cognitive Tutor 等系统。客观地说，在早期，智能导师系统的智能水平有限，所以在教育中没有得到普及应用。但是在 2016 年左右掀起第三次人工智能浪潮以后，智能导师系统走上了快车道。研究者提出了"AI 教师"等概念[②]，希望结合大数据、云计算等技术，通过分析学生的学习行为数据，让计算机像教师一样指导学生，从而真正实现个性化自适应学习。

4. 计算机支持的协作学习时期（20 世纪 90 年代 —   ）

20 世纪 90 年代左右，随着多媒体网络技术和建构主义学习理论的发展，教育领域对合作学习和协作学习越来越重视，于是计算机支持的协作学习（computer-supported cooperative learning，CSCL）开始兴起。在 CSCL 发展的过程中，各个研究机构也产生了许多比较有影响力的项目。比如，聋哑大学

[①] 师书恩，王慧芳，林田. 计算机辅助教学［M］. 2 版. 北京：高等教育出版社，2014：10—11.
[②] 余胜泉，彭燕，卢宇. 基于人工智能的育人助理系统——"AI 好老师"的体系结构与功能［J］. 开放教育研究，2019，25（1）：25—36.

的 ENFI 项目，使师生通过软件的特殊文字进行讨论和写作。再如，多伦多大学推出的 CSILE 项目，它是一种类似于 BBS 讨论区的学习环境，支持学生在某一特定主题下分享观点、进行讨论。该系统最初采用单机和局域网环境，在 1996 年修改为可以在互联网环境中使用的版本，并更名为知识论坛（Knowledge Forum）。[①] 进入 21 世纪后，随着 MOOC 的流行，成千上万，甚至几十万、上百万的人可以一起学习、分享、交流和合作，这就使得大规模在线协作学习成为可能。

需要注意的是，在本书中，其他新兴学习技术是和 CSCL 分开讲述的，但是实际上现在的学习技术基本上都提供了协作功能，所以它们大部分也属于 CSCL。比如，教育游戏支持下的协作学习、移动技术支持下的协作学习等。

5. 新兴学习技术时期（2000 年—　　）

20 世纪末 21 世纪初，随着信息科学与技术的不断发展成熟，移动学习、游戏化学习、虚拟世界中的学习等新兴的学习技术也逐渐被应用到教学中。当然，虽然我们称其为新兴学习技术，其实有的技术之前早就被应用了，比如游戏，在计算机辅助教学的早期，游戏就和操练、模拟、仿真等同为重要的 CAI 形式，只不过那时的游戏比较简单，而 20 世纪末计算机图形图像技术及网络技术的成熟，使得具备复杂功能的游戏得以实现，于是教育游戏和游戏化学习才成了一个新的研究热点。

6. 学习空间时期（2016 年—　　）

2016 年，美国新媒体联盟发布的《地平线报告》中提出"重构学习空间"（redesigning learning spaces），吸引了各界对学习空间的重视。[②] 其实 20 世纪 90 年代以来，受学习理论发展、技术进步等因素的影响，改造和重构传统教室和实验室等教学场所在世界范围内已经成为一个研究热点。[③] 人们希望借助信息技术，将传统的教室改造成线上线下融合的学习空间，从而能够更好地支持自主、合作和探究学习。这里说的学习空间实际上也属于一种学习技术，因为它也是综合各种技术和方法等来促进学习，基本上也符合学习技术的定义。

---

① Marlene Scardamalia, 张建伟, 孙燕青. 知识建构共同体及其支撑环境[J]. 现代教育技术, 2005, (3): 5—13.

② Adams B S, Freeman A, Giesinger H C, et al. NMC/CoSN Horizon Report: 2016 K-12 Edition. Austin, Texas: The New Media Consortium, 2016: 8—9.

③ 许亚锋, 尹晗, 张际平. 学习空间：概念内涵、研究现状与实践进展[J]. 现代远程教育研究, 2015, (3): 82—94+112.

以上我们以国际发展概况为主简述了学习技术的历史发展脉络。在我国，学习技术最初发展确实慢一些，但是从20世纪90年代起开始快速发展，目前和国际发展基本上是同步的。接下来就依次具体介绍各时期主要的学习技术。

第二节　计算机辅助学习[①]

本节主要关注计算机辅助学习（CAL），其主要包括个别化学习型、协作学习型、探究学习型等，具体包括操练和练习、对话、模拟和仿真等形式。[②]

一、操练和练习

操练和练习是让学生在熟悉课程内容之后，通过反复练习来获得知识和技能。早期的操练和练习型CAL软件的主要理论依据是行为主义学习理论，遵循的是"积极反应、小步子、及时反馈、自定步调"的原则。比如，在屏幕上呈现一道题目，学习者输入正确答案则反馈"答对了"并继续下一题目，如果输入错误答案则予以提醒。操练和练习经常以游戏的形式呈现，从而激发学生的学习动机。

二、对话

对话指的是让计算机发挥教师一样的作用，学生通过与其对话来学习知识。如果是计算机主导的对话，一般称为个别指导，如果是学生主导的对话，一般称为询问。在CAL发展的早期，个别指导基本上就等同于程序教学，一般会在屏幕上呈现一定的信息，学生做出反应之后则根据学生的回答给出反馈。至于询问，和个别指导的界面设计、交互原则、判断反馈基本上也是一样的，只不过初始对话是由学生启动的。

一开始，大家对"对话"的期待是非常高的，但是限于早期计算机的自然语言理解水平，效果确实不尽如人意。不过随着语言大模型的出现，基于自然对话的CAL已经成为现实。

[①] 广义上来说，游戏、VR/AR等各种技术也都属于计算机辅助学习的范畴。不过在本章中，计算机辅助学习特指操练和练习、模拟仿真这些早期发展起来的技术。当然，这些技术现在仍然在使用。
[②] 师书恩，王慧芳，林田. 计算机辅助教学［M］. 2版. 北京：高等教育出版社，2014：43—60.

三、模拟和仿真

模拟指的是利用计算机软件或硬件对真实事物或过程的虚拟再现。比如,模拟农场、模拟管理等。仿真和模拟的含义比较相似,但是仿真更加重视对事物外在表现的重现,比如仿真机器狗、仿真炒股平台等。当然,也可以将仿真看作一种特殊的模拟。

根据模拟的目的,大致可以将模拟分为如下四类。[①]①物理模拟,通常是在屏幕上呈现一个物理现象,让学生来学习相关知识。除了物理现象外,也可以模拟化学、生物等现象。②过程模拟,一般用计算机来呈现现实世界中难以呈现的过程或概念。比如模拟企业的决策过程、模拟传染病的传播机制等。③程序模拟,通常用来呈现一个操作程序的行为序列,目的是让学习者培养某种技能,比如模拟飞机驾驶。④环境模拟,主要用于呈现一个场景,目的是培养学习者的问题解决等能力,比如呈现一个虚拟的课堂,让学习者通过扮演教师来学习课堂管理技巧。

模拟具有很多优势[②]:①模拟是一种相对便宜的选择,可以廉价地创设近似真实的学习情境;②可以任意添加和去除各种因素,人为控制参数,这样就可以比现实中更容易地突出重要因素;③可以通过压缩或拉伸时间来观察系统行为,比如在 30 分钟之内模拟小麦从种植到成熟的过程;④可以在安全的虚拟环境中进行危险的学习活动,比如模拟核电站的管理;⑤可以让学习者扮演不同的角色,进而从不同的角度看问题;⑥模拟会让学习者觉得更接近真实事物,所以感觉会更有意义,从而激发学习动机;⑦模拟通常会呈现一个近似真实的学习情境,所以可能有助于学习迁移。

在学习科学或教育技术论著中,我们既能看到"模拟"的概念,也经常能看到"模型"的概念。所谓模型,指的是对一个系统的变量或概念及它们之间的关系的结构化表征,人们可以通过各种方式模拟这些变量或概念及其关系,从而预测该系统的行为,本质上是模拟实现的支撑。[③]实践中,模型促进的学习可以分为

---

① 师书恩,王慧芳,林田. 计算机辅助教学[M]. 2 版. 北京:高等教育出版社,2014:43—60.
② 张建伟. 基于模拟式教学及其效果研究回顾[J]. 电化教育研究,2001,(7):68—71.
③ Jong T, Wouter R, van Joolingen. 模型促进的学习[M]//Spetcor J M, et al. 教育传播与技术研究手册. 任友群,等译. 上海:华东师范大学出版社,2012:508.

以下三类。[①] ①根据模型来学习,学生主要通过改变模型输入变量的值并观察输出变量的最终值来探究模型本身。[②] ②通过创建模型来学习,学生要按照要求自己构建一个尽可能和真实系统一样的外部模型,学生通过创建过程来学习相关规则。③基于模型的探究学习,这种方式把前两种方式结合了起来,比如在《模拟农场》(Farmtasia)[③]中,学生可以提出假设,并去验证假设,从而探究农业等领域的知识。[④]

四、微世界与建模

微世界是一种特殊的模拟[⑤],它是指一种模拟真实世界现象与环境的发现式学习环境,其中提供某一个知识领域的微小但完整的"世界"(知识),学习者一般可以在其中通过操作虚拟对象的属性和事件来建模,并通过提出假设和验证假设等过程来学习相关知识和技能。

微世界一词最早是由麻省理工学院西摩·佩珀特教授提出的,用来特指他开发的LOGO语言学习环境,后来也泛指类似的学习环境。LOGO语言是计算机程序设计语言,学习者可以用简单的指令,控制一只"海龟"在屏幕上画出特定的图形,借此学习数学知识,并培养创造力。LOGO语言对后世产生了重要的影响,之后涌现了一系列帮助学生通过建模和观察进行学习的软件。比较知名的当属用于数学、物理等学科教学的《几何画板》,我国学者张景中院士也推出了Z+Z智能教学系统《超级画板》。相信随着人工智能技术和建模技术的发展,未来"微世界"或将会有更加广阔的应用前景。

五、信息检索与问题解决

信息检索指的是利用通用的搜索引擎或者专门的工具软件检索自己需要的信息。尽管信息检索比较简单,但是实际上对于推动教育发展起到了重要的作用,

---

① Jong T, Wouter R, van Joolingen. 模型促进的学习 [M]//Spetcor J M, et al. 教育传播与技术研究手册. 任友群, 等 译. 上海: 华东师范大学出版社, 2012: 508—520.

② Brown J S, et al. Pedagogical, natural language and knowledge engineering techniques in Sophie I, II and III [M]//Sleeman D, Brown J S. Intelligent tutoring systems. London: Academic Press, 1982: 227−282.

③ Cheung K F, Jong M S Y, Lee F L, et al. FARMTASIA: an online game-based learning environment based on the VISOLE pedagogy [J]. Virtual reality, 2008, 12: 17−25.

④ 尚俊杰, 蒋宇, 庄绍勇. 游戏的力量——教育游戏与研究性学习 [M]. 北京: 北京大学出版社, 2012: 108—115.

⑤ 张伟. 微世界教育应用探索 [J]. 远程教育杂志, 2003, (5): 7—10+60.

因为它让我们能够快速检索到所需要的资源，从而节省了大量的时间。未来随着资源的不断增加，信息检索的工具和技能会更加重要。

问题解决指的是使用计算机来协助解决数学、物理等学科学习问题。它和前面讲的 CAL 形式没有本质上的差别。比如使用 Excel 来汇总计算，使用 Word 来撰写作文都属于问题解决。事实上，我国自 20 世纪 90 年代开始推广的信息技术与课程整合基本上也都属于问题解决的范畴，比如教育技术界前辈何克抗和李克东教授曾经开展的"小学语文四结合"研究项目①，就是让小学生利用计算机学习字词、撰写作文，在国内外产生了比较大的影响。

以上介绍了几种主要 CAL 形式②，看起来有的形式已经过时，但是实际上精髓一直存在，后面介绍的新兴学习技术和这些 CAL 形式都有着千丝万缕的联系。

第三节　人工智能支持下的学习

自 1956 年在达特茅斯会议上提出"人工智能"（artificial intelligence，AI）的概念以后，人们就在努力将人工智能逐渐应用到教育中。20 世纪 70 年代，教育领域的专家系统即智能导师系统开始兴起，人们希望借助人工智能技术，让计算机能够像人类教师或助教一样指导和帮助学生学习，甚至在一定程度上替代教师。③

一、智能导师系统

（一）智能导师系统的含义和模型架构

智能导师系统是利用计算机模仿教学专家的经验、方法来辅助教学工作的计算机系统。④它可以利用人工智能技术为学习者提供个性化学习指导，帮助不同需求和特征的学习者获得知识和技能。⑤智能导师系统的模型架构，包括三方面的

---

① 何克抗，李克东，谢幼如，等．小学语文"四结合"教学改革试验研究［J］．电化教育研究，1996，（1）：12—21+80．
② 计算机辅助测试和操练、练习有相似性，所以本节没有展开讲。游戏会放在第五节讲。
③ 刘德建，杜静，姜男，等．人工智能融入学校教育的发展趋势［J］．开放教育研究，2018，24（4）：33—42．
④ Sleeman D H, Brown J S. Intelligent tutoring systems: an overview ［C］//Sleeman D H, Brown J S, eds. Intelligent tutoring systems. New York: Academic Press, 1982: 1–11.
⑤ 刘清堂，吴林静，刘嫚，等．智能导师系统研究现状与发展趋势［J］．中国电化教育，2016，37（10）：39—44．

知识：①领域知识，即专家模型，它主要解决教什么的问题，包含系统推理并判断学习者的回答与问题解决的步骤合适与否；②学习者知识，即学生模型，它主要解决教谁的问题，即判断学生当前的理解和认知水平以及学生的认知特点；③教学策略知识，即导师模型，它要解决怎么教的问题，主要提供有针对性的教学策略，使系统提出合理的辅导动作，如提供有效的反馈或调整下一个任务。①

至于智能导师系统的运行方式，以卡内基梅隆大学研发的"认知导师"系统为例②，研究人员或者教师借助认知导师创作工具 CTAT（图 7-1）就可以设计相关规则。当学生访问系统的时候，系统可以根据学生的答案给予不同的反馈。

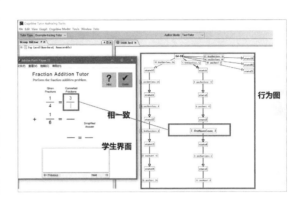

图 7-1 认知导师的示意图

（二）智能导师系统的历史发展

这几十年来，涌现出了很多智能导师系统。③陈仕品和张剑平将智能导师系统的发展划分为四个阶段：① 20 世纪 70 年代，主导的学习理论是行为主义学习理论，该理论强调刺激与反应的联结，因此计算机体现出"问题-答案"的模式，这一阶段研究重点是问题产生，研究方向集中于学生模型、知识表示、技能与策略知识、错误库等；② 20 世纪 80 年代，主导的学习理论逐步转向认知主义学习理论，该理论强调信息加工，重视学习者与信息交互，解释信息并建构个人的知识表示，因此该阶段的研究重点是模式跟踪，研究方向集中于错误库、基于案例的推理、模拟、自然语言处理和著作工具等；③ 20 世纪 90 年代以后，建构主义学习理论成了主导的学习理论，该理论强调学习者自身的经验、社会和文化背景的影响以及协商的作用，因此该阶段研究重点是学习者控制，研究方向集中于个别化学习、协作学习、情境学习、虚拟学习环境等；④ 21 世纪以来，建构

---

① 陈仕品，张剑平. 智能教学系统的研究热点与发展趋势［J］. 电化教育研究，2007，(10)：41—46+50.
② http://ctat.pact.cs.cmu.edu.
③ 贾积有. 人工智能赋能教育与学习［J］. 远程教育杂志，2018，36(1)：39—47.

主义仍然流行，研究重点转向适应性学习支持，研究方向集中于教学代理、教学游戏、元认知技能支持等。①

现在国内也在努力研究能够承担部分教师职能的机器人，比如余胜泉等人尝试开发的"AI好老师"②，方海光等人探索的人工智能教育机器人支持下的新型"双师课堂"③。但是与人类教师丰富的教育智慧和策略相比，这些系统中的适应性教学行为还很有限。④

二、个性化自适应学习

在人工智能应用到教育的研究中，从教的角度看，使用的概念通常是智能导师或智能教学系统，但是从学的角度看，使用的概念通常是个性化自适应学习。

（一）个性化自适应学习的含义

所谓个性化学习（personalized learning，简称PL），美国教育部2016年发布的《国家教育技术计划》中将其定义为："根据学习者的个性化需求和特点，采取适合的方法和手段来满足学习者需求的学习过程，让学习者主动或被动地构建和内化知识系统的学习方式。"从定义可以看出，个性化学习强调教学过程中要根据每一个学习者的学习特征来采用恰当的教学策略、内容和学习支持服务，也就是我们常说的"因材施教"。

所谓自适应学习（adaptive learning），指的是收集学生在学习过程中的信息，并对获取的信息进行分析，然后为学生定制符合其学习能力和水平的模型，以解决教育原来缺乏个性化的难题。⑤

从以上定义可以看出，个性化学习和自适应学习关系很密切，两者可以说是相互依赖的关系。在实践中，人们一般采用个性化自适应学习的概念。根据以上探讨，本书给出如下定义：

---

① 陈仕品，张剑平. 智能教学系统的研究热点与发展趋势［J］. 电化教育研究，2007，(10)：41—46+50.

② 余胜泉，彭燕，卢宇. 基于人工智能的育人助理系统——"AI好老师"的体系结构与功能［J］. 开放教育研究，2019，(1)：25—36.

③ 汪时冲，方海光，张鸽，等. 人工智能教育机器人支持下的新型"双师课堂"研究——兼论"人机协同"教学设计与未来展望［J］. 远程教育杂志，2019，37(2)：25—32.

④ Ohlsson S. Some principles of intelligent tutoring［M］//Lawer R W, Yazdani M. Artificial intelligence and education. Norwood. NJ: Ablex, 1987: 203-237.

⑤ Brusilovsky P. Methods and techniques of adaptive hypermedia［J］. User modeling and user-adapted interaction, 1996, 6(2-3): 87-129.

> **关键概念 —— 个性化自适应学习**
>
> 个性化自适应学习指的是一种利用适应性系统实现个别化学习的学习方式,该系统会采集、分析学习者的学习行为数据,并结合学习者的个性化需求和特点,为其定制符合其学习能力和水平的学习内容和个别化指导,从而促进学习者主动或被动地进行知识建构。

（二）个性化自适应学习模型

和前面智能导师系统的模型类似,个性化自适应学习模型需要以下模块:领域知识模型、教育学模型、学习者模型和接口模块。其中,领域知识模型提供了相关学科知识的结构和概念;学习者模型提供了每个学习者的基本信息,如认知风格、学习水平、学习特征等;教育学模型提供了学习者访问领域模型各部分的规则;接口模块则是学习者与整个系统交互的基础。①

在个性化自适应学习系统中,领域知识模型——说得通俗一点就是知识点及其关系——至关重要。目前,构建领域知识模型的方法一般有概念图、知识地图、认知地图、知识图谱等。其中,知识图谱是一种结构化的语义知识库,可以用于迅速描述物理世界中的概念及其相互关系（图7-2）。

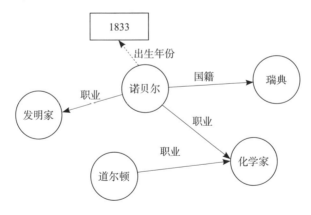

图7-2 知识图谱示意图

知识图谱将错综复杂的数据转化为简单、清晰的"实体-关系-实体"或"实体-属性-属性值"的三元组（比如"诺贝尔-国籍-瑞典"或"诺贝尔-

---

① 徐鹏,王以宁,刘艳华,等.大数据视角分析学习变革——美国《通过教育数据挖掘和学习分析促进教与学》报告解读及启示［J］.远程教育杂志,2013,31(6):11—17.

出生年份 -1833"），并形成网络，最后聚合大量知识，实现知识的快速响应、提取和推理，因此被广泛应用在智能搜索、智能问答、个性化推荐、情报分析等领域。在教育领域，知识图谱被广泛应用在个性化自适应学习模型的构建中，比如利用知识图谱来表征学科的概念及其语义联系，并据此推荐个性化学习资源和个性化学习路径。①

（三）个性化自适应学习案例

个性化自适应学习自提出以来，也产生了许多系统。2001年，布鲁西罗夫斯基等人提出了一个可交互的智能网络教学系统 ELM-ART。该系统提供了个性化知识导航、对学生作答的个性化分析，同时增加练习环节并根据练习结果收集用户信息，且根据学生练习结果的对错情况呈现练习的内容。知名的可汗学院于2013年9月推出了数学课程的个性化自适应学习系统，其中将知识切割为上百个知识点并可视化为由549个小格组成的学习任务图（图7-3左）。学习者可以设计个性化的学习路径并自由选择想要学习的知识点，还可以通过练习或测试来提升对某一知识点的掌握程度（图7-3右）。②在我国，余胜泉教授较早研究自适应学习，他从学习诊断、学习策略及学习内容的动态组织等三个关键环节提出了适应性学习模式③，并将其应用在了自己团队研发的学习元平台中。

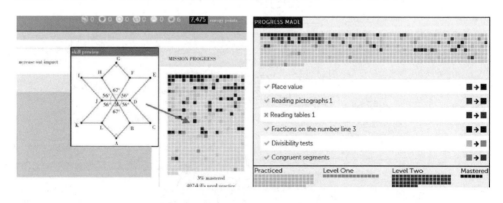

图7-3 可汗学院数学课程的学习任务图（左）和知识点掌握图（右）

---

① 李振，周东岱.教育知识图谱的概念模型与构建方法研究［J］.电化教育研究，2019，40（08）：78—86+113.

② 张振虹，刘文，韩智.学习仪表盘：大数据时代的新型学习支持工具［J］.现代远程教育研究，2014，（3）：100—107.

③ 余胜泉.适应性学习——远程教育发展的趋势［J］.开放教育研究，2000，（3）：12—15.

除了这些案例外，前面提到的智能导师系统，从学的角度看，大部分也可以归入个性化自适应学习系统。另外，在有些在线教育系统中，尽管是提前录好视频，但是系统会利用AI技术采集学习者的行为数据、表情数据，并据此调整教学内容或进行个别化指导。

第四节 技术支持下的协作学习

20世纪90年代左右，随着网络技术的发展和教育领域对协作学习的重视，技术支持下的协作学习开始兴起，这使得分布在不同国家、不同地区、不同学校的学习者有机会一起来讨论、交流和分享。

一、计算机支持的协作学习

（一）计算机支持的协作学习的含义和历史发展

所谓计算机支持的协作学习（CSCL），就是在以网络技术和多媒体技术为主的计算机技术的支持下，构建协作学习环境，开展协作学习的一种方式。比如，学习者利用在线论坛或在一个游戏化的沉浸式虚拟社区中进行互动、交流和学习。

CSCL实际上代表了两种趋势的汇合：一种是计算机技术在教育中应用的发展，另一种是协作学习作为一种新的学习方式的发展。[1] CSCL在发展的早期，主要关心的是如何利用技术进行协同工作，注重的是协同技术的支持。后来逐渐关注什么是学习、什么是协作学习，以及如何利用计算机更好地支持协作学习。简而言之，研究者从重视CSCL的支持技术，转变到关注如何提高协作学习的效果。[2]

（二）计算机支持的协作学习的特点及局限性

CSCL作为一种特殊的协作学习方式，自然也具备协作学习（合作学习）的特点。不过由于信息技术的加入，CSCL还具备一些新特点。①可以突破时空限制：理论上世界各地的学习者可以随时一起学习。②可以让协作更深入、更透彻：CSCL的在线讨论理论上可以一直持续下去，这样或许可以比有时间限制的

---

[1] 黄荣怀.计算机支持的协作学习——理论与方法[M].北京：人民教育出版社，2003：116—117.
[2] 赵建华.计算机支持的协作学习[M].上海：上海教育出版社，2006：5.

面对面讨论更加充分、更加透彻。③每个人都有充分参与的机会：每个人的参与机会可以不受时间的限制，尤其是可以匿名的机制，使得一些比较内向的学习者也有了更多的参会机会。④增强了协作学习的机会：学习者可以有更多的协作方式，比如在线讨论、在线合作完成概念图等。⑤学习成果可以永久保存：在线协作学习的所有成果和过程数据可以永久保存在数据库中，这为进一步的分析、干预等提供了可能性。

当然，和面对面的协作学习相比，CSCL 也具有一定的局限性。①容易受限于计算机网络条件：比如在线教育中容易出现视频卡顿现象。②交互的即时性不强：异步交互不能像面对面学习时一样立即发生，需要等待。③交互可能不够全面：在面对面交互时，很多社会意义都是由非语言行为传达的，比如表情、眼神等；但是在线交互时，则主要是靠语言来传达，就可能导致在线交互不够直接和全面，社会临场感[①]不够强。

（三）计算机支持的协作学习的类型及案例

关于 CSCL 的种类，考斯曼从教学的角度提出了九种类型的 CSCL：课堂内的应用（在教室内使用）、教室之间的应用（通过教室连接使用者）、教室外使用（在课堂外部使用）、同步、异步、呈现或模拟学习问题、作为通讯的媒介、为小组的工作成果建立档案、支持学习者模拟分享他们对新概念的理解。

我国学者黄荣怀则根据学习者在时间和空间中的位置关系将 CSCL 分成比较简洁的四类。[②]①实时同地：指的是学习者在同一个地方同时学习，但是基于计算机进行协作学习。这种模式下一般每个小组会共享一台电脑，或者每人一台电脑，不过每个人只能操作自己负责的电脑。②非实时同地：指的是学习者在同一个地方，但是可以异步完成学习任务，比如利用在线论坛异步讨论。③实时远程：指的是不同地方的学习者实时进行协作学习，比如世界各地的学习者利用在线会议系统进行实时讨论。④非实时远程：指的是不在同一个地方的学习者非实时地协作学习，例如多伦多大学推出的知识论坛项目。

在过去的三十年里，CSCL 已经成为学习科学和教育技术领域都非常重要的研究方向。未来随着计算机网络技术和多媒体技术的快速发展，相信 CSCL 会在知识建构的机制、协作学习平台的设计、面向 CSCL 的脚本设计、交互分析的智

---

① 根据 MBA 智库百科的定义，社会临场感是指在利用媒体进行沟通过程中，一个人被视为"真实的人"的程度及与他人联系的感知程度。
② 黄荣怀.计算机支持的协作学习——理论与方法［M］.北京：人民教育出版社，2003：123—127.

能化、协作学习系统的可视化等领域取得更多的研究成果。①

二、大规模在线协作学习

（一）大规模在线协作学习的含义及历史发展

所谓大规模在线协作学习（massive online collaborative learning，简称MOCL），一般指的是成千上万，甚至几十万以上的学习者在以互联网技术为主的计算机技术的支持下，构建协作学习环境，开展协作学习的一种方式。

自20世纪90年代起，互联网开始蓬勃发展。互联网具有开放、平等、去中心、无权威等特点，这就使得不同行业、不同时间、不同地点的成千上万的人可以一起来做一件事情，客观上使大规模协作成为可能。这方面最典型的代表就是"维基百科"，来自世界各地成千上万的志愿者共同协作，创造出了世界范围内最大、最有影响力的参考工具。② 2004年以后，Web2.0③的概念开始流行，诞生了Facebook、微信等社交工具软件，借助这些软件，知识的分享、交流和共建变得更加容易，社会性学习也开始蓬勃发展。当然，在众多社会性学习方式中，基于MOOC的大规模在线协作学习是最为瞩目的。近些年，世界各地纷纷开始建设MOOC课程，掀起了MOOC浪潮，我国也建设了中国大学MOOC、华文慕课、学堂在线等网站，提供了一大批优秀的在线课程。

（二）大规模在线协作学习的特点

当然，大规模在线协作学习本质上也属于CSCL，它除了具备CSCL的一些特点外，也具备一些独特的特点。①参与者有所不同：首先是参与人数量大，交互更容易发生；其次是参与者没有固定角色的划分，每一个参与者既可以是知识的使用者，也可以是创建者和生产者。②学习组织结构有所不同：传统CSCL一般有比较严密的教学组织结构，而MOCL则一般呈现出松散的教学组织结构。③学习目标有所不同：MOCL中，更加关注集体智慧的建构、集体共识的形成。④学习活动有所不同：在MOCL中，主要包括以获取共识为目的的讨论、辩论

---

① 杨刚，徐晓东. 计算机支持的协作学习研究现状与发展趋势——关于CSCL的定量与定性分析[J]. 远程教育杂志，2010，28(3)：93—101.
② 刘禹，陈玲. 基于网络的大规模协作学习研究[J]. 远程教育杂志，2013，31(2)：44—48.
③ 根据科普中国·科学百科的定义，Web2.0是第二代互联网，它开启了相对于Web1.0的新的时代，指的是一个利用Web的平台，由用户主导而生成内容的互联网产品模式，有别于传统上由网站雇员主导生成内容的模式。

和测试活动，以学习资源共建共享为目的的协同编辑、协同批注活动，以知识分享和推荐为主要目的的订阅、分享、交流活动。⑤学习评价方式有所不同：对学习的评价并不是以知识内容为核心的标准化评价，而是在学习者参与学习的过程中开展形成性的评价。另外，还可能会有一些比较有特色的评价，比如在MOOC中通常采用同伴互评的方式。①

随着互联网的进一步发展，大规模在线协作学习一定会越来越重要。当然，对于研究者来说，需要特别考虑如何把大规模在线协作学习和传统学校教育有机地结合起来。

第五节 新兴技术支持下的学习

20世纪末，移动通信技术、多媒体网络、虚拟现实等技术的发展，使得技术支持下的学习发展到了一个新的阶段，新兴的学习技术开始不断涌现。本节就概要介绍其中几种学习技术。

一、移动学习和泛在学习

（一）移动学习的含义和历史发展

移动学习（mobile learning，简写为 M-learning）就是在移动设备和技术的支持下，随时、随地进行的学习。比如，在上班路上利用手机学习在线课程。

移动学习最早可以追溯到20世纪70年代美国施乐公司的一个研究项目，他们设计了一款名叫 Dynabook 的低成本无线设备，用于支持学习者进行互动学习。②1994年，美国卡内基梅隆大学发起无线基础设施建设 Wireless Andrew 项目，从此各种形式的移动学习实践开始在世界范围内铺开。2002年，在英国召开了第一届移动学习会议（MLearn Conference），这是移动学习的一个里程碑。同年，欧盟发起了 MOBIlearn 和 M-learning 项目。③其中，MOBIlearn 项目旨在基于移动学习理论设计、开发一个兼顾学习和娱乐的学习系统以支持学生在博物馆等

---

① 刘禹，陈玲. 基于网络的大规模协作学习研究 [J]. 远程教育杂志，2013，31（2）：44—48.
② Kay A C. A personal computer for children of all ages [C] //Proceedings of the ACM national conference. Boston, MA, 1972, 1(1): 1–11.
③ 宋玉琳，肖俊洪. 再谈移动学习——访英国移动学习教授约翰·特拉克斯勒 [J]. 中国远程教育，2017,（11）：43—46.

校外场景中的学习。①

当然，移动学习设备不仅仅指手机，也包括平板和笔记本电脑。MIT媒体实验室创始人尼古拉斯·尼葛洛庞帝后来积极倡导"每个儿童拥有笔记本"计划。②他希望能够给一些发展中国家的贫困少年儿童提供一批100美元的廉价笔记本电脑，借此让这些孩子能够接触最新的信息，以便缩小数字鸿沟，促进教育公平。该计划得到了广泛的认可，后来人们在教育领域提出了"1:1计划"，一般指的就是这种一人一台移动设备的学习方式。

我国的移动学习研究始于2000年，国际远程教育专家戴斯蒙德·基更（Desmond Keegan）在庆祝上海电视大学建校40周年大会上做了题为"远程学习·数字化学习·移动学习"的学术报告，首次将移动学习的概念介绍到中国。之后，北京大学、上海交通大学等逐渐开展了许多移动学习研究项目。③

（二）移动学习的特点和价值

与传统互联网学习相比，移动学习有其独特的优势。①方便携带：与传统计算机相比，移动设备更轻便，这样就可以随时随地进行学习。②感知地理位置：移动设备通常具备地理位置感知功能，这样就可以开展与地理位置有关的学习。③功能强大：移动设备通常内置相机、麦克风、社交软件、传感器等功能，这样就可以让学生及时交流、分享学习心得，收集多种类型的实验数据。④便于和其他学习方式整合：移动学习和后面要讲的游戏化学习、虚拟现实、增强现实、在线学习等学习方式都可以整合在一起。

（三）移动学习的模式及案例

至于移动学习模式，我们可以简单地分为如下三种模式：灵活学习（碎片式学习）、情境感知学习、基于电子书包的课堂互动式学习。④灵活学习，是指利用移动设备让学习者可以随时随地学习的模式。比如欧盟的M-Learning项目为许多16～24岁未完成学业的青年创建了一个资源丰富的移动学习环境。⑤情境感

---

① Bo G. MoBIlearn: Project final report［EB/OL］.(2013-2-1)［2022-03-05］. http://www.mobilearn.org/results/results.htm.
② 后来也常称为100美元计划，不过后期的电脑不一定就是100美元，可能比100美元高一些。
③ 崔光佐，等. 移动教育——现代教育技术的一个新方向［EB/OL］.［2021-03-02］. http://www.hebiat.edu.cn/jjzx/MET/journal/articledigest12/meeting-8.htm.
④ 尚俊杰. 移动学习有什么用?［J］. 中国信息技术教育，2015,（14）：35.
⑤ 刘豫钧，鬲淑芳. 移动学习——国外研究现状之综述［J］. 现代教育技术，2004,（3）：12—16.

知学习,是指利用移动设备能够感知地理位置的特点,让学习者可以结合地理位置进行特定需求学习的模式。博物馆、科技馆经常采用这种方式。比如,香港中文大学学习科学与技术中心庄绍勇教授推出的 EduVenture 项目(http://ev-cuhk.net)就是一套移动游戏化学习系统,教师可以在后台编辑课程,学生拿着平板电脑就可以在城市、校园、公园等场所开展基于真实情境的户外探究学习(如图7-4)。① 基于电子书包的课堂互动式学习,是指现在很多国家的学校都在试验平板课堂,学生和老师人手一台平板电脑。学生可以利用平板电脑看微课,做虚拟实验,或者回答教师提出的问题。这种学习方式一方面促进了互动,另一方面可以记录、分析学生的行为数据,从而给学生提供个性化的学习支持。②③

图 7-4 学生在城市里进行移动学习

(四)泛在学习的含义和特点

泛在学习又称无缝学习(seamless learning)、普适学习、无处不在的学习,指的是一种任何人可以在任何地方、任何时刻获取所需的任何信息的学习方式。人们希望利用各种信息技术为学习者构建一个能够将正式学习与非正式学习连接起来、跨越个人学习与社群学习、衔接现实学习与网络学习的无缝学习空间。④ 同移动学习相比,泛在学习具有以下几个特点:泛在性、易获取性、交互性、学习

---

① Jong M S Y, Chan T, Hue M T, et al. Gamifying and mobilising social enquiry - based learning in authentic outdoor environments [J]. Educational technology & society, 2018, 21(4): 277−292.

② 张倩,章祥峰. 基于 Web 环境下的数字化书包——电子书包 [J]. 图书馆界,2011,(5):11—13.

③ 钱冬明,管珏琪,郭玮. 电子书包终端技术规范设计研究 [J]. 华东师范大学学报(自然科学版),2012,(2):91—98.

④ 刘军,邱勤,余胜泉,等. 无缝学习空间的技术、资源与学习创新——2011 年第十届 mLearn 世界会议述评 [J]. 开放教育研究,2011,17(6):8—19.

环境的情景性和以现实的问题为核心。①

> **案例：新加坡南洋理工大学的无缝学习案例**②
>
> 新加坡南洋理工大学 Chee-Kit Looi 等人持续推进的一系列中小学生无缝学习研究项目，旨在利用移动设备、社交媒体等让学生将非正式学习历程（包括生活观察、实践）与他们在正式学习（课堂内的学习）中获得的概念紧密联系，结合个人反思与同侪合作探究来建构知识框架并促进理解，贯穿现实与网络学习空间，实现学习边界的无缝化。

（五）移动学习的未来发展趋势

我国 2010 年颁布了《国家中长期教育改革和发展规划纲要（2010—2020年）》，其中指出要努力形成人人皆学、处处可学、时时能学的学习型社会。美国在 2016 年也颁布了国家教育技术计划——《为未来学习做准备：重新设想技术在教育中的作用》(Future Ready Learning: Reimagining the Role of Technology in Education)，其中也表达了通过平等、积极利用技术和协同领导，让学习可以无处不在、无时不在的理念。③这些都说明移动学习的前景将会越来越广阔。

二、教育游戏和游戏化学习

（一）教育游戏和游戏化学习的含义

教育游戏和游戏化学习是两个相关的概念。其中，教育游戏指的是游戏本身，游戏化学习指的是将游戏应用到教学中的学习方式。本书采用如下定义：

> **关键概念 —— 教育游戏**
>
> 教育游戏（educational game）的概念有狭义和广义之分。狭义上的教育游戏是指专门为特定的教育教学目标而开发的电子游戏；广义上的教育游戏是指具有一定教育价值的电子游戏或传统游戏，其中电子游戏包括街

---

① 潘基鑫, 雷要曾, 程璐璐, 等. 泛在学习理论研究综述[J]. 远程教育杂志, 2010, 28(2): 93—98.

② Wong L H, Looi C K, Aw G P. Does seamless learning translate seamlessly?: a decade of experiences in adapting Seamless Learning designs for various subjects, levels and technological settings [C]// Koh E R, Huang D W L.(eds.) Scaling up ICT-based innovations in schools: the Singapore experience. Singapore: Springer, 2021: 269−289.

③ 顾凤佳. 基于政策视角的国际移动学习趋势研究[J]. 成人教育, 2017, 37(1): 80—86.

机游戏、电脑游戏、VR/AR 游戏等，传统游戏包括棋盘游戏、卡牌游戏、运动/言语游戏等。①

关键概念——游戏化学习

狭义上的游戏化学习（game-based learning，也译为基于游戏的学习）主要指的是将传统游戏或电子游戏用到教与学中。广义上的游戏化学习指的是将传统游戏、电子游戏，或游戏的元素和机制用到教与学中。这种学习方式旨在借助游戏的特点，给学习者创设更富吸引力的学习环境来实现学习知识、提升能力、培养情感态度价值观的目的。②

（二）游戏化学习的历史发展

游戏化学习研究的历史由来已久，孔子、柏拉图、亚里士多德、康德、席勒等人都曾经论述过游戏的价值。随着现代心理学理论的出现，人们开始从动机和认知的视角，探讨游戏对人类情感和学习发展的影响。弗洛伊德、皮亚杰、维果斯基、布鲁纳等人从不同视角研究过游戏的价值。福禄贝尔、蒙台梭利、杜威等人也致力于将游戏应用到教育教学中，尤其是幼儿教育中。

20世纪50年代以来，电子游戏发展起来，人们开始研究电子游戏的价值。不过，该时期的教育游戏主要是一些比较简单的小游戏（mini-game），比如打字练习和选择题游戏等。这一类游戏一般被认为只能培养简单的技能，无法培养问题解决、协作学习等高阶能力③，但是它们很容易被整合在传统教学中④，因此被广泛使用。

到1995年左右，随着基于图形界面的大型网络游戏的诞生，在国际上出现了一批较大型的网络教育游戏。比如，哈佛大学迪德（Dede）等人推出了一个旨在促进科学教育的"河城"（*River City*）游戏项目。⑤ 印第安纳大学的巴拉

---

① 尚俊杰，曲茜美. 游戏化教学法 [M]. 北京：高等教育出版社，2019：30.
② 本定义是尚俊杰等人为《中国大百科全书（第三版）》撰写的词条。
③ Prensky M. Digital game-based Learning [M]. New York: McGraw-Hill, 2001.
④ Squire K. Video games in education [J]. International journal of intelligent simulations and gaming, 2003, 2(1): 49–62.
⑤ Dede C, Ketelhut D. Motivation, usability, and learning outcomes in a prototype museum-based multi-user virtual environment [R]. Presented at American Educational Research Conference, April, 2003.

布（Barab）等人设计开发了《探索亚特兰蒂斯》（Quest Atlantis）。① 香港中文大学李芳乐和李浩文等人推出的 VISOLE（Virtual Interactive Student-Oriented Learning Environment，虚拟互动学生为本学习环境）项目，并推出了旨在学习农业等跨学科知识、培养问题解决能力等高阶能力的教育游戏《农场狂想曲》（Farmtasia）。②

图 7-5 Quest Atlantis 和 Farmtasia 的主界面

进入 21 世纪以后，随着游戏技术的发展，各种形式的教育游戏开始涌现。比如威斯康星大学麦迪逊分校的沙弗（D. W. Shaffer）等人提出了认知游戏的概念（Http://epistemicgames.org），让学习者在仿真的环境中学习城市规划、新闻等专业知识。③ 亚利桑那州立大学推出了一款 3D 角色扮演游戏 Quest 2 Teach，新手教师可以在其中练习如何教学。麻省理工学院媒体实验室推出了风靡全球的 Scratch（Http://scratch.mit.edu），这是一款可以用可视化的、游戏化的方式学习编程的工具软件。在我国，也有许多学者开展了大量的教育游戏设计开发及应用评估研究，包括，北京大学（见下面案例）、杭州师范大学、南京师范大学、陕西师范大学、华东师范大学，以及来自台湾地区的高校。

---

① Barab S, Thomas M, Dodge T, et al. Making learning fun: quest Atlantis, a game without guns [J]. Educational technology research & development, 2005, 53(1): 86-107.
② Jong M S Y, Shang J J, Lee F L, et al. VISOLE—a constructivist pedagogical approach to game-based learning [M]//H. Yang, & S. Yuen. Collective intelligence and e-learning 2.0: implications of web-based communities and networking. New York: Information Science Reference, 2010: 185-206.
③ Shaffer D W. Epistemic frames for epistemic games [J]. Computers & education, 2006, 46(3): 223-234.

> **案例：北京大学基于学习科学视角的游戏化学习研究**[①]
>
> 北京大学尚俊杰等人整合教育神经科学、课程与教学和教育游戏的知识，先后开发了用于练习数感的游戏《怪兽消消消》（图7-6左）、学习分数的游戏《分数跑跑跑》（图7-6中）和训练空间折叠能力的游戏《方块消消乐》（图7-6右）等多款教育游戏，并开展了多项实证研究[②③]，成效良好。
>
>
>
> 图7-6《怪兽消消消》《分数跑跑跑》《方块消消乐》游戏界面图

在实践领域，国外和国内先后诞生了 *SimCity*、*Civilization*、*Minecraft*、*Crayon Physics*，以及《悟空识字》《洪恩识字》等比较优秀的教育游戏或游戏化学习平台。此外，腾讯、网龙、好未来等企业也推出了方便教师等普通人员开发教育游戏的引擎。总的来说，游戏化学习基本上得到了社会各领域的认可，包括欧盟、美国、我国在内的许多国家都强调在课堂教学中采用游戏化学习。[④]

（三）游戏化学习的价值

尽管游戏确实具有一些负面影响，但是也有许多学者认为，游戏化学习可能有如下价值：激发学习动机、创建学习环境、支持其他学习方式、提升学习成效。[⑤]

[①] 北京大学教育学院学习科学实验室 Mamagame 网址：http://www.mamagame.net。
[②] 裴蕾丝，尚俊杰.学习科学视野下的数学教育游戏设计、开发与应用研究——以小学一年级数学"20以内数的认识和加减法"为例［J］.中国电化教育，2019，40（1）：94—105.
[③] 张露，胡若楠，曾嘉灵，等.学习科学视角的分数游戏设计与应用研究［J］.中国远程教育，2022，（3）：68—75.
[④] 陈博殷，钱扬义，李言萍.游戏化学习的应用与研究述评——基于国内外课堂中的"化学游戏化学习"［J］.远程教育杂志，2017，35（5）：93—104.
[⑤] 尚俊杰，庄绍勇.游戏的教育应用价值研究［J］.远程教育杂志，2009，（1）：63—68.

1. 激发学习动机

学习动机非常重要，许多研究显示游戏化学习能够激发学生的学习动机。[①][②] 游戏为什么能够激发学习动机呢？马龙（Malone）和莱佩尔（Lepper）在20世纪80年代做了大量的实证研究，提出了一套内在动机理论，将人们喜欢玩游戏的深层动机分为两类：一类是个人层面的，包括挑战、好奇、控制和幻想；另一类是人际层面的，包括合作、竞争和认同（recognition，也有人翻译为认可）。[③] 此外，也有学者采用马斯洛提出的"需要层次理论"从宏观上解释人们为什么喜欢玩游戏，或者用契克森米哈伊（Csikszentmihalyi）提出的心流（flow）理论来解释游戏中的动机问题。

2. 创建学习环境

由于当今的游戏往往使用2D或3D技术来创设复杂的游戏情境，可以让学习者在其中通过互动和交流去自主探索，因此许多学者认为可以利用游戏来构建游戏化的学习环境。[④] 比如，前面提到的VISOLE项目，也是旨在构建一种支持学生自主学习知识的互动式游戏化虚拟环境。

3. 支持其他学习方式

游戏化学习可以和前几节提到的其他学习方式结合起来，让学生具有更强的学习动机。比如前面提到的 *River City*、*Quest Atlantis*、*Farmtasia* 主要是把游戏化学习和探究学习结合到了一起。蒋宇等人也曾整合游戏化学习和体验学习，提出了一种游戏化探究学习模式。[⑤] 张金磊和张宝辉详细探讨了翻转课堂设计需求与游戏化设计策略的对应关系。[⑥] 也有学者将游戏化学习和设计学习结合起来，通过

[①] Barab S, et al. Game-based curriculum and transformational play: designing to meaningfully positioning person, content, and context [J]. Computers & education, 2011, 58(1): 518.

[②] （美）理查德·E. 迈耶. 走出教育游戏的迷思：科学证据告诉了我们什么 [M]. 裴蕾丝 译. 北京：教育科学出版社，2019：62—72.

[③] Lepper M R, Malone T W. Intrinsic motivation and instructional effectiveness in computer-based education [C]//R. E. Snow & M. J. Farr. (Eds.) Aptitude, learning, and instruction, III: cognitive and affective process analysis. Hillsdale, NJ: Lawrence Erlbaum Associates, 1987: 223-253.

[④] Garris R, Ahlers R, Driskell J. Games, motivation, and learning: a research and practice model [J]. Simulation & gaming, 2002, 33(4): 441-467.

[⑤] 蒋宇，尚俊杰，庄绍勇. 游戏化探究学习模式的设计与应用研究 [J]. 中国电化教育，2011，32(5)：84—91.

[⑥] 张金磊，张宝辉. 游戏化学习理念在翻转课堂教学中的应用研究 [J]. 远程教育杂志，2013，31(1)：73—78.

设计数学游戏来培养学生的数学思维。[1]

4. 提升学习成效

游戏化学习在知识传授，培养手眼协调等基本能力、问题解决等高阶能力以及情感态度价值观等方面都具有重要的价值。首先，很多游戏中都包含了大量的历史、地理等多学科知识，比如《铁路大亨》(*Railroad Tycoon*)游戏几乎就是一部世界火车的发展史，学生可以学到火车相关的知识。其次，学习者在游戏中不停地移动和躲避，有利于培养手眼协调能力；在游戏中探索规则，有利于培养归纳总结能力；游戏提供的二维或三维的空间则可以培养空间能力。[2]

再次，游戏往往需要学习者尝试多种方法解决问题，甚至是创造性地解决问题，这有利于提高问题解决能力和创造力。比如，《蜡笔物理学》(*Crayon Physics*)游戏就给学生提供了一个培养创造性思维的学习环境（如图7-7）。[3]最后，游戏可以将一些教育理念融入故事，使学习者在潜移默化中接受教育。比如盛大公司推出的一款《学雷锋》游戏，可以让学生在游戏里做好事来接受道德教育。也有实证研究表明，玩《救救达尔富尔》(*Darfur is Dying*)游戏比阅读材料更能激发出学习者的责任担当意识和帮助穷人的意愿。[4]

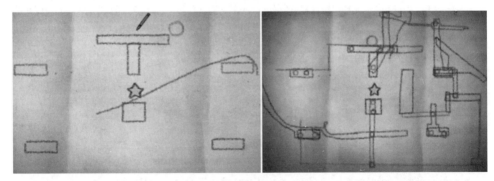

图7-7 《蜡笔物理学》中某一关的常规解法（左）及玩家的创新解法（右）

---

[1] Ke F. An implementation of design-based learning through creating educational computer games: a case study on mathematics learning during design and computing [J]. Computers & Education, 2014, 73(1): 26-39.

[2] Greenfield P M. Mind and media: the effects of television, video games and computers [M]. London: Fontana, 1984.

[3] 蒋宇，蒋静，陈晔.《蜡笔物理学》游戏的教育应用价值解析 [J]. 中小学信息技术教育，2012, (2): 59-62.

[4] Peng W, Lee M, Heeter C. The effects of a serious game on role-taking and willingness to help [J]. Journal of communication, 2010, 60(4): 723-742.

（四）游戏化学习的未来发展趋势

教育游戏和游戏化学习目前已经成为教育技术研究的热点，并且在中小学甚至是大学中都得到了越来越多的应用。[1] 从技术上讲，游戏化学习可以和移动技术、VR/AR、人工智能、脑科学等结合。从应用上讲，小游戏可以和基础教育学科教学深度融合，情境类教育游戏可以和综合实践活动课程相结合，游戏化学习可以和STEAM、创客、编程教育、学生管理相结合，也可以和自主学习、合作（协作）学习、探究学习等方式结合。

三、虚拟世界中的学习

（一）虚拟世界的含义和历史发展

广义上的虚拟世界（virtual world）泛指用计算机技术生成的，可以让人类在其中交流信息、知识、思想和情感的网络社会生活空间，如网络游戏、在线讨论区（BBS）和聊天室。狭义上的虚拟世界是由集成了计算机图形学、人机接口技术、传感器技术、并行计算、人工智能等技术的虚拟现实技术所生成的一种交互式模拟环境，使用者可以通过多种感觉通道和交互方式与其中的事物互动，产生身临其境的感受。比较典型的有 Second Life、Minecraft、《迷你世界》等。本书主要探讨狭义上的虚拟世界。[2]

虚拟现实技术早在20世纪40年代就已经开始出现，当时人们希望用模拟飞行器训练飞行员。1965年，美国计算机图形学之父伊万·萨瑟兰（Ivan Sutherland）在论文中提出了"虚拟现实"的基本思想，并在1968年组织研发了第一个头盔显示器和头部位置追踪系统。20世纪80年代，陆续出现了一些比较典型的虚拟现实系统，虚拟现实的概念和理论也初步形成。1989年，VPL公司正式提出"虚拟现实"一词，并推动了虚拟现实技术的产品化发展和应用。进入21世纪后，随着价格更便宜的虚拟现实头盔和眼镜的出现，虚拟现实步入了全面发展阶段。

（二）虚拟现实技术的特性和类型

虚拟现实主要具备三个基本特性：想象性、交互性和沉浸性。其中，想象性

---

[1] 尚俊杰，裴蕾丝.重塑学习方式：游戏的核心教育价值及应用前景［J］.中国电化教育，2015，36（5）：41—49.

[2] 一般来说，虚拟世界是由虚拟现实技术生成的，不过也有人不去仔细区分两者的差异，而用虚拟现实代指生成的虚拟世界。

是指可以创建人为想象出来的环境和事物，交互性是指让使用者能以自然的方式与虚拟事物进行互动，沉浸性是指能够让使用者产生身临其境的感受。[1]

根据实现技术，虚拟现实一般可分为桌面式、可沉浸式、分布式和增强现实式。其中，增强现实（AR）在广义上也属于虚拟现实，它将计算机生成的虚拟场景、事物或系统提示信息叠加到真实场景中，以实现对现实的增强。比如，戴上头盔或AR眼镜或拿着移动设备，就可以看到周围大楼等物体的介绍信息（图7-8）；再如，基于AR技术制作立体图书或教材，用手机或平板电脑扫描书中的图像，就可以看到生动的三维展示（图7-9）。[2]

图7-8 增强现实场景图[3]　　　　　图7-9 增强现实图书[4]

（三）虚拟世界的教育价值及其学习方式

虚拟世界和第二节讲的模拟仿真具备类似的优点：安全、成本低，可以人为增加或减少因素，也可以人为拉长或压缩试验过程。不过，虚拟世界可以创建更加逼真的学习环境，这更有助于激发学生的学习动机、培养学生的自我效能感和高阶能力等。[5] 此外，在未来，虚拟世界中的问题解决方法可能与现实无异，学习将无须迁移。比如，微创手术医生需要通过电脑屏幕操作，若虚拟解剖系统精准，医学生便可直接在此系统中进行"真实"的练习了。[6]

---

[1] Burdea G, Coiffet P. Virtual reality technology (second edition) [M]. New York: John Wiley & Sons, 2003: 3—4.

[2] 蔡苏, 王沛文, 杨阳, 等. 增强现实（AR）技术的教育应用综述 [J]. 远程教育杂志, 2016, 34(5): 27—40.

[3] 图片引自：http://www.newhua.com/2012/1016/179880.shtml。

[4] 图片引自：http://www.sohu.com/a/157479568_282711。

[5] 亚思明·B.卡法, 克里斯·迪德. 虚拟世界中的学习 [M] // (美) R. 基思·索耶. 剑桥学习科学手册第2版（下）. 徐晓东, 杨刚, 阮高峰, 等 译. 北京：教育科学出版社, 2021: 539—554.

[6] 尚俊杰. 未来教育重塑研究 [M]. 上海：华东师范大学出版社, 2020: 97—99.

虚拟世界实际上是提供了一种学习环境，在其中可以采用各种学习方式。①基于虚拟世界的观察学习和体验学习：利用虚拟现实技术可以构建复杂多样的场景，供学习者进行深入的观察学习或者体验学习。[①] 比如，展览馆可采用沉浸式虚拟现实展示历史场景；再如，在医学类课程中可使用模拟解剖系统等。②基于虚拟世界的游戏化学习：虚拟世界和游戏是分不开的。在虚拟世界中增加游戏化元素，可以同时发挥 VR/AR 和游戏的价值，更好地激发学习动机。[②] ③基于虚拟世界的探究学习：学生可以在虚拟世界创建的虚拟实验室中开展探究学习。比如美国密歇根大学建立了 VRiCHEL 实验室，旨在探索虚拟现实技术在化学工程领域的应用。[③] 国内也有机构研发了基于体感交互技术的 3D 中医护理虚拟实验室。[④] ④基于虚拟世界的设计学习：虚拟世界为学习者自由设计虚拟物体及其运动方式提供了很好的环境。比如现在比较流行的《我的世界》，学习者可以通过设计事物来学习编程、数学、物理等知识。

（四）虚拟世界中的学习的未来发展趋势

客观地说，限于技术水平和成本等因素，目前虚拟世界在教育中的应用还不是很广泛。但是，随着技术的提升和成本的降低，其应用会越来越广，尤其是可沉浸式虚拟现实（头盔、眼镜、VR 小屋）将会有广阔的未来。[⑤] 另外，因为虚拟世界可以记录学习者在其中的各种行为数据，所以未来可以基于这些数据对学习者开展更客观准确的学习评价，以促进学习成效。[⑥]

四、在线学习和混合学习

（一）在线学习的含义和历史发展

从广义上讲，在线学习（online learning），泛指一切利用多媒体网络学习资

---

① 高媛，刘德建，黄真真，等. 虚拟现实技术促进学习的核心要素及其挑战［J］. 电化教育研究，2016，37（10）：77—87+103.
② 王辞晓，李贺，尚俊杰. 基于虚拟现实和增强现实的教育游戏应用及发展前景［J］. 中国电化教育，2017，38（8）：99—107.
③ 谭文武. 虚拟世界中探究式虚拟实验环境的设计与实现［D］. 重庆：西南大学，2014.
④ 李圣洁，熊振芳，贺惠娟等. 基于体感交互技术的3D 虚拟护理实训教学应用前景探讨［J］. 湖北中医药大学学报，2016，18（4）：127—128.
⑤ 蔡苏，余胜泉. 从 Sloodle 看三维虚拟学习环境的发展趋势［J］. 开放教育研究，2010，16（2）：98—104.
⑥ 亚思明·B. 卡法，克里斯·迪德. 虚拟世界中的学习［C］//（美）R. 基思·索耶. 剑桥学习科学手册第 2 版（下）. 徐晓东，杨刚，阮高峰，等译. 北京：教育科学出版社，2021：548—554.

源、网上学习社区及网络技术平台进行的学习,英文中称为 E-Learning。① 从狭义上讲,在线学习常常特指区别于课堂面对面的、通过网络进行的学习方式,比如直播课、录播课或者在线自主学习。本节主要讲授狭义上的在线学习。

在线学习是伴随着在线教育的发展而发展起来的。在线教育最早可以追溯到一百多年前的函授教育、视听教育、电化教育,这些教学形式有一个特点,那就是教师和学生不是面对面的,而是通过媒介进行同步或异步学习,这一时期的教育方式也因此常称为远距离教育或远程教育。20世纪90年代下半期,中国开启了以双向交互卫星电视和计算机网络为技术基础的现代远程教育的辉煌历程,这一时期的在线教育也因此常称为网络教育。2010年左右,可汗学院、翻转课程和 MOOC 开始流行,在全世界产生了较大的影响,这一时期的在线教育也常称为互联网教育。2020年,因为"新冠"病毒感染所引发的疫情,世界各地通过各种在线教育形式来实现"停课不停学",在线教育这个概念也因此成了全社会的热点。②

(二) MOOC、微课和翻转课堂

在线学习或者说在线教育领域,经常能听到 MOOC、微课和翻转课堂这几个概念,它们都是以视频学习为主的学习模式,对在线教育的发展起到了比较重要的推动作用。

1. MOOC(massive open online course)

MOOC 指的是大规模在线开放课程,它的主要特点是:①课程学习人数比较多:一门 MOOC 的选修人数可以成千上万,甚至几十万、上百万;②免费:虽然也有 MOOC 是收费的,但是最初的 MOOC 很多都是免费的;③开放:MOOC 通常没有门槛,任何人都可以很容易地选修或者退选课程;④完整性:通常每一门 MOOC 都是一个完整的课程,修完以后一般可以得到学分证书。

MOOC 可以说是开放教育资源的典型代表。2011年秋,来自世界各地超过16万人注册斯坦福大学《人工智能导论》免费课程的事情掀起了 MOOC 发展的高潮,此后世界各地的大学纷纷开始发展 MOOC,其中比较有代表性的包括 Coursera、Edx、Udacity。我国也建设了中国大学 MOOC、华文慕课、学堂在线等 MOOC 平台,上线了一大批精品在线课程。然而,MOOC 现在还存在质量参差不齐、辍学率高、完成率低、互动不足、教学模式单一、学分认证遭质疑等问

---

① 钟志贤,杨蕾.论在线学习[J].现代远距离教育,2002,(1):30—34.
② 尚俊杰.在线教育讲义[M].上海:华东师范大学出版社,2020:1—21.

题①。不过，它确实在一定程度上促进了优质教育资源的共享，客观上也促进了教育教学的变革②。

2. 微课（micro lecture）

微课是按照新课程标准及教学实践要求，以教学视频为主要载体，反映教师在课堂教学过程中针对某个知识点或教学环节而开展教与学活动的各种教学资源的有机组合。③微课有几个主要的特点。①短小精悍：微课的核心内容一般是5~10分钟的短视频；②主题突出：微课是针对一个知识点进行精心设计的相对完整的课程；③容易整合：微课是半结构化的资源包，容易修改和整合到课堂教学中。

相对于原来动辄几十分钟的课程视频，微课在设计、制作、分享和应用中都比较方便，所以得到了老师们的欢迎。当然，微课能够得到广泛应用，可汗学院作出了重要贡献。他们录制了很多讲解小学数学等知识点的短视频，风靡世界各国，促进了微课的发展。④

3. 翻转课堂（flipped classroom）

翻转课堂指的是先由学生在家中自学老师准备的课程材料，等到学校后，再由学生完成作业或和老师讨论的一种学习方式。由于学生及老师的角色对调，在家学习而在学校完成作业，因此被称为"翻转课堂"。⑤相对于传统课堂教学，翻转课堂具有如表7-1所示的特点。它最重要的作用就是促进个性化学习，所以迅速在全世界包括我国流行开来。

表7-1 传统课堂与翻转课堂的各要素对比表⑥

	传统课堂	翻转课堂
教师	知识传授者、课堂管理者	学习指导者、促进者
学生	被动接受者	主动探究者
教学形式	课堂讲解+课后作业	课前学习+课堂探究
课堂内容	知识讲解传授	问题探究
技术应用	内容展示	自主学习、交流反思、协作讨论工具
评价方式	传统纸质测试	多角度、多方式

---

① 汪基德，冯莹莹，汪滢. MOOC热背后的冷思考［J］.教育研究，2014，35（9）：104—111.
② 尚俊杰. 在线教育讲义［M］.上海：华东师范大学出版社，2020：237—246.
③ 胡铁生."微课"：区域教育信息资源发展的新趋势［J］.电化教育研究，2011，(10)：61—65.
④ 焦建利. 微课及其应用与影响［J］.中小学信息技术教育，2013，(4)：13—14.
⑤ 何克抗. 从"翻转课堂"的本质，看"翻转课堂"在我国的未来发展［J］.电化教育研究，2014，35（7）：5—16.
⑥ 张金磊，王颖，张宝辉. 翻转课堂教学模式研究［J］.远程教育杂志，2012，30（4）：46—51.

(三)混合学习(blended learning)

混合学习是将传统面对面学习和在线学习相结合的学习方式。何克抗教授认为,混合学习就是要将传统学习方式的优势和 E-learning 的优势结合起来,既要发挥教师引导、启发、监控教学过程的主导作用,又要充分体现学生作为学习过程主体的主动性、积极性和创造性。[1]李克东教授则指出了混合学习的目标及其关键原则,认为混合学习是把面对面教学和在线学习两种学习模式有机地整合,以达到降低成本、提高效益的一种教学方式。[2][3]

当然,在开展混合学习的过程中也会存在一些问题。比如,混合学习中面对面学习和在线学习的比例问题、混合学习的规模问题、提高现有混合学习资源交互性的问题,以及混合学习和开放教育资源结合的问题等。[4]尽管混合学习目前仍然存在一些问题,但是就大中小学的日常课堂教学来说,大部分学者都认为混合学习应该是未来的发展趋势。[5]

(四)在线学习和混合学习的未来发展趋势

尽管在线学习和混合学习备受重视,也有实证研究证明了它们的成效,但是它们确实也经常被质疑。不过国际知名学者乔治·西蒙斯教授曾经联合世界各地的七位著名学者组成团队,开展了"MOOC研究计划",其研究结果指出:大多数研究都证明了在线学习至少跟面对面学习一样有效。[6]此外,美国教育部2010年发布的一份元分析报告也表明:混合学习是最有效的学习方式,其次是在线学习,而单纯的面对面教学是最低效的一种。[7]当然,研究者不必太纠结哪种学习方

---

[1] 何克抗. 从 Blending Learning 看教育技术理论的新发展(上)[J]. 电化教育研究, 2004, (3): 1—6.

[2] 李克东, 赵建华. 混合学习的原理与应用模式[J]. 电化教育研究, 2004, (7): 1—6.

[3] 詹泽慧, 李晓华. 混合学习:定义、策略、现状与发展趋势——与美国印第安纳大学柯蒂斯·邦克教授的对话[J]. 中国电化教育, 2009, 30(12): 1—5.

[4] 詹泽慧, 李晓华. 混合学习:定义、策略、现状与发展趋势——与美国印第安纳大学柯蒂斯·邦克教授的对话[J]. 中国电化教育, 2009, 30(12): 1—5.

[5] 肖婉, 张舒予. 混合学习研究领域的前沿、热点与趋势——基于 Citespace 知识图谱软件的量化研究[J]. 电化教育研究, 2016, 37(7): 27—33+57.

[6] 韩锡斌, 王玉萍, 张铁道, 等. 迎接数字大学:纵论远程、混合与在线学习——翻译、解读与研究[M]. 北京: 清华大学出版社, 2016: 68—94.

[7] U.S. Department of Education. Evaluation of evidence-based practices in online learning: a meta-analysis and review of online learning studies[EB/OL]. (2010-9-1)[2021-8-8]. http://www2.ed.gov/rschstat/eval/tech/evidence-based-practices/finalreport.pdf.

式更好。从单纯的面对面学习到单纯的在线学习,这是一个连续体,究竟应该采用什么学习方式,该以多大的比例进行混合,并没有标准答案。我们要具体问题(比如学习者的不同类型)具体分析。

第六节 学习空间

自20世纪90年代以来,越来越多的专家学者开始思考如何从学习环境的角度入手,对传统教室、图书馆和实验室等教学场所进行改造和重构。在现实中,我们可以看到很多学校都在打造"未来学校"[①]和"未来教室",就是希望通过学习空间的改变来促进学生更有效地学习。那么究竟什么是学习空间,又应该怎么去打造学习空间呢?

一、学习空间的含义和历史发展

(一)学习空间的含义

学习空间(learning spaces)的概念比较宽泛,任何学习活动发生的场所都可称为学习空间。[②]最初,用于学习的主要场所是教室,近些年随着学习理论的发展和信息技术的应用,人们的关注点开始从教室转向了学习空间,认为需要重新设计学习场所。据此,我们可以给学习空间下一个定义:

> **关键概念 —— 学习空间**
> 学习空间是指任何学习活动发生的场所。更具体地说,学习空间是以学习科学等先进理念和技术为依托而构建出的学习场所,既可以是真实的物理空间,也可以是非真实的虚拟空间,该空间能借助先进的教育理念和信息技术来促进学习的有效发生。

在提出学习空间之前,人们经常用教学空间来指代这种学习场所,由教学空间演变为学习空间并不是一个简单的概念替换,其中蕴含着丰富的内涵,即意味着:①学习不只局限于学校课堂中,它可以发生在任意场所;②学习既可以发生在物理场景中,也可以发生在虚拟场景中;③最终目标是促进学习者学习;

---
① 曹培杰.未来学校变革:国际经验与案例研究[J].电化教育研究,2018,39(11):114—119.
② 江丰光,孙铭泽.未来教室的特征分析与构建[J].中小学信息技术教育,2014,(9):29—32.

④其理论依据是建构主义学习理论、情境认知与学习理论等当代主流学习理论，以及学习科学的知识观和学习观；⑤需要利用信息技术来促进学习者的学习。[1]

（二）学习空间研究的历史发展

自20世纪50年代起，逐渐有学者开始从生态学的角度研究学习环境，并开始关注学习环境中的物理环境方面，对学校的建筑空间、温度、光线、声音等物理因素对学生学习过程的影响进行了研究。自20世纪90年代起，由于建构主义学习理论、情境认知与学习理论等学习理论的发展，以及信息技术的快速发展，越来越多的学者开始关注学习空间。2001年，美国麻省理工学院为了改变大学物理课程的低通过率和高缺席率，设计了TEAL未来教室[2][3]（如图7-10所示）。2006年，美国高等教育信息化的民间非营利组织EDUCAUSE出版了《学习空间》(Learning Spaces)一书，其核心思想是如何重构学习环境，以促进学生积极、社会化与经验式的学习。[4]此后，世界上的其他国家纷纷将视野投入学习空间这一领域，关注学习空间的重设改造，并开展了SCALE-UP、TILE、改造大学学习空间等项目。[5]2011年，美国北卡罗来纳大学主办了一本专注于学习空间研究的期刊《学习空间杂志》(Journal of Learning Space)，标志着学习空间研究开始成为学习环境研究的一个重要方面。[6]美国新媒体联盟2016年发布的《地平线报告》中也将"重构学习空间"列为教育的发展趋势之一，指出越来越多的学校开始重新设计以教室为代表的学习空间。

---

[1] 许亚锋，尹晗，张际平. 学习空间：概念内涵、研究现状与实践进展［J］. 现代远程教育研究，2015,（3）：82—94+112.
[2] Belcher J W. Studio physics at MIT［R］. MIT physics annual, 2001: 58-64.
[3] 谢禾，江丰光. 东京大学KALS与麻省理工学院TEAL未来教室案例分析［J］. 中国信息技术教育，2013,（9）：99—101.
[4] 江丰光，孙铭泽. 国内外学习空间的再设计与案例分析［J］. 中国电化教育，2016, 37（2）：33—40.
[5] 许亚锋，尹晗，张际平. 学习空间：概念内涵、研究现状与实践进展［J］. 现代远程教育研究，2015,（3）：82—94+112.
[6] 杨俊锋，黄荣怀，刘斌. 国外学习空间研究述评［J］. 中国电化教育，2013, 34（6）：15—20.

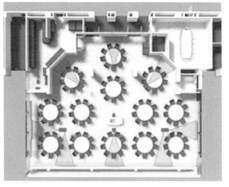

图 7–10 TEAL 教室实景图和平面图 ①

在我国，华东师范大学张际平等人开展了"未来课堂"项目②，祝智庭等人在研究如何借助人工智能技术打造智慧学习空间③，上海师范大学江丰光等人针对学习空间的设计与应用开展了大量实证研究，重点探讨了教师对学习空间中不同物理因素的感知④以及学习空间的物理因素对学生认知的影响⑤。此外，还有更多的研究者从不同的角度在研究学习空间，这里不再赘述。

二、学习空间的设计框架与设计原则

不同的学习空间会给师生带来不同的感官体验和心理感受，从而影响教学和学习质量。因此，学习空间的设计需要遵循一定的理论框架和原则。

（一）学习空间设计框架

澳大利亚昆士兰大学拉德克利夫（Radcliffe）开发了 PST（Pedagogy-Space-Technology）框架，用于设计和评估主动学习空间的教学法、空间和技术。⑥ 如图

---

① 图片引自：http://icampus.mit.edu/projects/teal。
② 张际平,陈卫东.教学之主阵地：未来课堂研究[J].现代教育技术,2010,20(10)：44—50.
③ 祝智庭.智慧教育新发展：从翻转课堂到智慧课堂及智慧学习空间[J].开放教育研究,2016,22(1)：18—26+49.
④ 王芝英,唐家慧,贾一丹,江丰光.探究新教师对学习空间物理环境的感知与理解[J].教学研究,2020,43(02)：46—55.
⑤ 贾一丹,江丰光.教室内物理因素对大学生认知影响的实验研究[J].开放学习研究,2021,26(3)：37—46+62.
⑥ Radcliffe D R. A pedagogy-space-technology (PST) framework for designing and evaluating learning places [C]//Proceedings of the next generation learning spaces colloquium. Brisbane: The University of Queensland, 2008: 9–16.

7-11所示,"教学法"通过使用"空间"与"技术"来实现其理念和目标。其中,"空间"通过嵌入"技术"来实现功能的扩展从而支持"教学法","技术"则通过嵌入"空间"来促进"教学法"。在设计时可以先从"教学法"要素出发考虑问题,之后再分别考虑"空间"和"技术"要素,并且从任何一个要素出发都要考虑来自其余两个要素的支持和影响。①

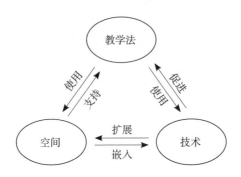

图7-11 PST框架

PST框架提出以后,有学者对其进行了修改,比如华东师范大学未来课堂研究小组提出了PSST(Pedagogy Social Space Technology)框架,在PST框架的三个维度外增加了"社会"(Social)维度,用以包括立项、资金、应用、管理以及其他社会方面的考虑。②

(二)学习空间设计原则

除了要遵循以上设计框架以外,学习空间的设计还要遵循如下具体设计原则。①以人为本,以学习者为中心。学习空间中的主体是教师和学习者,所以首先要满足教师和学习者的需求,其次要特别注意以学习者为中心。②注重用户体验。在学习空间中,要使用绿色环保的材料,桌椅等家具的设计要考虑人体工程学原理,室内的光线、温度等物理因素需经过精心设计与调控,从而为学习者创造出最理想的学习环境。③③注重灵活性和可重构性。灵活的学习空间更能创新教

---

① 许亚锋,尹晗,张际平.学习空间:概念内涵、研究现状与实践进展[J].现代远程教育研究,2015,(3):82—94+112.
② 陈向东,吴平颐,张田力.学习空间开发的PSST框架[J].现代教育技术,2010,20(5):19—22.
③ 江丰光,孙铭泽.未来教室的特征分析与构建[J].中小学信息技术教育,2014,(9):29—32.

学和学习方法。[1]所以学习空间的布局要能够根据不同的活动类型进行拆分、重组，以支持合作学习、探究学习、项目式学习等多种学习方式。④信息技术与空间有机融合。在学习空间中要根据需要配备投影仪、交互式电子白板、平板电脑、3D打印机等设备，从而支持多种学习方式。也可以借助人工智能、大数据等智能技术，实现学生学习过程的全数据采集、记录和分析。⑤线上线下学习空间有机融合。虽然本节侧重讲解线下学习空间，但是线上学习空间也很重要，要注意线上线下学习空间的有机融合，给学习者打造一个无所不在的泛在学习空间。⑥注重开放性和可扩展性。在学习空间中可以用透明的玻璃墙使空间更具开放性。此外，空间也可以拓展到走廊、校园乃至公园、小区、家庭等区域。另外，现在技术设备发展特别快，要注意学习空间的可扩展性。比如，在教室中应该多预留一些电源插座。

以上谈的是普遍意义上的学习空间的设计原则，但是学习空间其实可以分为三类，即正式、非正式和虚拟学习空间：①正式的学习空间，如传统的教室、图书馆、实验室等学习场所；②非正式的学习空间，如走廊、休息室或校园里的长椅，以及博物馆、科技馆、公园和家庭等；③虚拟学习空间，如在线社区、在线学习资源库等。[2]不同类型的学习空间具有一些不同的特性，比如图书馆中就需要注意创设不同功能区域的学习空间[3]，做到开放性和私密性共存，并要特别注重人文特性；博物馆中则要注意营造友善的陈列展示环境、优化展品形式、注重个性化体验、打造数字化场馆、加强馆校协同合作；而企业等工作场所中的学习空间，就要注意线上线下学习空间的深度融合，此外还要注意物理学习空间的隐匿性与便捷性。

三、学习空间的未来发展趋势

当前，世界各国各地区都在探索未来学校建设，比如美国的费城未来学校（School of the Future）、AltSchool、HTH（High Tech High School）学校，瑞典的Vittra Telefonplan学校、法国的Ecole 42学校等，新加坡也启动了"新加坡未来

---

[1] Neill S, Etheridge R. Flexible learning spaces: the integration of pedagogy, physical design, and instructional technology[J]. Marketing education review, 2008, 18(1): 47-53.
[2] 江丰光, 孙铭泽. 国内外学习空间的再设计与案例分析[J]. 中国电化教育, 2016, 37(2): 33—40.
[3] （美）S. 亚当斯·贝克尔, M. 卡明斯, A. 戴维斯, 等. 新媒体联盟地平线报告: 2017图书馆版[J]. 北京广播电视大学学报, 2017, 22(5): 1—13.

学校"计划（FutureSchools@Singapore）。[①] 在国内，北京大学附属中学朝阳未来学校、北京十一学校龙樾实验中学等学校也都在探索建设未来学校，中国教育科学研究院王素等人成立了未来学校实验室，也正在努力打造更多的未来学校。[②] 当然，未来学校建设包括校舍建设、课程设置、教学模式、校园文化等多个方面，以教室、图书馆、实验室为主的学习空间建设自然是其中的重要组成部分。

目前的学习空间研究更多的是关注布局、家具的设计，未来的学习空间将会基于学习理论，将信息技术和空间更加有机地融合在一起。另外，当前的学习空间研究的重点仍然是教室、实验室和图书馆等正式学习空间，未来博物馆、科技馆、公园、社区、家庭等非正式学习空间的研究也将会越来越受重视。

本章结语

计算机自从诞生以来，就逐步被应用到教育领域中。在最初的计算机辅助学习时代，人们就对计算机寄予了无限的期望，人们希望利用"对话"的形式让计算机像教师一样指导学生学习，实际上这可以看作人工智能教育应用的萌芽；人们也期望用计算机搭建"微世界"，来模拟现实世界运行方式。只不过最初的技术水平有限，所以在现实中我们看到更多的只是一些比较简单的"操练和练习"。

随着技术的快速发展，技术在教育中的应用也越来越深入。我们不仅可以利用各种各样的新兴技术帮助学生实现多种方式的学习，还可以综合利用各种技术来打造最适合学生学习的学习空间。对于学习科学而言，技术是一个很好的抓手，我们可以借助技术创设学习环境，促进有效学习。虽然今天的技术水平还比较有限，但是未来的技术或将可以让每个人都能尽情享受学习的快乐与幸福。

重点回顾

1. 学习环境是一个包含各种学习资源、认知工具和人际关系，支持学习者相互合作和协作，旨在促进学习者学习的物理或虚拟的学习场所或活动空间。
2. 广义上的学习技术泛指一切用来设计、执行、管理和评价学习的技术和方法。狭义上的学习技术指的是用来设计、执行、管理和评价学习的现代教育技术，

[①] 曹培杰. 未来学校变革：国际经验与案例研究［J］. 电化教育研究, 2018, 39(11): 114—119.
[②] 王素. 中国未来学校 2.0 概念框架［N］. 中国教育报, 2018-11-24(003).

包括软件、平台和方法等。
3. 计算机辅助学习的基本形式具体包括操练和练习、对话、模拟和仿真、微世界、游戏、信息检索和问题解决等形式。
4. 智能导师系统主要包括领域知识、学习者知识和教学策略三个模块。
5. 计算机支持的协作学习，简单来说，就是利用计算机技术（尤其是多媒体和网络技术）来辅助和支持协作学习。
6. 移动学习的三种模式为：灵活学习（碎片式学习）、情境感知学习、基于电子书包的课堂互动式学习。
7. 游戏化学习的价值包括：激发学习动机、创建学习环境、支持其他学习方式、提升学习成效。
8. 游戏化学习利用学生爱玩游戏的天性，在教学中通过游戏激发学生的内在学习动机，达到"寓教于乐"的教学目的。
9. 虚拟现实应该具备三个基本特性：想象性、交互性和沉浸性。
10. 西蒙斯教授牵头开展了"MOOC研究计划"，其研究结果表明：在线学习至少跟面对面学习一样有效。
11. 任何学习活动发生的场所都可称为学习空间。
12. 学习空间其实可以分为三类：正式、非正式和虚拟学习空间。
13. 学习空间的PST框架三元素包括教学法、空间和技术。

思考题

1. 名词解释：学习环境、学习技术、微世界、个性化自适应学习、计算机支持的协作学习（CSCL）、移动学习、泛在学习、教育游戏、游戏化学习、虚拟世界中的学习、在线学习、混合学习、学习空间。
2. 请结合LOGO语言学习环境、《几何画板》谈谈微世界的教育价值及未来发展趋势。
3. 请思考人工智能在促进个性化自适应学习方面的价值。
4. 请论述计算机支持的协作学习的特点和局限性。
5. 移动学习与泛在学习的区别与联系有哪些？
6. 游戏化学习的价值有哪些？
7. 虚拟世界中的学习模式包括哪几种？
8. 学习空间的含义是什么？和学习环境、学习技术的区别和联系是什么？
9. 学习空间的设计原则有哪些？设计不同类型的学习空间应该考虑哪些因素？

第八章 基于学习科学的教学设计与实践

内容摘要

　　学习科学的发展加快了教与学的科学化进程。本章首先阐释了什么是教学设计，然后以教学设计的基本流程为主线，梳理了传统的和基于学习科学的教学设计理论和方法。接着，本章界定了什么是有效教学，然后在开展教学的有效原则的基础上，梳理了基于学习科学的十大有效教学策略。本章旨在将学习科学的研究成果与课堂教学进行结合，以促进基于学习科学的教学设计与实践。

学习目标

1. 理解教学设计的基本概念与基本程序；
2. 掌握教学设计的经典模式，能根据经典教学设计模式开展教学设计；
3. 能够基于学习科学与教学设计理论编写教学目标；
4. 能够基于学习科学与教学设计理论进行学习内容分析；
5. 能够基于学习科学开展学习者分析；
6. 熟练掌握传统的教学策略；
7. 掌握传统的教学评价方法和基于学习科学的教学评价方法；
8. 理解有效教学的基本原则和影响因素；
9. 理解并熟练掌握基于学习科学的十大有效教学策略。

[思维导图]

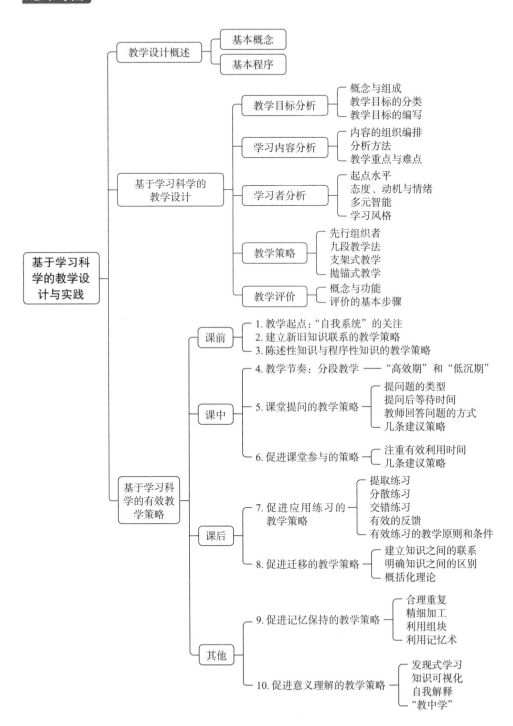

第一节　教学设计概述

教学设计（instructional design）诞生于 20 世纪四五十年代。半个多世纪以来，系统方法的引入，认知心理学、系统科学、信息技术等领域研究成果的融入，使得教学设计的理论与方法体系逐渐建立起来，教学设计于是成为一门独立的学科。下面，我们就系统讲解教学设计的基本知识。

一、教学设计的概念和内涵

教学设计是教学概念和设计概念的结合。因此，我们需要首先了解什么是"教学"。教学是教育者发出的行为，它的目的是帮助学生进行学习，也就是教育者通过创设学习环境、安排外部事件，促进学习者的知识经验、行为、能力、心理倾向和大脑神经元发生持久改变的社会活动。其次，我们要了解什么是"设计"："设计是在正式做某项工作之前，根据一定的目的要求，预先制定方法、图样等。"[①] 因此，设计的本质是为解决问题而制定的系统和充分的计划。

基于对教学和设计的理解，沃尔特·迪克（Walter Dick）和卢·凯瑞（Lou Carey）提出，教学设计就是把教材内容转换成教学材料和教学活动的系统计划过程，也就是遵循教学活动的基本规律，运用系统的教学方法和观点，对教学活动进行系统设计的过程。[②] 这种从设计科学来理解教学设计的观点重视将理性与创造性、科学性与艺术性融合起来。[③] 而现在教学设计已经发展成为综合了设计科学、系统科学（主张运用系统方法开展教学设计）和泛技术观（认为教学设计是开发和应用各种形态的媒体和技术）的有机整合。[④] 本书则采用我国著名学者何克抗教授对教学设计下的定义，即教学设计是运用系统方法，将学习理论与教学理论的原理转换成对教学目标（或教学目的）、教学条件、教学方法、教学评价等

---

① 中国社会科学院语言研究所词典编辑室.现代汉语词典［M］.7 版.北京：商务印书馆.2016: 1153.
② Dick W, Carry L. The systematic design of instruction［M］. New York: Harper Collins Publishers, 1996: 6.
③ （美）罗伯特·D. 坦尼森，弗兰兹·肖特，诺伯特·M. 西尔，等.教学设计的国际观：第 1 册 理论·研究·模型［M］.任友群，裴新宁 主译.北京：教育科学出版社，2005: 9.
④ （美）罗伯特·D. 坦尼森，弗兰兹·肖特，诺伯特·M. 西尔，等.教学设计的国际观：第 1 册 理论·研究·模型［M］.任友群，裴新宁 主译.北京：教育科学出版社，2005: 17.

教学环节进行具体计划的系统化过程。①

教学设计目前在各类教学过程中应用广泛，具体成果呈现形式包括教案、网络课程、多媒体课件等。其中，教案是课堂教学思路的提纲性方案，一般包括教学目的、教学方法、重点难点、教学媒体以及板书等因素的设计，体现了课堂教学的计划和安排。

二、教学设计的基本程序

教学设计的理论与实践发展到今天，有关教学设计流程和过程模式的成果极其丰富。如，19世纪60年代加涅确定了学习结果分类，他在此基础上提出了教学过程的九大教学事件；70年代，学界开始运用系统方法开展教学设计，迪克-凯瑞模型（Dick & Carey model）盛行，同时许多学者投身于教学系统设计研究。②③我国学者也做了教学设计的本土化探索，比如皮连生提出了教学设计的一般过程模型，乌美娜提出了教学设计过程的一般模式，何克抗提出了"学教并重"的教学系统设计过程模式等。

在众多教学设计模型中，迪克-凯瑞模型（如图8-1所示）倡导系统化设计思想，具有比较强的实践意义，包含了基本的教学设计程序和规范。④

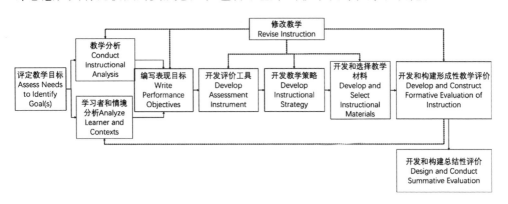

图8-1 迪克-凯瑞模型的教学设计过程模型

---

① 何克抗，林君芬，张文兰. 教学系统设计［M］. 北京：高等教育出版社，2006：4.

② Andrews D H, Goodson L A. A comparative analysis of models of instructional design［J］. Journal of instructional development, 1980, 3(4): 2-16.

③ （美）罗伯特·D. 坦尼森，弗兰兹·肖恩，诺伯特·M. 西尔，等. 教学设计的国际观：第1册 理论·研究·模型［M］. 任友群，裴新宁 主译. 北京：教育科学出版社，2005：397—430.

④ Dick W, Carry L. The systematic design of instruction［M］. New York: Harper Collins Publishers, 1996: 6-8.

迪克-凯瑞模型强调学习者和教学分析，强调确定教学起点，强调通过形成性评价获得反馈，不断修正教学。这与学习科学关于先前经验和学习者监控的论断不谋而合："如果教师关注学习者带到学习任务中的已有知识和观念，将这些知识当作新教学的起点，并在教学过程中监控学生概念的转化，那么就可以促进学生学习。"[1] 不同的教学设计模型强调的重点可能有所不同，但一般具有一些共同的要素，如教学目标、学习内容分析、学习者特征分析、教学策略、教学评价。下一节将对这几大方面进行详细介绍。

第二节　基于学习科学的教学设计

本节将综合经典的理论方法和基于学习科学的理论和方法，讲述基于学习科学的教学设计应该如何开展。

一、教学目标分析

（一）教学目标的概念与组成

教学目标是教学活动主体预先确定的、在具体教学活动中可以达到的并且可以测量的教学结果。它支配、调节、控制整个教学过程，是教学活动的出发点和归宿。[2]

教学目标大致应该包括四部分。[3]①将要学会什么：如"能用数轴上的点表示有理数"。②怎样学会：如"经历简单的数据收集、整理和分析过程，了解简单的数据处理方法"。③怎样运用所学：如"能根据实际问题建立适当的直角坐标系，描述物体位置"。④如何评估：如"能根据具体问题中的数量关系，列出一元一次不等式，解决简单的问题"。

（二）教学目标的分类

教学目标的分类理论有很多，例如第四章提到的学习结果分类。下面，我们重点介绍一些影响力较大的教学目标分类体系。

---

[1] （美）约翰·D. 布兰思福特，安·L. 布朗，罗德尼·R. 科金，等. 人是如何学习的：大脑、心理、经验及学校（扩展版）[M]. 程可拉，孙亚珍，王旭卿 译. 上海：华东师范大学出版社，2013：11.

[2] 李如密. 教学目标与目标教学 [J]. 中国教育学刊，1997，(5)：39—42.

[3] （美）理查德·E. 梅耶. 应用学习科学——心理学大师给教师的建议 [M]. 盛群力，丁旭，钟丽佳 译. 北京：中国轻工业出版社，2016：56.

1. 布鲁姆的教育目标分类理论

20 世纪 50 年代，以布鲁姆（Bloom）为代表的美国心理学家提出了教学目标分类理论，将教学活动所要实现的整体目标分为认知、动作技能和情感三大领域。

（1）认知领域目标分类

布鲁姆将认知领域的目标分为记忆、理解、应用、分析、评价和创造六个层次。①①记忆是最基础的认知，包括再认和回忆，如背诵诗文。②理解是指建构意义，包括解释、举例、分类、比较、说明等，如能用自己的话说出数位上的数字所表示的意义。③应用是对所学的概念、法则、技能等在特定情境中的运用、实施，如能在现实情境中进行克、千克的单位换算。④分析是指将学习材料分解成小的组成部分，从而明确要素间的关系，如能对比说出等腰三角形、等边三角形和直角三角形的不同。⑤评价是需要综合内在与外在的资料，理性且深刻地对事物的本质或价值等做出符合客观事实的判断，如能判断两种方法中哪一种是解决问题的最佳方法。⑥创造是最高水平的认知，不仅包括新异的思维方式和问题解决方法，还包含对新异观点进行分析推理和批判性评价的能力②，如撰写一篇关于某一历史事件的评论文章。

（2）动作技能目标分类

动作技能涉及骨骼和肌肉的运用、发展与协调，通常出现在实验课、体育课等科目中。辛普森（E. J. Simpson）等人提出将布鲁姆提出的动作技能目标进一步分为七个层次。③①知觉：指学习者运用感官获得信息以指导动作，主要了解某动作技能的有关知识、性质、功用等，如通过听机器运转的声音，识别机器运转的问题。②定势：指学习者对特定动作的准备，包括心理定向、生理定向和情绪准备（意愿活动）。如准备好双手打字的姿势。③有指导的反应：指学习者学习复杂动作技能的早期阶段，包括模仿和试误，通过教师评价或评判标准可判断操作的适当性。④机械动作：指学习者的反应已成习惯，能熟练又自信地完成动作。⑤复杂的外显反应：指学习者对复杂动作的熟练操作，其操作的熟练性以精确、迅速、连贯协调和轻松稳定为指标。⑥适应：指技能发展到高

---

① （美）L. W. 安德森，等. 学习、教学和评估的分类学：布卢姆目标分类学［M］. 皮连生 译. 修订版（简缩本）. 上海：华东师范大学出版社，2008：28.
② 武欣，张厚粲. 创造力研究的新进展［J］. 北京师范大学学报（社会科学版），1997，(1)：13—18.
③ （美）A. J. 哈罗，E. J. 辛普森. 教育目标分类学：第 3 分册 动作技能领域［M］. 施良方，唐晓杰 译. 上海：华东师范大学出版社，1989：35—65.

水平时，学习者能修正自己的动作模式以适应特殊的设施或满足具体情境的需要。⑦创新：指学习者以高水平的技能为基础，创造新的动作模式以适应具体情境。

（3）情感学习领域目标分类

美国学者克拉斯沃尔（D. R. Krathwohl）将情感目标分为接受或注意、反应、评价、组织、价值与价值体系性格化五个层次。[①]①接受或注意：指学习者能注意并觉察到某个特定的现象或刺激（例如，意识到某个问题的重要性等），这是低级的价值内化水平。②反应：包括默认、愿意的反应和满意的反应，强调在具有较高兴趣的基础上对特定活动的选择和满足（例如，提出意见、建议和参与小组讨论等）。③价值的评价：指学习者用特定的价值标准评判特定的事物，包括接受或偏爱以及坚信某种价值（例如，欣赏文学作品，在讨论问题中提出自己的观点）。④组织：指在复杂情境中，学习者比较各种价值观，形成自己的价值观体系（例如，先集体后个人，形成一种与自身相协调的生活方式等）。⑤价值与价值体系性格化：最终表现为个人世界观的形成（例如，谦虚的态度、良好的习惯、合作的精神等）。

2. 比格斯的学习成果分类体系

比格斯（J. B. Biggs）的学习成果分类体系（the structure of organized learning outcome，SOLO）认为，在开启新知识的学习时，学习者的认知发展存在阶段性。因此，可以从能力、思维操作、一致性、收敛以及应答结构五个方面区分学生的思维水平[②]，并将思维水平分为五个层次（如图8-2所示）。①前结构水平：即低于目标水平，表现为学习者提供的有效信息极少。②单点结构水平：即只联系单个知识点解决问题，只关注与问题解决相关的一个或一类信息。③多点结构水平：能联系多个有限的、孤立的素材解决问题，但是缺乏整合性。达到分类、精加工的思维水平。④关联结构水平：能将多个知识节点进行整合，形成科学合理的知识结构。达到关联、分析、综合的思维水平。⑤抽象扩展结构水平：能够更全面、概括地思考，结构系统完整，知识节点间的关系网络复杂。达到抽象、概括、演绎、推理的思维水平。以上五个层次中，前三个层次属于浅层水平的学

---

① （美）D. R. 克拉斯沃尔，B. S. 布卢姆，等. 教育目标分类学：第2分册 情感领域 [M]. 施良方，张云高 译. 上海：华东师范大学出版社，1989：89.

② Lin T J, Lee M H, Tsai C C. The com-monalities and dissonances between high-school students' and their science teachers' conceptions of science learning and conceptions of science assessment: a taiwanese sample study [J]. International journal of science education, 2014, 36(3): 382–405.

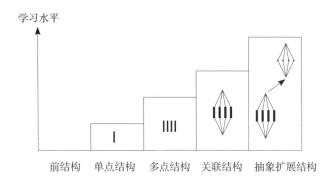

图 8-2 比格斯的学习成果分类

习，后两个层次属于深度学习所要达成的目标。

3. 马扎诺的教育目标分类体系

美国知名教育专家马扎诺（Robert Marzano）提出了学习过程模型，这一模型综合了心理学的各方面成果，认为人的学习过程包括了系统和知识。其中，系统主要有三类。①自我系统：能够决定个体在某项任务中所投入的动机、注意力、态度、情感和精力；②元认知系统：负责建立相关目标，并为目标设计策略；③认知系统：负责信息的有效处理，包括信息的推断、分析、评价等。

而知识则有三种类型——信息、心智程序、心理动作程序。其中：①信息指"是什么"的知识，包括了词汇术语、事实、时间序列、概括（如生物有进行新陈代谢及遗传的特点）、原则（一般包括因果原则和相关原则，如相同时间下，速度越快，所经过的路程越长），等同于事实性知识和概念性知识；②心智程序是指"怎么想"的知识，是心理加工的过程，即思考如何实施一个任务，等同于程序性知识，包括了程序和技能，如学生怎么做加减法的知识；③心理动作程序是指"怎么做"的知识，是身体动作的心理程序，即控制身体动作完成任务，如学生在体育老师要求下做伸展运动。

面对新的学习任务，首先进入的是自我系统。自我系统是判定新任务的合理性，确定是否投入和投入多少，涉及学习动机问题。决定投入后，进入元认知系统，元认知系统设置学习行为的目标和策略；接着进入认知系统，利用知识技能加工信息，进行推理、比较、分类等，完成学习任务。① 根据这一行为模型，马扎

---

① （美）罗伯特·J.马扎诺，约翰·S.肯德尔.教育目标的新分类学［M］.高凌飚，吴有昌，苏峻 译.
2版.北京：教育科学出版社，2012：11—12.

诺提出了教育目标二维分类体系（如图8-3所示），一个维度表示知识的三个领域，另一个维度表示加工水平，其中前四个水平归属于认知系统。

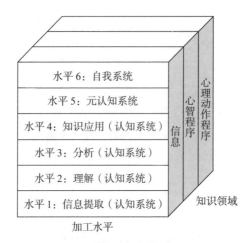

图8-3 马扎诺的教育目标二维分类体系[①]

马扎诺教育目标分类法与布鲁姆分类法在分类形式上是相似的，都是将目标动作从低到高分为不同层次，并且都包括了记忆、理解、分析、应用和元认知，两者都有对于知识的分类。不过马扎诺的体系不是对布鲁姆的简单修正，而是作为新的体系，综合了心理学最新研究成果。布鲁姆分类法根据认知复杂度对教育目标进行分类，但是难度和复杂度的感知受主客观两方面的影响。相较而言，马扎诺教育目标则考虑到了这一点：首先要启动自我系统，其次是元认知系统，最后是认知系统。这三个系统都会影响知识的学习。

（三）教学目标的编写

编写教学目标（或称学习目标）有利于学生明确自己的学习目标，评估自己的学习是否接近目标。对于教师而言，教学目标的编写是确定教学策略、组织教学内容、确定评价的基础，教学目标的表述应力求明确、具体、可观察和可测量，切忌含糊其词和不切实际。

1.基本要求。一个学习目标应该包括三个基本要素：行为、条件、标准。在此基础上，还需要考虑行为主体，即教学对象。这样就形成了ABCD四要素：

A——对象（audience）：写明教学对象，即"谁要学习"；

---

① （美）罗伯特·J.马扎诺，约翰·S.肯德尔.教育目标的新分类学[M].高凌飚，吴有昌，苏峻 译.
2版.北京：教育科学出版社，2012：56.

B——行为（behaviour）：说明学习以后，学习者"能做什么"；
C——条件（condition）：说明上述行为"在什么条件"下产生；
D——标准（degree）：行为能达到的"最低标准是什么"。

如：给出20道加减混合算式（要素C），小学二年级学生（要素A）能算出正确答案（要素B），并且准确率达80%（要素D）。

2.编写方法。布鲁姆目标分类法提供了每个目标下的相应动词，可以在教学目标编写中直接使用。具体如表8-1所示。

表8-1 布鲁姆目标分类动词样例

过程/水平	定义/术语		例子	动词样例
认知领域				
记忆 （remembering）	从长时记忆中提取相关知识。			回忆、列表、识别、呈现、描绘、定义、讲述、标记、列出、背诵、再认、挑选、排列、陈述……
	定义	陈述牛顿运动定律。		
	标注	将直角符号标记在直角上。		
	回忆	秦统一六国的时间。		
理解 （understanding）	将材料内容转换为自己可理解的内容，进行意义建构。			联系、分类、比较、描述、区别、讨论、举例、解释、推断、阐释、改述、概括、翻译、描述理由、判定原因……
	总结	用自己的话来总结这段文字。		
	讨论	为什么用这个公式？		
	解释	为什么会产生彩虹现象？		
应用 （applying）	在新情境下使用概念或原理。			计算、证明、开发、使用、估价、实施、修改、概述、解决、应用、运用、构建、解决、选择……
	练习	用每个词造一个句子。		
	计算	计算操场的面积。		
	应用	运用牛顿运动定律解决简单问题。		
分析 （analyzing）	将概念加以分解，寻找它们之间的关系。			分解、组合、比较、区分、对照、辩论、实验、推算、组织、预测、质疑……
	分析	古诗中的山哪些是蕴含象征意义的？		
	对照	对速度与加速度进行比较。		
	区别	将这些图形分成三类。		

续表

过程/水平	定义/术语		例子	动词样例
评价 (evaluating)	依据准则和标准作出判断。			估价、辩论、检查、总结、检测、评判、监控、评级、推荐、选择、测试、权衡、判断、赞成或反对、批评……
		赞扬	成语故事中的哪个人物可以称为谋士？为什么？	
		评定	暴力在解决不公平问题上是正当的吗？为什么？	
		判断	《郑人买履》中郑国人的做法是否可取？为什么？	
创造 (creating)	将要素整合为内在一致、功能统一的整体，或将要素重组成新的模式结构。			组合、建造、创作、构建、设计、规划、生成、整合、制作、计划、重置、创立
		总结	简述你对建构主义的理解。	
		讨论	谈一谈你对于"衰老与死亡"遗传学原理的认识。	
		设计	你会如何设计关于"原子"的教学活动？	

二、学习内容分析

在确定了目标之后，就可以做与目标相对应的学习内容分析了。内容分析一般包括对学科课程标准、教材、教辅材料等所承载内容的分析。需要注意的是，学习内容不止于教材，还包括教材以外与生活与兴趣相关的经验，包括直接经验、间接经验、个体主观的经验以及客观的事实和概念。因此，学习内容是根据教学目标，有目的地选择一系列直接经验和间接经验的综合，是从人类的经验体系中选择出来的，按照一定的逻辑序列组织编排而成的知识体系和经验体系。①

（一）学习内容的组织编排

关于学习内容的组织编排，学界有多种不同的观点。

1. 螺旋式编排

布鲁纳提出了螺旋式编排，是指从基础开始，在后面的反复学习中增加内容的难度和深度。②下面这一自然科学的例子就遵循了螺旋式的课程编排。

---

① 全国十二所重点师范大学联合 编写，钟启泉 主编. 课程论 [M]. 北京：教育科学出版社，2007：141.
② （美）布鲁纳. 教育过程 [M]. 邵瑞珍 译，王承绪 校. 北京：文化教育出版社，1982：65.

一年级：学习小兔子、小豚鼠之类玩赏动物的常识；二年级：学习有关植物的常识；三年级：开始学习与植物、动物有关的生态；四年级：学习与人类有关的生态；五年级：学习动物、植物分类。①

螺旋式编排存在的问题包括：哪些内容适合组成一个"螺旋"？每两个"螺旋"之间的时间跨度应该是多长？每个"螺旋"应该什么时候给学生？因此，螺旋式内容编排要兼顾学生的思维发展水平，可以按深度、广度的维度逐级而上，也可以按抽象与类化（应用）的维度逐步深化。②

2. 直线式编排

加涅提出了直线式编排，认为知识的逻辑是直线前进的，人的认知遵循从简单到复杂、从具体到抽象、从易到难的发展规律，因此要把内容组织成前后联系的"直线"，后面的内容不重复前面的内容。这种编排虽然效率相对较高，但不适用于一些不容易理解的内容。

3. 渐进分化和综合贯通编排

奥苏贝尔在有意义学习的基础上提出了渐进分化和综合贯通的原则。渐进分化原则即首先呈现最有概括性的学习内容，然后逐步分化出细节。综合贯通原则即让知识在不断分化的同时仍能融会贯通，从而建立知识之间的联系。

4. 逻辑顺序和心理顺序

逻辑顺序即按照学科知识的内在逻辑组织内容，心理顺序即按照学生心理发展和思维发展、经验和需要等特点组织内容。教师应将逻辑顺序和心理顺序统一起来，根据学生认识发展的特征和科学知识本身的逻辑特征来组织内容。③

在实践中，教学内容的组织应根据学科特点综合运用上述观点，从整体到部分，从一般到个别，从已知到未知，按照事物发展规律，注意学习内容的横向联系。④

（二）学习内容的分析方法

在对学习内容进行组织的基础上，就可以对内容进行逐一分析，常见的有归类分析法、层级分析法、可视化分析法、信息加工分析法和卡片分析法等。①归

---

① 丁廷森.国际教育百科全书：第八卷［M］.贵阳：贵州教育出版社，1991：437.
② 孔凡哲.基础教育新课程中"螺旋式上升"的课程设计和教材编排问题探究［J］.教育研究，2007,（5）：62—68.
③ 全国十二所重点师范大学联合 编写，钟启泉 主编.课程论［M］.北京：教育科学出版社，2007：160.
④ 乌美娜.教学设计［M］.北京：高等教育出版社，1994：43.

类分析法，顾名思义，就是对知识点进行归类，比如将单词分为人体类词汇、植物类词汇、运输工具类词汇等。确定类别后，还可以用组织结构图展示。②层级分析法，就是从已确定的学习目标出发开始逆向思考，考虑要获得该目标需要具备哪些一级从属知识，而要获得一级从属知识又需要哪些必备知识（如图8-4）。③归类分析法，是根据知识的类别进行分析，层级分析法是根据知识的逻辑进行分析。④信息加工分析法，是加涅在信息加工理论模型的基础上设计出的学习内容分析方法。他认为内容分析可以按照心理操作的过程进行，因而主张对终极目标行为进行梳理，用流程图把目标行为所包含的操作过程和内容呈现出来，提供一系列可供选择的行动路线（如图8-5）。

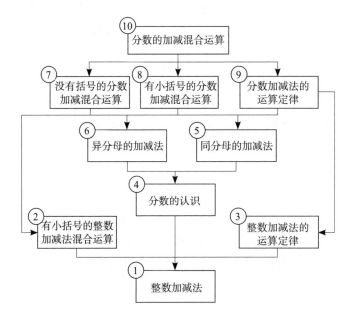

图 8-4 分数的加减混合运算学习内容的层级分析示意图

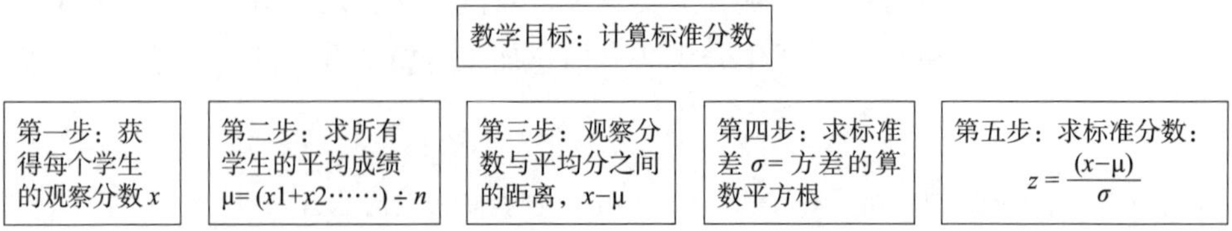

图 8-5 计算标准分数的信息加工分析示意图

（三）教学重点与难点

教学重点是结合教材内容和教学目标而确立的最基本、最核心的教学内容，一般是一门学科所阐述的最重要的原理、规律。它是教学设计的主要线索，也是教学设计的重要内容。从学科知识的角度来说，教学重点是指那些与前面知识紧密相连，对后续的学习具有重大影响的知识与技能，在学科知识体系中具有重要地位和作用。[①]

教学难点是教学过程中学生不能轻易理解和掌握的教学内容。难点可以概括为以下几种类型：①远离学生生活，学生对其缺乏相应的感性认识；②对学生而言较为抽象，难于理解；③知识点过多、建构知识网络有困难；④与旧知识联系不大，或与掌握不牢、易于遗忘的旧知识相联系。教学难点因人而异，教师所确定的教学难点一般是基于学生的平均水平。

教学重点与难点是两个不同的概念。教学重点取决于知识本身，是由教学知识内在的逻辑结构决定的，对每个学生而言都是一致的、统一的。而教学难点则不同，它依赖于学生自身的理解和接受能力，是主观的、不确定的，依据所教授的学生而定。在突破教学重点上，教学设计可考虑以下方法：①分明主次，突出重点。在教学过程中做到有主有次，突出中心。②围绕重点，补充内容。通过必要的补充使教学内容具体、深入、明确，使重点更加突出。③加长时间，讲清讲透。用充分的时间将知识点讲透彻，让学生加深理解。在突破教学难点上，教学设计要：①直观突出，增强感知。借助多媒体技术把抽象的知识具象化，使学生理解更容易。②创设情景，结合实际。通过创设情景，使知识由抽象到具体，更易于应用。③补充材料，化解难点。引用一些典型的事实材料进行分析，从而化解难点。④对比区分，总结特点。运用对比的方法区分易混淆的内容。⑤分散难点，各个击破。对于知识点较集中的难点，可以采取分层分点、化整为零的方法，各个击破。

教学重点与难点是教学设计的主要线索和关键环节。但教学重难点仍是学生学习过程中的一个拦路虎，一味地提供突破方法并不能解决一切问题，只有究其根本，才能对症下药。

三、学习者分析

学习者是教学活动中的主体，学习者的特征对教学过程以及教学结果都会产

---

① 王富英.怎样确定教学的重、难点[J].中国数学教育，2010，(Z3)：17—18+38.

生一定的影响。教学设计的各个环节都应与学习者的特点相匹配,因此学习者分析是教学设计的前提。学习者既有稳定的共同特征,又有个性化的差异性特征,因此既要分析学习者的共同特征以开展集体化教学,也要分析差异性特征以实施个性化教学。下面就简述常见的分析内容。

（一）起点水平

学习者起点水平主要包括学习者特定的知识和能力基础、认知能力、认知结构和信息素养等。

1. 特定的知识和能力基础

特定的知识和能力基础是指学习者在学习某个特定学科领域知识或技能时所具备的与当前学习内容相关的知识和能力的基础状况。前面讲过,学习者不是空着脑袋,而是带着先前经验走进教室的。[①]因此,学习者知道哪些,不知道哪些,知道的到底对不对,知道的能否被唤起,都会影响新知识的学习,也决定了教学起点知识水平。

通常,学习者知识基础的分析方法包括对学生进行课前测试和提问。学生的能力基础分析不同于知识基础分析,知识基础是指掌握了什么知识技能,而能力基础是指达到了什么能力水平。对学生能力的培养是更高层次的培养要求,对学生能力的测评也影响接下来的教学方法和教学内容选择。

2. 认知能力

认知能力分析主要是了解学习者在不同阶段所表现出来的在感知、记忆、思维、想象等方面的特征。皮亚杰将儿童的认知发展过程分为四个阶段,依次为感知运动阶段（0～2岁）、前运算阶段（2～7岁）、具体运算阶段（7～12岁）、形式运算阶段（12岁以上）,这部分内容详见第三章第四节。

针对每个阶段的儿童发展特点,教师应采用不同的教学策略。对前运算阶段的儿童,角色扮演可以帮助他们形成站在他人角度理解和看待世界的能力,克服自我中心的弊端。对具体运算阶段的儿童,采用具体的道具和视觉表征更有帮助,比如用时间轴来讲解历史,训练一些需要逻辑分析和推理能力的问题,促进其逻辑推理能力的发展。形式运算阶段,则应引导学生探索假设性问题,为他们提供解决问题和科学推理的机会。

---

① Van Kesteren M T R, Rijpkema M, Ruiter D J, et al. Building on prior knowledge: schema-dependent encoding processes relate to academic performance [J]. Journal of cognitive neuroscience, 2014, 26(10): 2250-2261.

3. 信息素养

在如今的信息时代，学习者的信息素养水平对学习也非常重要。所谓信息素养，一般是指合理利用各种信息工具，特别是多媒体和网络技术工具，其核心是信息能力，包括识别获取、评价判断、协作交流、加工处理、生成创造信息的能力。[1] 教师讲授新课、使用媒体、布置作业的各个环节，也要考虑学生的信息素养水平，合理应用新媒体技术。

（二）态度、动机与情绪

学习态度是指个体在自身学习过程中形成的一种相对稳定的，包括认知、情感和行为倾向等因素的心理倾向。例如学习中的主动性表现、学习中排除困难的行为表现等。[2] 学习态度是学习者主动学习的根本动力，在学习过程中具有启动、定向、引导、维持、调节、强化、控制等功能。对于学生的学习态度，目前尚无统一的测量工具，一般是通过问卷调查法、观察法、访谈法等来测量学生的学习态度。

第四章讲过学习动机，它是直接推动学习者进行学习的一种内部动力。学习动机一般包括对知识价值的认识（知识价值观）、对学习的直接兴趣（学习兴趣）、对自身学习能力的认识（学习能力感）、对学习成绩的归因（成就归因）四个方面。学习动机过强或过弱都会对学生的学习过程产生一定的影响。耶克斯-多德森定律显示，中等强度动机的激发或唤起，一般会产生最佳的学习效果。教师对学生的动机水平的分析一般也是借助问卷调查法、观察法、谈话法等进行的。

情绪状态也会影响学习。大量研究表明，与中立事件相比，学生对情感事件的记忆更加清晰，准确且持久。[3] 比如，情绪刺激会增强情感体验的记忆巩固[4]。因此，我们更容易记忆令我们感到快乐或伤心的事情。此外，动机与情绪也存在交互效应。[5] 积极的情绪能够增强认知灵活性、提高问题解决效率，相反，消极情

---

[1] 钟志贤，汪维富. Web2.0学习文化与信息素养2.0 [J]. 远程教育杂志，2010，28（4）：34—40.

[2] 陶德清. 学习态度的理论与研究 [M]. 广州：广东人民出版社，2001：183—190.

[3] Tyng C M, Amin H U, Saad M N M, et al. The influences of emotion on learning and memory [J]. Frontiers in psychology, 2017, 8: 1454.

[4] McGaugh J L, Roozendaal B. Role of adrenal stress hormones in forming lasting memories in the brain [J]. Current opinion in neurobiology, 2002, 12(2): 205-210.

[5] Cole M W, Schneider W. The cognitive control network: integrated cortical regions with dissociable functions [J]. Neuroimage, 2007, 37(1): 343-360.

绪会影响记忆和思维能力。① 目前主要用主观评估法（如填写情绪自评问卷）、行为调查（如监测面部表情、声音、手势变化）和客观评估法（如测量心率、呼吸量、脑活动、皮肤温度、皮肤电等）这三种方法来监控情绪的变化。

（三）多元智能

人们对智力的认识经历了从一元向多元的转变。哈佛大学霍华德·加德纳提出了多元智能理论（theory of multiple intelligences）。他认为，我们每个人都拥有八种智能（后来他又丰富到了十种），只是每种智能的发展水平不同，很多时候也需要多种智能组合来解决问题。② 针对每种智能，教师都可以设计出相对应的教学活动。③ 课堂观察和研究表明，当设计多种教学活动去吸引在某一个或几个方面智能上有优势的学生时，能够激励他们并使他们在课堂中获得成功。④

（四）学习风格

学习风格是学习者一贯的带有个性特征的学习方式，是学习策略和学习倾向的总和。第四章已经讲过如何根据学习风格设计教学策略，这里不再赘述。不过要再次提醒的是：第一，目前学习风格的分类还没有十分客观可靠的证据；⑤ 第二，依据学习风格选择合适的教学策略受到很多限制，因而是比较困难的事情。

（五）信息化环境下学习者特征分析

随着人工智能、大数据技术的发展和成熟，学习分析逐渐成为学习者特征分析的重要方法和技术。关于学习分析，在第一章已经讲过，在第十章还会详细介绍，这里不再展开。简单地说，学习分析就是利用数据挖掘等技术，对信息化学习环境中多种来源的海量数据进行分析，挖掘学习者的学习状态和特征，发现学习者取得的成就和存在的问题，并给予个性化的干预。在未来教育中，在线学习

---

① Li L, Gow A D I, Zhou J. The role of positive emotions in education: a neuroscience perspective [J]. Mind, brain, and education, 2020, 14(3): 220-234.

② （美）霍华德·加德纳. 多元智能新视野 [M]. 沈致隆 译. 北京：中国人民大学出版社，2012.05：26—27.

③ （美）戴维·A. 苏泽. 人脑如何学数学 [M]. 赵晖，等 译. 上海：上海教育出版社，2019：178.

④ Shearer C B. Using a multiple intelligences assessment to facilitate teacher development [J]. Adult education, 2002: 28.

⑤ Pashler H, McDaniel M, Rohrer D, et al. Learning styles: concepts and evidence [J]. Psychological science in the public interest, 2008, 9(3): 105-119.

将成为主要的学习形式之一。借助在线学习过程中的数据分析,可以更加全面精准地刻画学习者画像,为实现自适应教学过程提供关键条件。

四、教学策略

在进行教学目标分析、学习内容分析、学习者分析之后,就可以进行非常重要的教学策略的设计与选择了。

(一)教学策略的概念和内涵

教学策略(teaching strategy)是指在教学目标确定以后,教师根据已定的教学任务和学生的特征,选择性地采取一定的方法、手段,将其有针对性地应用在教学设计、教学实施和教学反思中。[1]其上位概念是教学模式,指的是构成课程、教材、指导教学活动的一种计划或范型[2],是在一定理论指导下,为完成规定的教学目标和内容,所采用的教学活动序列及其方法策略[3]。其下位概念是教学方法,指的是与一定教学目标和任务相关的具体操作方式或程序,包括学生学的方法和教师教的方法,是对工具和手段的选择和使用,比如有讲授法、实验法、练习法等。可以说,教学策略是对教学模式的进一步具体化,而教学方法是对教学策略的进一步具体化。教学策略包含解决某一实际问题的教学理论,又包含了解决某一实际问题的带有规律性的教学方法,介于理论和方法之间。[4]

(二)教学策略的设计与选择

在本节我们主要介绍几个经典的教学策略,下一节会讲解更多的基于学习科学视角的教学策略。[5]

1. 先行组织者策略

第三章讲过"先行组织者",是指在给学习者呈现新的学习材料之前,先向学习者介绍一些他们比较熟悉的且概括性高的学习材料,然后用先前学习过的知识去解释、整合当前的学习材料。[6]先行组织者教学策略的教学过程主要包括以下

---

[1] 袁振国. 当代教育学[M]. 北京:教育科学出版社,2010:171.
[2] 何克抗,吴娟. 信息技术与课程整合[M]. 北京:高等教育出版社,2007:139.
[3] 何克抗,林君芬,张文兰. 教学系统设计[M]. 2版. 北京:高等教育出版社2016:112.
[4] 袁振国. 当代教育学[M]. 北京:教育科学出版社,2010:170.
[5] 需要说明的是,在实际应用过程中,很多时候我们也没有严格地区分教学策略和教学方法。
[6] (美)戴维·保罗·奥苏贝尔. 意义学习新论:获得与保持知识的认知观[M]. 毛伟 译. 杭州:浙江教育出版社,2018:13—14.

三个阶段（表 8-2）。[①]

表 8-2 先行组织者策略的三个阶段

阶段	具体活动
1.呈现先行组织者	教师向学生阐述本节课的教学目标，呈现作为先行组织者的概念；举出例子，提供上下文；使学生意识到相关知识和经验。
2.呈现学习任务和材料	呈现逻辑顺序外显化的学习材料，使知识的结构显而易见。
3.扩充与完善知识结构	运用整合协调原则；促进接受学习；教师相应地提示新、旧知识之间的关联。

2.九段教学法

在第三章，我们学习了加涅的信息加工学习论，加涅还将认知学习理论应用于教学过程研究并提出了"九段教学法"，每个教学阶段所采用的策略如表 8-3 所示。

表 8-3 加涅的九段教学法策略

阶段	教学事件	学习过程	心理加工过程	例子
1	引起注意	教学准备	接受神经冲动的模式	将一张 A4 纸对折 64 次，将会有多厚呢？
2	阐述目标		激活监控程序，选择性注意	告诉学生学习任务，并提供任务范例
3	刺激回忆先前所学的内容		从长时记忆中提取相关信息至短时记忆	还记得我们学过的次方吗？
4	呈现刺激材料	知识获得和作业表现	形成选择性知觉	呈现 PPT 讲解
5	提供学习指导		进行语义编码	对学生的提问予以回答，个别辅导
6	诱发学习行为		激活反应组织	让学生总结原理
7	提供反馈		建立强化	让一个小组评析另一个小组的答案
8	评价表现	保持和迁移	激活提取，促成强化	测验
9	促进记忆和迁移		为所需信息提供线索和策略	家庭作业，社会活动

[①] 何克抗，林君芬，张文兰.教学系统设计［M］.2 版.北京：高等教育出版社，2016.

3. 支架式教学策略

支架式教学是指教师事先把复杂的学习任务加以分解，并在教学过程中不断给学习者提供恰当的帮助——"支架"，以便把学习者的理解逐步引向深入。一般来说，支架式教学分为如下五个步骤。①搭脚手架：根据教学内容，结合"最邻近发展区"理论，为学生搭建概念框架。②进入支架：通过创设问题情境，将学生引入一定的问题情境（知识框架中的某个位置），为学生建构活动提供基础。③独立探索：让学生在支架的帮助下自主探索。随着教学的深入，教师的引导应逐渐减少，直至最终拆除支架。④合作学习：进行小组协商、讨论，最终完成对所学知识的意义建构。⑤效果评价：评价主体包括教师、学生个体、学生团体等；评价的方式包括教师对学生的评价、学生的自我评价、学习小组对个人的评价等；评价的内容包括自主学习能力、对小组协作学习所做出的贡献、是否完成对所学知识的意义建构等。①

4. 抛锚式教学策略

抛锚式教学策略是在真实情境问题的驱动下，令学习者主动探求新知，以提高其复杂问题解决能力为目的的一种教学策略。这里的"锚"是指为了驱动学习而创设的与学习内容相关的问题以及相应的故事情境，主要包括两方面含义：一是技术，强调技术在抛锚式教学中的情境创设作用；二是境脉，强调为解决问题而创设情境。② 著名的贾斯珀系列课程就是抛锚式教学的范例。③

抛锚式教学策略主要由以下五个教学步骤组成。①引入锚，创设情境：教师根据教学内容和学习者的发展需求创设基于真实问题的情境。②抛出锚，明确内容：在上述情境下，选择与当前学习主题密切相关的真实事件或真实问题作为学习的中心内容。这里的真实事件或问题就是"锚"。③面向锚，自主探究：鼓励学生开展多种形式的自主学习和合作学习来发现解决问题的方法，同时培养协作交流的能力。④消解锚，解决问题：要发展学生的知识迁移能力，使学生能够解决新情境中类似的问题或复杂问题。⑤返回锚，评价效果：通过观察和记录学习者在学习过程中的表现来评价学习者的学习效果。

---

① 吴锦程. 浅谈支架式教学［J］. 学科教育, 2003,（6）: 29—32.
② 刘洋, 钟志贤. 论抛锚式教学模式［J］. 江西教育科研, 2005,（2）: 9—11.
③ Cognition and technology group at vanderbilt. The Jasper series as an example of anchored instruction: theory, program description, and assessment data［J］. Educational psychologist, 1992, 27(3): 291–315.

五、教学评价

在很多人的认知里,评价无非就是考试测评,但是并非如此,考试测评只是教学评价的一种形式。那么,传统的教学评价是如何开展的呢?基于学习科学的教学评价又有何不同呢?

(一)教学评价的概念和功能

教学评价是通过测量和系统地收集数据,对学生经过教学发生的行为变化予以确定。教学评价的对象是学生的学习过程及其结果,评价者主要是任课教师。[①]

教学评价主要具有如下功能。

①诊断功能:帮助教育者了解教学结果及教学过程中存在的问题,并根据评价的结果分析成因。②反馈功能:帮助教师及时了解教学过程中存在的优势与不足,从而及时调整策略及方法。③激励功能:帮助学生发现学习过程中存在的问题,进而在一定程度上将其转化为继续努力的心向和动力。④导向功能:帮助引导复杂的教学活动朝正确方向发展。⑤教育功能:通过动态的形成性评价,促进老师和学生的自我认识与自我提升。

(二)课堂教学评价的基本步骤

课堂教学评价是教学评价的一部分,追求以"学"评"教"。课堂教学的评价对象不仅包括课堂教学中教师的活动,还包括学生活动以及教师与学生的交互活动。一般而言,课堂教学评价可以分为三个阶段。①准备阶段:这是评价的前提和基础,教师(或管理者)需要对即将进行的评价进行构想与规划,主要工作包括组织准备、人员准备、方案准备以及评价者和被评价者的心理准备。②实施阶段:这是教育评价的中心环节,主要工作包括运用各种评价方法和技术收集、整理和处理评价信息,并给出综合评价结果。③评价结果的处理与反馈阶段:这是正确运用评价结果来帮助被评价者找出现存的问题,并找到正确的方法来解决问题,主要工作包括检验评价结果、分析诊断问题、撰写评价报告、反馈评价结果。

以上讲的实际上是传统的教学评价的概念、功能和步骤。在学习科学视角下,评价的目的、功能和手段都发生了一些变化,比如以学习者为中心,注重形成性评价、促进学习的课堂评价,注重应用脑科学、人工智能、大数据等新技

---

① 李秉德. 教学论 [M]. 北京: 人民教育出版社, 1991: 320.

术。这些内容将在第十章详细讲解，这里不再展开。

第三节 基于学习科学的有效教学策略

教学策略是学习科学研究成果向教师教学实践转化的关键环节和重要"桥梁"。[1] 在过去，教师的教学策略和方法主要来自经验以及通过思辨所得的理论。然而，学习科学、脑科学及信息技术的飞速发展和几十年的积累，已经可以为教学提供更多的基于实证研究的教学策略。本节将从"课前、课中、课后及其他"四个方面总结和介绍现有的基于学习科学的有效教学策略。

一、课前教学设计策略

（一）教学起点：对学生"自我系统"的关注

大部分教师会习惯性地认为，学校教学始于大脑的认知系统（即知识的学习）。然而，马扎诺指出，学校教学并不是始于大脑的认知系统，而是始于对学生"自我系统"的关注。[2]"自我系统"由态度、信念和情感（包括情绪）构成，而态度、信念和情感之间的相互作用决定了学习者在学习过程中能够投入的学习动机和注意力。

通常情况下，学习者在老师的教学过程中会经历"从自我系统到元认知系统，再到认知系统，进而进入教师所期望的认知学习"这样一个序列性的转换过程。自我系统是教学的起点，它既决定了学习者从事给定任务的意愿，也决定了投入精力的多少，起到的是对教师或环境输入的信息进行筛选的作用。脑科学研究发现，大脑在感觉记忆这一阶段对不同信息的处理存在一定的优先顺序，影响个体生存和情绪的信息要比新学习的信息更优先被大脑放入工作记忆中进行加工。[3] 因此，在教学开始前，教师要首先关注学生的情绪状态。学生只有在感到身体安全（舒适）和情绪安定的情况下，才能将注意力集中在认知学习（知识）方面。

---

[1] 梁林梅，李志. 从学习科学到教学实践变革——教师学习科学素养提升的关键概念与有效教学策略[J]. 现代教育技术，2018，28（12）：13—20.
[2] （美）唐娜·沃克·泰勒斯通. 提升教学能力的10项策略：运用脑科学和学习科学促进学生学习[M]. 李海英 译. 北京：教育科学出版社，2017：17.
[3] （美）David A. Sousa. 脑与学习[M]."认知神经科学与学习"国家重点实验室 译. 北京：中国轻工业出版社，2005：36—37.

经过自我系统的筛选，新学习的信息会进入元认知系统。元认知系统是学习过程中的"管理者"，承担着监控和调节学习过程的职责。元认知对于学习非常重要。一般而言，学习者的元认知水平越高，其学业成绩就可能越好。[①]最后，新学习的信息会进入认知系统，此时知识的学习才会发生。所以说，自我系统和元认知系统的有效运行是认知系统进行知识学习的前提。

（二）建立新旧知识联系的教学策略

当学习者接收到新的信息时，大脑就会将其与过去的知识或经验联系起来。[②]因此，教育从来都不是从白纸开始，教师要采用一些教学策略，尽可能将学生现在所学的知识与其原有的知识经验联系起来。[③]研究表明，已有知识只有是正确的、充分的、恰当的且被激活的，才有助于新知识的学习。[④]因此在课前或者导入环节，可以采用一些工具和策略帮助学生激活已有的知识。比如，使用诊断性评估（提问、作业分析、课前练习）、画思维导图等工具方法，或使用先行组织者策略帮助学生建构能够贯穿整个单元的知识[⑤]。在此过程中，教师要及时纠正、补充和修正学生不正确、不充分以及不恰当的知识。

（三）陈述性知识与程序性知识的教学策略

陈述性知识和程序性知识是教学中最常见的两类知识，其对应的学习过程是非常不同的，教师要根据二者的差异采用不同的教学策略。

1. 陈述性知识

学习陈述性知识的关键是"知道和理解"。学习者获取新的信息和知识需要把新的信息与先前学习的知识联系、整合起来。因此，学好陈述性知识需要着重关注以下三个过程：意义建构、信息组织和信息储存。

在意义建构阶段，教师要提供恰当的背景信息，帮助学生主动建构知识的意义，并帮助学生将新知识与他们已有的知识经验联系在一起，避免机械的重复和

---

① （美）简妮·爱丽丝·奥姆罗德. 学习心理学：第6版［M］. 汪玲，李燕平，廖凤林，等 译. 北京：中国人民大学出版社，2015：272.

② （美）R. 基思·索耶. 剑桥学习科学手册［M］. 徐晓东，等 译. 北京：教育科学出版社，2010：2.

③ Bransford J D, Johnson M K. Contextual prerequisites for understanding: some investigations of comprehension and recall［J］. Journal of verbal learning and verbal behavior, 1972, 11(6): 717—726.

④ （美）苏珊·A. 安布罗斯，等. 聪明教学7原理 基于学习科学的教学策略［M］. 庞维国，等 译. 上海：华东师范大学出版社，2012：11.

⑤ （美）唐娜·沃克·泰勒斯通. 提升教学能力的10项策略：运用脑科学和学习科学促进学生学习［M］. 李海英 译. 北京：教育科学出版社，2017：31—33.

再现。在信息组织阶段，教师可以帮助学生从庞杂的信息中筛选重要内容，并帮助学生提取和组织这些信息之间可能的关系和模式，从而帮助信息的存储和提取。马扎诺等人总结了陈述性知识的六种常见组织模式（从最具体到最概括的等级顺序排列），分别是描述、时间序列、过程或因果关系、有具体情节的事件、概括和原理，以及概念。①有兴趣的同学可以展开学习这六种组织模式，本书不再详述。在信息储存阶段，教师可以帮助学生花费更多的时间来建构意义和组织信息，这样学生能更加高效地存储和提取长时记忆中的知识。

2. 程序性知识

程序性知识的学习过程包括如下三个阶段：建构模型、固化和内化程序性知识（见图 8-6）。②在不同阶段，教师需要着重关注以下几点。

图 8-6 程序性知识的学习过程

在建构模型阶段，教师可以借助多种方法帮助学生建构模型，例如示意图、流程图、心理预演、出声思维等。学生通过观察老师操作、阅读操作手册或自己摸索，就可以在头脑中建构起关于该技能（程序）的整体性操作步骤（流程）或大致模式。在固化程序性知识阶段，教师需要首先帮助学生理解和掌握程序性知识所必需的陈述性知识，然后给学习者提供练习的机会，并在学习者操作的过程中及时纠正存在的错误。在内化程序性知识阶段，教师需要识别并告知学生，哪些技能和程序真正需要学生内化（自动化），哪些仅仅需要熟悉，这样可以帮助学生节省大量的练习时间。此外，在帮助学生练习某些核心技能时，可以采取"先紧后松"的方式，即在开始时集中练习，之后再分散练习。

最后，随着信息技术的发展和不断普及，学生的技能操作过程可以被实时记录下来，学生可以通过重复观看来分析反思自己的技能操作过程，从而更有针对性地提高学习效果。

---

① （美）罗伯特·J.马扎诺，黛布拉·J.皮克林.培育智慧才能——学习的维度教师手册［M］.盛群力，何晔，张慧，等译.福州：福建教育出版社，2015：41—43.
② （美）罗伯特·J.马扎诺，黛布拉·J.皮克林.培育智慧才能——学习的维度教师手册［M］.盛群力，何晔，张慧，等译.福州：福建教育出版社，2015：75—83.

二、课中教学策略

（一）教学节奏：分段教学策略

认知心理学的研究发现，人们对最先出现的那些内容刺激记忆效果最好，其次是最后出现的那些刺激，而对在中间位置之后才呈现的刺激记忆效果更差。这就是人类记忆的"系列位置效应"，或称"首因和近因效应"。比如，我们对一本单词书记忆最深刻的可能就是 abandon 和 zoo，因为它们分别位于开头和结尾。① 因此，在课堂教学中，要在开始和结尾的时间里提供最准确和最重要的信息；而在课堂中间，可以采用分段记忆的策略，让学生更容易地记住每段的开头和结尾。有研究者将"首因和近因效应"应用于学校 40 分钟的课堂教学，发现确实存在两个学习的"高效期"和一个学习的"低沉期"，如图 8-7 所示。

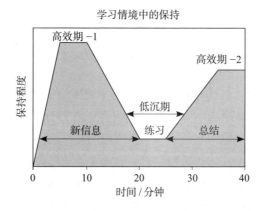

图 8-7 学习情境中保持程度的变化及教学内容的合理安排②

具体而言，教师应该把重要的、有一定难度和挑战性的学习内容放在课堂的第一个"高效期"进行讲解，同时避免将宝贵的高效期时段用于课堂管理（比如讲纪律）；而在"低沉期"阶段，应该安排学生对新的学习材料进行练习和回顾，帮助学习者对新学习材料进行进一步的加工；在第二个"高效期"阶段，教师应该总结和提炼重点学习内容，进一步加深学生对知识的理解。

需要说明的是，"高效期"和"低沉期"会随着教学情境的长短变化而变化，

---

① 孟昭兰.普通心理学[M].北京：北京大学出版社，1994：189.
② （美）David A. Sousa.脑与学习[M]."认知神经科学与学习"国家重点实验室 译.北京：中国轻工业出版社，2005：72.

随着课时长度的增加，低沉期增长的幅度大于高效期（图8-8）。由于20分钟的学习时间段内的学习"高效期"占比更高，因此研究者更建议教师采用分段教学的方法，以20分钟为单位划分。在此基础上，分段教学的时长还应考虑不同年龄阶段学生的注意力持续时间（儿童为5～10分钟，而青少年则为10～15分钟）。因此，建议中学教师用15分钟左右的时间传递知识，然后通过活动或讨论巩固学生所学知识；而建议小学教师用10分钟左右的时间传递知识，然后开展多种活动。① 为了区别不同的分段，教师可以插入三分钟的停顿，让学生想一想或说一说他们在学的内容。

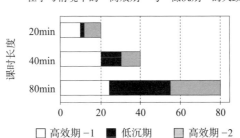

图8-8 "高效期"和"低沉期"会随着教学情境的长短变化而变化②

（二）课堂提问的教学策略

提问是教学中实现师生互动经常使用的一种教学策略。课堂提问的最终目的，是吸引学生的注意力，使学生能够主动参与到课堂学习的过程中，促进学生的理解和深度学习。课堂提问的一般流程包括提出问题、留出等待时间（或称思考时间）和回答/反馈三个环节。③

1. 关于课堂提问的问题类型

课堂提问的问题可以有多种分类方式。根据答案的特点，可以分为封闭性问题和开放（发散）性问题。其中，封闭性问题一般只有一个正确或最佳答案；

---

① （美）唐娜·沃克·泰勒斯通. 提升教学能力的10项策略：运用脑科学和学习科学促进学生学习［M］. 李海英 译. 北京：教育科学出版社，2017：21—22.
② （美）David A. Sousa. 脑与学习［M］. "认知神经科学与学习"国家重点实验室 译. 北京：中国轻工业出版社，2005：73.
③ （美）普莱斯顿·D.费德恩，罗伯特·M.沃格尔. 教学方法——应用认知科学，促进学生学习［M］. 王锦，曹军，徐彬 译. 上海：华东师范大学出版社，2006：161—163.

而开放（发散）性问题则要求学生给出较为自由的答案，正确答案可能不止一个。也可以依据布鲁姆教育目标将问题分为记忆性问题、理解性问题、应用性问题、分析性问题、评价性问题和创造性问题。相比而言，后三类问题对学生的参与程度、知识精细加工程度和学生间合作能力要求更高，因此实施起来也更有挑战性。

美国学者伯妮斯·麦卡锡（Bernice McCarthy）则将课堂问题分为四种类型。① ①"是何"类问题：一般以"what、who、when、where"等关键词为引导，主要涉及事实性知识的回忆与获取。②"为何"类问题：一般以关键词"why"为引导，侧重于探寻事物之间或事物内部各部分之间的逻辑关系，以便进行合理的解释和推理。③"如何"类问题：一般以"how"等关键词为引导，侧重于各类过程与活动中技能、流程的知识解答。例如，怎样才能知道一个苹果的重量？④"若何"类问题：一般以"what……if"为引导，侧重于推断或思考，如果原有问题或事件的各种要素和属性发生了相应变化，会产生什么样的新问题和新结果。例如，在没有大秤或起重机，而只有船和石头的情况下，怎样才能知道一头大象的重量？

2. 关于课堂提问后的等待时间问题

课堂提问后的等待时间，通常是指教师提出问题后，要求第一个同学做出回答之前的一段静默时间。给学生留出足够多的时间对问题做出思考和回应，对于培养学生的高阶思维和深度学习能力至关重要。通常情况下，要给学生留出至少3秒的思考时间，但不要超过6秒，这几秒钟的停顿不仅可以帮助学生集中注意力，还能使学生的思维更加完善。②③

另外，研究者建议教师给不同反应时长的同学同样多的等待时间，尽量不要一有学生举手就叫他（她）来回答问题。实际上，只要教师叫起第一个同学回答问题，其他同学基本上就停止思考问题了。研究发现，在教学实践中大多数教师在等待时间的设计上都不够充分④，当等待时间延长到5秒钟时，学生参与的人

---

① 王陆，张敏霞. 课堂观察方法与技术［M］. 北京：北京师范大学出版社，2012：83—84.
② （美）普莱斯顿·D. 费德恩，罗伯特·M. 沃格尔. 教学方法——应用认知科学，促进学生学习［M］. 王锦，曹军，徐彬 译. 上海：华东师范大学出版社，2006：164.
③ （美）罗伯特·J. 马扎诺. 教学的艺术与科学——有效教学的综合框架［M］. 盛群力，唐玉霞，曾如刚 译. 福州：福建教育出版社，2014：92.
④ （美）David A. Sousa. 脑与学习［M］. "认知神经科学与学习"国家重点实验室 译. 北京：中国轻工业出版社，2005：100.

数和回答问题的质量都有明显提升，老师在反馈学生问题回答上也会表现出更高的灵活性。①在等待学生回答的过程中，研究者还建议教师与学生继续互动，比如与学生进行目光的接触，观察学生的思考情况等，以鼓励学生积极参与回答问题。②③

3.教师回应问题的方式

教师对学生问题的回应方式大致分为肯定回应、否定回应、无回应、打断回答或教师代答，以及回复学生回答并做解释这几个类型。④研究者建议尽量避免出现"无回应"的情况，因为如果教师对于学生的回答不做任何回应，通常情况下会给学生的学习（包括情绪）带来一定的消极影响。

4.提高课堂问答深度的有效教学策略建议

①当遇到无人回答或学生回答错误（不准确）的情况时，教师要避免直接说出答案，可以给出相关的提示，并通过言语或非言语信息（身体动作、目光接触、手势等）鼓励学生主动参与到思考活动中来。⑤②当发现学生欠缺回答问题的先行经验（基础）时，可以借助先行组织者教学策略为学生提供思维的脚手架。⑥另外，对于复杂的高阶问题，可以通过进一步的追问，引导更多学生给出更加完整的、经过深思熟虑的回答，最终形成"问题和回答链"。⑦③教师要对学生的回答做出积极的、及时的反馈。当学生回答错误时，教师一定要明确地给出正确的答案，不能让学生带着错误理解进入后面的学习。⑧另外，除了用语言信息外，教

---

① （美）David A. Sousa.脑与学习［M］."认知神经科学与学习"国家重点实验室 译.北京：中国轻工业出版社，2005：100.

② （美）简妮·爱丽丝·奥姆罗德.学习心理学：第6版［M］.汪玲，等 译.北京：中国人民大学出版社，2015：218.

③ （美）David A. Sousa.脑与学习［M］."认知神经科学与学习"国家重点实验室 译.北京：中国轻工业出版社，2005：100.

④ 王陆，张敏霞.课堂观察方法与技术［M］.北京：北京师范大学出版社，2012：82.

⑤ （美）普莱斯顿·D.费德恩，罗伯特·M.沃格尔.教学方法——应用认知科学，促进学生学习［M］.王锦，曹军，徐彬 译.上海：华东师范大学出版社，2006：163.

⑥ （美）简妮·爱丽丝·奥姆罗德.学习心理学：第6版［M］.汪玲，等 译.北京：中国人民大学出版社，2015：168.

⑦ （美）罗伯特·J.马扎诺.教学的艺术与科学——有效教学的综合框架［M］.盛群力，唐玉霞，曾如刚 译.福州：福建教育出版社，2014：94.

⑧ （美）普莱斯顿·D.费德恩，罗伯特·M.沃格尔.教学方法——应用认知科学，促进学生学习［M］.王锦，曹军，徐彬 译.上海：华东师范大学出版社，2006：165.

师还要善于使用非言语信息（例如肢体语言、微笑、可视化表征等）与学生交流反馈。④教师还应当鼓励学生自己提出问题，这样能鼓励学生更多地投入学习中去。

（三）促进学生课堂参与的教学策略

课堂上学生的主动参与对于高效学习和有效教学至关重要，影响程度能占到30%左右。①那么，如何确保课堂上学生的主动参与呢？

1. 注重有效利用课堂时间

课堂上存在多种维度的时间类型，包括课表上的教学时间、实际教学时间、学生的主动参与时间和学生的有效学习时间（图8-9）。②它们之间并不是完全等同的。研究发现，与学生学业成绩密切相关的是学生的主动参与时间和有效学习时间，而不是课表上的教学时间。对于低学业水平的学生来说，主动参与时间最为重要。因此，教师要充分利用教学时间，将它们尽可能多地变成有效学习时间。

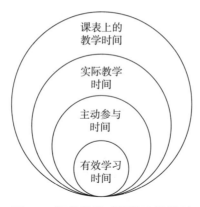

图8-9 课堂教学时间的不同类型

2. 促进学生课堂参与的有效教学策略

课堂参与主要指学生对课堂教学活动的投入程度，其中既有认知参与，也包含情感参与和行为参与。③教师可以通过如下的教学策略来提高学生的课堂参与。

---

① （美）罗伯特·J.马扎诺.教学的艺术与科学——有效教学的综合框架［M］.盛群力，唐玉霞，曾如刚 译.福州：福建教育出版社，2014：84.

② （新西兰）约翰·哈蒂，（澳大利亚）格雷戈里·C.R.耶茨.可见的学习与学习科学［M］.彭正梅，邓莉，伍绍杨，等 译.北京：教育科学出版社，2018：46—50.

③ （美）罗伯特·J.马扎诺.教学的艺术与科学——有效教学的综合框架［M］.盛群力，唐玉霞，曾如刚 译.福州：福建教育出版社，2014：84.

①鼓励并帮助学生设定自己的学习目标。与教师为学生统一设定教学目标相比,学生自己设定学习目标可以让学生更加主动地参与到课堂的学习过程中来。[①]②将教学内容或学习活动与学生已有经验及现实生活相联系。这一点在前面提过,当新学习的内容联系到学生个人的生活经验时,可以增加学生的学习兴趣和参与感,帮助他们更好地学习知识。[②]③在学生学习的过程中为其提供及时的、积极的反馈。反馈能够大大促进学生的主动参与,进而提升学生的学业成绩。[③]不过,教师提供的反馈一定要具体,要明确指出哪些地方做得好,哪些地方需要改进。[④][⑤]④适度的压力、争论和竞争可以促进学习者的课堂参与。只要合理把握,适度争论和竞争都能够提高学生的课堂参与度。课堂问答、教学游戏都是提高课堂参与度的有效教学策略。⑤创设高活力课堂。这里包括两个方面:首先,教师要充满活力,这样可以影响学生,提高他们的主动参与性。[⑥]其次,教师要避免让学生长时间坐在座位上,应该鼓励学生在教室里开展一些费时少、耗力多且简单易行的身体活动,提高学生的活力,帮助他们更好地学习。[⑦][⑧]⑥充分利用多媒体学习和可视化方法,引发学生的多感官参与。研究表明,从"言语+图像"中学习比仅仅从言语中学习更能促进信息的深度加工,多感官参与可以增强记忆和学习的效果。[⑨]

[①] (美)简妮·爱丽丝·奥姆罗德.学习心理学:第6版[M].汪玲,等 译.北京:中国人民大学出版社,2015:375.

[②] (美)David A. Sousa.教育与脑神经科学[M]."认知神经科学与学习"国家重点实验室 译.上海:华东师范大学出版社,2014:159.

[③] (美)罗伯特·J.马扎诺.教学的艺术与科学——有效教学的综合框架[M].盛群力,唐玉霞,曾如刚 译.福州:福建教育出版社,2014:9.

[④] (新西兰)约翰·哈蒂,(澳大利亚)格雷戈里·C. R.耶茨.可见的学习与学习科学[M].彭正梅,邓莉,伍绍杨,等 译.北京:教育科学出版社,2018:77.

[⑤] (美)罗伯特·J.马扎诺,黛布拉·J.皮克林.培育智慧才能——学习的维度教师手册[M].盛群力,何晔,张慧等 译.福州:福建教育出版社,2015:29.

[⑥] (美)罗伯特·J.马扎诺.教学的艺术与科学——有效教学的综合框架[M].盛群力,唐玉霞,曾如刚 译.福州:福建教育出版社,2014:84—85.

[⑦] (美)David A. Sousa.教育与脑神经科学[M]."认知神经科学与学习"国家重点实验室 译.上海:华东师范大学出版社,2014:180—186.

[⑧] (美)罗伯特·J.马扎诺,黛布拉·J.皮克林.培育智慧才能——学习的维度教师手册[M].盛群力,何晔,张慧,等 译.福州:福建教育出版社,2015:22.

[⑨] (美)简妮·爱丽丝·奥姆罗德.学习心理学:第6版[M].汪玲,等 译.北京:中国人民大学出版社,2015:155.

三、课后练习和迁移策略

(一)促进应用练习的教学策略

练习是一个不断重复技巧的过程,是能让学习者运用自己的知识或技能的任何活动。练习可以在脑中产生永久效应,有助于学习保持,[①]尤其是程序性知识(技能)。一般来说,促进应用练习的教学策略包括提取式练习、分散性练习、交错练习等。

1. 提取式练习

提取式练习(retrieval practice)就是通过回忆,从长时记忆中调取知识的练习活动,日常的提问、测试都是提取练习的形式。对学习内容进行一次或多次的提取会比相同时间内的重复学习效果更好。这是因为,每提取一次,大脑中对于提取线索和提取信息的连接就会加强一次。[②]

2011 年发表在《科学》上的经典研究对比了提取式练习与重复学习、概念图在促进学生记忆和理解有意义学习材料时的学习效果。结果发现,在不同类型的题目中,使用提取式练习策略的学生成绩都要更好(图8-10)。[③]之后的一系列关于提取式练习的实证的文章进一步阐明了,提取式练习对真实课堂情境下学生意义学习的有效性。[④]提取式练习比重复学习更能激活大脑的左下额回、腹侧纹状体和中脑区域,并且可能涉及通过纹状体动机和奖赏回路来增加努力的认知控制和记忆调节。[⑤]

那么,如何开展提取式练习呢?研究发现,多选题和简答题能够对长时意义学习产生积极影响,在简答题无法为学生提供反馈时,多选题是提升学习成效的很好选择。[⑥]提取式练习需要为学生提供提取线索和脚手架,比如提供部分未完

---

① (美)罗伯特·J. 马扎诺. 教学的艺术与科学——有效教学的综合框架 [M]. 盛群力,唐玉霞,曾如刚 译. 福州:福建教育出版社,2014:50—51.

② (美)唐娜·沃克·泰勒斯通. 提升教学能力的10项策略:运用脑科学和学习科学促进学生学习 [M]. 李海英 译. 北京:教育科学出版社,2017:44.

③ Karpicke J D, Blunt J R. Retrieval practice produces more learning than elaborative studying with concept mapping [J]. Science, 2011, 331(6018): 772-775.

④ Karpicke J D, Blunt J R, Smith M A, et al. Retrieval-based learning: the need for guided retrieval in elementary school children [J]. Journal of applied research in memory and cognition, 2014, 3(3): 198-206.

⑤ Van den Broek G S, Takashima A, Segers E, et al. Neural correlates of testing effects in vocabulary learning [J]. NeuroImage, 2013, 78: 94-102.

⑥ Smith M A, Karpicke J D. Retrieval practice with short-answer, multiple-choice, and hybrid tests [J]. Memory, 2014, 22(7): 784-802.

成的概念图，同时也需要提供自由回忆的机会[①]，让学生自己创建提取的思路和结构。

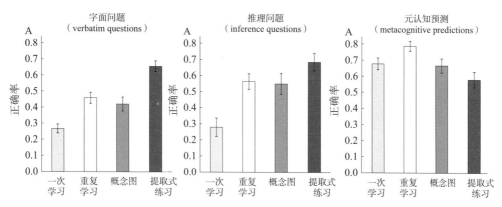

图 8-10 提取式练习实验研究结果图示

2. 分散式练习

那么提取式练习是集中练习好还是分散练习好呢？研究表明，在练习内容和总时长相同的情况下，分散练习的效果会比集中练习的效果更好。[②]这就是"间隔效应"（spacing effect）——学习阶段之间的时间间隔通常会提高后续的记忆测试效果。[③]对动物的研究表明，间隔练习对学习和记忆的影响可能至少部分归因于对突触可塑性的影响。突触连接的巩固往往需要时间去完成，间隔给了突触连接巩固的时间，有助于新信息与相关信息的编码整合、巩固记忆。[④]

在教学中可采用以下策略进行分散式练习。①将内容分为几个部分，在不同的时间内练习，如把单词学习分散到两节课进行而不是一节课集中学习完所有单词；②比起当天总结当天所学，在下一堂课开始时总结前一天的课程内容可能更

---

① Karpicke J D, Blunt J R, Smith M A, et al. Retrieval-based learning: The need for guided retrieval in elementary school children [J]. Journal of applied research in memory and cognition, 2014, 3(3): 198−206.

② Donovan J J, Radosevich D J. The moderating role of goal commitment on the goal difficulty-performance relationship: a meta-analytic review and critical reanalysis [J]. Journal of applied psychology. 1998, 83(2): 308−315.

③ Cepeda N J, Pashler H, Vul E, et al. Distributed practice in verbal recall tasks: a review and quantitative synthesis [J]. Psychological bulletin, 2006, 132(3): 354−380.

④ Gerbier E, Toppino T C. The effect of distributed practice: neuroscience, cognition, and education [J]. Trends in neuroscience and education, 2015, 4(3): 49−59.

有益处；③安排复习材料时，复习的间隔可以分布到一周、一个月等更长的时间里；④鼓励学生在经过一段较长的时间后进行自我测试。

3. 交错练习

交错练习是将不同知识内容进行交叉。比如，不是单独先练乘法再练除法，而是将乘除法混合在一起，这样更有助于知识的巩固。①②交叉练习的方式能够使被试付出更多的认知努力进行信息提取和不同任务的转换，这有助于大脑储存更多内容。在教学中，老师可以采用交错练习的方式，将所学的各个模块的练习整合到一起，帮助学生在综合测试中取得好成绩。

4. 有效的反馈

要想促进学生的学习，光有练习是不够的，还需要有效的反馈。前面已经提过，反馈对于提问的重要性。对于练习，反馈也非常重要。如果学生在练习过程中得不到足够反馈，就会出现无效练习的问题。在教学实践中要有效安排练习和反馈的比重，不能顾此失彼。有效练习取决于在练习和反馈之间所形成的"闭环"，即练习引出可观察的行为表现，接着要求针对性的反馈，反馈又能引导进一步的练习。

如何反馈才能促进学生充分而有效的学习呢？这主要取决于以下两个方面：内容和时机。首先，反馈应该告知学生他们离学习目标还有多远，学习的哪些方面还需要改善。其次，要在适当的时间为学生提供反馈，以便学生能充分利用反馈信息。③

5. 有效练习的教学原则和条件

梅耶总结了有效练习的四条教学原则。其中，前两个原则——①分布练习和②及时、明确的反馈——跟前面的分散性练习和反馈策略类似，这里不再赘述。另外两个原则分别是：③提供样例、示范，即在解决复杂问题时先提供样例，学习效果更佳（例如，学习者先完成 $3x-5=4$ 的步骤，再尝试解答 $2a-2=6$）；④指导发现。如果学习者在完成任务时得到示范、辅导和提供支架等帮助，那么其学习效果也会更佳（例如，学习者在解答应用题时，教师提示学生可以采

---

① （英）塞尔吉奥·德拉·萨拉，（澳）迈克·安德森. 教育神经科学的是与非［M］. 周加仙，陈菊咏 主译. 上海：上海教育出版社，2020：188.

② Rohrer D, Taylor K. The shuffling of mathematics problems improves learning［J］. Instructional science, 2007, 35(6): 481-498.

③ （美）苏珊·A. 安布罗斯等. 聪明教学7原理：基于学习科学的教学策略［M］. 庞维国，等 译. 上海：华东师范大学出版社，2012：80—95.

用什么样的解题方案）。[1]

除此之外，练习并不等于简单的操练，学生脱离课程内容孤立地记忆事实、操练技能，实际上并非高效的练习。教师应该将练习安排在具体的应用情境中[2]，并基于学生的已有基础提供恰当难度水平的练习。

（二）促进迁移的教学策略

迁移在第四章也讲过，简单说，就是把一个情境中所学到的知识应用到新的情境，或者说是原有的知识和经验对新的知识和行为的影响。学习迁移能够让学生认识到知识与经验之间的联系，是习得的经验得以概括化、系统化的有效途径，也是能力与品德形成的关键环节。[3]

影响迁移的因素主要包括提取速度和学习情境。首先，加深对知识的掌握程度以及为其建立独特的感觉线索，能提升信息提取速度。其次，新情境与知识初始学习情境的相似性，能提高迁移发生的可能性。因此，我们可以从以下四个方面来促进迁移的发生。

1. 建立知识之间的联系。明确先前知识与当前所学知识的联系，帮助学生建立起知识之间的关联网络。具体做法有三种。①图表组织法：建立知识之间的异同点和关联点，比如通过韦恩图区分相近概念；②相似情境设计法：将需要迁移的知识设置在相同或相似的情境下；③通过提问引导学生建立联系：比如思考"你认为今天所学的和你之前所学的有什么关系？"等。

2. 明确知识之间的区别。帮助学生使用关键独特的线索来记忆不同的知识，以增加信息提取的效率。比如，教师可以提供两个表面特征相似但原理不同的案例，或提供两个表面特征不同但原理相同的案例，让学生明确知识的差异。或使用反例来增强学生对关键属性的理解[4]，如将线性函数与非线性函数对比。

3. 概括化理论，促进意义建构。帮助学生建构抽象层面的表征经验（即概括

---

[1] （美）理查德·E.梅耶.应用学习科学——心理学大师给教师的建议[M].盛群力，丁旭，钟丽佳 译.北京：中国轻工业出版社，2016：72—73.

[2] 盛群力，马兰.现代教学原理、策略与设计[M].杭州：浙江教育出版社，2006：133.

[3] 李金钊.基于脑的课堂教学[M].上海：华东师范大学出版社，2013：172—174.

[4] Bransford J D, Franks J J, Vye N J, et al. New approaches to instruction: because wisdom can't be told [M]//Vosniadou S, Ortony A. (Eds.), Similarity and analogical reasoning. Cambridge: Cambridge University Press, 1989: 470–497.

化)有助于迁移的表现。①② 过度情境化的知识不利于知识迁移,而知识的抽象表征有助于迁移。比如,比起逐个讲解图形的面积计算公式,令学习者更深刻地理解面积和面积单位的概念,会更有助于他们解决各种不规则图形的面积。这是因为,知识的意义建构是促进知识迁移的基本前提,死记硬背的机械学习无法做到这一点。通过让学生撰写学科日志、自己举例子、设想情境进行问题解决等,可以更好地帮助他们进行意义建构。

4.其他促进迁移的方法,如基于问题的学习、认知学徒、游戏化学习(模拟仿真)都可以用于促进迁移。③ 这些内容在前面的章节里都有提及,它们或多或少都与前面提到的三个策略有相似之处,这里不再赘述。

四、其他教学策略

(一)促进记忆保持的教学策略

记忆,就是在大脑中对知识进行保持和提取的过程。本书第二章有关于记忆的详细介绍,这里不再赘述。促进记忆和记忆保持的教学策略主要有以下几类。

1.合理重复促进记忆保持

"重复是学习之母"。重复练习促进记忆保持,而不复习、不回顾就会导致遗忘。这是因为,大脑是通过重复来加强突触功能以完成学习和记忆存储的。④

那么,怎样重复才能科学地促进记忆呢?著名的艾宾浩斯遗忘曲线指出,在30天期间内,个体记忆的无意义音节的数量变化:第一天到第二天下降速率较高,五天之后遗忘速率降低,即"先快后慢"。因此,重复练习要分散到不同的时间,且在刚开始几天的复习频次需求较高,到后面时间间隔变长,这样才能更好地巩固记忆。

2.精细加工促进记忆保持

精细化是指对信息进行更深层次的编码和存储,以供后续的记忆保持和

---

① Judd C H. The relation of special training to general intelligence [J]. Educational review, 1908, 36: 28-43.
② Biederman L, Shiffrar M M. Sexing day-old chicks: a case study and expert systems analysis of a difficult perceptual-learning task [J]. Journal of experimental psychology: learning, memory, and cognition, 1987, 13(4): 640-645.
③ Hajian S. Transfer of learning and teaching: a review of transfer theories and effective instructional practices [J]. IAFOR journal of education, 2019, 7(1): 93-111.
④ (澳)约翰·G.吉克.教育神经科学在课堂[M].周加仙 主译.上海:上海教育出版社,2020:48.

提取。[1][2] 精细加工则是将新学习的信息与已知信息联系起来，建构意义，建立编码。精细加工的方法包括视觉想象法、联想法、精细复述法等。①视觉想象法，即建立信息与图像表征的关系，比如记忆三个独立单词"football""cloud""flower"时，想象到一个人在充满花朵和云彩的地方踢足球；②联想法，即根据所给信息联想到相关的生活经验和背景信息，比如在学习化学中的干冰时想到舞台中的雾气效果；③精细复述法，即通过自己的话把新学信息进行复述。

3. 利用组块扩大工作记忆容量

人的工作记忆容量是有限的，每次最多能记住5～9个信息组块（chunk）。[3] 我们可以通过增加组块大小来扩大工作记忆容量。前面讲过，组块就像把多个信息"打包"成不同的包裹，使得每一块都成为一个有意义的信息单元。组块的形式可以是字母或数字的组块，也可以是句子、要点的组块。比如，把词根相同的几个单词组成一个相似性组块，通过口诀把二十四节气或化学元素周期表编成一个口诀组块等。

4. 利用记忆术促进记忆

记忆术也是一种精细加工策略，指通过建立熟悉事物与学习材料之间的联系来巧妙提升记忆效果的方法。目前比较通用的记忆术除了前面提过的视觉联想法（比如学习古诗时在大脑中构想诗中景象）外，还有数字想象法（比如将数字和其他内容结合起来记忆圆周率）、浓缩记忆法（比如将历史事件浓缩成几个字）、位置编码法（将内容和空间位置联系起来）等。

（二）促进意义理解的教学策略

在第三章我们讲过机械学习和意义学习。机械学习就是死记硬背，得到的知识是零散的、孤立的；而意义学习是重塑认知结构、丰富认知结构并使知识形成网络的过程，能产生更好的学习和保持结果。意义学习中最重要的认知过程就是理解，下面就来看一些有助于促进意义理解的教学策略。

---

[1] Bartsch L M, Singmann H, Oberauer K. The effects of refreshing and elaboration on working memory performance, and their contributions to long-term memory formation [J]. Memory & cognition, 2018, 46(5): 796-808.

[2] Oberauer K. Is rehearsal an effective maintenance strategy for working memory? [J]. Trends in cognitive sciences, 2019, 23(9): 798-809.

[3] Miller G A. The magical number seven plus or minus two: some limits on our capacity for processing information [J]. Psychological review, 1994, 101(2): 343-352.

1. 发现式学习促进意义理解

学生的学习方式大体上可以划分为接受学习和发现式学习（包括探究学习、研究性学习、项目式学习等）。机械性接受学习就是传统的以教师讲解为主的教学，[①]学生机械模仿、死记硬背，不积极参与学习活动，这样很难促进意义理解。有意义的接受式学习则是，学生虽然是被动接受知识，但是学生可以参与知识的发现过程，可以通过自主探究活动来获取知识，并把知识纳入自己的认知结构，实现意义建构。

发现式学习在第五章已经讲过，在实际应用时要注意两点。①发现式学习需要指导，教师指导下的发现式学习更为有效。教师尤其要给缺乏学习经验的学习者提供包括支架、示范、提问、反馈、辅导等在内的帮助。[②]②发现式学习是一种调动学生主动思考、主动理解意义的方法。然而，并非只要采用发现式教学，学生就一定能够达到意义理解的水平，只有认知活动水平足够高才能实现更深入的理解。

2. 用知识可视化促进意义理解

知识可视化是应用视觉表征手段，将知识以图解的方式表示出来[③]，以辅助和强化认知。与数据可视化和信息可视化不同，知识可视化不只是为了直观呈现和发现新结果，而且是为了促进对知识的理解和记忆保持。根据前面讲过的双重编码理论，大脑中存在两个功能独立却又相互联系的加工系统——一个是言语表征系统，专门处理言语信息，一个是非言语表征系统，处理图片、行为动作等的画面。[④]将知识以图解的方式表示出来，可以为基于言语的理解提供辅助和补充，从而大大降低言语通道的认知负荷。[⑤]

知识可视化的具体方法包括：①文本可视化，是指把词汇或一段文字通过图片或动画、视频的方式呈现出来，比如通过连环画理解小学语文文言文课文《司马光》的含义。②关系可视化，是指用图形、图像更清晰地组织和表征知识点关系。③原理可视化，是指将科学规律或运作机制通过图片、动画、视频的方式展

---

① 孟庆男.对接受式学习与发现式学习的比较分析［J］.中国教育学刊, 2003,（2）: 27—29.
② （美）理查德·E.梅耶.应用学习科学 心理学大师给教师的建议［M］.盛群力, 丁旭, 钟丽佳译.北京: 中国轻工业出版社, 2016: 51—80.
③ 王朝云, 刘玉龙.知识可视化的理论与应用［J］.现代教育技术, 2007,（6）: 18—20+17.
④ Clark J M, Paivio A. Dual coding theory and education［J］. Educational psychology review, 1991, 3(3): 149–210.
⑤ 史忠植.认知科学［M］.合肥: 中国科学技术大学出版社, 2008: 257.

示出来，比如将汽车发动机的工作原理用图片或视频展示出来。

3.使用自我解释促进意义理解

自我解释是个体通过解读来学习内容，并加深对学习内容理解的学习策略，是知识的自我建构过程。研究发现，让学习者自我解释比呈现给他们解释更有效。[1][2][3]

自我解释的过程涉及元认知[4]，使用中要注意几点。①自我解释不同于总结或出声说话：自我解释是针对自己的，使信息对自己有意义，整个过程可能是只有自己能够理解。②自我解释也不同于其他类型的解释：它是学习者自己生成的，而不是由教师、家长或同伴生成的，并且解释是为了学习者自己，而不是为了教给他人。[5]③自我解释也不同于出声思维（think-aloud）：出声思维是在解决问题、操作、思考的过程中，将正在进行的行为和思维用语言表达出来，即说出思考的过程，并没有包含反思和合理化解释。

使用自我解释时需要遵循七大准则：①让学生尽量用自己的话来表达；②强调"如何"和"为何"，而不是"何事""何时"和"何处"；③让学生尽量把新知识与之前所学知识联系起来；④提供自我解释的培训和支架，比如教师向学生提供自我解释较好的范例，或学生在教师的指导和反馈下练习自我解释；⑤设计说明提示，引导学生将注意力均衡分配到重要内容上，而不是只关注程序性知识而忽略概念知识；⑥促使学生解释正确的信息，而不是自己的推理，比如学生在解释分数加法的步骤时，向其提供信息"在数轴上操作或使用饼图表示"；⑦如果存在常见错误或误解，提示学习者解释为什么是不正确的。[6][7]

---

[1] 赵国庆，李欣媛，路通，等.从认知地图到认知图谱：相似概念的跨学科审视［J］.现代远程教育研究，2021，33（5）：14—25.

[2] 邱婷，钟志贤.论图形组织器［J］.远程教育杂志，2009，17（6）：61—66.

[3] Bisra K, Liu Q, Nesbit J C, et al. Inducing self-explanation: a meta-analysis［J］. Educational psychology review, 2018, 30(3): 703-725.

[4] （美）丹尼尔·L.施瓦茨，杰西卡·M.曾，克里斯滕·P.布莱尔.科学学习：斯坦福黄金学习法则［M］.郭曼文 译.北京：机械工业出版社，2018：283.

[5] Chi M T H, Leeuw N D, Chiu M H, et al. Eliciting self-explanations improves understanding［J］. Cognitive science, 2010, 18(3): 439-477.

[6] （美）丹尼尔·L.施瓦茨，杰西卡·M.曾，克里斯滕·P.布莱尔.科学学习：斯坦福黄金学习法则［M］.郭曼文 译.北京：机械工业出版社，2018：283.

[7] Rittle-Johnson B, Loehr A M, Durkin K. Promoting self-explanation to improve mathematics learning: a meta-analysis and instructional design principles［J］. ZDM, 2017, 49(4): 599-611.

4. 使用"教中学"促进意义理解

教中学指的是让学生像教师一样通过教别人促进自己的学习。[①]教中学利用了门徒效应[②]，学生为了教他人而学要比为自己而学付出的努力更多，花费的时间也更多。在实际教学中，显然很难做到让每个学生都给老师讲解，但是可以充分发挥同伴的价值。比如，通过分组让学生之间相互教。[③]

（三）基于教育神经科学的学科教学策略

随着神经科学技术的发展，人们对于大脑底层工作机制的认识也更加深入，这些研究成果可以为开展教学设计和实践工作提供更科学的指导。比如，在数学教学中可以基于"三重编码"[④]理论对教授小学生加减法的教学过程进行再设计[⑤⑥]；在第二语言学习中，研究人员发现了语音学习的"关键期"，强调应该抓住这一关键期为学习者提供第二语言学习环境[⑦]。除了数学和语言学习外，教育神经科学对其他学科的学习也提供了很多启示。比如，在道德教育中，可以通过生活化的方式给学生呈现情感更加丰富的道德教育；音乐训练对于空间认知能力、数学认知能力、语言认知能力等都有一定的促进作用；而一些体育运动对于儿童执行功能的发展、工作记忆的培养都有促进作用[⑧]。

本章结语

本章首先从理论方面阐述了教学设计的概念和流程。基于学习科学的教学设计强调对学习绩效的精准追求，并通过系统化、规范化的流程来提高教学质量。

---

① Cohen P A, Kulik J A, Kulik C-L C. Educational outcomes of tutoring: a meta-analysis of findings [J]. American educational research journal, 1982, 19(2): 237-248.

② Chase C C, Chin D B, Oppezzo M A, et al. Teachable agents and the protégé effect: increasing the effort towards learning [J]. Journal of science education and technology, 2009, 18(4): 334-352.

③ Allen V L, Feldman R S. Learning through tutoring: low-achieving children as tutors [J]. The journal of experimental education, 1973, 42(1): 1-5.

④ Dehaene S. Varieties of Numerical Abilities [J]. Cognition, 1992, 44(1-2): 1-42.

⑤ 裴蕾丝，尚俊杰，周新林基于教育神经科学的数学游戏设计研究 [J]. 中国电化教育，2017, (10): 60—69.

⑥ 裴蕾丝，尚俊杰学习科学视野下的数学教育游戏设计、开发与应用研究——以小学一年级数学"以内数的认识和加减法 20"为例 [J] 中国电化教育, 2019, (1): 94—105.

⑦ Uylings H B M. Development of the human cortex and the concept of critical or sensitive periods [J]. Language learning, 2006, 56(s1): 59-90.

⑧ 江琦，侯敏，等教育神经科学视野中的道德教育创新[M]. 北京：教育科学出版社, 2016: 98.

这一过程要求教师不仅要掌握有序的教学方法，更要深入理解学习的复杂性、情境性和建构性本质，实现理论与实践的"纯净"与"芜杂"的平衡。然而在实际中，要想真正借助学习科学促进教学实践发展是非常困难的，这是因为学习科学研究和教学实践之间依旧存在较大的鸿沟。解决这一问题的关键在于真正推动跨学科的合作研究，帮助教师理解和接受学习科学的新成果，并鼓励和支持教师在教学中加以运用。

此外，本章还总结了基于学习科学已有研究的有效教学建议。这些建议可以帮助广大的一线教师及未来教师不断超越个人及所在环境经验的局限，使自己的教学更加科学、更加高效，从而促进学生的全面发展。需要指出的是，学习科学的研究仍在不断地发展完善，因此我们要时刻保持尊重科学的精神、批判的思维和创新实践的胆量，努力提高自己对于学习科学教学策略的知识储备。

> **重点回顾**

1. 教学设计是基于学习规律和系统设计方法，利用教学资源，将学习理论、教学理论、教学内容转化为教学目标、教学活动、教学评价等教学环节的过程。
2. 迪克-凯瑞模型倡导系统化设计思想，其流程包含：评定教学目标、进行教学分析、进行学习者和情境分析、编写表现目标、开发评价工具、开发教学策略、开发和选择教学材料、开发构建形成性教学评价、开发构建总结性评价、修改教学。
3. 完整的学习目标应该包括四大部分：将要学什么，怎样学会，怎样运用所学，如何评估。
4. 布鲁姆将认知领域的目标分为记忆、理解、运用、分析、评价和创造六个层次，每个层次都有相应的脑科学依据。
5. 马扎诺提出了教育目标二维分类体系，包括六大加工水平和三大知识领域。六大加工水平分别是信息提取、理解、分析、知识应用、元认知系统、自我系统，三大知识领域分别是信息、心智程序、心理动作程序。
6. 螺旋式内容编排就是说，从基础开始，在后面的反复学习中，增加内容的难度和深度。直线式内容编排就是把内容组织成前后联系的"直线"，后面的内容不重复前面的内容。渐进分化原则即首先呈现最有概括性的学习内容，然后逐步分化出细节。综合贯通原则即让知识在不断分化的同时也能相互融会贯通，建立知识之间的联系。逻辑顺序即按照学科知识的内在逻辑来组织内容，心理顺序即按照学生心理发展和思维发展、经验和需要等特点来组织内容。

7. 学习内容的分析方法主要包括归类分析法、层级分析法和信息加工分析法。

8. 学习者分析的内容包括起点水平分析、认知能力发展、态度、动机、情绪等方面。

9. 教学模式指向整个教学过程，具有相对的稳定性；教学策略指向局部的教学行为，具有明显的灵活性。与教学策略相比较，教学方法更加微观，适用于对小规模教学内容或教学活动的处理。

10. 美国认知教育心理学家奥苏贝尔提出了"先行组织者"教学策略，教学过程包括呈现先行组织者、呈现学习任务和材料、扩充与完善知识结构。

11. 课堂教学评价是教学评价的一部分，一般可以划分为准备、实施、评价结果的处理与反馈三个阶段。

12. 学习科学指导下的教学评价应以学生为中心。

13. 学校教学并不是始于大脑的认知系统，而是始于对学生"自我系统"的关注。

14. 已有知识只有是正确的、充分的、恰当的且被激活的，才有助于新知识的学习。

15. 陈述性知识的学习和掌握一般来说需要经历如下的三个阶段：意义建构、信息组织和信息储存。

16. 根据课堂中的"高效期"和"低沉期"，教师要把重要的、有一定难度和挑战性的学习内容放在课堂的第一个"高效期"进行，因为学生比较容易记住这一阶段的所学内容。

17. 提取式练习效应就是指，对学习内容进行一次或多次的测试会比相同时间内的重复学习效果更好。

18. 在练习内容和总时长相同的情况下，分散练习的效果会比集中练习的效果更好。

19. 提高课堂问答深度的有效教学策略建议：教师提出问题后，若遇到了无人回答或学生回答错误（不准确）的情况，要避免直接说出答案；教师发现学生欠缺回答问题的先行经验（基础）时，要为学生提供思维的脚手架；教师一定要对学生的回答做出积极的、及时的反馈。

20. 促进记忆和记忆保持的教学策略包括：重复练习、精细加工、增加组块大小、利用记忆术等。

21. 知识可视化是应用视觉手段，把知识以图解的方式表示出来。知识可视化方法包括文本可视化、关系可视化、原理可视化。

22. 自我解释是通过个体解读学习内容来加深对学习内容的理解的策略。

> 思考题

1. 名词解释：教学、教学设计、布鲁姆的教育目标分类、马扎诺的学习过程模型、ABCD 四要素、螺旋式编排、多元智能、先行组织者策略、九段教学法、抛锚式教学。
2. 根据布鲁姆认知学习领域目标分类体系，分析教师在课堂提问中应如何设计认知问题。
3. 支架式教学中，教师构建了概念框架并且设计了支架，那为什么支架教学依然是以学生为中心的教学过程呢？
4. 请结合"学习者分析"的内容，对自己的学习特征进行分析。
5. 请论述先行组织者教学策略、支架式教学策略、抛锚式教学策略的主要步骤。
6. 阅读下面的材料，结合当前的素质教育，谈谈现行教学评价存在哪些主要问题。

    我是一名差生，我也曾努力过，刻苦过，但最后却被一盆盆冷水浇得心灰意冷。就拿一次英语考试来说吧，我觉得学英语比上青天还难，每次考试成绩不是个位数就是十几分。一次教师骂我是蠢猪，我一生气下决心下次一定要考好。于是，我加倍努力，并且真的拿了个英语第一名。心想这次老师一定会表扬我了吧！可是出乎我意料，老师一进教室就当着全班同学的面问我："你这次考得这么好，不是抄来的吧？"听了这话，我一下子从头凉到脚：难道我们差生就一辈子都翻不了身吗？

7. 名词解释：元认知系统、元记忆、系列位置效应、首因和近因效应、提取式练习。
8. 说出三个以上影响学生高效学习和教师有效教学的关键因素。
9. 教师提出问题后，如无人回答或学生回答错误（不准确），应该怎么办？
10. 促进记忆的策略有哪些？
11. 请简要复述十条基于学习科学的有效教学策略。

第九章　学习评价

> **内容摘要**
>
> 　　对学习的评价与评估自古有之。随着信息技术和学习科学的发展，学习评价与评估的技术手段越来越科学严谨，评价与评估的关注点、侧重点也发生了转变，新的学习评价和评估方法得以涌现。学习评价可以根据功能、基准、主题以及方法的不同进行分类，而一项实际的评价工作可以同时隶属于多个不同的分类。
> 　　常见的学习评价技术有标准化测试、自陈式量表、表现性评价和档案袋评价。这些评价技术带着不同时期学习理论的"烙印"，遵循一定的开发流程，能够在不同场景下发挥作用。

> **学习目标**

1. 了解什么是学习评价，以及学习评价的历史发展过程；
2. 能够列举各类学习评价的实例；
3. 掌握常用的学习评价方法的基本流程与开发细节；
4. 了解常见学习评价方法的优点与局限，能够设计合适的评价方案；
5. 通过了解学习评价的发展历程，体会学习理论的发展对评价领域的影响；
6. 了解促进学习的课堂评价的含义及其重要意义；
7. 掌握促进学习的课堂评价的关键要素及策略。

思维导图

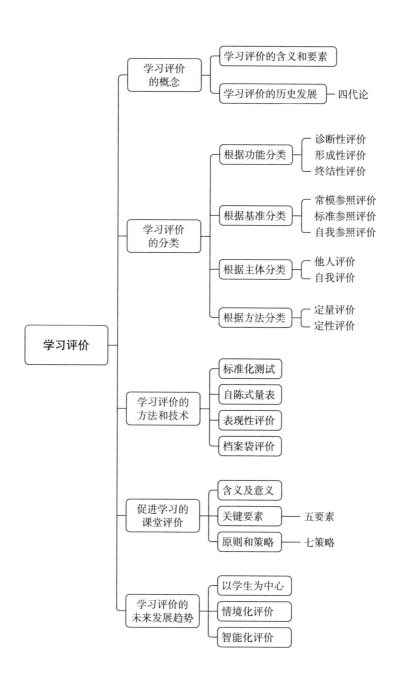

第一节 学习评价的概念

在教育领域，与评价相关的概念主要有三个：教育评价、教学评价和学习评价。其中，教育评价是指在一定教育价值观的指导下，依据确立的教育目标，通过使用一定的评价技术和方法，对所实施的各种教育活动、教育过程和教育结果进行科学判定的过程。教学评价是教育评价的核心内容，指的是依据教学目标对教学过程及结果进行价值判断并为教学决策服务的活动，是对教学活动现实的或潜在的价值做出判断的过程。教学评价一般包括对教学过程中所涉及的各种因素的评价，但主要是对教师的教学效果和学生的学习效果的评价。不过，对教师教学效果的评价一般也是通过评价学生的学习效果来进行的，所以教学评价的核心就是学习评价。因此，学习评价是教育工作中最为重要且不可缺少的部分。在本节中，我们会对"学习评价"进行概念上的界定，并对学习评价的发展过程进行简单回顾。

一、学习评价的含义、要素和目的

在《学习科学百科全书》中，学习评价被定义为"通过正式或者非正式的方法，收集信息，判断学生的学习状态"。综合各类文献，本书将学习评价定义为"依据一定的学习标准或学习目标，收集相关证据，对学习者的学习过程或学习结果做出的描述或价值判断"。根据定义可以看出，学习评价是一个过程，其本质特征是对学习进行价值判断，这个判断过程是以一定的目标为依据的，整个过程涉及数据收集与分析手段。[1]

学习评价包含以下几个要素：①评价对象，即学习评价作用的对象，包括学习者的学习活动状态、质量以及学习结果，也就是"评价什么"；②评价目的，即评价者希望通过评价要达到的目的，也就是"为什么要评价"；③评价主体，即参与学习评价的评价者，主要是教师，也可以是家长、同伴或学习者自己，也就是"谁来评价"；④评价过程，即评价主体按照一定的目的对评价对象的学习活动进行评价的操作流程，也就是"怎么评价"；⑤评价方法，即评价过程中所使用的技术、方法和手段，也就是"用什么来评价"；⑥评价结果及反馈，即在评价结束时评价者所获得的对被评价者学习情况的某种描述或价值判断，通

---

[1] 胡中锋.教育评价学[M].北京：中国人民大学出版社，2013：227.

常以考试分数、成绩分析、学习评语等形式来表现，也就是"评价结果意味着什么"。①

学习评价的功能，和第八章讲到的教学评价类似，包括诊断功能、反馈功能、激励功能、导向功能、教育功能。国际学生评价项目PISA2015也列举了目前主要存在的11项学生评价的目的，包括：①指导学生的学习；②把孩子的进步告诉家长；③决定学生的升留级；④能够按照教学目的对学生进行分组；⑤把学校与区县、全市、全省或全国的成绩相比较；⑥检测学校每年的进步；⑦评判教师的效能；⑧发现教学或课程中可以改进的地方；⑨改进教学以适应学生的需求；⑩把本校与其他学校相比较；⑪给学生颁发证书。可以看到，这11项中有些侧重于为后续的教育教学改进服务，有些则侧重于为甄别、筛选学生服务。但总体而言，过去总是强调学习评价的甄别和选拔功能，评价就是要把学习者分成不同的等级；而现在更多的是强调通过学习评价，诊断出学生存在的问题，并给予积极的反馈，促使学习者更积极有效地学习。②

二、学习评价的历史发展

在20世纪之前，评价的方式以传统的考试为主。我国的科举考试制度就是这一时期的典型评价方式。③④这一时期的评价主要依赖于经验，主观性较强。进入20世纪后，传统的考试已不能满足多元化的人才选拔需求，因此新的教育评价方式逐渐发展起来。库巴（E. G. Guba）和林肯（Y. S. Lincoln）将现代教育评价的发展划分为四个主要时代，被称为"四代论"。⑤⑥

1. 第一代评价理论：测量时代。19世纪末至20世纪30年代的评价侧重于测量和测验，主要标志就是测量理论的形成和测量技术的使用。在这一时期，专家们编制了大量的标准化测验，也发展出了除学业测验之外的智力测验、人格测验等。相比传统的考试，这一时期测验的科学性更强，评价和评估的目标主要是遴

---

① 石义堂，等.学习评价［M］.北京：高等教育出版社，2007：5.
② 张娜.学习评价：理论与实践［M］.北京：电子工业出版社，2019：47.
③ 黄光扬.教育测量与评价（第2版）［M］.上海：华东师范大学出版社，2012：10—11.
④ 胡中锋.教育评价学［M］.北京：中国人民大学出版社，2013：15.
⑤ Guba E G, Lincoln Y S. Fourth generation evaluation［M］. Newbury Park, Calif.: Sage Publications, 1989.
⑥ 卢立涛.测量、描述、判断与建构——四代教育评价理论述评［J］.教育测量与评价（理论版），2009,（3）：4—7+17.

选人才，但人们仍将测量、测验与评价等同看待①②，因此这一时代被称为"测量时代"。

2. 第二代评价理论：描述时代。20世纪30年代至50年代的评价侧重于对"测验结果"做描述，以判断实际的教育活动是否达到了预期的教育目标，主要标志就是泰勒评价模式的形成及应用。课程与评价专家拉尔夫·泰勒（Ralph Tyler）指出，评价不是为了评价而评价，而是为了更好地达到教育目标而评价，评价应该用于确定课程与教学计划实际达到教育目标的程度。③ 这就是著名的教育评价"泰勒模式"，"教育评价"这一概念也是这样被首次提出的。在这样的理念下，评价不仅仅是测验，也是过程，评价者不仅是"测量技术员"，也是"描述者"，他们应描述教育活动结果和教育目标的一致性，因此这一时代也被称为"描述时代"。

3. 第三代评价理论：判断时代。20世纪50年代至70年代的评价不仅要进行"描述"，还要进行"价值判断"以弥补泰勒评价模式的不足。这一时期的主要标志就是用一定的标准去衡量所得结果是否达到了目标，并做出优劣判断。在这一时期，斯塔弗尔比姆（D. Stufflebeam）提出了以决策为中心的CIPP评价模式，认为评价要通过找出"实际是什么"与"应该是什么"之间的差异来为决策者服务。④ 斯克里文（M. Scriven）提出了目标游离评价模式，认为要把教育目标与评价活动分离开来，目的是客观评价教育活动的实际效果，而不只是简单与预期效果对比。总之，在这一时期，评价者不仅需要去收集资料，进行描述，还要制定一定的判断标准与目标，进行价值判断，所以这一时代被称为"判断时代"。

4. 第四代评价理论：建构时代。20世纪80年代至今，评价的主要标志是"共同建构"。在这一时期，随着建构主义学习理论的兴起，教育研究的关注点从"教"转向"学"，评价领域也同样发生了转变，"学习评价"也作为一个明确的术语被提出。⑤ 20世纪80年代，建构时代评价理论的代表人物库巴和林肯提出了第四代评价理论，认为评价应该是参与评价的所有人，特别是评价者与被评

---

① 黄光扬. 教育测量与评价 [M]. 2版. 上海：华东师范大学出版社，2012：14—17.
② 胡中锋. 教育评价学 [M]. 北京：中国人民大学出版社，2013：13—14.
③ （美）泰勒. 课程与教学的基本原理 [M]. 施良方 译. 北京：人民教育出版社，1997：84—85.
④ 吴钢. 现代教育评价教程 [M]. 北京：北京大学出版社，2015：23.
⑤ 王中男. 学习评价：评价领域的哥白尼式转向 [J]. 教育理论与实践，2013，33（34）：56—60.

价者双方通过交互和协商，形成共同心理建构的过程。在这个过程中，评价者要收集各种资料，并通过协商，逐渐和被评价者及相关人员达成共识。因为这一时期的评价特别注重"共同建构"，所以该时期被称为"建构时代"。

纵观以上四代评价理论，可以看出教育评价的范围不断扩大，评价方法越来越多元化，评价的结果也不再只用于甄别和选拔，而是更侧重于对教学的诊断和改进。需要强调的是，每一代评价理论都有其优点和不足，比如第四代理论看起来容易但操作起来很复杂，而第一代理论虽然有片面性但是简单易行。所以在实践中，应根据需要选择合适的评价模式和方法。由于教育评价的核心是学习评价，所以学习评价的历史发展过程基本上可以参考上面教育评价的发展过程。

三、国际学习评价项目介绍

在过去的几十年内，国际上有一些重要的学习评价项目，下面简单介绍几个重要的项目。

1. 国际学生评价项目（programme for international student assessment，PISA）[①]

PISA 项目是经济合作与发展组织（OECD）负责组织实施的一项国际评价及比较测试，自 2000 年起，每三年举行一次。该项目旨在评估成员国 15 岁学生在阅读、数学及科学方面的知识和技能，以及跨学科的基础技能，并通过国家间的比较找出造成学生能力差异的经济、社会和教育因素，从而为各国改善自身的教育体制提供必要的参考指标和数据。PISA 是基于终身学习的理念设计的，重点不是学生掌握了多少学科知识，而是他们在实际生活中能够创造性地应用这些知识和技能的能力。PISA 的评价主体十分多元，学生、家长、校长和教师会一起对学生进行评价。[②]

2. 国际数学与科学趋势调查项目（the trends in international mathematics and science study，TIMSS）[③]

TIMSS 项目由国际教育成就评价学会（IEA）组织和实施，自 1995 年开始，每 4 年测试一次，测试对象是 4 年级和 8 年级的学生，测试内容主要是学生对数学和科学相关课程内容的掌握情况，并同时调查学生对数学和科学的态度与兴趣。

---

① https://www.oecd.org/pisa.

② 胡中锋. 教育评价学 [M]. 北京：中国人民大学出版社，2013：241—243.

③ https://www.iea.nl/studies/iea/timss.

除了 PISA、TIMSS 项目外，国内外目前还有很多很有影响力的学习评价相关项目，比如 PIRLS（国际阅读素养研究）[①]、ICCS（国际公民素养调查）[②]、ICILS（国际信息素养研究）[③]、PIAAC（国际成人能力评估）[④]、TALIS（教学与学习国际调查）[⑤]，以及由中国基础教育质量监测协同创新中心开展的国家义务教育质量监测等。

第二节　学习评价的分类

学习评价可以根据评价功能、评价基准、评价主体、评价方法的不同，进行不同的分类，但这些分类之间并不完全是互斥的。在实践中，通常会综合多种类别的学习评价。本节将阐述几个不同的学习评价分类方式。

一、基于功能的不同分类

根据评价功能的不同，可以把学习评价分为诊断性评价、形成性评价、终结性评价。

诊断性评价指的是，在某一教学项目或教学活动开始之前，对学习者的学习进行评价。评价的结果既可以用于设置教学起点使其更加贴合学习者，也可以用于对学习者进行分层。例如，有些学校会对新生进行摸底考试，据此设置合适的教学起点。再如，一些大学会根据测试成绩把学习者分到不同水平的班级进行教学。

形成性评价指的是，在某一教学项目或教学活动的持续过程中，对学习者的学习进行评价。学习者和教师可以依据这一评价结果，对后续的教学、学习进行调整。最常见的形成性评价就是课堂作业、家庭作业、单元小测验。这些形成性评价的目的往往不是将学习者划分为不同等级，而是了解已开展的教学和学习的效果，以便更好地促进学生的学习。

终结性评价指的是，在某一阶段性的教学项目或教学活动结束后，对学习者

[①] https://www.iea.nl/studies/iea/pirls.
[②] https://www.iea.nl/studies/iea/iccs.
[③] https://www.iea.nl/studies/iea/icils.
[④] https://www.iea.nl/studies/additional/PIAAC.
[⑤] https://tilssc.naer.edu.tw/talis.

的学习进行评价。终结性评价的结果有时要用于对学习者的学习做出价值判断，因此有时会比较接近学习评估的概念。例如，一个学期结束后，根据学习者的期末考试成绩，给予优秀、良好、中等、及格、不及格等级，或是排名（不过目前中小学都非常强调要淡化排名）。

从上面的定义来看，似乎这三种评价都非常好理解。但实际上这些评价的分类并不绝对，这取决于我们是在什么样的时间尺度内去思考这件事情的。比如，初三年级语文统测可以看作是为初三复习教学而准备的诊断性评价，也可以看作是对初一、初二语文教学的终结性评价。

二、基于基准的不同分类

根据评价参照基准的不同，可以把学习评价分为常模参照评价、标准参照评价、自我参照评价。这三种评价通常都可能涉及对评价结果进行处理，做出价值判断。

常模参照评价指的是根据学习者在团体中的相对位置来评价学习者的学习效果。这种评价侧重于在一群人里面选拔、筛选出一部分人，因此也称为相对评价。比如，一名学生在测验中考了 85 分。单看这个分数，并不能确定这名学生学得如何。但如果对照整个班平均分 60 分，最高分 88 分，我们就可以说这名学生在班上还是属于靠前位置的，说明该生学得还不错。中考、高考、硕士研究生入学考试、公务员考试都是常模参照。考试的结果不但取决于你自己考得怎么样，还取决于别人考得怎么样。因此，这种评价最容易引发学习者之间的竞争。

标准参照评价指的是根据某个具体的标准来评价学习者的学习。这种评价侧重于考察学习者对知识的掌握是否达到了一个既定的水平，而不是要筛选人，因此也称为绝对评价。中学毕业会考、大学生英语四六级考试、驾驶员考试都属于标准参照评价。这些考试的合格分数线是事先确定的，别人发挥得如何对你的考试结果没有影响。因此，这种评价比较不容易引发学习者之间的竞争。

自我参照评价指的是学习者和自己做对比。这种评价侧重于学习者的自身发展，在强调个性化学习的背景下受到了很多教育工作者的关注。比如，学生 A 和学生 B 在一次考试中都得了 85 分，但学生 A 在前一次考试中得了 83 分，而学生 B 在前一次考试中只得了 60 分。尽管这次考试他们两人的分数一样，但根据自我参照评价，学生 B 的进步更大（当然，这是排除了学生 B 在前一次考试中发挥失常的可能性）。这种评价也不容易引发学习者之间的竞争，而且还有可能让一些学习者树立起自信心。

三、基于主体的不同分类

根据评价主体的不同，可以把学习评价分为他人评价和自我评价。

他人评价指的是由他人而不是学习者自己对学习者的学习进行评价。目前大多数评价都是他人评价。在这种评价中，评价者的偏见、评价者所掌握的信息等都会影响评价的结果，导致不公平、不客观的现象。比如，一名教师不太喜欢学生 A，但喜欢学生 B，那么他对这两名学生的评价有可能会不够客观。又比如，一名教师不太了解学生 C，那么他对这名学生的评价也可能是不够全面的。

自我评价指的是学习者对自己的学习进行评价。随着对自主学习、个性化学习的重视，这类评价会越来越多。虽然这类评价可能会更贴近学习者自身的情况，但同样会受到学习者本身的主观影响。比如，一些学生可能会根据实际情况如实打分，而另一些学生可能因为担心自己的分数太低，而故意把分数打高。

因此，不论是他人评价还是自我评价，都会受到评价者主观因素的影响。在实际的评价工作中，这两种评价时常是结合在一起使用的。

四、基于方法的不同分类

根据评价方法的不同，可以把学习评价分为定量评价和定性评价。

定量评价指的是用量化的方式进行学习评价，评价的结果也是量化的。我们常见的纸笔测试就是一种定量评价，其评价结果是具体的分数或等级。这种评价方法在目前的评价工作中应用较多。它的优势是效率高，能够在较短时间内处理大量评价信息，但其弊端是容易忽视学习的复杂性和丰富性，让人"只见数字不见学习"。

定性评价指的是使用语言、文字等方式进行学习评价，评价的结果并不是简单的数字。班主任对学生的评语就属于定性评价。现在，国内外不少高校在接受学生申请时，都会要求学生撰写个人陈述、个人成长经历、高中学习反思等文稿，这些都是定性评价。定性评价有助于呈现学习者学习的"全貌"，但缺点在于操作起来比较费时费力，也不便于进行大量汇总统计。

根据以上四种分类方法，我们可以得到不同的学习评价的类别。而在实际情况中，具体的评价往往可以归属于多种类别。例如，高考作为大学入学考试，是一种诊断性评价。同时它也是常模参照评价、他人评价、定量评价。

第三节 学习评价的方法和技术

在学习理论发展、转化的过程中,学习评价的技术也发生着变化。不同的学习评价方法和技术也有着不同时期学习理论的"烙印"。下面,我们主要关注标准化测试、问卷与量表、表现性评价、档案袋评价这四种常见的学习评价方法和技术。

一、标准化测试

(一)标准化测试与非标准化测试

标准化测试与非标准化测试对应,两者在形式上非常类似,通常都是纸笔测验。两者的区别主要在于其在设计与实施的程序上是否"标准化"。教师在日常教学中编制的测验有很多都属于非标准化测试,例如,课后布置的课堂小测验。这类测验的编制通常主要依靠教师个人的直觉经验,虽然可以用于了解和比较一个班级内学生的学习情况,但测验流程的科学性、测试结果的可靠性、应用范围都比较有限。

标准化测试在前文提到的20世纪初的测验与测量运动中兴起,恰逢行为主义学习理论流行的时期。标准化测试是一种在试题编制、测试实施、测试评分、分数解释上都有明确的规范和标准的评价技术。试题是统一编制的、测试的实施是统一规定的、评分的方式是一致的、分数的解释也是一致的。由于使用标准和规范,标准化测试流程严谨,结果可靠,因此适用于面向大范围群体的测试,比如中国的高考、美国的SAT考试、各类行业的执照考试等。[1]

(二)标准化测试的基本流程

由于面向的群体范围很广,标准化测试需要尽可能确保公平,因此在测试开发的每一个环节中都需要遵循一定的规范。

1. 确定测试目的与内容

首先,需要有明确的测验目的,划定测试的内容范围,编制双向细目表。双向细目表中的"双向"指表格的两个维度,即测试的内容和测试的目标。其中,

---

[1] Olson A M, Sabers D. Standardized tests [M] //Good T L. (Ed.) 21st century education: a reference handbook. Newbury Park, Calif: SAGE Publications, 2008: 423-430.

测试目标维度通常参照布鲁姆的教育目标分类框架。这一框架把教育目标分为认知、情感和动作技能三个领域，这也是目前一线教师们广为接受的分类方法。[1] 其中，认知领域目标被划分为六个依次递进的类别：记忆、理解、应用、分析、评价和创造。[2] 随着类别层次的提升，对学习者认知水平的要求也逐渐提升，在评价时对应的题型也有所不同。比如，三角形的边角关系属于记忆层次，轴对称图形属于理解层次，而全等三角形的判定则属于应用层次。

2. 编制试题

试题的编制需要参照双向细目表。比如，要记住"三角形的边角关系"，可以使用填空题；要能理解"轴对称图形"，可以使用选择题；要能应用"全等三角形判定"的方法，可以使用几何证明题。在实际的测试开发过程中，通常会事先多编制一些题目，然后经过多轮研讨，根据测试难度和时间，选定试题进行组卷。如果有条件，还会将试题进行试测后再进行选择和修订。

除了题型需要对应双向细目表所要求的目标层次外，试题的编制还要基于学习者的学情，以便为后续的教学改进提供启示。以选择题为例，错误选项最好能够包括学习者有可能会得出的错误答案。根据这些错误选项，教师可以推断出学习者还存在哪些不足。此外，选项中还要包含不可能的错误选项，以此来判断学习者是否在猜答案。

3. 实施测试

确定试题并完成组卷后，需要制定出规范的测试实施方案，明确测试时间、试卷拆封、试卷分发与收集、测试纪律等各类细节。施测人员需要经过一定的培训，确保每一个考场的测试都能按照规范执行。比如，高考的监考老师会按照广播的指示执行考试步骤。

4. 评分

测试完成的阅卷也同样遵循一定的评分规则。其中，客观题（例如选择题、填空题、判断题等）的评分标准相对比较确定，不同的评分人员只需要对照答案进行评分即可。在大型测试中，客观题的评分通常使用答题卡填写、机器评分的方法，以加快评分的效率。而主观题（例如简答题、作文等）的评分则需要先制定评分细则。这样的细则有较强的规范性和可操作性，能为阅卷评分人提供统一

---

[1] 陈玉琨. 教育评价学 [M]. 北京：人民教育出版社，1999：79.

[2] Anderson L W, Krathwohl D R, Airasian P W, et al. A taxonomy for learning, teaching, and assessing: a revision of Bloom's taxonomy of educational objectives, abridged edition [M]. New York: Longman, 2001: 31.

的标准，并减少评分过程中因评分者的不同而造成的误差。比如，高考语文材料作文就有对应的评分细则，即"等级评分标准"。评分者要根据评分细则去衡量每一篇文章。

但是，即使有了清晰的评分细则和具体的水平描述，不同的评分者还是会有不同的理解。因此在评分之前需要培训评分者，并进行试评，让几位评分者对同一篇（或几篇）文章进行打分和讨论，尽可能把每一位评分者心中的尺子的刻度调成一致。在正式评分过程中，评分者遇到比较难把握或者有争议的文章也会再次讨论出一个大家都认可的评分结果。

（三）标准化测试的局限

标准化测试是教育领域中最常见的学习评价技术。它有着科学严谨、结果可靠、高效等优势，因此在人才选拔、教育质量监控等方面扮演着几乎不可替代的角色。但是，基于行为主义学习理论发展起来的标准化测试也存在很多问题。比如，标准化测试通常局限于评价低水平的知识（比如记忆、理解），很难对问题解决能力、创新能力、批判性思维等复杂能力进行评价。此外，由于答题时间有限，这类测试能够覆盖到的知识点也是有限的，教师和学生很容易产生应试倾向，这不但不能很好地检验出学生的真实水平，还会增加学校、教师、学生的应试压力。[①]

二、自陈式量表

随着人们对标准化测试缺点的认识，教育者们开始采用其他的评价技术，以弥补标准化测试的不足。问卷就是其中应用最为广泛的一种评价技术。

（一）问卷与量表

问卷可以分为封闭式问卷、开放式问卷和半开放式问卷。在封闭式问卷中，每道题目下都有固定的选项让填写人选择，类似于选择题。在开放式问卷中，每道题目的回答都是开放的，由填写人自己回答，类似于简答题。在实际操作中，通常把这两种题型结合，形成半开放式问卷。

将问卷应用在学习评价中也体现出教育者们对学习者的关注不仅仅停留在行为表现上，更是关注到了他们的想法。虽然学习者的想法可以通过开放式的问题进行了解，不过完全让学习者自己写想法，得到的信息可能会各式各样五花八门，因此在问卷中也会使用自陈式量表（比如李克特量表）。这类量表的编制以潜变量与显变量的概念为基础，评价学习者的态度、情感等。

---

① 王玉衡.美国标准化测验的问题与质疑［J］.比较教育研究，2002，（9）：18—22.

> **关键概念 —— 李克特量表 (Likert scale)**
>
> 李克特量表由美国社会心理学家李克特（Likert）于1932年提出。量表由一组题目（如"我对自己的前途充满了期待"）组成，每一题都配有"非常同意""同意""不一定""不同意""非常不同意"五种回答（当然，有时更多或更少），对应的分数分别记为5、4、3、2、1。被调查人的得分能够反映出其相应的心理特质。

显变量是指可以直接测量的事物。比如身高和体重可以用尺子和称直接进行测量。而潜变量是指不能直接测量的事物。比如身体素质是一个潜变量，无法直接测量，但可以通过身高、体重、肺活量等相对更直观的变量来反映。又如，一个人的学习投入程度是无法直接测量的，但一个学习投入高的人可能会有一系列的行为表现，如学习的时候会忘了时间，愿意在学习上投入大量的精力等。因此，我们可以将学习投入分为精力充沛、尽心尽力、全神贯注三个维度[①]，然后在每个维度下设置一些相对直观具体的题目来帮助我们估计出潜变量。

在使用时，学习者需要对照自己的实际情况，对每一道题目的同意程度进行打分（所以叫自陈式）。学习者的打分可以有不同的打分尺度。比如：5级自陈式量表中，1分至5分分别表示"非常不同意""不同意""中立""同意""非常同意"。在实际操作中，需要考虑被评价者的认知能力来设置打分的尺度。低年龄段的学习者可能不太适合级数太多的量表，因为让他们区分出如此细的同意程度可能会有困难。另外，有些学习者会习惯于选择"中立"，因此可以选取偶数级量表，去除"中立"项，让学习者做出同意或不同意的判断。学习者填写后，评价者需要在每一题分数的基础上，计算量表的得分。通常的计算方法是求平均值、求总和，有时也会用因素分析的方法（内容详见下文）。

> 变量的测量尺度从低到高可以分为定类、定序、定距、定比。
>
> 定类变量之间不存在孰高孰低的关系，不能比较大小，不能进行运算。比如性别分为男性、女性两类，这两类是平等的，因此是定类变量。将性别信息或将其与其他变量进行计算是没有意义的。

[①] Schaufeli W B, Martinez I M, Pinto A M, et al. Burnout and engagement in university students: a cross-national study [J]. Journal of cross-cultural psychology, 2002, 33(5): 464−481.

> 定序变量之间有一定的顺序，可以比较大小，但不能进行运算。比如受教育程度可以分为小学、初中、高中、大学等。这些类别存在一定的顺序，但不存在中间状态。同样的，将受教育程度或将其与其他变量进行运算也是没有意义的。
>
> 定距变量之间有一定的顺序，而且可以进行加减。但是定距变量没有绝对零点，因此不能进行乘除。比如摄氏温度就是一种定距变量，30.8度比20度高，而且高出10.8度，而0度不代表没有温度。
>
> 定比变量有一定的顺序，而且有绝对零点，因此加减乘除运算都可以进行。比如月收入就是一种定比变量，0元表示没有收入。3000元的收入比1500元的收入多1500元（减法），是1500元收入的两倍（除法）。

（二）自陈式量表的编制

自陈式量表的编制通常有"自上而下"和"自下而上"两种途径。其中，"自上而下"的方法指以现有较为成熟的量表为基础，进行适当改编后直接使用。"自下而上"的方法指开发原创的量表。

1. 借鉴已有成熟量表

这种方法可以在较短的时间内编制出具有较高信度和效度的量表。此外，如果在学习评价中使用了已有的成熟量表，那么学术领域中使用这一量表的其他研究都能够为评价结果的理解、解读提供支持。

虽然成熟的量表已经经过一定的实践检验，但如果量表为外文，通常需要经过以下四个步骤，来尽可能保证量表译文的质量。①在理解题目含义的基础上，对题目进行适当的意译，确保题目表述符合中文阅读习惯。此外，还要考虑特定的社会和文化背景，比如"你和你的父母用几种语言和其他人交谈？"这一题目对于美国和中国学生意义是不同的。美国是一个多语言的移民国家，因此当美国学生回答2种及以上语言的时候，表明他们具有较好的语言技能；而中国是以汉语为主体的国家，因此当中国学生回答2种及以上时，有可能是他们把方言也计算在内了。②将中文题目再回译到外文。最好找外文比较好，同时比较了解心理测量，但不知道量表原文的人完成这项翻译工作。③将量表原文和回译英文进行对照。可以找两到三个熟悉心理测量的人，让他们分别判断原文和回译英文是否基本一致，统计他们在多少题目上达成了一致，并调整他们都认为不太一致的题目的表述。④如果条件允许，在正式测量之前进行试测，并通过验证性因素分析，验证量表的结构是否合理，必要时进行题目删减或调整。

2. 开发原创量表

这一方法需要遵循较为严谨的心理学量表开发过程，耗时也通常较长。原创量表的开发通常要经过以下三个步骤。①通过理论调研、观察、访谈等途径，确定想要测量的潜变量（比如学习投入）有哪些具体的表现（比如看书时会忘了时间、上课时不会开小差等）。②将这些表现转换成题目，形成题目库并进行试测。③对试测数据进行探索性因素分析，根据提取的因子个数和题目的因素载荷值，将题目进行归类，同时删除不合适的题目。在实际工作中，为了形成科学合理的量表，这三个步骤常常会需要反复。

资料链接：探索性因素分析与验证性因素分析

探索性因素分析和验证性因素分析是量表数据统计中常用的两种分析方法。其中，探索性因素分析的目的是形成理论，通常用于原创量表的开发。验证性因素分析的目的是验证理论，通常用于已有量表的验证。

以学习投入量表为例。该量表将学习投入分为精力充沛、尽心尽力、全神贯注三个维度，每个维度都编制了一系列的问题并进行了试测。在对测试数据进行探索性因素分析后发现，这些题目可以抽取出三个因素，且每个因素所包含的题目恰好是之前在三个维度中编写的题目，这说明问卷的编制是合理的。

自陈式量表中有时也会加入反向题。比如在"学习投入"量表中加入"学习时间一长我就犯困"这样的反向题。通过这样的反向题，评价者可以判断学习者的回答是否有效。在后续的数据处理上，会对这些反向题进行反转处理，以便于合并其他题目的得分。如果反向题多于3题的话，可以考虑直接把它们作为一个反向维度来进行数据处理。①

（三）自陈式量表的局限

自陈式量表的开发过程科学严谨，一套成熟的量表可以进行多次使用。当结合在线问卷使用时，自陈式量表的效率非常高。自陈式量表关注的是学习者自身的想法，在实证研究领域中的应用非常广泛。

---

① 侯杰泰，Herbert W. Marsh，孙晓燕，等."开心"＝"不开心"（反向计分）？—正反题目在测量上的结构方程分析［C］//中国心理学会成立90周年纪念大会暨全国心理学术会议论文集.中国心理学会，2011.

然而，自陈式量表也存在一些不足。①自陈式量表是一种间接评价，评价的是学习者的想法、态度等，而不是他们实际的能力，因此会受到学习者主观因素的影响。学习者可能报告说他的学习习惯很好，但实际上也许他的习惯并不好。因此，在使用量表时，通常同时还应结合其他评价方法。②一些量表的题目表述容易具有倾向性，学习者能够推测出测试人想要什么样的回答，或是什么样的回答是好的回答。而这些回答可能并不是受测人的真实情况。比如，学生看到"上完课后我会进行复习"这样的题目时，会觉得如果回答"不同意"教师可能会批评他，所以选择填写"同意"，而实际上他可能真的不会复习。因此，自陈式的量表不太适合于价值观、思想道德等的评价。

三、表现性评价

表现性评价是通过考察学习者在真实情境或者模拟的真实情境里任务完成的表现，对学习者的问题解决能力、交流与合作能力、创造性思维等复杂能力，以及在完成任务中所表现出来的情感意志等进行评价的方法。这些考察内容是标准化测试、自陈式量表很难做到的。实际上，从古至今人们一直在生活实践中使用表现性评价。比如，苏格拉底的问答法、科举考试中的武试、驾照考试中的路考等。

20世纪80年代，建构主义学习理论在教育领域逐渐流行起来。建构主义学习理论十分重视学习的情境性，评价也因此需要选择现实生活中的真实任务。于是，表现性评价作为一种推动现代教育教学实践的重要评价方式开始兴起。①

（一）表现性评价的基本流程

表现性评价的基本流程分为确定要评价的能力、确定表现性任务、确定评分方法三个主要步骤。在这三个步骤中所形成的表现目标、表现任务、评分规则也就是表现性评价的三个核心元素。②③其中，表现任务的设计和评分细则尤为关键。

1.确定要评价的能力

表现性评价是通过学习者的表现直接评价其能力的评价技术（在标准化测试中，学习者的能力是通过测试题上的得分间接估计的）。在设计表现性评价之前，首先要明确所评价的能力是什么。比如评价学习者的英语口语表达能力、英

---

① 赵德成.表现性评价：历史、实践及未来[J].课程·教材·教法，2013，(2)：97—103.
② 王小明.表现性评价：一种高级学习的评价方法[J].全球教育展望，2003，32(11)：47—51.
③ 周文叶.超越纸笔测试：表现性评价的应用[J].当代教育科学，2011，(20)：12—16.

语发音等。

2. 表现性任务的设计

表现性任务首先需要符合评价的目标。比如，如果想要评价学习者的英语口语表达能力，那么就要设计英语对话、采访、问答之类的任务。其次，表现性任务必须是真实、有意义的，要反映真实世界对学习者学习的要求。[1] 这样的任务通常会有一个情境，比如，针对共享单车停放不规范的现状，提出解决的方案。

表现性任务的形式可以有很多种，既可以是需要书写的纸笔任务，也可以是实验、演示、演讲、科研项目、编剧、作品创作等各种形式。只要任务是真实的、有意义的，学习者经过一定的探索可以完成即可。

3. 表现性任务的评分

在表现性任务中，学生不是从已有的选项中选择答案，而是自己创造出解决问题的方法，或用自己的行动表明自己的学习过程和结果。因此，表现性任务的回答是由学生建构起来的。[2][3] 学生的回答通常是开放的、复杂的、各式各样的。因此，表现性任务的评分也具有更高的难度，也显得尤为重要。

表现性任务的评分可以分为两类：整体性评分和分析性评分。其中，整体性评分指根据对学习者的表现、作品等的整体印象进行评判。比如，通过画图评价创造性思维。在原创性、灵活性、思维开阔性、创意拓展性四条标准的指导下，专家根据自己对每一位学生画作的整体印象，将所有画作从低到高归为若干类进行评分。

分析性评分指对学生表现、作品等的各个部分或特点进行评分，然后在这些分数的基础上得出总分。在具体操作时，通常需要借助核查清单或评分量规。[4] 核查清单用于核查学习者在完成任务的过程中是否表现出一些具体的行为，或者学习者制作的作品是否包含一些特定的特点。例如，使用核查清单评价学习者撰写的研究方案时，可以列举"是否有清晰的研究问题""研究方法的选取是否合适""数据的分析是否准确"等细则。

相比核查清单，评分量规的结构可以更加复杂，打分的层次也可以更加丰富，不是简单的"是"或"否"。[5][6] 评分量规的制订需要以任务的目标为基础，

---

[1] 王小明. 表现性评价：一种高级学习的评价方法 [J]. 全球教育展望, 2003, 32(11): 47—51.
[2] 周文叶. 超越纸笔测试：表现性评价的应用 [J]. 当代教育科学, 2011, (20): 12—16.
[3] 赵德成. 表现性评价：历史、实践及未来 [J]. 课程·教材·教法, 2013, (2): 97—103.
[4] 王小明. 表现性评价：一种高级学习的评价方法 [J]. 全球教育展望, 2003, 32(11): 47—51.
[5] 王小明. 表现性评价：一种高级学习的评价方法 [J]. 全球教育展望, 2003, 32(11): 47—51.
[6] 朱伟强, 崔允漷. 基于标准的课程设计：开发表现性评价 [J]. 全球教育展望, 2007, (10): 43—48.

划分出具体的维度,并确保每个维度之间是互斥的。然后,在每个维度下列举出具体的评价点,并确保评价点和所属维度是一致的。在每个评价点后列出分值,也可以给出不同的水平描述。前文提到的高考作文的"等级评分标准"就是一种评分量规,作文也可以看成是一种表现性评价任务。

表现性评价的评分既可以是针对学习者的作品(比如作文),也可以是针对学习者完成任务的过程。在针对后者的评价中,信息技术的介入能够大大提高评价的效率。例如,在2012年的PISA问题解决能力领域测试中,有这样一道题目:

你的朋友送了你一个MP3,但是说明书找不到了,请你探索如何播放一首歌曲、改变歌曲的风格效果并调节音量。

PISA将这道题目制作成了基于计算机的互动式任务,界面如图9-1所示。学习者可以用鼠标点击MP3上的按钮,MP3会做出相应的反应。在此过程中,学习者的鼠标点击行为都会被计算机自动记录下来。

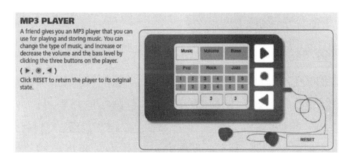

图 9-1 PISA 的测评题目

最终的评价不但关注了学习者是否成功播放了一首歌曲、改变了歌曲的风格效果并调节了音量,而且还通过计算机自动记录的学习者行为,分析了学习者解决问题的策略。这种使用计算机记录学习者行为并进行分析的方法叫"行为数据分析",是学习分析的一种,也是当前研究领域中的热门主题之一。行为数据分析可以从数据中识别出学习者的行为模式,并对这些行为模式所反映出的学习者思维过程进行评判。本书的第十章将会详细介绍学习分析与技术方面的内容。

(二)表现性评价的局限

表现性评价能够评价复杂的认知能力,也能评价学习者的情感、态度、价值观等。这是标准化测试、自陈式量表很难做到的。此外,在强调学习者主体性、真实学习的大背景下,表现性评价有着其他评价技术很难达到的优越性。

但是表现性评价也存在一定的局限性。首先,表现性任务的开发有很强的专业性，开发过程需要投入较多的人力和时间。其次，表现性任务的评价需要配套评价细则，评分过程也需要花费较多的人力和时间。因此，表现性评价的实施难度和效率远不如测试和问卷。虽然信息技术的使用可以帮助记录用于评价的数据，但这些数据的后期分析也是一项不小的工程。

四、档案袋评价

档案袋评价与上述评价技术都不太一样。它是使用档案袋汇集有关个人实践表现的各类证据的一种评价技术，侧重于评价信息的记录，而不是评价信息的产生过程。最早使用档案袋评价的是画家、摄影家等。他们把自己有代表性的作品汇集起来，向甲方展示。[1]

由于可以存放不止一项作品，档案袋评价能够呈现出个人的发展历程，具有动态性。档案袋中可以存放各类材料，比如学习者撰写的研究报告、参加活动的照片、制作的作品等。[2]也可以说，档案袋中可以包含在其他评价技术中所形成的作品，同时可以追踪学习者的成长路径。[3]

（一）档案袋评价的基本流程

档案袋评价的基本流程主要分为两步：计划组织和执行。在计划组织阶段，首先要明确评价的目的，确定档案袋的类型，判断哪些材料可以放到档案袋中，哪些材料不能。必要时要提供详细的评价标准，以指导后续的材料挑选与整理。[4]在执行阶段，教师或学习者自己要收集材料，并决定要将哪些作品放到档案袋中，因此档案袋评价的主体可以是多元的。一些档案袋中还可以附上学习者对每一项作品的反思，进一步凸显学习者的主动性，帮助学习者学会如何进行自我反思和自我评价。[5][6]

---

[1] 孟娟娟，夏惠贤.档案袋评价：关注学生学习与成长的评价[J].外国中小学教育，2011,(2)：20—24.

[2] 钟启泉.建构主义"学习观"与"档案袋评价"[J].课程·教材·教法，2004,(10)：20—24.

[3] Tillema H H. Portfolios as developmental assessment tools[J]. International journal of training and development, 2001, 5(2): 126—135.

[4] 胡中锋，李群.学生档案袋评价之反思[J].课程·教材·教法，2006,(10)：34—40.

[5] 孟娟娟，夏惠贤.档案袋评价：关注学生学习与成长的评价[J].外国中小学教育，2011,(2)：20—24.

[6] 胡中锋，李群.学生档案袋评价之反思[J].课程·教材·教法，2006,(10)：34—40.

（二）档案袋评价的局限

档案袋为学习评价提供的证据是丰富的，提供了学习者成长过程的动态信息，并允许学习者通过自己挑选作品，参与到评价的过程中并进行反思。这是其他很多评价技术无法做到的。

但是，档案袋评价也有一些局限。首先，档案袋中材料的选取、整理需要花费比较多的时间与精力。其次，档案袋评价的标准化和客观化程度也比其他评价技术要低一些。最后，信息技术的介入可以提高档案袋评价的效率，便于资料的管理和展示，但电子档案袋的建设通常要有一定的经费投入。[1][2][3]

第四节 促进学习的课堂评价

在日常的备课、上课过程中，教师究竟要怎样通过评价来促进学生的学习呢？下面就来探讨如何综合前面所讲的学习评价的概念、类型、方法和技术，来实现促进学习的课堂评价。

一、促进学习的课堂评价的含义及其意义

（一）促进学习的课堂评价的含义

首先来看"课堂评价"。我国学者谭兵认为，狭义的课堂评价是指课堂中的语言点评活动，而广义上是指对学生学习情况、参与教学活动情况的了解、总结和反馈，包括肢体语言、课堂测验、问卷调查等多种形式。[4]古斯基（T. Guskey）认为，课堂评价是围绕课堂教学活动的各种评价形式的总称。它既包括各种随堂练习、测验以及课后作业，也包括教学情境中师生的互动和交流，还包括教师对学生表情、行为、学习状态和个性特征等情况随时随地的观察和判断。[5]总而言之，课堂评价就是教师为了了解自己的教学效果和学生的学习情况而使用各种工具收集、处理、分析和利用相关学习证据的过程。

---

[1] 黄光扬.正确认识和科学使用档案袋评价方法［J］.课程·教材·教法，2003，(2)：50—55.
[2] 雷彦兴，李香山.电子档案袋的开发——为表现性评定插上技术的翅膀［J］.外国中小学教育，2003，(4)：10—15.
[3] 刘洋，兰聪花，马昃.电子档案袋评价与传统教学评价的比较研究［J］.电化教育研究，2012，33(2)：75—77+107.
[4] 谭兵.课堂评价策略［M］.北京：北京师范大学出版社，2010：5.
[5] Guskey, T. Making standards work［J］. The school administrator, 1999, 56(9): 44.

"促进学习的评价"这一概念最早是由英国学者保罗·布莱克（Paul Black）和狄伦·威廉（Dylan William）在 1999 年提出的，后来英国评价改革小组在此基础上将其定义为教师和学习者收集和解释证据，以决定学习者现在在哪里，将去哪里以及如何更好地到达那里的过程。[1]2009 年在新西兰召开的第三届促进学习的评价会议则这样下定义：促进学习的评价是指教师、学生和同伴日常学习实践活动的一部分，旨在通过对话、演示和观察来寻求、反思和回应信息，从而促进持续的学习。[2]

尽管这些定义有所差异，但都有一些共同特征。①关注学习：促进学习的评价的核心就是学习，所以它要监控学习、追踪学习。②重视过程：是发生在教师与学生教与学的日常活动中的一个持续不间断的过程。③重视证据：不是依据经验做出价值判断的过程，而是基于证据做出教学决策的过程。④重视学生的参与：突出了学生在评价中的重要性，强调学生不仅是评价的对象，更是评价的主体。[3]综合以上概念，本书将"促进学习的课堂评价"定义为：在课堂教学情境中，教师、学生和同伴依据一定的学习标准或学习目标，收集相关证据，对学生的学习过程或学习结果做出描述或价值判断，从而促进和支持持续的学习。

（二）促进学习的课堂评价的重要意义

当前的教育评价实践中依旧存在一些问题。第一，当前我国绝大部分学生的升学途径依旧是中、高考。而以中、高考为主的选拔性考试作为标准化测试和常模参照测试，有固定且严格的评价标准和执行流程。这就对中小学的课程和教学产生过强的控制性。这样带来的问题就是应试教育比较流行，进而影响和控制了课堂中的评价。第二，受到中、高考等选拔性考试的"指挥棒"的影响，加之评价工作对教师专业性的要求较高，我国的教育评价中还存在着重视单一的学业成绩评定而轻视综合素质的评价、重视量化取向的评价而轻视描述取向的评价、重视终结性评价而忽视形成性评价的问题。比如在评价中过分注重考试分数，忽视了学生其他方面的发展；评价的主要目的是给学生分级分等，是甄别和选拔学生，而忽视了评价促进学习的功能。

---

[1] Assessment Reform Group. Assessment for learning: 10 principles [R]. Cambridge: University of Cambridge, 2002.

[2] Davies A, et al. Position paper on assessment for learning from the 3rd International Conference on Assessment for Learning [EB/OL].（2009-12-08）[2021-11-13]，http://www.fairtest.org/position-paper-assessment-learning.

[3] 赵士果. 促进学习的课堂评价 [D]. 上海：华东师范大学，2013：10.

正因为存在这些问题，我国现在对促进学习的课堂评价也很重视。教育部早在 2001 年颁布的《基础教育课程改革纲要（试行）》中将评价改革作为课程改革的六大目标之一，要求"改变课程评价过分强调甄别与选拔的功能，发挥评价促进学生发展、教师提高和改进教学实践的功能"。教育部等六部门也于 2021 年颁布了《义务教育质量评价指南》，其中指出要"注重结果评价与增值评价相结合、注重综合评价与特色评价相结合、注重自我评价与外部评价相结合、注重线上评价与线下评价相结合"，"要运用好学生发展质量评价结果。指导教师精准分析学情，因材施教，促进每个学生全面健康成长"。其实，这不但是我国教育教学改革的重要方向，也是全球教育教学发展的重要方向。美国、英国、澳大利亚等国家都有评价专家或评价机构在开展促进学习的课堂评价研究。

二、促进学习的课堂评价的关键要素

同学习评价的要素类似，促进学习的课堂评价的要素主要包括评价对象、评价目的、评价主体、评价过程、评价方法、评价结果及反馈等部分。美国评价专家赫里蒂奇（M. Heritage）认为，可以将形成性评价当作促进学习的课堂评价，它主要包括十个组成要素（见图 9-2）。

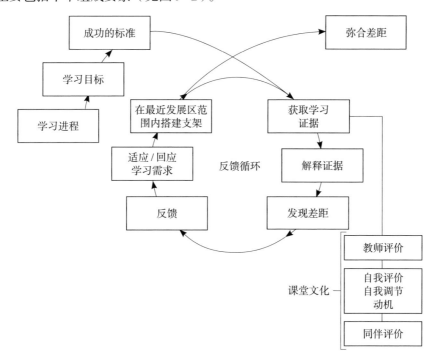

图 9-2 赫里蒂奇提出的学习评价十要素

首先，需要根据学生的学习进程，确定学习目标，并设立成功的标准，即目标达成的标准。然后进入"反馈循环"。其一，在课堂中借助各种工具、手段，获取有关学生学习的证据，比如教师评价、自我评价、同伴评价等。其二，解释这些学习证据，并依据之前设定的成功标准，发现差距。其三，将发现的差距反馈给学生，并将其整合到学生的学习需求中，或是对学生的学习需求进行回应。其四，在学生的最近发展区范围内搭建支架，以满足调整后的学习需求，再次进入证据的收集环节。如此循环，直至最终弥合差距。

简·查普伊斯（Jan Chappuis）和瑞克·斯蒂金斯（Rick Stiggins）等人也提出了优质课堂评价的五大关键要素。[①]①明确的目的：我们首先要明确评价的目的究竟是什么，然后好决定评价的类型、形式和频率，以及评价结果所需要的详细程度和类型。②清晰的目标：我们必须对被评价的学习内容有清晰的感知，让教师和学生都清楚地知道学习目标。因为对于不同的学习目标，评价方法可能是不一样的，比如对于算术能力和创造力，就需要采用不同的方法去评价。③合理的设计：我们需要根据评价目的和学习目标，选择一种或多种能够反映预期学习目标的评价方法。此外，还要在兼顾评价执行的时间成本的基础上，尽可能编制足够多的题目，并且要能够消除或控制偏差的来源。④有效的交流：评价结果必须以及时和可被理解的方式，反馈给预期的使用者。对于形成性评价信息，要给学生提供必需的描述性反馈，而不是一个简单的成绩。对于量化的评价结果，也可以让大家理解学生学习的有效性，因为它反映了学生在某一个时候取得的学业成就。⑤学生的参与：课堂评价是为了促进学生的学习，因此让学生参与评价非常重要。学生可以自己决定这个学习目标是否值得努力去实现，自己是否有能力去实现学习目标，是继续努力还是选择放弃。总之，只有学生做出了确切的决定，教师的教学才能促进他们的学习。因此课堂评价工作的一个重要部分就是让学生主动参与，让他们了解自己的学习情况。

三、促进学习的课堂评价的原则和策略

（一）促进学习的评价原则

英国评价改革小组在布莱克等人的研究的基础上，于2002年研制了促进学习的评价（assessment for learning，AFL）十大原则：① AFL 是有效教学计划的

---

① （美）简·查普伊斯，瑞克·斯蒂金斯，史蒂夫·查普伊斯，等. 促进学习的课堂评价：做得对 用得好：第2版［M］. 赵士果 译. 上海：华东师范大学出版社，2021：4—8.

一部分；②AFL应关注学生如何学习；③AFL应该被当作课堂实践活动的中心；④AFL应该成为教师必备的专业技能；⑤AFL应该是敏感的和建设性的，因为任何评估都会对情感、情绪产生影响；⑥AFL应考虑学习动机的重要性；⑦AFL应促进对学习目标的承诺以及对评估标准的共同理解；⑧学习者在AFL中应该能收到如何提升的建设性指导意见；⑨AFL应该能培养学习者的自我评估能力，促使他们进行反思和自我管理；⑩AFL应该认可所有学习者在各个领域的所有学习成就。①

我国学者丁邦平也认为，促进学习的评价有几个核心理念：①评价是正常、有效的教学活动的必要组成部分，应贯穿于教学的全过程之中；②评价是教师专业发展的一个重要部分，是教师必须而且能够练就的专业能力；③确立有效的学习目标和学业成功的标准，注重对学习状况进行及时、有效的反馈；④评价不仅要关注学生的认知发展，同时也要注重学生的学习动机；⑤教师在教学过程中要发展学生的自我评价和同伴评价能力，指导学生学会如何学习。②

总而言之，促进学习的评价要将评价当作教学和学习，特别是课堂教与学的一部分，要注重学习过程，要关注学生的学习动机，要促进学生的自我评估能力，要注重学习的目标，并促进学生的全面发展。

（二）促进学习的课堂评价策略

那么，在课堂中怎样进行促进学习的评价呢？简·查普伊斯曾提出了学习评价7策略。③这7个策略意在指导教师开展形成性评价（促进学习的评价），但是从学生的角度可以概括为三个问题：我将要去哪里？我现在在哪里？我如何缩小差距？每一个问题又有相应的策略。

1. 我将要去哪里？

策略1：为学生提供清晰易懂的学习目标愿景。比如，在刚开始教学时，或者在学生开始单独实践一项活动时，要让学生清楚地知道学习目标到底是什么。教师在表述学习目标时，可以转换成学生喜欢、能理解的语言。

策略2：用好作业和差作业作为示例。比如，从匿名作业、校外生活的例子

---

① Assessment Reform Group. Assessment for learning: 10 principles [R]. Cambridge: University of Cambridge, 2002.
② 丁邦平. 从"形成性评价"到"学习性评价"：课堂评价理论与实践的新发展[J]. 课程·教材·教法, 2008, (09): 20—25.
③ （美）Jan Chappuis. 学习评价7策略：支持学习的可行之道[M]. 刘晓陵, 等 译. 上海：华东师范大学出版社, 2018: 7—10.

以及自己的教学研究中找出好的和差的示例，让学生理解什么是合格的作业，什么是不合格的作业。当然，也要让学生知道一份优秀的作业是一步步修改完善出来的。

2. 我现在在哪里？

策略3：在学习进程中有规律地提供描述性反馈。这些描述性反馈有助于学生理解"我现在在哪里"，明白自己和要求之间的差距，从而去努力改进。另外，要鼓励学生之间相互提供反馈，从而给学习带来良好的收益。

策略4：教学生进行自我评价以及为下一步学习设定目标。要让学生成为学习的主人，教他们给自己进行评价、设定学习目标和提供反馈。学生要想成为准确的自我评价者，就需要对预期学习有清晰的愿景（策略1），练习识别各种例子中存在的优势和不足（策略2），然后提供反馈："我什么地方做得好，什么地方还需要努力？"（策略3）。

3. 我如何缩小差距？

策略5：根据学生的学习需求，确定下一步教学。可以根据学生已经掌握和尚未掌握的具体情况，核查学生的理解程度并判断下一步需要做什么。

策略6：设计聚焦性教学，并配以提供反馈的练习。针对学生的学习需求问题，设计针对性的教学策略。如果达到学习目标的能力由多个方面组成，那么你可以通过每次解决一个方面，来训练学生的一部分能力，并让学生明白这些能力最终将融为一体。

策略7：为学生提供机会去追踪、反思和分享他们的学习过程。任何要求学生反映自己所学、分享自己进步的活动都能促进学习。通过反思自己的学习，学生加深了理解，将知识记得更牢。通过分享成果，学生追求进步的决心就会更大。

第五节　学习评价的未来发展趋势

从前面的讲述中可以看出，当前的学习评价相对于传统的学习评价已经发生了很大变化。随着学习科学的发展，学习评价在未来可能会呈现出如下发展趋势。

一、进一步确立并落实以学生为中心的评价理念

第三章讲过，罗杰斯从心理学角度解构教学过程，提出要"以学生为中心"。20世纪90年代以来，随着学习科学的发展，以学生为中心的教学思想及

实践也得到了进一步的发展。

学习科学指导下的教学评价更加注重以学生为中心，注重"在学生的视野下探讨教学质量及其评价"[1]，因此要注重几点：①评价的目的不只是甄别和选拔，更重要的是要促进学生的学习和发展，因此要注重评价的过程性，更多地应用形成性评价（和促进学习的课堂评价）；②评价的主体要多元化，教师、校长、家长等都可以参与，尤其是要注重学生的参与（自我评价），学生对自身学习活动和教师教学活动的感知和满意程度，是评价的重要因素；③评价的内容不能局限于学业成绩，而要注重综合素质的评价，注重德智体美劳全面发展；④评价的方法不能过于依赖考试和测验，而要注重应用表现性评价、档案袋评价等多种形式的评价方法。

二、注重应用情境化评价

第三章中曾讲过情境认知与学习理论，该理论认为知识与情境不可分离，学习的本质就是个体参与社会实践，与他人、环境等相互作用的过程，所以真实的课堂教学不能脱离一定的情境。

同样，真实的评价也不能脱离一定的情境。目前很多考试和测验都是"去情境化"的评价，一方面可能难以测评出学生的真实水平，另一方面也不利于通过评价促进学生的学习。所以未来学习评价也需要立足于一定的情境，在情境中进行。[2]比如，让学生分组讨论一个真实的项目，教师通过观察学生在讨论中的表现予以评价；再如在PISA测试中，让学生真的去播放一首歌曲，来评价学生的问题解决能力。

三、注重利用人工智能大数据等技术促进智能化评价

信息技术在中高考、英语考试、计算机等级考试的出题、测试和阅卷等各个环节中已经被广泛应用。未来，随着人工智能、大数据、脑科学等技术的进一步发展，信息技术应用的深度和广度都将得到进一步拓展。

首先，依靠人工智能和大数据技术，可以实现自动化评价，这将大大节省人力、物力和财力。比如针对中文或英文写作进行自动批改的技术，已经得到了应

---

[1] 章建石. 基于学生增值发展的教学质量评价与保障研究［M］.北京：北京师范大学出版社，2014：7—8.

[2] 卢立涛，梁威，沈茜. 我国课堂教学评价现状反思与改进路径［J］.中国教育学刊，2012，（6）：43—47.

用。其次，传统评价比较关注终结性评价，但是现在利用大数据技术可以记录学生历次测验、作业及各种学习行为的数据，这有助于实现过程性评价。再次，传统评价主要基于纸笔测试进行，因此很难测量高阶能力，未来则可以利用虚拟现实[①]、模拟仿真、游戏等技术创设一个近似真实的情境，让学习者在其中近似真实地解决问题，以全面评价其问题解决能力、创造力、协作能力等高阶能力。最后，以前在涉及人格、心理、动机等评价时，一般使用自陈式量表的方式进行，未来可以借助脑电仪、眼动仪等设备获取多模态数据，对学生进行更精确、更细致的评价。

总而言之，利用人工智能、大数据和脑科学等技术，使用更高效、更客观、更细致、更智能的手段整合作业、测验、考试、学习动机、学习行为等多维度多层次的数据，这将有助于形成更具准确性和解释性的学习评价方案，从而进一步实现智能化评价。[②]

本章结语

本章介绍了学习评价与评估技术的相关术语、发展历程、分类与具体技术，并探讨了促进学习的课堂评价，展望了学习评价的未来发展趋势。学习评价可以从不同角度进行分类，比如功能、参照基准、实施主体、使用方法等。不同类别的评价可以相互结合使用，以适应不同的评价目的和情境。标准化测试、自陈式量表、表现性评价和档案袋评价是四种常见的评价技术，各有优缺点，可以单独用于评价学习者的知识、能力、情感、态度、价值观等方面，也可以结合在一起使用。

促进学习的课堂评价是教师最关心的内容，它的目的是促进学生的学习，而不是选拔和甄别，核心是发现现差距、弥合差距。为了有效地实施课堂评价，教师需要根据教学目标，选择合适的评价方法和技术，设计合理的评价方案，注重学生的参与和反馈，从而促进学生的持续学习。学习评价的未来发展方向是以学生为中心、更注重综合素质的评价，评价的方法也将更加多元化。此外，也要重视利用人工智能、大数据、脑科学、互联网、虚拟现实、模拟仿真、游戏等技术

---

① Baker R S, Clarke-Midura J, Ocumpaugh J. Towards general models of effective science inquiry in virtual performance assessments [J]. Journal of computer assisted learning, 2016, 32(3): 267–280.
② 骆方，田雪涛，屠焯然，等. 教育评价新趋向：智能化测评研究综述［J］. 现代远程教育研究，2021, 33(5)：42—52.

实现情境化评价和智能化评价。

> **重点回顾**

1. 学习评价包含几个要素：评价对象、评价目的、评价主体、评价过程、评价方法、评价结果及反馈。
2. 学习评价根据功能的不同，可以分为诊断性评价、形成性评价、终结性评价；根据参照基准的不同，可以分为常模参照评价、标准参照评价、自我参照评价；根据主体的不同，可以分为他人评价、自我评价；根据方法的不同，可以分为定量评价、定性评价。一项评价工作可以同时隶属于不同的评价类别。
3. 标准化测试开发过程严谨，结果可靠，效率高，但容易局限于评价低水平的知识，容易引起应试倾向，不利于培养学习者的创新性思维。
4. 自陈式量表基于心理测量技术，在实证研究领域应用广泛，可以用于评价学习者的态度、倾向等。自陈式量表关注学习者的想法，数据收集效率高，但评价结果的可靠性会受到学习者的主观因素影响。
5. 表现性评价适用于创造性、合作能力、批判性思维等复杂认知技能的评价，但实施需要花费较多人力和时间。
6. 档案袋评价通过收集学习者在一段时间内的作品，侧重评价资料的记录，体现出学习者的成长历程。
7. 简·查普伊斯和瑞克·斯蒂金斯等人提出的优质课堂评价的五大关键要素，包括：明确的目的、清晰的目标、合理的设计、有效的交流和学生的参与。
8. 简·查普伊斯曾提出的学习评价七策略，包括：①为学生提供清晰易懂的学习目标愿景；②用好作业和差作业作为示例；③在学习进程中有规律地提供描述性反馈；④教学生进行自我评价以及为下一步学习设定目标；⑤根据学生的学习需求，确定下一步教学；⑥设计聚焦性教学，并辅以提供反馈的练习；⑦为学生提供机会去追踪、反思和分享他们的学习过程。

> **思考题**

1. 名词解释：教育评价、教学评价、学习评价、诊断性评价、终结性评价、常模参照评价、标准参照评价、自我参照评价、表现性评价、档案袋评价、促进学习的评价。
2. 请依据教育评价的"四代论"描述教育评价的历史发展过程。

3. 张磊同学在准备考研。他每周都会做一张考研英语真题卷，计算自己的得分并与当年的英语分数线进行对比，然后找出自己需要补足的地方，加强复习。你认为在这个过程中，张磊同学进行的是哪一种评价？
4. 如果要评价小学生的创造力，你会使用什么样的评价技术，设计怎样的评价方案？
5. 如果你是一名中学数学教师，请结合第四节内容探讨一下你准备如何去实施促进学习的课堂评价。

第十章 学习分析

内容摘要

传统的学习评价和评估技术能对小范围群体的学习进行分析研究,而学习分析技术能够基于更加复杂的数据,在更大范围内为学习者的个性化学习提供支持服务。本章就对学习分析进行了全面而系统的介绍,首先探讨了学习分析的含义、要素、特征、应用价值、产生背景及发展历程;然后详细讲述了教育数据挖掘的概念、分析过程,列举了常用的分析技术,并辨析了学习分析和教育数据挖掘的关系;接着讲解了学习分析中常用的社会网络分析、话语分析和内容分析的基本概念和分析方法;最后探讨了学习分析的主要研究内容和未来发展趋势。

学习目标

1. 了解学习分析的产生背景和发展历程;
2. 了解学习分析技术的出现会给学习研究领域带来哪些新的改变;
3. 能够意识到学习分析对学习者、教师、教学管理者的重要意义;
4. 基本掌握教育数据挖掘技术的主要方法和技术;
5. 基本掌握社会网络分析、话语分析、内容分析的概念、方法和技术;
6. 了解学习分析的主要研究内容及未来发展趋势;
7. 能够选择最适合的学习分析技术解决教育问题。

[思维导图]

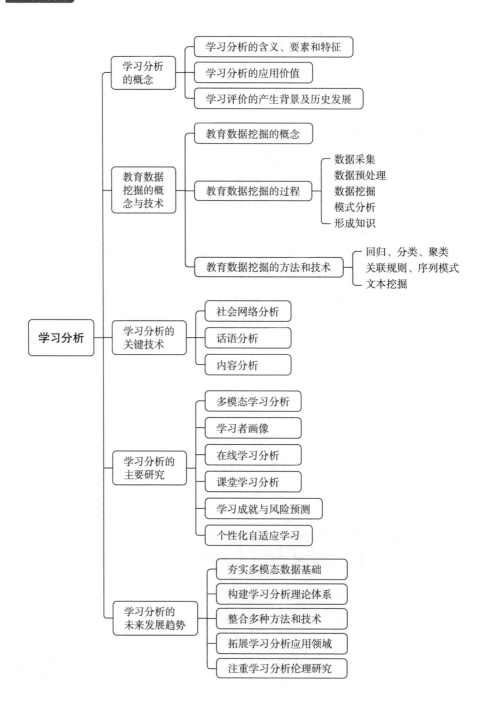

第一节 学习分析的概念

学习分析是学习科学的一个重要研究方向。通过对学习者的学习行为、学习结果等各种数据进行分析,可以更清楚地了解学习者、评价学习者,或者给予个性化的干预。本节,我们就来详细了解学习分析的含义、特征和历史发展。

一、学习分析的含义、要素和特征

(一) 学习分析的含义和要素

学习分析 (learning analytics) 也被称为学习分析技术,是指利用促使学习发生的相关数据,揭示学习发生的表象与本质,预测阻碍学习发生的可能因素,并提供及时干预的依据。[1][2]

马尔科姆·布朗 (Malcolm Brown) 认为,学习分析包括以下五个要素。①数据收集:数据可以来自单一数据源,也可以来自多个数据源,所包含的数据量非常大,是可结构化(例如服务器日志)或非结构化(例如论坛的讨论帖)的。②分析:非结构化的数据在进行分析之前通常要被预处理成某种结构。通过定量和定性分析相结合的手段,数据会以可视化、表格、图表和其他类型的形式呈现。③学生学习:这一核心要素是学习分析与其他传统分析方法的重要区别。学习分析试图告诉我们学生学习的情况:学习者正在做什么,他们的时间主要花在什么地方,他们的进展情况等。④受众:学习分析所回馈的信息可用于告知学生、教师或管理员。这三者的共同点是都可接受学习分析的适当干预,但针对不同受众所使用的数据类型和分析方法会有所不同。⑤干预:进行学习分析是为了能在个体、课程、部门和机构层面实施适当的干预。学习分析的价值不仅限于识别有风险的学生,还包括能够以比以往更精细的粒度水平来寻找有效因素和无效因素,即使课程仍在开展中也能进行深入分析。[3]

(二) 学习分析的特征

学习分析的核心是收集和分析与学习者学习相关的数据,其目的是观察和理

---

[1] SoLAR. 1st international conference on learning analytics and knowledge 2011 (LAK' 11) [EB/OL]. [2020-6-9]. https://tekri.athabascau.ca/analytics/.

[2] Johnson L, Smith R, Willis H, et al. The 2011 Horizon Report [R]. Austin, Texas: The New Media Consortium, 2011: 28-30.

[3] Brown M. Learning analytics: the coming third wave. [EB/OL]. [2020-6-9]. http://net.educause.edu/ir/library/pdf/ELIB1101.pdf.

解行为,以便进行适当的干预。华东师范大学顾小清等人将学习分析的特征总结为复合化的数据采集、多重角度的分析技术、可视化的分析结果、微观化的服务层次和多元化的理论基础。[①]①复合化的数据采集:学习分析所采用的数据来源多样,既有传统的学习档案材料,也有学习管理系统中记录的数据。数据来源的多元化是学习分析技术未来发展的趋势,如何整合多元数据将是学习分析技术所面临的挑战。②多重角度的分析技术:学习内容的复杂性和学习者的特殊性使得我们必须使用多重研究方法才能得到有效的分析结果。[②]不仅要注重定量分析,还要关注定性分析,来理解教学和学习是如何发生的。③可视化的分析结果:学习分析服务的对象主要是教师和学生,对分析结果的可视化呈现,可以更好地帮助教师和学生理解。④微观化的服务层次:学习分析主要面向微观层面的教师和学生。通过对学习过程数据的跟踪和分析,可以更好地为教师的教学干预提供依据,为学习者的适应性学习提供建议。⑤多元化的理论基础:对学习分析结果的解读,既要依据所使用的学习分析技术的理论,还要参考相关的教育教学和学习理论,以更好地基于分析结果理解真实学习发生的过程。

二、学习分析的应用价值及案例

学习分析技术不仅可以从学习者行为的角度了解学习过程的发生机制,还可以用来优化教学,比如为学习者推荐学习路径,辅助其开展适应性学习和自我导向的学习。另外,学习分析技术还可以用来评估课程、程序和机构,以及为教师提供更为深入的教学分析,从而为学生提供更有针对性的教学干预。下面就从不同视角探索学习分析的应用价值。

(一)学习者视角

从学习者视角来看,学习分析具有如下价值。①作为学生自我评估和自我导向的工具:学习者的自我诊断是指学习者在学习过程中不断进行反思、发现问题的过程,这个过程有利于学习者形成更清晰的自我认知。[③]学习分析工具可以在综合分析和评估学习者学习过程和现有水平的基础上实现实时反馈,从而帮助学习

[①] 顾小清,张进良,蔡慧英.学习分析:正在浮现中的数据技术[J].远程教育杂志,2012,30(1):18—25.

[②] Kop R, Sitlia H. The value of learning analytics to networked learning on a personal learning environment[C]//International Conference on Learning Analytics and Knowledge. ACM, 2011: 104-109.

[③] 余胜泉,彭燕,卢宇.基于人工智能的育人助理系统——"AI好老师"的体系结构与功能[J].开放教育研究,2019,25(1):25—36.

者进行自我评估和自我导向,例如鲁汶大学学习分析仪表盘项目。①②作为学生学习需求的分析工具:我们可以通过数据更科学、客观地分析学习者在学习过程中所存在的问题和差异,发现学习者潜在的需求,实现大规模的个性化需求诊断分析。比如美国在线学习平台"牛顿"(Knewton)可以对学习者多方面的学习指标进行个性化评估,并据此为学习者提供最适宜的学习指导和反馈。②③作为学习者学习危机的预警工具:学习分析可以用于识别那些可能处在学习危机之中的学生,从而尽早地帮助这些学习者避免学习失败或者辍学的发生。③普渡大学的"课堂信号系统"(course signals)就是一个比较成功的案例,该系统通过分析学生的作业成绩和出勤情况,及时识别有风险的学生,从而尽早给予干预。④⑤

(二)教师视角

当前,课堂正在从原来的以教师为中心转变为以学习者为中心,教师因此从知识的传播者变为了学习的引导者,这就要求教师对学习者有更深入的了解。学习分析能够帮助教师得到关于学生学习绩效、学习过程等的信息,从而为教师的课堂教学提供有力的指导。

具体而言,学习分析可以作为开展智能化教学的工具。利用学习分析技术,系统可以捕捉到过去教师无法关注到的学生学习行为数据,并进行实时采集和分析,从而帮助教师更全面地了解学生,为其提供个性化的学习内容和学习支持。⑥例如,香港中文大学医学院课程管理系统通过分析学生的实习日志,帮助指导老师更好地制订下一步的实习计划和安排。另外,学习分析还可以作为反思和优化教学过程的工具。过去,教师往往只能通过课堂观察和考试成绩来总结教学效

---

① Charleer S, Moere A V, Klerkx J, et al. Learning analytics dashboards to support adviser-student dialogue [J]. IEEE transactions on learning technologies, 2017, 11(3): 389–399.
② 万海鹏,汪丹. 基于大数据的牛顿平台自适应学习机制分析——"教育大数据研究与实践专栏"之关键技术篇[J]. 现代教育技术,2016,26(5):5—11.
③ Rosemary. How should I use "learning analytics"? [EB/OL]. [2011-09-26]. http://cetl.ucdavis.edu/learning-analytics.
④ Arnold K E, Pistilli M D. Course signals at Purdue: using learning analytics to increase student success [A]. International conference on learning analytics and knowledge [C]. ACM, 2012: 267–270.
⑤ 刘艳华,徐鹏. 大数据教育应用研究综述及其典型案例解析——以美国普渡大学课程信号项目为例[J]. 软件导刊(教育技术),2014,13(12):47—51.
⑥ 张进良,何高大. 学习分析:助推大数据时代高校教师在线专业发展[J]. 远程教育杂志,2014,32(1):56—62.

果,而通过学习分析技术,系统可以对每堂课中学生的学习过程和教师的教学进行记录和分析,据此多方位地为教师提供教学指导。

(三)教学管理者视角

学习分析可以通过其强大的数据分析和整合能力,为教学管理者制定课程方案并提供教育决策支持。[①]学习分析还可以将先进的建模技术和学习成效评价结合起来,以更好地理解和评价学生,从而促进更加深入的教育教学改革。[②]比如在线课程评价系统,其中会提供各门课程的总体情况,并呈现课程运行的关键指标,这样有助于更好地了解和评价学院的教学运行情况。

三、学习分析的产生背景和历史发展

(一)学习分析的产生背景

学习分析在2010年左右开始受到各界人士的高度重视,最直接的动因就是大数据技术的发展。所谓大数据技术,是指借助数据挖掘等数据分析工具,对依靠信息技术积累的海量数据进行分析,以期发现模式和规律、预测用户和系统未来行为的技术。比如,可以依靠分析人们的搜索记录来更加快速地判断和预测流感的暴发与传播途径。随后,大数据技术吸引了教育研究者的注意,人们希望通过分析教育的海量数据来发现更多以前没有发现的教育教学规律。比如通过分析MOOC后台记录的各种数据来了解学生的学习过程和特征,这些努力直接推动了学习分析的产生和发展。

另外一个直接原因就是个性化学习的助推。传统班级式教学模式被广为诟病的地方就是它很难实现个性化学习,而学习分析可以通过深度挖掘和分析学生的多方位数据集合来追踪学生的成长轨迹,从而找出学生的真正需求,并据此给予个性化的学习内容和学习干预。[③]进入21世纪以来,个性化学习越来越受重视,这也推动了学习分析的发展。

当然,学习分析的产生和发展归根结底是由教育信息化或者说智能教育的发展造成的。自20世纪90年代教育信息化发展以来,人们希望进一步打造智能化

---

① 胡艺龄,顾小清,赵春.在线学习行为分析建模及挖掘[J].开放教育研究,2014,20(2):102—110.

② 李逢庆,钱万正.学习分析:大学教学信息化研究与实践的新领域[J].现代教育技术,2012,22(7):5—10.

③ 张琪.学习分析技术与方法[M].北京:科学出版社,2018:15—17.

学习环境，促进和实现个性化自适应学习，这就需要在教学的各个环节测量、收集、分析和呈现各种数据，这从根本上推动了学习分析的发展。

（二）学习分析的历史发展

学习分析虽然是伴随着大数据浪潮的发展而发展起来的，但是学习分析的历史其实由来已久。在长期的传统教学中，教师和管理人员使用课堂观察、问卷调查和访谈等方式对学习者个体或小群体的学习过程进行分析、评价，理论上也都属于学习分析的范畴，只不过之前使用的分析技术比较简单而已。比如，20世纪60年代兴起的计算机辅助管理记录了课程内容、学生的测验答案、学生成绩等数据，可以进行一定的分析，为学习者提供适合的学习材料。再如，20世纪七八十年代流行的智能导师系统，可以通过分析其中记录的学习行为数据来实现个性化学习。

进入20世纪90年代，伴随着多媒体技术和互联网技术的发展，智能导师系统能够记录的数据越来越多。与此同时，伴随着数据科学领域数据挖掘技术的发展，一部分关注数据科学的教育研究者们，逐渐提出了教育数据挖掘（educational data mining, EDM）的概念。到了2008年，国际教育数据挖掘协会正式成立[①]，并于同年召开了第一届国际教育数据挖掘学术会议。

2010年左右，教育数据挖掘进一步发展，并成了研究热点。这一时期的研究从学习过程数据挖掘逐渐拓展到了学生学业表现、学生学业风险预测、在线学习环境设计等多个方面。在这样的情况下，一个比教育数据挖掘涵盖面更广、更注重学习研究的领域出现了。2011年，乔治·西蒙斯等人牵头召开了第一届国际学习分析与知识学术会议，并在2014年创办了《学习分析杂志》（Journal of Learning Analytics），正式宣告了学习分析领域的创立。

以上主要是从研究领域的视角来梳理发展历史的，其实在学习分析的发展过程中，有许多分析技术对其作出了贡献，比如话语分析、社会网络分析、内容分析等，都可以看作学习分析的前身。随着大数据和人工智能技术的快速发展，学习分析也成了学习科学领域内一个非常活跃的研究方向。有学者认为，学习分析不能仅仅被看作一种技术，而是应该成为一个学科，因此提出了"学习分析学"。不过本书还是把它当作一项分析技术，因此称其为"学习分析"或"学习分析技术"。

---

① http://www.educationaldatamining.org.

第二节　教育数据挖掘的概念与技术

前面多次提到教育数据挖掘，它和学习分析是两个密切相关的概念，有区别也有联系。本节就先来系统介绍一下教育数据挖掘。

一、教育数据挖掘的概念和过程

随着数据科学领域数据挖掘技术的发展，一部分教育研究者逐渐提出了教育数据挖掘的概念，并将其定义为：从大量不完全、有噪声、模糊、随机的教育数据中，提取隐含在其中、事先未知但又潜在有用的信息和知识的过程。

教育数据挖掘是一种深层次的数据分析方法，主要依靠数理统计、机器学习和人工智能等技术。[1] 比如，根据学生之前的学习行为数据，建立预测模型，从而预测学生期末考试是否可以及格。至于教育数据挖掘的过程，基本上和数据挖掘的过程是一样，包含数据采集、数据预处理、数据挖掘、模式分析、形成知识五个步骤。

另外，这里说的教育数据当然泛指所有教育领域的数据，比如一个班级的学生成绩也可以称为教育数据。不过，在大数据时代，教育数据更多的是指教育大数据，指的是整个教育活动过程中所产生的以及根据教育需要所采集到的，一切可以用于教育发展并可创造巨大潜在价值的数据集合。[2] 因此，可以将教育大数据定义为：借助数据挖掘等数据分析工具，对依靠信息技术积累的海量教育数据进行分析，以期发现以前依靠简单数据分析无法发现的规律，从而更好地促进学生的学、教师的教和学校的管理。

二、数据采集与预处理

教育数据挖掘第一步是采集数据并进行预处理，之后才能进行分析。

（一）数据采集

数据采集指的是通过调查问卷、量表、访谈、可穿戴设备等各种手段获取教育数据的过程。教育领域中存在着表征学生学习状态的各种不同类型的数据，如

---

[1] 张琪.学习分析技术与方法[M].北京：科学出版社，2018：6.
[2] 杨现民，唐斯斯，李冀红.发展教育大数据：内涵、价值和挑战[J].现代远程教育研究，2016，(1)：50—61.

何有效收集这些数据是学习分析的关键。①

1. 数据层次和类型。从层次上可以分为国家、区域、学校、班级、课程、个体六个层面；从类型上可以分为基础数据、教学数据（学习数据）、管理数据、科研数据、服务数据、舆情数据等。

2. 数据表现形式。可以分为结构化数据、非结构化数据与半结构化数据。结构化数据指的是有着清晰的组织结构的数据，容易对其进行查询等操作，如成绩单；非结构化数据指的是图片、声音、视频等数据，这些数据通常缺乏清晰的标注和组织，因此很难对其进行直接查询；半结构化数据指的是有一定结构，但是结构变化比较大的数据。比如一批同学的简历，有一定相似性但又有不同之处。

3. 数据采集技术。通常包括以下几种：①依靠传统的问卷、量表、测验、访谈、观察等收集学习过程数据。②依靠网络平台收集学习日志和行为等数据。比如，在线学习平台上学生参与互动讨论、观看视频、提交作业的数据。③依靠脑成像技术、眼动仪等技术设备收集脑活动及生理数据。比如，可以用眼动仪收集学生在观看视频课件时的眼动数据。④依靠可穿戴设备、校园一卡通等物联网感知技术收集学生校园生活数据。比如，利用校园一卡通收集学生进出校园各场所的数据。当然还有其他技术，这里不再赘述。

（二）数据预处理

数据预处理指的是在数据挖掘和分析之前，对所收集的数据进行的审核、筛选、排序等必要的处理过程。因为现实中收集的数据经常存在各种问题，比如缺失、重复、冗余、错误或无效等。如果不进行预处理，就会直接影响之后分析结果的正确性。

数据预处理过程包括三个方面。第一，数据审核，主要审核以下四个方面。①准确性：对调查过程中的误差进行检查。②完整性：检查是否缺失了重要数据。③一致性：审查各类数据的一致性，比如年龄和出生日期是否一致。④有效性（适用性）：审查数据能否有效地解释、说明问题。第二，数据筛选。根据数据审核的结果，对所发现的数据中的错误予以纠正，将符合要求的数据筛选出来。第三，数据排序。将数据按照一定的顺序排列，以方便分析者发现某种趋势和规律。比如，按学号对学生进行排序。

常用的数据预处理方法有四种。

第一，数据清洗。通过填写缺失值、光滑噪声数据、识别或删除离群点等方

---

① 张琪.学习分析技术与方法[M].北京：科学出版社，2018：68—81.

式来清理数据。比如，采用均值插补、回归插补等方法来填补缺失值。第二，数据集成。将不同来源、格式、性质的数据整合到一个或几个数据表或数据库中，以方便进行数据挖掘。比如，将一个学生的个人信息数据尽可能放在一张表中。当然，也可以分散存储在几个数据表中，并将它们在逻辑上联系起来。第三，数据转换。利用标准化、规范化等方式将数据转换为适合数据挖掘的形式。比如将学生评价中的"优秀""良好""合格""不合格"转换为"1""2""3""4"进行存储。第四，数据规约。将数据集合进行简化，但使其仍然保持数据的完整性，从而提升数据分析和挖掘效率。比如，如果同时记录了年龄和出生年月，就可以将其中一个属性删除。大数据技术现在发展得特别快，这使得数据采集、预处理和数据挖掘都发生了很多变化。不过本书不再展开，有兴趣的读者可以参考专门的著作。

三、数据挖掘的主要方法和技术

数据采集和预处理完毕以后，就可以正式进行数据挖掘和分析了。下面介绍几种常用的数据挖掘技术。

（一）回归分析

回归分析是一种预测建模技术，通过一些变量（自变量）来预测目标变量（因变量）的值。这是一种非常基础、非常重要的分析技术，被广泛应用在教育、经济和社会等领域中，比如根据学生的课后作业分数来预测学生的期末考试分数。

回归分析是用来处理变量之间相关关系的一种数学方法，解决步骤大致如下：①收集包含自变量和因变量的数据，比如一组课后作业分数和期末考试分数；②建立自变量和因变量之间的关系模型，也叫回归方程；③比较不同的模型，找出拟合效果最好的模型；④利用这个模型对因变量进行预测或解释，比如知道一位新同学的课后作业分数，就可以预测他的期末考试分数。

常见的回归分析方法包括线性回归和逻辑回归，两者的区别在于对因变量的要求上：线性回归要求因变量必须是连续性数据变量，而逻辑回归要求因变量是二分变量（比如是、否）或多分变量（比如优秀、良好、合格）。[①] 两种方法的计算复杂度都比较低，但是只能处理线性数据。

（二）分类

分类也是一种预测建模技术，主要目的就是确定对象属于哪个预定义的目标

---

① 对于逻辑回归，有人也把它归到了下面要讲的"分类"技术中。

类。比如，根据学生是否按时上课、按时提交作业等数据将学生分到"存在学习风险类"或"不存在学习风险类"中，从而实现学习预警的目的。

分类的目的就是要建立一个分类模型（也称分类器），然后据此将数据库中的记录映射到给定的类别中，也就是将记录分到给定类别中。其一般过程如下。

①准备数据。首先将数据分成两部分：一部分为训练集，由类标号已知的记录组成；一部分为检验集，由类标号未知的记录组成（实际上也是已知的，但我们不会告诉系统）。

②建立模型。使用一种学习算法建立分类模型，这个模型能够很好地拟合训练集中所记录的属性集和类标号。

③检验模型。根据这个分类模型，对检验集中记录的属性集和类标号进行检验，如果误差比较小，检验效果良好，就表示这个分类模型是可行的。

④进行分类（预测）。即应用这个分类模型就新的记录进行分类。建立模型的过程大致如图10-1所示。

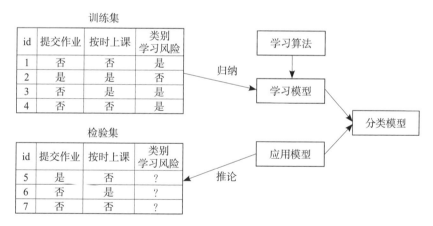

图10-1 建立分类模型的一般方法和过程示意图

从以上建立分类模型的过程中，可以看出使用的学习算法很重要。究竟使用什么样的算法来建立这个分类模型呢？目前常用的分类算法有基于规则的分类法、K-近邻算法、贝叶斯分类法、决策树、人工神经网络、支持向量机等方法。下面以人工神经网络为例，简单介绍如何使用学习算法进行分类。

人工神经网络也常简称为神经网络，实质上就是由一些人工神经元和彼此的连接构成的网络结构。如图10-2就是一个三层的神经网络（当然也可以多层），图中的每一个圆圈就是一个人工神经元，通过调整人工神经元的参数就可以构建一个神经网络模型，用来处理分类预测等任务。比如，现在构建一个预测高考作文分数的神经网络,首先需要给这些参数赋一个初值,然后拿若干篇已经由人工打好分数的作文作为训练集,将这些作文逐篇输入这个模型,接着再调整参数,使得输出值可以拟合由人工打好的分数,这样我们就可以用这个模型来预测分数了。

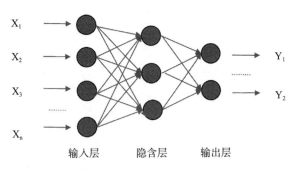

图 10-2 人工神经网络的基本结构

人工神经网络的优点是可以处理非线性数据,目前最受大家重视的机器学习算法,也被广泛应用在图像处理、语音识别和模式识别中。不过神经网络通常比较复杂,可能有很多层,因此收敛速度慢、计算量大、训练时间长。

(三)聚类

聚类指的是在没有任何先验知识的前提下,根据数据的相似性将对象聚合为不同的簇(类),让同一簇里的对象尽可能相似,而与其他簇里的对象尽可能相异。比如,根据学生的人口学数据、心理学量表数据以及线上和线下学习行为数据,就可以将学生"聚"成几类。

聚类和分类是有关系的,聚类实际上起源于分类。在分类的时候,我们一般会根据一定的经验和专业知识进行分类,但后来发现,有时候仅靠经验和专业知识很难准确分类。于是,我们把数学工具引入分类中,根据数据的特点进行分类,如此一来就形成了聚类。由于聚类不需要"训练集",因此又常被称为无监督分类。① 常见的无监督分类算法有 k-means(K-均值)和主成分分析等。

(四)关联规则挖掘

关联规则挖掘属于关系挖掘,就是从拥有大量变量的数据中集中挖掘变量之间的相互关系,这种相互关系可以是空间中的共现关系,也可以是时间上的序列

---

① 张琪. 学习分析技术与方法[M]. 北京:科学出版社,2018:109—110.

关系。①比如，最经典的研究就是超市通过分析购物小票，发现"啤酒"和"尿布"有很强的联系，很多购买尿布的顾客也会购买啤酒。在教育领域，我们可以发现不同学科成绩的联系，也可以发现学生不同在线学习行为之间的联系。

关联规则挖掘可以根据学生学习行为特征和内容的关联关系，给学生推荐合适的学习资源和支持。比如教师根据学生在答题过程中出现的共现错误（经常共同出现的错误），分析这些错误类型，探究出错误的根源，并给学生提供相应的支持。

（五）序列模式挖掘

序列模式挖掘主要用来发现时间上先后出现的事件之间的关联关系。比如，通过分析学习者在MOOC中观看视频、做练习题、参与讨论等学习行为数据，就可以挖掘出学生的学习行为特征，如有的学生是先看视频再做测验，有的学生则是先做测验然后看视频，这样不同的行为转换就组成了不同的行为序列。

目前在教育、心理学和社会学领域中，对行为序列进行挖掘常用的方法是滞后序列分析法，主要用来检验一种行为之后出现另外一种行为的概率及其统计学意义上的显著性。比如，学习者登录系统后先看视频，然后开始做练习题，这就形成了一个行为序列。学生的整个学习过程会产生许多行为序列，有的是非常普遍的，具有特殊意义，有的则是偶然发生的，无实际意义。滞后序列分析就是要找出其中具有显著性意义的行为序列。滞后序列分析常用的软件有GESQ、ProM、Tramine。分析完成后，可以借助Gephi软件将显著的行为序列数据进行可视化（如图10-3所示）。

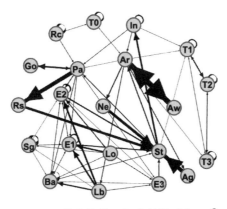

图10-3 学生的学习行为转换路径图②

---

① 彭亚，于翠波，张勐.教育数据挖掘技术应用研究［J］.中国教育技术装备，2017,（18）：1—5+13.
② 张媛媛."玩"还是"学"——游戏化学习中学生的行为特征及其影响因素探究［D］.北京：北京大学，2021.

滞后序列分析目前已经被广泛应用在学习分析中。比如，李爽等人利用滞后序列分析法对开放大学的学生在 Moodle 平台上的日志数据进行了在线学习行为序列和参与模式探索。[1]再如，郑勤华等人采用滞后序列分析法，探究了网络课程中学生观看视频和完成作业这两种学习活动的发生顺序所揭示的行为逻辑。[2]

（六）文本挖掘

文本挖掘一般指从非结构化的文本数据（例如：文档、聊天信息和邮件）中发现和提取有用的模式、模型、方向、趋势或者规则，最终形成用户可理解的信息与知识的过程。[3]文本挖掘最早的应用领域是语言学。随着互联网的发展，人类积累了越来越多的文本类数据，所以文本挖掘在很多领域，例如智能商务（个性化推荐）、信息检索（互联网检索）、新闻传播（舆情分析）等，都扮演了重要角色。

对于教育领域而言，文本挖掘可以从以下几个方面对教学实践进行支持和促进。①学习者知识能力测评：比如根据学生撰写的作文，不仅可以评价其写作能力，也可以评价其想象能力和创造能力。②学习者情感情绪测评：从学生的笔记、作业及发表的各种帖子中，不仅可以挖掘其情感情绪，研究情感情绪和学习成效的关系[4]，还可以推断学生的意志和心理行为现象，为教师提供可靠的决策支持。[5]③个性化学习资源智能推荐：通过对相似内容的分析、标注，提供更符合用户需求的学习内容，实现个性化推荐。④和其他分析技术相结合，产生更大的作用：比如与后面要讲的社会网络分析法结合，关注论坛上学生关心的知识热点的演变过程。

目前，在文本挖掘领域运用较多的方法包括关联规则分析、语义分析、话语分析等。在进行文本挖掘时，可以使用的工具有 NVivo、Wmatrix、Cohere、

---

[1] 李爽，钟瑶，喻忱，等.基于行为序列分析对在线学习参与模式的探索[J].中国电化教育，2017, 38(3): 88—95.

[2] 胡丹妮，章梦瑶，郑勤华.基于滞后序列分析法的在线学习者活动路径可视化分析[J].电化教育研究，2019, 40(5): 55—63.

[3] Reategui E, Epstein D, Lorenzatti A, et al. Sobek: a text mining tool for educational applications [C] // Proceedings international conference on data mining (DMIN). Las Vegas: ACM Press, 2011: 59-64.

[4] 宗阳，陈丽，郑勤华，等.基于在线学习行为数据的远程学习者学业情绪分析研究——以 Moodle 平台为例[J].开放学习研究，2017, 22(6): 11—20.

[5] 刘三女牙，彭晛，刘智，等.基于文本挖掘的学习分析应用研究[J].电化教育研究，2016, (2): 23—30.

LIWC 等。虽然文本挖掘的方法很多，但其根本思想都是对文本进行清洗、分词，并将其转换成计算机能够处理的数据，之后就可以统计频率、提取信息、寻找词语之间的关联了。

四、教育数据挖掘与学习分析的关系

学习分析的兴起离不开教育数据挖掘。两者都是在数据驱动下的教育领域的分析技术，都是为了通过数据分析来指导和促进教与学。[1]不过，两者之间又存在不同。[2][3]①研究目的：学习分析更多关注教与学的过程与规律，强调通过分析学习者的学习行为，理解学习者的学习特征，并以此为依据进行形成性评价及个性化干预。我们或许可以简单地将其理解为"以学习为中心"。教育数据挖掘侧重开发分析数据的方法和技术，尤其注重比较不同建模方法的异同和合理性。因此我们也可以简单地将其理解为"以数据为中心"。②研究方法：学习分析既强调自动发现，也注重人工干预。教育数据挖掘则更加强调自动发现，帮助我们建立最有可能的预测模型。③具体分析方法和技术：教育数据挖掘综合使用统计学、数据挖掘、机器学习、深度学习等方法；学习分析除了使用这些方法外，还可以使用社会学、心理学和学习科学的分析方法，比如社会网络分析、话语分析、内容分析等。

总体而言，两者都是为了通过数据分析来促进学习，不过教育数据挖掘或许可以看作更为底层的技术，而学习分析或许可以看作相对顶层的技术，它在教育数据挖掘的基础上，更加注重回应学习的需求。

第三节　学习分析的关键技术

学习分析可以使用传统的统计分析技术，也可以使用上一节讲的教育数据挖掘的方法和技术，还可以借鉴教育学、心理学、社会学、传播学等领域中的方法和技术，从而形成学习分析中常用的一些关键技术，比如社会网络分析、话语分析、内容分析等。

---

[1] Baker R, Siemens G. Educational data mining and learning analytics [M] //R. Keith Sawyer. Cambridge handbook of the learning sciences (Second Edition). 2014: 253—274.
[2] 张琪. 学习分析技术与方法 [M]. 北京：科学出版社，2018：6—7.
[3] 王良周，于卫红. 大数据视角下的学习分析综述 [J]. 中国远程教育，2015，(03)：31—37.

一、社会网络分析

社会网络分析（social network analysis, SNA）是社会学和人类学为了研究社会关系而逐渐发展出来的一种定量的分析方法，主要用来研究人际关系和社会传播。[①]在教育领域其实也存在大量关系数据，比如在线学习参与者的关系、不同知识点之间的关系等，这些数据特别适合使用社会网络分析方法和技术来研究，所以社会网络分析在教育学科也越来越受重视，经常被用来分析学习者与学习者、学习者与学习内容之间的关系。

（一）社会网络分析的概念

社会网络（social network）是指由多个点（行动者，比如人、单位等）和各点之间的连线（关系）组成的集合，也称为社会关系结构（如图10-4）。比如，一个班级中的学生通过彼此的朋友关系就组成了一个社会网络，一个在线社区中的参与者通过发帖、回复帖子、引用帖子等关系也组成了一个社会网络。

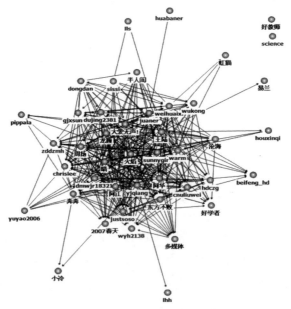

图10-4 社会网络示意图[②]

---

① （美）约翰·斯科特.社会网络分析法［M］.刘军 译.重庆：重庆大学出版社，2016：11—44.
② 王陆.虚拟学习社区的社会网络分析［J］.中国电化教育，2009，30（2）：5—11.

社会网络分析则是根据图论、网络等数学方法发展起来的对社会网络及其属性加以分析的一套定量的规范和方法。该方法是借鉴现代社会学的分析技术，在计算机的辅助下，通过使用图论、网络、概率、几何等理论，考察并可视化社会关系结构，以节点代表人物角色或其他个体单位，以边或连线代表关系或交互，以此表征社会网络。通过对各种互动关系数据进行精确量化分析，测量和评价行动者彼此交换、分享、传递和接收了哪些内容，以及获得了哪些结果。[1]

（二）社会网络分析的重要概念及工具软件

经过九十多年的发展，社会网络分析的理论体系已经比较完整。[2]社会网络分析的核心是，根据行动者之间的关系，生成相应的社会关系矩阵图和社会关系网络图。这里的个体（即图10-5中的A、B、C等）被视作"节点"，而个体之间的互动、联系、交流、依赖关系（即图10-5中的0表示两个节点无关、1表示两个节点有关）则被视作"边"或"连线"。通过构建和分析网络结构，我们可以深入挖掘和可视化其中复杂的社会关系，从而得到如群体结构、位置角色、网络动态变化等方面的信息。

	A	B	C	D	E
A	0	1	0	1	0
B	1	0	0	1	1
C	0	0	0	1	0
D	1	1	1	0	1
E	0	1	0	1	0

图10-5 社会关系矩阵图

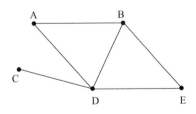

图10-6 社会关系网络图

下面简单介绍四种常见的社会网络分析工具。

①SNAPP是由澳大利亚伍伦贡大学开发的基于Java的开源的社会网络适应教学实践工具。它可以从Blackboard、Moodle等在线学习平台或社交平台上自动提取所需要的行为数据，以可视化的形式呈现更加直观简洁的学习者交互行为示意图，甚至可以保留动态变化过程。②Gephi是由来自多国的工程师和科学

---

[1] Scott J. Social network analysis: a handbook [M]. Thousand Oask: Sage Publications, 2000: 1-6.
[2] 朱庆华，李亮. 社会网络分析法及其在情报学中的应用[J]. 情报理论与实践，2008，(02)：179—183+174.

家联合研发的开源软件，2008年于法国开始使用，它提供了常用的社会网络分析功能，尤其是可视化效果非常突出，开发者希望它成为"数据可视化领域的Photoshop"。③ UCINET是由加州大学欧文分校开发的软件，它能读取文本文件等多种格式的文件，并将其用于中心性分析、凝聚子群分析、角色分析和基于置换的统计分析等许多分析功能。④ Pajek是面向大型复杂网络的分析工具。复杂网络的复杂性主要表现在节点数目庞大，通常达到几千甚至几万个。除支持普通网络外，Pajek还支持多关系网络、二分网络以及暂时性网络。同时，它还提供了一些可视化操作的工具。

（三）社会网络分析在教育中的应用

社会网络分析其实都可以应用在线下线上学习中。当然，因为线上数据比较容易收集，所以现在的研究比较多的是关注线上学习。① 前者以学习网络作为研究对象，分析网络中各个体之间的关系、角色、网络形成的过程与特点。② 后者以学习个体为研究对象，关注某个体与哪些学习同伴交互信息，对哪些内容存在认知困难，等等。③

比如，王陆等人曾经采用社会网络分析探索了在线课程中潜在的助学者群体以及其网络结构特征。④ 此外，他们又使用社会网络分析中的"α-密度指标块模型"分析方法，对虚拟学习社区中的社会网络进行了凝聚子群分析，发现可以将社会网络简化为由若干个凝聚子群组成的简化视图，并且发现高互惠性（成员具有相对较强的、直接的、紧密的、经常的或积极的关系）的凝聚子群中的成员，其学习成绩显著高于低互惠性的凝聚子群中成员的成绩。⑤

二、话语分析

话语分析（discourse analysis）最早由美国语言学家泽里格·哈里斯（Zellig

---

① 孙洪涛. 开源工具支持下的社会网络分析——NodeXL介绍与案例研究［J］. 中国远程教育，2013,（2）: 14—20.

② Haythornthwaite C. Using social network perspectives to understand social learning［C］//Proceedings of the 7th International Conference on Networked Learning. Lancaster: Lancaster University, 2010: 183-190.

③ 孟玲玲, 顾小清, 李泽. 学习分析工具比较研究［J］. 开放教育研究，2014,（4）: 66—75.

④ 王陆. 虚拟学习社区社会网络位置分析与助学者群体的发现［J］. 中国电化教育，2010,（3）: 23—27.

⑤ 王陆. 虚拟学习社区社会网络中的凝聚子群［J］. 中国电化教育，2009,（8）: 22—28.

Harris）于 1952 年提出，在 20 世纪 60 年代末 70 年代初逐渐形成一门新的学科。20 世纪 80 年代末以后，话语分析进入了快速发展和兴盛阶段，逐渐被应用到语言修辞、法律语篇、翻译研究等领域。在教育领域里，话语分析主要被用于分析课堂话语中的语言信息。

（一）话语分析的概念及分析维度

话语是特定的社会语境中人与人之间从事沟通的具体言语行为，及一定的说话人与受话人之间在特定社会语境中通过文本而展开沟通的言语活动。这里说的话语不局限于语言本身，还包含了语言中并通过语言来表达的社会关系。比如，同样的话，不同的人在不同的情境中说出来就不一样；用不同的语气说出同样的话也不一样。[①]

话语分析是研究语言的一种方法。通过对特定社会语境中的语言的观察，探索语言的组织特征和使用特征，并从语言的交际功能、语言使用者的认知特征等方面来解释语言中的制约因素。本书把话语分析简单地定义为对话语的分析方法和技术。作为语言研究的一个重要视角，话语分析关注比句子更大的语言单位，强调借助上下文语境、社会文化背景、说话人和受话人的身份和思维等信息解读语言交际过程。

在实践中，话语分析一般可以从三个维度进行。[②] 第一，话语的结构。这个维度的研究处于语言学的研究框架中，关注比句子更长的语句或语篇的结构，并且从这些分布结构中总结成一种语法规律，以解释话语的生成过程。第二，话语的功能。这个维度的研究仍然处于语言学的研究框架之中，但是将研究视野从形式延伸到了功能、意义和使用，即要采取何种行动、参与何种行动。第三，话语和社会的关系。这个维度的研究引入了人类学和社会学的原理，将语言看作社会行为和社会事实。又包括四个分支：①人类学取向的社会语言学，注重对特定言语共同体的说话方式进行研究；②交互社会语言学，侧重对语言形式和意义的阐释；③会话分析，以会话结构为研究对象，解释人们是如何有序地进行互动的，侧重研究话轮转换机制[③]；④社会语言学变异分析，强调不能仅从语言结构本身

---

① （美）詹姆斯·保罗·吉. 话语分析导论：理论与方法［M］. 何清顺 译. 重庆：重庆大学出版社，2021：1—3.
② 熊涛，毛浩然. 话语分析的三个维度和一个转向［J］. 外国语言文学，2012，29（2）：90—95.
③ 话轮转换是人类会话中特有的言语机制，两个特点为：第一，在一个时间里一般维持一个人说话；第二，发话者不断轮流变化。

和认知因素上解释语言变异现象,而且须同时考虑社会因素。另外,目前的话语分析也拓展到了多模态话语分析,不再局限于文本信息,而逐渐拓展至图形、图像、超文本乃至手势、表情、音调等多种表意类型。

(二)课堂话语分析

课堂话语分析是以研究师生在课堂中的言语、行为交互等为目的的。弗兰德斯(Flanders)在20世纪60年代提出了弗兰德斯课堂互动分析框架(Flanders interaction analysis categories system,FIAC),用于分析师生在课堂中的言语行为。该分析框架将课堂上的言语互动行为分为教师语言、学生语言和无有效语言活动,共3类10种(见表10-1)。

表10-1 弗兰德斯课堂互动分析框架

分类		编码	内容
教师语言	间接影响	1	接受学生表达的情感(accepts feelings)
		2	表扬或鼓励(praise or encouragement)
		3	接受或使用学生的想法(accepts or uses ideas of pupils)
		4	提问(asking questions)
	直接影响	5	讲授(lecture)
		6	给予指导或指令(giving directions)
		7	批评或维护权威性(criticizing or justifying authority)
学生语言		8	学生被动应答(pupil talk response)
		9	学生主动说话(pupil talk initiation)
无有效语言		10	沉寂、停顿或混乱(silence or pause or confusion)

1975年,英国伯明翰大学的辛克莱(Sinclair)和库尔哈特(Coulthard)提出了"伯明翰学派话语分析模式",重点考察的是课堂内教师与学生的对话语言,重点研究其话语功能、语句序列及话轮转换。20世纪七八十年代以来,有更多的学者开始对课堂中的教师反馈、教师提问等教师语言进行研究。这些研究发现了课堂上教师语言在语音、词汇、句法、语篇上有其形式和师生互动方面的特点。比如教师会经常使用夸张的发音,会大量使用第一人称开展教师引发式言语活动、对话和自我重复等。[1]

---

[1] 李华. 从话语分析理论的发展看国内教师话语的研究[J]. 外语界,2007,(5):83—90.

20世纪90年代以来，随着信息技术和学习理论的发展，课堂话语分析呈现出新的发展趋势：①课堂话语分析已经不局限于课堂中的对话等文本信息，而拓展到师生的所有言语、行为、表情、眼动甚至脑电信息；②可以借助人工智能、大数据等技术，开发专门的课堂话语分析工具对课堂视频进行智能辅助分析，比如香港大学教育学院陈高伟等人开发的课堂话语分析与可视化工具（如图10-7所示）[①]；③随着智能化课堂教学环境（智慧课堂）的推广，课堂话语分析不仅可以用来支持研究，将来还可以在课堂中即时呈现分析结果，以便教师及时调整教学语言和教学策略；④课堂话语分析最初主要是针对传统课堂的，但是经过调整后也可以用于研究在线学习中的言语互动行为，比如对讨论区中的帖子进行话语分析。

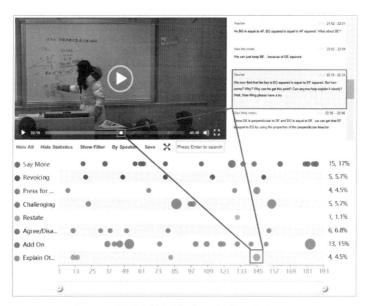

图10-7 课堂话语分析与可视化工具界面图

三、内容分析

内容分析（content analysis）最早产生于新闻传播学领域。20世纪50年代，美国学者贝雷尔森（B. Berelson）发表了权威的著作《内容分析：传播研究的一

---

① Chen G, Chan C K K, Chan K K H, et al. Efficacy of video-based teacher professional development for increasing classroom discourse and student learning [J]. Journal of the learning sciences, 2020, 29(4-5): 642-680.

种工具》，确立了内容分析法在传播学领域的地位。[①] 内容分析最初主要是分析报纸、文献等内容，后来逐渐扩大到了电影、电视、广播等内容，甚至包括音乐、手势等。另外，自20世纪60年代以来，计算机逐步被应用到了内容分析中，大大促进了内容分析技术的发展。在教育领域，内容分析主要被用来分析文献、学习材料、作业文档、课程评论等信息。

（一）内容分析的概念、特征及应用模式

内容分析指的是一种对传播内容进行客观、系统的定量分析的方法。其目的是了解传播内容中本质性的事实和趋势，揭示传播中隐含的信息，对事物发展进行预测。比如，一些学者采用内容分析方法，通过比较词频、用词习惯等指标，来判断《红楼梦》后四十回的作者是不是曹雪芹。在教育领域，常有学者采用内容分析方法来分析一段时期内关于某一研究主题的文献数量等指标，以判断研究热点及未来发展趋势。

内容分析的特征主要包括以下六个方面。[②][③] ①明显性：指的是分析传播内容所表现的直接意义，而不是其包含的潜在动机。内容分析就是要通过对直接内容的分析来研究间接、潜在的动机、反应和效果。②客观性：必须按照预先制订的分析类目表格来判断和记录出现的客观事实，继而根据客观事实做出描述分析。③系统性：对内容的判断、记录和分析过程自始至终只能使用一套评价规则，不能交替使用不同的规则。④定量性（量化）：要使用数理统计方法对类目出现的频数等指标进行计量分析，并用数字或图表来呈现分析的结果。⑤概括性：对信息的内容特征进行总结和概括，而不是详细汇报细枝末节。⑥全面性：内容分析的应用不局限于大众传播领域，只要具备其本质特征（如属于量化研究、强调概括总结），对文本、图片、图像等任何信息的研究都可以被视为"内容分析"。

内容分析的应用主要包括以下三个方面。[④] ①特征分析（也称意向分析）：通过对某一对象在不同问题上，或在不同场合中显示出来的内容资料的分析，找出这一对象的特征。比如，对某一位同学初中所有的作文进行分析，来了解其语

---

① 邱均平，余以胜，邹菲. 内容分析法的应用研究 [J]. 情报杂志, 2005,（8）: 11—13.
② 李克东. 教育技术研究方法 [M]. 北京: 北京师范大学出版社, 2003: 228—229.
③ （美）金伯莉·纽恩多夫. 内容分析方法导论 [M]. 李武, 等 译. 重庆: 重庆大学出版社, 2020: 17—37.
④ 李克东. 教育技术研究方法 [M]. 北京: 北京师范大学出版社, 2003: 234—237.

言能力发展状况。②趋势分析（也称发展分析）：通过对某一对象在不同时期对同一问题所显示的资料进行比较，判断这一对象在该问题上的某种思想内容的发展过程及发展趋势。比如，对过去十年间公开发表的学习分析文献进行分析，以了解学习分析的未来发展趋势。③比较分析：通过对不同对象或不同来源的样本在同一问题上所显示出来的资料进行比较，从而找出它们之间的异同。比如，对优秀同学和普通同学的在线学习行为进行分析，了解这两类同学的学习特征的差异。

（二）内容分析在教育中的应用

内容分析目前在教育领域有比较广泛的应用，可以用于多种类型的研究，包括特征分析、趋势分析和比较分析等。①可以通过研究论文或研究报告等文献的分析，来预测未来某一个研究领域的发展趋势，如对国内的非正式学习相关论文进行综述。[①]②可以用来分析教材的内容和结构，对教材进行定量分析，如对两版小学数学教科书习题的呈现方式、作答方式和考察内容等类目进行比较分析，了解两版教科书的差异。[②]③可以对学生的作业、测验、作文等进行内容分析，以便了解学生存在的问题及表现的特点，并给予干预。④也可以用来分析学生的各种作品、语言、动作、手势、姿势等，以便了解学生的学习风格和学习特征。

第四节 学习分析主要研究内容及未来发展趋势

前面讲解了学习分析技术，那么基于这些分析技术，究竟能开展哪些学习分析研究，学习分析未来又会呈现怎样的发展趋势呢？

一、学习分析的主要研究内容及应用

当前，学习分析研究比较多元化。具体来说，大致可以分为如表10-2所示的追踪学习、理解学习、改进学习和其他研究四大类。[③]

[①] 王妍莉，杨改学，王娟等.基于内容分析法的非正式学习国内研究综述［J］.远程教育杂志，2011，29（4）：71—76.

[②] 裴蕾丝，尚俊杰，马云鹏.两版小学数学教科书习题设计的比较研究——以"20以内数的认识和加减法"为例［J］.课程·教材·教法，2016，36（6）：68—75+61.

[③] 吴永和，李若晨，王浩楠.学习分析研究的现状与未来发展——2017年学习分析与知识国际会议评析［J］.开放教育研究，2017，23（5）：42—56.

表 10-2 学习分析的主要研究内容

类别	研究内容	具体内容
追踪学习	多模态学习分析	多模态生物识别技术
	线上线下一体化学习分析	全面收集线上线下学习数据
理解学习	学习者建模	学习者认知建模；学习行为建模；学习风格建模；情感建模
	在线学习行为分析	学习者特征及行为分析；学习者交互分析；学习者行为与学习成效的关系；在线文本和话语分析
	课堂学习行为分析	课堂情境中的话语分析（课堂话语分析）
	心理测量和情感分析	表情识别；多模态学习情感分析
改进学习	学习设计与学习政策	基于学习分析的学习设计；基于学习分析的学习政策
	学习评价和学习反馈	数据驱动的学习评价研究；可视化学习分析
	学习成就与风险预测	学习成就与风险预测指标和模型；学习风险预警和有效干预
	个性化自适应学习	个性化推荐；学习路径推荐；自我调节学习支架
其他研究	学习分析理论研究	融合多种理论构建学习分析理论框架
	学习分析研究方法和技术	融合定量和定性的混合式分析方法；学习分析模型构建及工具研发
	学习分析伦理研究	学习分析中的伦理道德问题

（一）多模态学习分析

模态指的是每一种信息的来源或形式，比如信息的媒介有文字、图片、音频、视频；学生的数据有成绩数据、行为数据、生理数据。多模态指的是在同一个环境中，采用多种模态的信息。

多模态学习分析是指综合利用学习成绩数据、行为数据、心理数据、生理数据等多模态数据，来研究复杂学习环境中的学习。目标是通过收集多种形式的数据，从多个维度全面、精准地采集、记录、存储和分析真实的学习情境，从而更好地追踪和理解学习过程。①②

---

① 吴永和，李若晨，王浩楠.学习分析研究的现状与未来发展——2017 年学习分析与知识国际会议评析［J］.开放教育研究，2017，23（5）：42—56.
② 牟智佳.多模态学习分析：学习分析研究新生长点［J］.电化教育研究，2020，41（5）：27—32+51.

当前，多模态学习分析应用十分广泛。比如，贝克（J. E. Beck）等人通过对语音进行分析来判断学生的阅读能力。[①] 沃斯利（M. Worsley）等人通过分析学生在建造活动中的手势来了解他们的学习过程。研究结果显示，采用多模态学习分析有利于我们对复杂的学习活动理解得更加透彻。[②]

（二）学习者画像

用户画像最初是在商业领域提出的，是指基于大量而真实的用户数据抽象（建构）出来的用户模型。通过给用户贴上各种各样的标签，可以更好地表征和预测用户行为，帮助企业提升用户体验、实现精准服务。

学习者画像是用户画像在教育领域的应用，是指基于学习者的基本属性和学习过程数据而抽象出来的学习者模型。通过给学习者贴上各种各样的标签可以更全面、更细致地描述学习者的学习特征，从而为学习风险预测、促进个性化自适应学习、个性化推荐等打下基础。[③]

学习者画像实际上是学习分析的基础，所以现在备受学习分析研究者的重视，人们在数据采集、模型构建等方面也进行了大量的探索。[④⑤] 比如，戴马雷（M. C. Desmarais）等人对学习建模技术进行了全面总结，其中涉及动机、情感、注意力、元认知、自我调节和集体学习的模型。[⑥] 郑勤华等人也以学生综合评价为目标，通过理论演绎和专家访谈构建了以投入度、完成度、调控度、联通度和主动性为核心的五维度学生综合评价参考模型，并通过学习行为数据聚合特征变

[①] Beck J E, Sison J. Using knowledge tracing in a noisy environment to measure student reading proficiencies［J］. International journal of artificial intelligence in education, 2006, 16(2): 129-143.

[②] Worsley M. Blikstein P. Toward the development of multimodal action based assessment［C］// Proceedings of the Third International Conference on Learning Analytics and Knowledge (LAK2013). New York, NY: ACM, 2013: 94-101.

[③] 张琪. 学习分析技术与方法［M］. 北京：科学出版社，2018：135.

[④] Avsec S, Szewczyk-Zakrzewska A. Predicting academic success and technological literacy in secondary education: A learning styles perspective［J］. International journal of technology and design education, 2017, 27(2): 233-250.

[⑤] 徐鹏飞，郑勤华，陈耀华，等. 教育数据挖掘中的学习者建模研究［J］. 中国远程教育，2018，（6）：5—11+79.

[⑥] Desmarais M C, Baker R S J d. A review of recent advances in learner and skill modeling in intelligent learning environments［J］. User modeling and user-adapted interaction, 2012, 22(1-2): 9-38.

量，构建了相应的计算模型。①

（三）在线学习行为分析

在线学习在过去几年备受重视，其基本思路就是基于网络获取的海量学习行为数据，结合学习者的个人信息、问卷调查、测验等数据，对学习者的学习行为特征进行描述，探索学习行为与学习成就之间的关系，并据此构建相应的预测模型。

1. 学习者行为特征

学习者行为特征实际上也属于学习者画像的一种。近几年来，研究者主要是利用聚类等方法对学习者的行为特征进行描述。比如，汪琼等人发现了MOOC重复注册者的四种典型类型：反复缺席、虎头蛇尾、执着地为结课而努力、持续学习与实践。②再如，在学习交互行为方面，黄昌勤等人分析了学习者在讨论板中的互动模式如何影响到其学习进程和学习情绪，并提出了一个四阶段循环模型来解释学生的交互行为与学习情绪状态的关系。③

2. 关于在线学习

在线学习平台一般会存储学生的会话、讨论等文本信息，对这些文本信息进行挖掘，有时候会得到一些有意义的发现。比如，刘三女牙等人分析了一门在线课程中评论信息的特征结构和语义内容，以此发现热点话题的演化趋势。④通过对课程论坛发帖中产生的回复关系和引用关系进行分析，研究者发现，相比于回复网络，引用网络能更真实地反映学习者实际发生的交互关系。⑤

关于在线学习，有一类研究关注的是学习者观看视频课件时的行为。杨九民和皮忠玲等人采用眼动仪、脑电仪等设备，深入研究了教学视频的设计要素对学

---

① 郑勤华, 陈耀华, 孙洪涛, 等. 基于学习分析的在线学习测评建模与应用——学习者综合评价参考模型研究 [J]. 电化教育研究, 2016, 37(9): 33—40.
② 范逸洲, 张国罡, 陈伯栋, 等. 他们为什么回来?——MOOCs中重复注册者行为与动机分析 [J]. 开放教育研究, 2008, 24(2), 89—96.
③ Huang C Q, Han Z M, Li M X, et al. Investigating students' interaction patterns and dynamic learning sentiments in online discussions [J]. Computers & education, 2019, 140: 103589.
④ 刘三女牙, 彭晛, 刘智, 等. 面向MOOC课程评论的学习者话题挖掘研究 [J]. 电化教育研究, 2017, 38(10): 30—36.
⑤ 刘三女牙, 韩雪, 柴唤友, 等. SPOCs论坛中学习者的交互模式研究——基于回复网络和引用网络的比较 [J]. 中国电化教育, 2019, (11): 73—79.

生注意力和学习成效的影响。[1]张婧婧等人还对视频教学网站中的弹幕数据进行了数据分析和文本挖掘，发现弹幕有助于促进老师和学习者、学习者和学习者之间的情感交流，缩小学习者、老师之间的距离，增强学习者的社会临场感，减少其在网络学习过程中的孤独感。[2]

就在线学习来说，学习行为与学习成效的关系研究是重点。比如，贾积有等人曾经针对北京大学六门MOOC课程的学习行为数据进行了分析，发现取得了期末成绩的学员的学业成绩与在线时间、观看视频次数、观看网页次数、浏览和下载讲义次数、平时测验成绩之和、论坛参与程度（发帖、回帖）呈正相关关系。[3]

（四）课堂学习行为分析

课堂学习行为分析主要指前面讲过的课堂话语分析，也就是学习分析在课堂教学中的应用。过去进行的许多研究都表明，有丰富对话（提问、回答、质疑、解释等）的课堂教学容易促进有效学习的发生，只不过这些对课堂学习的研究主要依靠传统的人种学或社会科学研究方法，编码和分析工作量比较大，而现在学习分析技术、教育数据挖掘技术等新技术给课堂学习研究提供了新方法，使得课堂学习分析研究呈现出很多新的气象。比如，将人工智能、大数据等技术应用到课堂话语分析中[4]；提供实时的课堂话语分析结果，帮助老师实时调整干预策略[5]；重视对翻转课堂、混合科学课堂的话语分析[6]。

---

[1] Pi Z L, Xu K, Liu C X, et al. Instructor presence in video lectures: eye gaze matters, but not body orientation [J]. Computers & Education, 2020, 144: 103713.

[2] 张婧婧，杨业宏，安欣. 弹幕视频中的学习交互分析 [J]. 中国远程教育，2017,（11）：22—30+79—80.

[3] 贾积有，缪静敏，汪琼. MOOC学习行为及效果的大数据分析——以北大6门MOOC为例 [J]. 工业和信息化教育，2014,（9）：23—29.

[4] Erkens G, Janssen J. Automatic coding of dialogue acts in collaboration protocols [J]. International journal of computer supported collaborative learning, 2008, 3(4): 447-470.

[5] Kumar R, Rose C P, Wang Y C, et al. Tutorial dialogue as adaptive collaborative learning support [C] // 13th International Conference on Artificial Intelligence in Education: Building Technology Rich Learning Contexts That work. AIED 2007, Amsterdam, The Netherlands: IOS press, 2007, (158): 383-390.

[6] Erkens G, Janssen J. Automatic coding of dialogue acts in collaboration protocols [J]. International journal of computer supported collaborative learning, 2008, 3(4): 447-470.

（五）学习成就与风险预测

学习成就与学习风险预测是学习分析的核心研究内容，主要是基于学生的人口学统计信息、以往的学习成就、学习行为来预测未来的学习成就及学习风险，来识别出有潜在学习风险的学生，以便教师进行适当的教学调整或干预。其基本思想也很简单，一般用回归或分类等方法来实现，比如现在有 1000 名学生的学习数据，就可以参照第二节讲述的分类方法，建立分类模型，进而预测新同学的学习成就或学习风险了。

这方面的第一类也是最重要的研究就是确定预测指标（变量）和构建预测模型。在传统教学领域，阿德基坦（A. I. Adekitan）等人收集了尼日利亚 1841 名工程专业学生的前三年 GPA 成绩以预测学生第五年的毕业成绩，研究发现第三年的成绩是最关键的预测指标。[1] 武法提等人基于视频学习次数、文本学习次数、评价参与时长、评价参与次数和论坛主题发起数这几个主要预测指标构建了 MOOC 中的学习结果预测模型，并构建了学习结果干预框架和学习干预模型。[2][3][4]

第二类研究就是对预测结果的可视化分析，用直观醒目的图形图像方式呈现分析结果，从而方便管理者、教师和学生了解情境、进行反思和干预。第一节讲到的普渡大学的"课堂信号系统"和鲁汶大学学习分析仪表盘就是这方面的典型案例。

（六）个性化自适应学习

个性化自适应学习在本书中被归到了学习环境设计研究方向中，但是它和学习分析其实有着非常密切的关系。事实上，学习分析为学习环境（学习设计）的有效性和适当性提供了证据；而学习环境则为学习分析提供了数据，学习分析的结果要想对学习者真正产生影响，也需要通过设计学习工具等干预措施来具体实现，所以两者是相辅相成的关系。目前，世界上也有很多学者在致力于将

---

[1] Adekitan A I, Salau O. The impact of engineering students' performance in the first three years on their graduation result using educational data mining [J]. Heliyon, 2019, 5(2): e01250.

[2] 牟智佳，武法提. MOOC 学习结果预测指标探索与学习群体特征分析 [J]. 现代远程教育研究，2017,（3）: 58—66+93.

[3] 武法提，牟智佳. 基于学习者个性行为分析的学习结果预测框架设计研究 [J]. 中国电化教育，2016,（1）: 41—48.

[4] 李彤彤，黄洛颖，邹蕊，等. 基于教育大数据的学习干预模型构建 [J]. 中国电化教育，2016,（6）: 16—20.

学习分析和学习设计连接起来。①比如，香港大学罗陆慧英等人提出了以综合型学习设计模式语言把学习设计和学习分析加以可操作性连接的方法，并开发了学习设计系统，以帮助教师更好地进行学习设计。②

从学习分析的角度看，个性化自适应学习系统中的主要研究除了前面提到的学习者模型外，还包含个性化推荐和学习路径规划。③其中，个性化推荐也称学习资源精准服务，指的是基于学习者画像结果，为学习者推荐适合其学习需要的或者他感兴趣的学习资源（也包括学习路径、学习同伴等）。比如，姜强等人提出了以本体技术为核心，以用户模型为依据的个性化本体学习资源推荐系统。④再如，哈伯德（R. Hubbard）等人将虚拟现实技术与脑电反馈技术相结合，通过监测并采集虚拟学习环境中学习者的脑电数据，分析学习者的认知和学习状态，并据此推荐合适的学习资源。⑤另外，学习路径是指在线学习过程中形成的学习者对学习资源进行选择和学习的时间线索记录。而学习路径规划是指通过合理安排和管理学习者的学习路径，以达到最佳的学习结果。比如，库里洛夫（E. Kurilovas）等人就应用群体智能模型和蚁群优化算法，为学习者寻找个性化学习路径。⑥唐烨伟和钟绍春等人设计了一种基于学习者画像的精准个性化学习路径规划框架。⑦

二、学习分析的未来发展趋势

2011年，学习分析作为高等教育中教育技术的重要进展出现在《地平线报告》中，并连续四年被列为重要的发展趋势。另外，自2011年起，国际学习分

---

① 罗陆慧英. 连接学习设计和学习分析的国际努力 [J]. 开放教育研究，2020，26（2）：49—52.

② Law N, Liang L M. A multilevel framework and method for learning analytics integrated learning design [J]. Journal of learning analytics, 2020, 7(3): 98–117.

③ 吴永和，李若晨，王浩楠. 学习分析研究的现状与未来发展——2017年学习分析与知识国际会议评析 [J]. 开放教育研究，2017，23（5）：42—56.

④ 姜强，赵蔚，杜欣，等. 基于用户模型的个性化本体学习资源推荐研究 [J]. 中国电化教育，2010，31（5）：106—111.

⑤ Hubbard R, Sipolins A, Zhou L. Enhancing learning through virtual reality and neurofeedback: a first step [C]//Proceedings of the 7th International Learning Analytics & Knowledge Conference. Vancouver, British Columbia, Canada, ACM, 2017: 398-403.

⑥ Kurilovas E, Zilinskiene I, Dagiene V. Recommending suitable learning paths according to learners' preferences: experimental research results [J]. Computers in human behavior, 2014, 30: 550-557.

⑦ 唐烨伟，茹丽娜，范佳荣，等. 基于学习者画像建模的个性化学习路径规划研究 [J]. 电化教育研究，2019，40（10）：53—60.

析研究协会每年都会举办学习分析与知识国际会议。从这些报告和会议内容中可以看出：从学科内整合到跨学科融合，从多模态追踪学习到多角度理解学习，再到多方位支持学习，学习分析研究领域已经进入了全方位的系统化发展阶段，未来将会呈现出如下的发展趋势。①

（一）夯实多模态数据基础

人们对数据的重视其实是自古就有的。今天，借助脑成像技术、传感器技术、音视频技术等技术设备，我们可以收集学习者更多模态的数据，这些数据的收集有助于从本质上理解和改进学习。

（二）构建学习分析理论体系

学习分析是一个跨学科研究领域，其中教育学和心理学为学习分析提供了理论支持，数据科学和信息技术为学习分析提供了技术支持。目前，学习分析尚欠缺完整的理论和话语体系，未来需要融合多学科理论基础，构建完备的、科学的学习分析理论体系。

（三）整合多种方法和技术

学习分析并不是一种专门的方法和技术，而是整合了多学科的分析方法和技术。因此，学习分析需要研究者有比较高水平的数据分析技术，能够熟练使用各种分析软件，甚至能够自己编程序解决特殊问题——这可能会限制学习分析的发展和普及。未来需要尽可能提供像SPSS这样比较成熟的软件，这样可以比较方便地解决大部分的学习分析问题。

（四）拓展学习分析应用领域

本书把学习科学分为学习基础机制、学习环境设计、学习分析技术这三个主要的研究方向。但是，学习分析和另外两个方向并不是截然分开的，比如前面讲到的个性化自适应性学习系统中就会用到学习者画像、个性化推荐、学习路径规划等学习分析技术。在学习基础机制研究中，分析脑成像数据或眼动数据的时候，其实也会用到学习分析技术。②

---

① 吴永和，李若晨，王浩楠.学习分析研究的现状与未来发展——2017年学习分析与知识国际会议评析［J］.开放教育研究，2017，23（5）：42—56.
② （美）瑞安·贝克，乔治·西门子.教育数据挖掘与学习分析［C］//（美）R.基思·索耶.剑桥学习科学手册（第2版）·上.徐晓东，杨刚，阮高峰，等 译.北京：教育科学出版社，2021：260—274.

（五）注重学习分析伦理研究

学习分析注重收集多模态数据，从而对学习者进行全方位的分析，这就有可能带来包括泄露学习者隐私等在内的社会伦理道德的问题。目前，学者们达成的基本共识就是，学习分析研究者应该将研究结果分享给利益相关者（教师、学生或管理人员），同时也要充分考虑到被研究对象的隐私和权利，并且要从社会批判的视角来看待学习分析的过程和结果。[①]

本章结语

本章主要介绍了学习分析的概念、相关背景、主要技术和方法以及相关研究案例，并展望了学习分析的未来发展趋势。大数据时代下，学习分析技术为个性化学习的真正实现提供了契机。通过学习分析技术，教师可以挖掘多模态的学习过程数据，发现挖掘数据之间的规律和价值，从而更加全面地了解学习者的学习情况，并可以以此为基础判断适合不同学习者的学习模式，结合教育理论提供更加科学化的学习指导。建立在大数据基础之上的学习分析技术，为教育指导提供了科学化的解决方案，使得大规模应用个性化教育成为可能。

当然，我们也要认识到，学习分析还在不断发展中。希望未来学习分析能够整合多学科的理论、方法和技术，给广大研究者、实践者、一线教师甚至学生提供更多更为成熟的理论、方法、技术和软件，从而使学习分析能够应用到教学、研究、服务和管理等更广泛的领域中。

重点回顾

1. 学习分析的要素包括：数据收集、分析、学生学习、受众、干预。
2. 学习分析的特征包括：复合化的数据采集、多重角度的分析技术、可视化的分析结果、微观化的服务层次、多元化的理论基础。
3. 对于学习者，学习分析可以让他们更加了解自身的学习情况，作为自我导向的工具；对于教师，学习分析可以帮助他们了解学习者的学习需求，从而改进教学过程，实现智能化教学；对于教学管理者，学习分析可以提供教学诊断情况，作为其科学决策的依据。
4. 教育数据挖掘包含数据采集、数据预处理、数据挖掘、模式分析、形成知识

---

① Slade S, Prinsloo P. Learning analytics: ethical issues and dilemmas[J]. American behavioral scientist, 2013, 57(10): 1510-1529.

几个步骤。
5. 常用的数据预处理方法包括：数据清洗、数据集成、数据转换、数据规约。
6. 数据挖掘的主要方法和技术有：回归分析、分类、聚类、关联规则挖掘、序列模式挖掘、文本挖掘等。
7. 内容分析的特征：明显性、客观性、系统性、定量性（量化）、概括性、全面性。
8. 内容分析的主要应用模式有：特征分析（意向分析）、趋势分析（发展分析）、比较分析。
9. 学习分析的主要研究内容和应用包括：追踪学习、理解学习、改变学习。
10. 学习者画像包括知识状态建模、学习风格建模、学习行为建模、认知能力建模、学习情感建模等建模方式。
11. 学习成就与学习风险预测是学习分析的核心研究内容，主要是基于学生的人口学统计信息、以往的学习成就、学习行为来预测未来的学习成就及学习风险，旨在识别出潜在的有学习风险的学生，使得教师可以进行适当的教学调整或干预。
12. 从学习分析的角度看，个性化自适应学习系统中的研究主要包含学习者模型、个性化推荐、学习路径规划等。

思考题

1. 名词解释：学习分析、教育数据挖掘、社会网络分析、话语分析、课堂话语分析、内容分析、多模态学习分析、学习者画像、学习成就与风险预测。
2. 请简述学习分析的应用价值。
3. 请叙述学习分析的产生背景和发展历程。
4. 请分析学习分析和教育数据挖掘的关系。
5. 常用的教育数据挖掘技术有哪几种？请给出它们的定义，并举例说明它们的适用场景。
6. 请简述社会网络分析的主要概念，并举例说明它们的适用场景。
7. 请结合课堂教学谈谈话语分析的应用价值。
8. 请结合本书及其他论文、著作比较内容分析、文献分析、文本分析的差异。
9. 请谈一下当前主要的学习分析研究，并结合自己的思考谈一下学习分析的未来发展趋势。

附录　推荐资源

附录A　推荐著作

1. （美）约翰·D.布兰思福特，等．人是如何学习的：大脑、心理、经验与学校［M］．程可拉，孙亚玲，王旭卿 译．上海：华东师范大学出版社，2013.
2. （美）科拉·巴格利·马雷特，等．人是如何学习的Ⅱ：学习者、境脉与文化［M］．裴新宁，王美，郑太年，等 译．上海：华东师范大学出版社，2021.
3. （美）R.基思·索耶．剑桥学习手册［M］．徐晓东，等 译．北京：教育科学出版社，2010.
4. （美）R.基思·索耶．剑桥学习手册［M］．徐晓东，杨刚，阮高峰，等 译．2版．北京：教育科学出版社，2021.
5. （美）J. Michael Spector, M. David Merrill. Jeroen van Merrienboer, et al. 教育传播与技术研究手册［M］．任友群，焦建利，刘美凤，等 译．3版．上海：华东师范大学出版社，2012.
6. （德）弗兰克·费舍尔，（美）辛迪·赫梅洛·西尔弗，苏珊·戈德曼等．国际学习科学手册［M］．赵建华，尚俊杰，蒋银健，等 译．上海：华东师范大学出版社，2022.
7. 经济合作与发展组织．理解脑：新的学习科学的诞生［M］．周加仙，等 译．北京：教育科学出版社，2014.
8. （美）理查德·E.梅耶．应用学习科学［M］．盛群力，丁旭，钟丽佳 译．北京：中国轻工业出版社，2016.
9. （美）苏珊·A.安布罗斯，等．聪明教学7原理：基于学习科学的教学策略［M］．庞维国，等 译．上海：华东师范大学出版社，2012.
10. 高文，等．学习科学的关键词［M］．上海：华东师范大学出版社，2009.
11. 郑旭东，王美倩，吴秀圆．学习科学：百年回顾与前瞻［M］．北京：科学出版社，2021.
12. （英）丹尼斯·马雷沙尔，布赖恩·巴特沃思，安迪·托尔米．教育神经科学［M］．周加仙 主译．上海：上海教育出版社，2020.

13. 陈琦，刘儒德. 当代教育心理学［M］. 3 版. 北京：北京师范大学出版社，2019.

14. 冯忠良，伍新春，姚梅林，等. 教育心理学［M］. 3 版. 北京：人民教育出版社，2015.

15. （美）Rober J. Sternberg, Karin Sternberg. 认知心理学［M］. 邵志芳 译. 北京：中国轻工业出版社，2016.

16. 张亚旭，周晓林. 认知心理学［M］. 长春：吉林教育出版社，2001.

17. （美）Michael S. Gazzaniga, Richard D. Ivry, George R. Mangun. 认知神经科学［M］. 周晓林，高定国，等 译. 北京：中国轻工业出版社，2011.

18. （美）戴尔·H. 申克. 教育视角下的学习理论［M］. 周宇芬 译. 上海：华东师范大学出版社，2022.

19. （法）安德烈·焦尔当. 学习的本质［M］. 杭零 译. 上海：华东师范大学出版社，2015.

20. （丹）克努兹·伊列雷斯. 我们如何学习：全视角学习理论［M］. 孙玫璐 译. 2 版. 北京：教育科学出版社，2021.

21. （美）Davied A. Sousa. 脑与学习［M］. "认知神经科学与学习" 国家重点实验室 译. 北京：中国轻工业出版社，2005.

22. （美）Marilee Sprenger. 脑的学习与记忆［M］. 北京师范大学 "认知神经科学与学习" 国家重点实验室 译. 北京：中国轻工业出版社，2005.

23. （美）Patricia Wolfe. 脑的功能：将研究结果应用于课堂实践［M］. 北京师范大学 "认知神经科学与学习" 国家重点实验室 译. 北京：中国轻工业出版社，2005.

24. （美）R. M. 加涅，W. W. 韦杰，K. C. 戈勒斯，等. 教学设计原理：第5版［M］. 王小明，庞维国，陈保华，等 译. 修订本. 上海：华东师范大学出版社，2018.

25. （美）戴维·A. 苏泽. 人脑如何学数学［M］. 赵晖，等 译. 上海：上海教育出版社，2016.

26. （法）斯坦尼斯拉斯·迪昂. 脑的阅读［M］. 周加仙，等 译. 北京：中信出版社，2011.

27. （美）罗伯特·J. 马扎诺，约翰·S. 肯德尔. 教育目标的新分类学［M］. 高凌飚，吴有昌，苏峻 译. 2 版. 北京：教育科学出版社，2012.

28. （新西兰）约翰·哈蒂. 可见的学习（教师版）［M］. 金莺莲，洪超，裴新宁 译. 北京：教育科学出版社，2015.

29. （美）巴克教育研究所.项目学习教师指南——21世纪的中学教学法［M］.任伟 译.北京：教育科学出版社，2008.
30. 刘三女牙，杨宗凯.量化学习：数据驱动下的学习行为分析［M］.北京：科学出版社，2016.
31. （美）戴维·涅米，罗伊·D.皮，博罗·萨克斯伯格，等.教育领域学习分析［M］.韩锡斌，韩赟儿，程建钢 译.北京：清华大学出版社，2020.
32. 尚俊杰.在线教育讲义［M］.上海：华东师范大学出版社，2020.

附录B 推荐期刊

1. 《学习科学杂志》（*Journal of the Learning Sciences*）
   https://www.tandfonline.com/toc/hlns20/current
2. 《计算机支持的协作学习国际杂志》（*International Journal of Computer Support for Collaborative Learning*）
   http://ijcscl.org
3. 《心智、脑与教育》（*Mind, Brain and Education*）
   https://onlinelibrary.wiley.com/journal/1751228x
4. 《自然合作期刊——学习科学》（*npj Science of Learning*）
   https://www.nature.com/npjscilearn

附录C 推荐学会

1. 国际学习科学学会（The International Society of the Learning Sciences）
   https://www.isls.org
2. 国际心智、脑与教育学会（International Mind, Brain, and Education Society）
   https://www.imbes.org
3. 中国高等教育学会学习科学研究分会（The Committee of Learning Sciences Research of China Association of Higher Education）
   https://www.cahe.edu.cn/site/content/13803.html

附录D 推荐会议

1. 国际学习科学会议（International Conference of the Learning Sciences，ICLS）
   https://www.isls.org/annual-meeting/icls

2. 计算机支持的协作学习国际会议（The International Conference on Computer-Supported Collaborative Learning, CSCL）

   https://www.isls.org/annual-meeting/cscl

3. 学习分析与知识国际会议（International Conference on Learning Analytics & Knowledge, LAK）

   https://www.solaresearch.org/events/lak

4. 中国高等教育学会学习科学研究分会年会（Annual Meeting of the Committee of Learning Sciences Research of China Association of Higher Education）

5. 美国教育研究协会年会（American Educational Research Association Annual Meeting, AERA）

   https://www.aera.net/Events-Meetings/Annual-Meeting

6. 混合式学习国际会议（International Conference on Blended Learning，ICBL）

   http://aimtech.cityu.edu.hk/icbl2022/history.html

7. 国际计算机教育应用大会（International Conference on Computers in Education, ICCE）

8. 全球华人计算机教育应用大会（Global Chinese Conference on Computers in Education, GCCCE）

9. 北京大学学习科学与未来教育前沿论坛（Frontier Forum on Learning Science and Future Education of Peking University，FFLSFE@PKU）